QUI VEUT RISQUER SA VIE LA SAUVERA

Du même auteur
chez le même éditeur

Passion de la France, coll. «Bouquins», 2019
Le Courage de décider, 2002

JEAN-PIERRE CHEVÈNEMENT

QUI VEUT RISQUER SA VIE LA SAUVERA

Mémoires

**Robert
Laffont**

Ouvrage édité par Jean-Luc Barré

ISBN 978-2-221-21846-4
Dépôt légal : avril 2020

À Raphaël
À Jean-Christophe

Préface

Il a fallu beaucoup d'insistance à Jean-Luc Barré, qui m'a fait entrer dans la collection «Bouquins[1]», pour me convaincre de retracer mon parcours qui naturellement éclaire ce que j'ai pu dire, écrire et faire. En ce sens, ce livre ne fait nullement double emploi avec *Passion de la France*. Au contraire, il fait lien et donne chair et sang à l'expression de ma pensée. Mon parcours est fait de paris successifs que je n'ai pas toujours gagnés mais qui m'ont toujours conduit à persévérer. Très jeune, j'ai vu dans la politique «l'Histoire en train de se faire». C'est ce qui m'a irrésistiblement attiré vers elle et plus particulièrement vers le républicain exigeant qu'était Pierre Mendès France. Pour trancher le nœud gordien qu'était pour la France l'accession de l'Algérie à l'indépendance, je me suis tourné ensuite vers Charles de Gaulle.

> *« Qui veut sauver sa vie la perdra,*
> *Qui veut risquer sa vie, la sauvera. »*

Cette parole de saint Matthieu n'a pas quitté mon esprit et a guidé mes choix quand, le 22 avril 1962 précisément, j'ai choisi de rejoindre la fournaise d'Oran pour me rendre utile à l'avenir commun de la France et de l'Algérie accédant à l'indépendance. Je me suis inspiré de cette pensée du général de Gaulle : «Si l'Algérie doit devenir indépendante, il vaut mieux que ce soit avec la France que contre elle.»

À mon retour d'Algérie, j'ai découvert une société française qui m'a paru sclérosée. J'ai fait le pari d'une nouvelle offre politique

---

1. Jean-Pierre Chevènement, *Passion de la France*, 2019.

9

puisque celles existantes ne me satisfaisaient pas. J'ai créé le CERES[1] en pariant sur l'Union de la gauche. J'espérais que mettant fin à une fracture vieille d'un demi-siècle, elle pourrait donner un nouvel élan à l'Histoire de la France.

L'épreuve du pouvoir et le changement de cap opéré en 1983 m'ont convaincu que seul le choix d'une République exigeante pourrait relever le pays. J'ai cherché à infléchir d'un même mouvement le parcours de la gauche et celui de la France. De l'intérieur du Parti socialiste d'abord, du dehors ensuite, à travers le Mouvement des citoyens. Ces tentatives n'ont pas été vaines, même si elles se heurtaient à la logique du néolibéralisme alors triomphant. Elles ont fait mûrir l'exigence républicaine, seule réponse aux fractures qui traversent le pays.

J'ai fait, en 2002, un dernier pari : celui de mettre le système en turbulence pour offrir enfin une alternative à un néolibéralisme en voie d'épuisement. Cette histoire n'est pas close car à quoi servirait de mettre le système en turbulence si ce n'est pour dégager une alternative ?

Tous ces paris, je ne les ai pas faits seul. Le CERES, dès le départ, est un collectif et la route qu'il a ouverte a été empruntée par des dizaines de milliers de militants.

J'ai beaucoup appris des hommes et des femmes qui m'ont aidé à tracer cette longue route. Si j'ai pu faire comprendre que la République restait notre recours, face aux risques de dissociation de la société française – on parle aujourd'hui d'«archipélisation» –, je n'y serais pas parvenu sans les multiples concours moraux, intellectuels, affectifs que tant de femmes et d'hommes m'ont apportés. Quand je dis «je», c'est souvent «eux» ou «nous», que je devrais dire.

J'ai voulu faire un récit aussi véridique que possible de ce que j'ai vu à travers deux guerres et cinquante ans d'engagement politique.

Écrire ce livre a été pour moi une épreuve qui m'a obligé à un grand effort, non seulement de recherche et de mémoire mais aussi d'introspection. Il m'a fallu aussi trouver les mots justes pour caractériser les personnalités ou les comportements, sans jamais

---

1. Centre d'études, de recherches et d'éducation socialiste.

chercher à blesser, sans non plus affadir le trait. Voie ô combien étroite si on veut rester fidèle non seulement à sa pensée intime, mais tout simplement à la vérité !

Parvenu assez loin dans l'automne de ma vie, j'ai été aussi soutenu par l'espoir d'éclairer les nouvelles générations sur les événements qui ont conduit, depuis près d'un siècle, à ce que l'idée de la France se soit ainsi brouillée. La France reste, à mes yeux, le plus sûr levier pour façonner leur avenir. Peut-être puiseront-elles dans ces pages l'envie de la réparer et de la porter plus haut.

Première partie

Une jeunesse entre deux guerres

1

Enfance d'une passion

On ne naît pas impunément en 1939. Ma «passion[1]» de la France a commencé cette année-là, avec la guerre mettant à nu ses faiblesses.

Sur une photo, un beau jeune homme tenant entre ses bras un petit paquet de chiffons. Le beau jeune homme, c'était mon père. Le paquet de chiffons, c'était moi, sans doute au printemps de 1939. C'est le seul témoignage que j'ai conservé de notre avant-guerre. L'été venu, mon père fut mobilisé. Je ne devais pas le revoir avant avril 1945.

Mon père prisonnier, le pays occupé, les trois maisons de ma grand-mère maternelle, à l'entrée du village de Frambouhans, incendiées par les Allemands, le 18 juin 1940, parce que des soldats français avaient eu le mauvais goût d'y résister à la première colonne de l'invasion… Étrangement, je garde de ces six sombres années qui vont de 1939 à 1945 le souvenir d'une période heureuse, sinon la plus heureuse de ma vie. Nul ne venait troubler le tête-à-tête permanent que j'avais avec ma mère. Institutrice à classe unique dans le petit village du Luhier dans le Haut-Doubs, elle avait très tôt décidé de me prendre avec elle à l'école, plutôt que de me confier à de gentilles petites bonnes du voisinage.

Ainsi, en fond de classe, j'écoutais ce qui s'y disait, ma mère s'adressant tour à tour aux petits et aux grands. Les cartes de Vidal de La Blache qui tapissaient les murs m'ont initié très tôt à la géographie de la France, à ses reliefs et même à son hydrographie,

---

1. Du latin *patere*, «souffrir».

ses fleuves et ses rivières. Pour abstraite qu'elle fût, cette approche m'aidait à aimer ce pays, le mien, dont je sentais bien qu'il lui était arrivé quelque chose. Le planisphère montrait aussi d'immenses taches roses qui signalaient l'étendue de l'Empire français, moins grand, certes, que l'Empire britannique, mais de même taille que l'URSS qui bénéficiait optiquement de la projection de Mercator. À cela s'ajoutaient les illustrations qui concluaient nos livres d'histoire et montraient immanquablement le défilé de la victoire de 1919, avec Foch et Joffre descendant les Champs-Élysées, l'Arc de triomphe en arrière-plan.

Mais comment concilier cet immense empire et ces images triomphales avec l'absence de mon père prisonnier des Allemands et l'incessant défilé des colonnes motorisées de l'occupant sur les routes du Haut-Doubs, de Besançon à Maîche et de Maîche à Pontarlier ? Les Allemands ne s'étaient pas contentés d'incendier notre maison. Dans l'album familial, ils avaient aussi «volé» la Peugeot 202 achetée par ma mère pour remplacer la Traction Avant que les Français, en septembre 1939, n'avaient fait que «réquisitionner». Dans la bouche de ma mère, j'entendais s'exprimer la colère et la honte et surtout la haine du «Boche» (c'est ainsi, qu'à l'époque, tout le monde les appelait). La résistance dans la famille était spontanée. Elle n'était pas tant idéologique (la démocratie contre le nazisme), comme la mémoire formatée d'aujourd'hui tend à nous le faire croire, que d'abord et avant tout antiallemande, dirigée contre l'envahisseur qui, pour la troisième fois en soixante-dix ans, foulait notre sol.

Mais, bien sûr, une forme de résistance entraînait l'autre. C'est donc dans une atmosphère assez spéciale que j'ai été élevé où, à l'odeur de la craie, se mêlait la sensation d'une présence anormale autour de nous. Le bambin de trois ans que j'étais balançait ses petites jambes sur le banc où l'avait installé sa mère, qu'il lui fallait appeler «Madame», comme les autres : on ne badine pas avec le principe d'égalité ! N'étant ainsi astreint à rien d'autre qu'à écouter, j'apprenais sans effort.

«Ce que tu peux être fatigant, Jean-Pierre !» s'exclamait ma mère, alors que je la pressais de questions, moi sur le porte-bagages et elle debout sur le pédalier pour gravir à vélo la côte du Laté, sur la route du Russey où vivait, à quelques kilomètres, ma famille paternelle.

« Qu'est-ce que tu peux être fatigant, Jean-Pierre ! » était le leitmotiv dont était payée ma lassante curiosité. À ce prix je sus lire avant quatre ans. Dès lors la bibliothèque de ma mère ne résista pas à mes escalades. Naturellement, il y avait sur les rayons du bas, les livres de la Bibliothèque rose et de la Bibliothèque verte facilement accessibles, ainsi que sur les rayons du haut, les romans d'avant-guerre, Romain Rolland, Paul Benoit, Pierre Loti, Roger Martin du Gard où je ne m'aventurais guère et les trésors de la littérature française. Les œuvres d'Alexandre Dumas dominaient, coexistant avec *La Fille du capitaine* de Pouchkine ou *Grands Cœurs* d'Edmondo De Amicis. Des collections illustrées retraçaient les exploits de nos soldats sur tous les continents et me faisaient humer les parfums de l'exotisme qui donnaient à la France ces prolongements roses qui l'égalaient aux plus grands. Le plus haut rayon abritait des livres interdits, tels que *Du mariage* de Léon Blum. Un recueil de conseils aux jeunes filles déjà émancipées que ma mère a peut-être rêvé de suivre, ce que lui interdisaient sa morale comme sa fidélité à l'être aimé dont elle attendait stoïquement le retour.

Je me suis fait plus tard l'apôtre des pédagogies directives et d'une école structurée, plus adaptée, selon moi, aux enfants des classes populaires. Rien de plus contraire à l'éducation que j'avais moi-même reçue. Ma mère, qui avait, au village, la réputation d'être sévère, jugeait inutile de me donner des devoirs à faire à la maison. J'étais, selon elle, bien trop « en avance pour mon âge ». Les seuls problèmes que je lui posais étaient d'ordre disciplinaire : d'abord, j'étais désordonné, comme le démontrait le spectacle de mon coffre à jouets. Ce penchant incoercible motiva deux « descentes » du Père Noël, l'une pour me reprendre mes jouets, l'autre pour me les rendre, afin de hâter ma guérison d'une angine, à grand fracas dans l'escalier où il avait renversé sa hotte.

Plus grave, je manifestai un jour « un problème de comportement ». Ayant émis dans la salle de classe un bruit incongru, nié contre l'évidence, je vis s'abattre la punition immédiate : « La porte ! » Je ripostai aussitôt de manière disproportionnée en jetant mon plumier dans la cour de l'église jouxtant l'école ; immense blasphème contre l'Institution ! Le châtiment tomba : ma mère confisqua le plumier et le donna au petit Martigani, fils d'un immigré italien habitant un hameau, à la lisière du village. Ainsi en fus-je privé jusqu'à mon entrée en sixième. À la fois pour l'exemple et pour me faire sentir que les droits du petit Martigani, que ses camarades traitaient tous les jours de « macaroni » au grand dam de l'institutrice, n'étaient pas inférieurs à ceux de son fils !

J'en fus très mortifié. Ma chère tante Gina, sœur cadette de ma mère, m'offrit une magnifique trousse en cuir pour compenser cette sanction. Mais le compte n'y était pas : la trousse, symboliquement, ne remplaçait pas le plumier, désormais propriété définitive du petit Martigani et rappel incessant d'une faute qui semblait inexpiable.

Le Haut-Doubs reste dans mon souvenir ma vraie petite patrie, mon *Heimat*, comme disent les Allemands. Non seulement parce que, pourtant né à Belfort, j'y ai grandi jusqu'à l'âge de six ans et demi, mais aussi parce que rien ne venait troubler la relation que j'avais établie avec la nature : forêts de sapins dont les fûts s'élançaient vers le ciel, toujours droits quand la neige faisait ployer leurs branchages, grands paysages ouverts où paissaient des troupeaux de vaches majestueuses et tranquilles dont le tintement des clochettes animait le fond de l'air, les solides fermes comtoises aux toits généreux bâtis pour les longs hivers et puis, de loin en loin, les villages que signalait la flèche de leurs clochers. Période bénie où rien non plus ne troublait la relation, il est vrai moins bucolique, que j'entretenais avec ma mère, sinon le bruit du monde répercuté à travers les récits qu'elle me faisait de notre débâcle et des atrocités commises par les Allemands.

Ceux-ci allèrent jusqu'à s'emparer de l'étage de l'école où nous habitions, coiffée d'un modeste clocher censé faire concurrence à celui de l'église voisine. Les Allemands nous avaient confinés au rez-de-chaussée. Ma mère m'interdisait formellement de monter à l'étage ou d'accepter quoi que ce fût des « Boches ». Cette appellation peu aimable témoignait de notre impuissance et, en même temps, d'un irrédentisme rendu dérisoire par le poids de l'occupation ; il y avait bien entendu d'autres manières de les nommer : les « doryphores » qui vivaient sur le pays, à l'image des insectes qui dévastaient les champs de pommes de terre ; ou encore, chez les anciens combattants, souvenir de 1914, les «Chleuhs», sauvage tribu de l'Atlas que Lyautey était chargé de contenir et c'était faire encore beaucoup d'honneur aux Allemands que de les y comparer, les reléguant ainsi dans un statut infracolonial. «Déjà au cours de la dernière guerre, dans les territoires qu'ils occupaient, me disait ma mère, ils offraient aux enfants des bonbons empoisonnés. Il ne faut rien accepter d'eux. Danger de mort!»

Naturellement, je ne résistai pas à l'envie d'y aller voir de plus près. La scène doit se passer à la fin de 1942 ou au début de 1943. Les soldats allemands avaient reçu des oranges. Sans doute en provenance de Tunisie. C'était la première fois que je voyais de tels fruits. Je n'avais que quatre ans et ne pus m'empêcher de goûter les quelques quartiers qui m'étaient offerts : délicieux! C'est ainsi que, par la méthode expérimentale, j'appris à relativiser quelque peu l'antigermanisme de ma mère.

Il se nourrissait à des sources profondes – le souvenir des guerres franco-allemandes resté vivace dans nos provinces de l'Est, la résistance de Belfort en 1870-1871, l'énorme tribut de vies humaines qu'avait exigé la défense de la France envahie de 1914 à 1918, et dont témoignaient dans chaque village les innombrables monuments aux morts dressés vers le ciel et dont notre débâcle de 1940 rendait l'imploration muette plus pathétique encore. Tous ces noms gravés dans la pierre faisaient appel de notre incompréhensible défaite.

Aujourd'hui, en effet, les «Boches» étaient chez nous comme chez eux! Ils avaient pris à ma mère son mari qu'elle avait résolu d'attendre jusqu'au jour de sa libération. En bonne institutrice normalienne, elle n'aimait pas le gouvernement de Vichy. Elle rédigeait des tracts le soir, avec la postière, Mlle Jost, pour dénoncer un régime à la solde de l'occupant. Évidemment, cela eut vite fait de se savoir. Il est à la mode aujourd'hui de condamner la passivité des Français de 1940 à 1944, comme s'ils avaient choisi d'eux-mêmes de se mettre en dehors de l'Histoire et comme s'il était si facile de «résister». Ce n'est pas le souvenir que j'ai gardé de cette période. D'esprit et de cœur, ma mère et notre famille étaient clairement du côté de la Résistance et contre les «Boches». Je pourrais dire de ma mère, comme Romain Gary de la sienne, qu'elle était un peu « mon général de Gaulle ». C'est d'elle que je tiens un patriotisme exigeant. Par tempérament, mais sans doute aussi pour ne pas risquer de faire de moi une « mauviette », elle était avare de ses effusions. Ses inquiétudes à mon égard (et je lui en ai donné beaucoup) étaient le baromètre de son affection. Si ma mère contenait l'expression de ses sentiments, elle faisait éclater haut et fort la foi qu'elle avait dans ses principes, surtout, comme cela était le cas, quand ils se trouvaient bafoués.

Il y avait, certes, plus qu'une nuance entre un nationalisme viscéral et une opposition de principe, construite et argumentée, bref un patriotisme républicain capable de réunir les moyens de sa fin. Les deux, chez ma mère, ont tendu à se recouvrir. L'École normale d'institutrices de Besançon, fort Griffon, dont elle était sortie en 1930, n'avait quand même pas œuvré en vain : toute catholique pratiquante qu'elle fût restée, ma mère se vivait comme la desservante d'une foi laïque destinée à régénérer le monde. « Les hommes ne sont pas des bêtes » était l'apophtegme de référence qui sous-tendait sa morale laïque incandescente, laquelle se dressait spontanément contre l'hypocrisie de Vichy. Dans la famille ou chez les voisins, les choses étaient encore plus simples : il y avait les « Boches » et puis il y avait « Nous ». Dans les six premières années de la vie, la mémoire enregistre tout.

Je crois pouvoir affirmer que les Français, en tout cas dans les classes populaires, savaient, d'un sûr instinct, où était l'ennemi. Il y avait bien quelques collaborateurs, comme, au Luhier, le fromager, M. Graf, qui d'ailleurs n'était pas français mais suisse allemand et qui, aux dires du village, renseignait les Allemands dont les voitures s'arrêtaient régulièrement à la porte de son magasin. La Gestapo finit d'ailleurs par convoquer ma mère à Montbéliard et je me souviens des adieux que nous nous fîmes, quand elle me mit provisoirement en pension chez la voisine, Mme Journot. Heureusement, la Gestapo estima inutile de s'encombrer d'un aussi menu fretin. Ma mère s'en tira avec une sévère mise en garde. Il lui fut fermement déconseillé de soutenir la Résistance au détriment de l'autorité du maréchal Pétain.

Sans doute les Français dans leur masse n'ont-ils pas immédiatement pris conscience de ce qu'était la spécificité de l'idéologie nazie et de l'étendue de ses crimes, mais rien ne les prédisposait dans leur histoire à embrasser leur cause. Trois guerres et une tradition républicaine ancrée dans une Révolution, dont on avait oublié de célébrer le cent cinquantième anniversaire en septembre 1939, avaient vacciné le peuple français dans ses profondeurs contre la tentation de la collaboration. La culture républicaine fonctionnait vis-à-vis d'elle comme un antidote puissant. Pouvait-on en dire autant de la culture «catho», aussi longtemps du moins que la hiérarchie catholique ne prit pas officiellement position contre les mesures antijuives de Vichy, ce qu'elle ne fit pour certains de ses membres qu'à partir de juillet-août 1942[1]? Je pense en particulier aux lettres publiques et abondamment diffusées de Mgr Saliège, archevêque de Toulouse, et de Mgr Théas, évêque de Montauban.

La collaboration fut le fait d'une minorité composite, à la fois de droite et de gauche qui, depuis longtemps déjà, avait perdu toute confiance en la Nation et que gangrenaient ostensiblement et depuis longtemps le pacifisme et l'anticommunisme. «Je souhaite la victoire de l'Allemagne, avait dit Laval à la radio en juin 1942, parce que sans elle, le bolchevisme triompherait partout.» Soutenir l'idée qu'il n'y eut pas de discontinuité entre la République et Vichy, c'est méconnaître la survivance d'une culture républicaine dans le peuple français. C'est oublier que le gouvernement de Vichy n'est pas venu au pouvoir par les urnes mais par une demande d'armistice démobilisatrice qui valait renonciation à poursuivre le combat : Marc Bloch, dès juillet 1940, parle du gouvernement Pétain comme d'un gouvernement de «coup d'État». Nier cette solution de continuité qu'a été l'accession de Pétain au pouvoir, appuyé sur les baïonnettes et les chars allemands, c'est ravaler la France au rang de l'Allemagne nazie et de l'Italie fasciste. C'est faire comme si dans l'histoire de la France, la Révolution n'avait pas eu lieu! Qui ne comprend pas la Révolution ne peut comprendre la République! Mille souvenirs de ma petite enfance s'insurgent contre cette réécriture contemporaine de notre histoire et me font mieux voir le fossé qui, sans doute déjà à cette époque-là, séparait le peuple et les élites.

---

1. Michaël R. Marrus et Robert O. Paxton, *Vichy et les Juifs*, Calmann-Lévy, 1981, p. 388-390.

Bien que ma mère l'incitât à s'évader – en glissant, par exemple, une petite boussole dans un morceau de comté envoyé par la Croix-Rouge – mon père ne revint qu'en avril 1945. Sa captivité, fort rude dans ses débuts – il était ouvrier dans les carrières –, fut adoucie deux ans plus tard, quand on découvrit qu'il avait contracté une tuberculose. On l'envoya dans une ferme en Basse-Saxe remplacer les garçons mobilisés sur le front de l'Est. Il devait y effectuer les travaux des champs qu'on ne pouvait confier aux filles. Le vieux paysan n'était pas un nazi convaincu, comme mon père nous l'expliqua à son retour, et le traita assez vite comme un membre de sa famille. Quand Pierre revint au Luhier, les retrouvailles avec Juliette ne furent pas simples. J'ai vu quelquefois voler des assiettes pour des raisons qui m'échappaient entièrement. Un jour, l'une d'elles resta fixée à la paroi. Fou rire général qui apporta une heureuse détente.

Je protestai à ma manière par une fugue qui, peu de mois après le retour de mon père, m'amena jusqu'à la ferme Sarron, en fait guère éloignée du village. Cette fugue avortée eut le don d'amuser ma mère et de m'exaspérer davantage encore.

À la rentrée 1945, nous déménageâmes du Luhier à Saint-Vit, gros bourg juché sur une colline dominant la vallée du Doubs, en aval de Besançon. Mes parents étaient désireux de se rapprocher des lycées où leurs enfants continueraient leurs études. Deux filles vinrent agrandir le cercle de famille : Annie en 1946 et Lucette en 1950, toutes deux devenues par la suite professeurs, l'une d'allemand et l'autre de français-latin-grec, toutes deux excellant dans leurs disciplines et fortement motivées par la cause de l'École et le souci de leurs élèves. Quant à moi, je vécus le déménagement à Saint-Vit comme un arrachement à l'univers enchanté du Haut-Doubs, aux promenades en forêt à la main de mes jeunes tantes Paulette ou Gina, qui étaient à mes yeux comme de grandes sœurs, et à mes jeux dans les bouquets de noisetiers avec ma petite cousine Marie-Claude.

Mais l'arrachement fut aussi dû, sans doute, à la relation exclusive que j'avais avec ma mère, dont mes sœurs, plus tard venues, ont sans doute souffert, car j'étais le garçon et le droit d'aînesse n'était pas de la rigolade… J'affublais mes sœurs de sobriquets, toujours des diminutifs – Anneton, Luceton – destinés à leur faire sentir la place qu'elles occupaient à côté du fils unique que j'entendais bien demeurer. J'espère que, devenues grandes, elles m'auront pardonné…

Je vécus ainsi le retour de mon père comme une brisure. On me réveilla la nuit : « Qui est ce monsieur ? » Tout ensommeillé, je répondis : « C'est une demoiselle ! » avant de me rendormir aussitôt. Je pressentais qu'une nouvelle période de ma vie, beaucoup plus compliquée, allait commencer.

Pour protester contre ma nouvelle situation, je me réfugiai plus encore dans la lecture, la rêverie, voire l'affabulation. Je harcelais mon père de questions pour lui faire raconter les exploits héroïques qu'il avait certainement accomplis pour terrasser le « Boche ». Mon père découragea assez vite, par des réponses laconiques, les tentatives répétées par lesquelles j'essayais de lui faire jouer le rôle du héros. Il évoquait sans s'y attarder les Stuka allemands en piqué sur les colonnes françaises auxquelles l'ordre avait été donné de se replier, les trois jours qu'il avait passés à se dissimuler dans un champ de betteraves dans le nord de la France, à quelques mètres d'une route sillonnée de convois allemands. Ainsi, je cherchais en vain à parer mon père des prestiges d'une victoire dont je voulais que la France eût sa part. Mais mon père, comme on dit dans le Haut-Doubs, n'était pas un « glorieux ». C'était un « taiseux ». Et, même pour contenter son garçonnet, il se refusait à inventer des exploits restés hors de sa portée et une histoire qu'il n'avait pas vécue. Au contraire, il relativisait la méchanceté qu'on prêtait aux Allemands, par des anecdotes tirées de son expérience de la vie au sein d'une famille paysanne sur les bords de la Weser. Avec le recul, je ressens, la gorge serrée, la tristesse de cette génération de 1940, de cette armée abandonnée par ses chefs, de ce pauvre peuple affolé répandu par millions sur les routes, tous incapables de comprendre de quel lieu avait pu fondre sur la France pareil désastre…

Ne me consolait qu'à moitié le souvenir vécu de notre libération par les armées du général de Lattre qui, trois semaines après leur débarquement sur les côtes de Provence, étaient parvenues à Besançon et jusqu'aux montagnes du Lomont, libérant ainsi notre Haut-Doubs.

Ma mère, exceptionnellement, avait convié à dîner les officiers, sortant pour l'occasion le jambon de montagne que les paysans du village, une fois l'an, offraient à l'institutrice et les conserves de haricots verts qu'elle avait elle-même confectionnées. On organisait au village voisin de Bonnétage un «bal de la Libération», auquel ma mère, rompant avec son comportement habituel, se rendit, coiffée d'un chapeau que je ne lui avais jamais vu, inspiré des turbans des goumiers marocains. C'est le seul moment où je la vis chanter en public – elle avait une très jolie voix – à la fin d'un banquet. C'était un moment intense. L'excitation était à son comble. On sortait des drapeaux à croix de Lorraine. Les brassards tricolores marqués «FFI» fleurissaient.

Six mois plus tard, quand mon père fut revenu, on se contenta des célébrations patriotiques devant le monument aux morts du Luhier, derrière le drapeau des anciens prisonniers de guerre dits «PG». Je sentis la routine des commémorations s'installer. Qu'y avait-il, au juste, à célébrer?

Tous ces événements qui nous avaient foudroyés, puis miraculeusement relevés, me paraissaient encore plus incompréhensibles. Je me jetai sur tous les journaux et sur tous les livres que recevait la bibliothèque scolaire et sur ceux que m'achetèrent mes parents (*Panorama de la guerre* en quatre tomes de près de deux mille pages rendant compte, au jour le jour, des événements). Manquait cependant la vue d'ensemble. Bien sûr, il y avait de Gaulle. Son caractère, son choix de la Résistance dès le premier jour, pesaient plus lourd qu'une armée! Et puis il y avait Kœnig et les héros de Bir Hakeim, Juin et ses goumiers marocains à Monte Cassino, de Lattre qui nous avait libérés, Leclerc et sa 2e DB. Mais je sentais qu'il n'y avait rien eu d'équivalent pour la France à Stalingrad pour les Soviétiques, ou même au débarquement de Normandie pour les Anglo-Saxons.

M'émouvait davantage, par la force du symbole, le sacrifice de ces résistants, souvent très jeunes, que les Allemands fusillaient à la citadelle de Besançon et qui tombaient en criant «Vive de Gaulle!» ou «Vive la France!». C'est à eux que je m'identifiais, la gorge nouée, en lisant la dernière lettre qu'ils écrivaient à leurs parents. Je mesurais qu'il faudrait encore bien des sacrifices comme les leurs pour remettre la France à sa place, et je ne doutais pas, au fond de moi, de pouvoir y contribuer un jour, sous une forme que je n'imaginais pas encore. Je me contentais de dessiner sur des cahiers d'écolier d'immenses flottes battant pavillon français qui ne manqueraient pas de couler les flottes adverses et de rétablir la France dans son ancienne gloire.

Je me réfugiais encore plus dans les journaux et dans les livres. Mon père m'emmenait quelquefois à la chasse ou à la pêche ou à la cueillette des champignons. Il s'étonnait de mon côté évaporé et de mon appétence excessive pour la lecture. La liste de mes défauts répertoriés par mes parents s'allongea : je n'étais plus seulement «désordonné», j'étais aussi «distrait». «Jean-Pierre, il est toujours dans les nuages», disait-on dans ma famille paternelle. «Il n'est pas tout à fait avec nous», etc. En réalité, je laissais dire mes tantes du Russey : si je n'avais pas encore entrepris de changer le monde, je m'étais bien résolu à le comprendre.

D'un naturel à la fois enjoué et calme, mon père m'apportait, quand nous étions seuls, un équilibre qui compensait les entraînements de mon imagination et une sorte d'écart qui s'était instauré dans ma relation avec ma mère. La présence de mon père me rassurait. Quand il fut hospitalisé à Besançon pour soigner les séquelles de sa tuberculose, j'étais pensionnaire en sixième au lycée Victor-Hugo, contigu de l'hôpital Saint-Jacques. Nous nous faisions de grands signes avec des mouchoirs à l'heure du déjeuner, comme si nous ne devions plus nous revoir. Je pleurais à chaudes larmes en pensant que je pourrais perdre un père que je n'avais retrouvé que quelques années auparavant et que je n'avais pas eu le temps de connaître.

Si je tiens de ma mère un solide Surmoi qui dans ma façon d'être a refoulé le Ça et peut-être même le Moi, mon père m'a transmis le côté taiseux qu'on prête aux gens du Haut-Doubs. Dans ma vie politique, j'ai ainsi fait mienne sans trop de difficultés la devise des tabors marocains : «Bien faire et laisser braire.»

Évidemment, cela peut paraître bizarre chez un homme qui a consacré une grande part de sa vie à la politique, mais je me suis toujours appliqué une forme de réserve : «Un ministre, ça ferme sa gueule, si ça veut l'ouvrir, ça démissionne», cet adage, dont la portée allait bien au-delà d'un simple rappel de la nécessaire unité de l'État, est à peu près tout ce dont beaucoup de gens se souviennent à mon propos. Ils ont complètement oublié le contexte dans lequel j'ai prononcé ces fortes paroles, en février 1983, quand l'industrie française pouvait encore, selon moi, être sauvée. Peut-être mon argumentation, que je rappellerai plus loin, était-elle trop rationnelle… Sans doute, chez moi, l'instituteur a-t-il souvent prévalu sur le tribun.

Mes parents en effet étaient tous deux instituteurs.

Mon grand-père paternel, Paul-Arthur Chevènement, fermier à Durnes, dans la vallée de la Loue, dont Courbet a immortalisé les paysages de falaises calcaires, avait obtenu, après la guerre de 1914, d'être nommé fonctionnaire dans les Eaux et Forêts, avec le grade de brigadier, c'est-à-dire garde forestier. Il termina sa carrière au Russey où il avait en charge l'entretien de la grande forêt de sapins que je ne revois jamais sans émotion, temple de la Nature avec ses colonnades de fûts, ses sentiers ombreux et ses bouquets de fruits rouges, pour qui sait seulement s'aventurer dans les sous-bois et soulever les feuilles. Mon grand-père, moustachu et sévère sous l'uniforme, fut emporté, jeune, l'année de ma naissance. Ma grand-mère Marie, à qui il avait donné douze enfants, ne lui survécut guère. Petite bougie vacillante, elle s'éteignit en 1944.

Mon père était l'aîné. Remarqué par le curé du Russey pour ses prédispositions aux études, il avait néanmoins pu échapper au grand séminaire de Consolation, immense bâtisse plantée aux sources du Dessoubre, en s'inscrivant au cours complémentaire de Morteau. D'abord instituteur stagiaire, il s'était fait ensuite titulariser, à la différence de ma mère, sortie diplômée de l'École normale d'institutrices de Besançon, filière d'excellence pour la formation laïque et le recrutement. D'après ce que m'en dirent ses sœurs, mon père, as de la motocyclette, épatait les filles, à commencer par mes jeunes tantes, aux yeux desquelles «Pierre» avait un statut spécial : «C'était le plus doué, le plus beau», etc., etc. Il est vrai que la famille était modeste : son frère, dit «Milo», et ses sœurs étaient ouvriers dans l'horlogerie, travaillant souvent à domicile, à compter et recompter les pièces entrant dans la fabrication d'une montre.

Seule ma petite tante Paulette était commerçante, ayant épousé le libraire, mon oncle René, frère de l'abbé Feuvrier.

Le second frère de mon père, Marcel, au retour de sa captivité, s'était fait boulanger. Je l'ai vu monter à la force du poignet sa boulangerie-pâtisserie avec sa femme Marie-Thérèse, que je surnommais «l'Impératrice» pour la taquiner, et ses deux fils, Jean-Paul et André. Ce fut une réussite : on venait de loin s'approvisionner en gâteaux à la pâtisserie «JPC» (ainsi baptisée, bien entendu, du nom de Jean-Paul Chevènement). Mais il y avait une petite ambiguïté et mon cousin me disait en riant que son chiffre d'affaires était indexé sur la courbe de ma popularité (c'était au lendemain de la guerre du Golfe!). Il y a toujours eu chez Marcel et dans sa famille un côté espiègle qui créait entre nous des affinités particulières.

Chez mes oncles et tantes, côté paternel, on ne se cachait pas d'être ouvrier. Mon père lui-même se définissait volontiers comme un «ouvrier de la grammaire et du calcul». Mon oncle Milo, conseiller municipal socialiste dans l'équipe de Robert Schwint, futur maire de Besançon, n'avait pas besoin de se revendiquer de la classe ouvrière : il travaillait en usine à Bonnétage, à trois kilomètres du Russey. D'un tempérament taiseux, lui aussi, il n'avait rien à apprendre de la condition ouvrière.

J'oublierais un point essentiel si je ne mentionnais pas que dans ma famille, du côté de mon père comme de ma mère, on était croyant. Face à la Suisse calviniste, l'Église avait édifié le Haut-Doubs comme une forteresse catholique. La religion y imprégnait encore, dans la première moitié du siècle dernier, toutes les attitudes : il en résultait une droiture et une rigueur morales qui tempéraient les convictions plutôt réactionnaires des hommes et la fréquente bigoterie des femmes. Ma tante Jeanne, handicapée par une poliomyélite précoce et qui, pour vivre, s'était faite couturière, m'envoyait, chaque année, de Lourdes, une carte postale où elle m'écrivait simplement : «J'ai prié pour toi.» Mon ami Régis Debray veut qu'on enseigne «le fait religieux» dans les écoles. Je n'ai pas eu besoin de cet enseignement pour savoir au plus profond de moi-même ce que signifie «croire».

Si ma mère, très tôt, m'emmena avec elle à la messe du dimanche que j'appréciais particulièrement à l'heure de la distribution du pain bénit, je ne fréquentai qu'à partir de sept ans le catéchisme. Bien exercée, ma mémoire ne laissait rien échapper des commandements de Dieu, de ceux de l'Église, des vertus théologales et des mystères de la foi. Je pourrais encore réciter en latin le Credo et le Confiteor. Vint l'heure de ma communion solennelle : sur les images pieuses que j'ai conservées, on avait gravé sous mon prénom : «Doux Jésus, je n'appartiens qu'à toi.» Et je me suis remémoré les exercices d'introspection que je n'ose qualifier d'«exercices spirituels», par lesquels j'essayais de répondre à la sollicitude du bon père Kammerer, aumônier du lycée Victor-Hugo, qui m'interrogeait dans la pénombre du confessionnal sur le fait de savoir en quoi j'avais pu pécher. Ce dialogue imaginaire avec Dieu affinait ma sensibilité. Aujourd'hui encore, sans partager la croyance au péché originel ni même la pensée de Karl Jaspers («Le seul fait d'exister nous rend coupables»), je crois qu'il faut donner sens à chaque moment de notre vie et prendre garde aux conséquences de nos actions et même de nos paroles. On m'impute une certaine franchise. Mais j'ai mis longtemps à m'apercevoir que cette franchise pouvait être ressenti douloureusement par ceux de mes proches ou de mes collaborateurs qui ne s'y étaient pas adaptés.

Partant de l'idée du péché, je suis arrivé à l'idée plus philosophique qu'il fallait toujours, autant que possible, faire reculer l'inconscience. Il y avait donc dans ma famille une tradition de piété avec un zeste de bigoterie chez les femmes, mais la fréquentation de l'école publique du Russey plutôt que celle de l'Immaculée-Conception était le vrai marqueur qui traçait une ligne d'invisible partage entre les familles. Cette ligne de démarcation traversait aussi la mienne. Quand ministre de l'Éducation nationale, en 1985, j'inaugurai le dernier collège public construit par l'État – comme par hasard au Russey! –, j'avais été prévenu qu'une partie de ma famille boycotterait la cérémonie, pour protester contre la concurrence indue ainsi faite à une école privée qui n'était pas gratuite. Quelle ne fut donc pas ma surprise, en descendant de l'hélicoptère, de découvrir mon filleul Pascal, neveu de l'abbé Feuvrier, parmi les pompiers volontaires : «Mais que fais-tu là? La Paulette – c'était ma plus jeune tante – m'avait dit qu'elle garderait tout le monde à la maison. — Je suis de service, Monsieur le ministre!» me répondit fièrement Pascal (ainsi prénommé parce qu'il était né le jour de Pâques). Dans la famille Chevènement, on envoyait généralement ses enfants à l'école publique qui avait l'avantage d'être gratuite. Mais le hasard des mariages brouillait quelquefois les lignes. Cela n'empêchait pas le sens du service public chez les jeunes pompiers volontaires! Les tantes qui me restent sont demeurées au Russey où je compte bien encore quelques dizaines de neveux, cousins et petits-cousins. Quand j'ai envie de me ressourcer, je monte au Russey. On se retrouve autour d'un bon déjeuner – croûte aux champignons, jambon fumé. On ne se prend pas au sérieux. On rigole. On se charrie. Pour les anniversaires de mes tantes, mes cousins montent des spectacles avec un art consommé de la satire et de la farce. C'est là que je me sens «en famille», et que je retombe en enfance.

Je ne m'éloigne qu'en apparence de ma généalogie. Ma mère n'avait rien d'une bigote, mais elle était, elle aussi, profondément croyante. Certes corsetée des principes qu'on lui avait inculqués à l'École normale, elle pouvait donner aussi l'image d'une femme émancipée quand, avec ses jeunes collègues institutrices, toutes montées à vélo, elle partait en vacances sur les routes de France. Sa mère Thérésia avait, déjà avant 1914, décroché à Morteau son brevet, alors seule de son village. Sa fille aînée Juliette, ma mère, a poussé plus loin, jusqu'à l'École normale. Elle avait un vif sentiment de sa supériorité intellectuelle. Elle répétait volontiers que l'humanité se partageait en trois : les «moins que rien», les «pas grand-chose» et enfin ceux dont on pouvait dire, mais seulement après leur mort : «C'était quelqu'un!» Cette disposition d'esprit peu charitable ne l'empêchait pas d'aller à la messe tous les dimanches, même quand il lui fallait distribuer, en 1960, les tracts reproduisant l'appel du CNAL[1] contre la loi Debré, escaladant avec ses jambes déjà fatiguées les étages des HLM bisontines. L'assiduité à la messe le matin ne contrariait en rien chez elle la poursuite du combat laïque l'après-midi. Ma mère considérait que la plupart des curés étaient des hypocrites. En fait, elle professait

---

1. Comité national d'action laïque.

une religion qui la rapprochait beaucoup du jansénisme sinon du protestantisme que les curés du Haut-Doubs, du haut de leurs chaires, stigmatisaient encore, au milieu du siècle dernier, comme «l'hérésie calviniste». Le dialogue interreligieux n'était pas à l'ordre du jour...

Bref, ma mère était un esprit libre, autant qu'il était possible de l'être dans une société marquée par la toute-puissance de la tradition. Ma grand-mère Thérésia appartenait à une famille de paysans aisés, les Guenot, qui ont donné un maire à Saint-Hippolyte. «Tombée enceinte» à l'âge de seize ans, elle avait dû épouser un Garessus, lui aussi mort très jeune. Si je n'ai connu aucun de mes grands-pères, j'ai gardé un souvenir très net de Thérésia, intelligente et vive. Ma grand-mère avait rompu très tôt avec le patriarcat. C'était, à tous égards, une maîtresse femme qui avant-guerre faisait tourner avec ses trois filles, et particulièrement son aînée, l'hôtel-restaurant du Cerf, à l'orée du village de Frambouhans, à quelques kilomètres de Maîche. Fort jolie, elle était aussi la maîtresse du maire du village, à ce que m'a rapporté un de mes cousins. Le curé de Frambouhans lui donnait-il l'absolution ? Ne serait-ce pas là aussi une des sources secrètes de l'anticléricalisme latent de ma mère ? Il est vrai que ses deux sœurs, Esther (précautionneusement devenue «Irène» sous l'Occupation) et Gina qui épousa un tankiste de la 5e DB à la Libération, ont fini toutes deux confites en dévotion. Chères petites tantes et surtout mystères des familles et des âmes !

J'ai raconté l'incendie des trois maisons de ma grand-mère, le 18 juin 1940. Thérésia, quand les obus tombèrent, s'était déjà enfuie par la fenêtre de derrière : ma mère n'habitait qu'à quelques kilomètres. Thérésia mourut en 1948 d'une paralysie que, dans la famille, on imputait, à tort à mon avis, à l'effroi du bombardement.

Alors qu'un de mes grands-oncles avait opiné, au lendemain de la demande d'armistice formulée le 17 juin par Pétain, que les soldats français retranchés dans la cave de la maison auraient pu s'abstenir de tirer sur la colonne de motocyclistes allemands, ma grand-mère soutint toujours qu'ils n'avaient fait que leur devoir. Pour mes cinq ans, au printemps 1944, elle m'offrit une mitraillette : ce serait ma contribution à la Libération qu'on sentait proche. Ma mère n'envoyait plus à mon père, cachées dans des morceaux de «gruyère», des boussoles censées faciliter son évasion. Elle se contentait de piqueter sur la carte les villes perdues par les Allemands sur le front de l'Est, marquant ainsi la progression des armées soviétiques et le prochain effondrement du «Grand Reich». Quant à la mitraillette, elle n'était évidemment qu'en bois. Avec mon cousin Denis, plus âgé que moi de cinq ans, et qui s'était fait général des gamins du village, nous nous bornâmes à envoyer quelques gravillons sur les camions chargés de prisonniers allemands traversant le village après les combats du Lomont.

Les Garessus, la famille de mon grand-père maternel, les Guenot, étaient des paysans propriétaires de leurs terres. J'ai conservé de vieilles paperasses rapportant que Jeanne Garessus, ayant épousé en 1823 un fils Thiébaud, leur calèche, au jour du mariage, était tirée par pas moins de six chevaux! Les Garessus, comme on dit là-haut, étaient des «orgueilleux». Ils alléguaient une lointaine ascendance espagnole du temps où Philippe II recrutait en Franche-Comté son Premier ministre, le cardinal de Granvelle, ses gouverneurs et ses juristes, c'est-à-dire avant les traités de Nimègue (1678) qui ont rattaché la Franche-Comté à la France.

J'ai retrouvé par hasard aux Terres-de-Chaux, au-dessus de Saint-Hippolyte, un calvaire commémoratif d'une «mission» effectuée, sous la Restauration, par une Église désireuse de reconquérir les âmes. Sur ce mémorial, l'un des frères Garessus, donateurs, avait fait graver sous son nom un titre : «Sire de Courcelles», village voisin, dont il possédait sans doute la plus grosse maison. Les Garessus ne remontent pas aux croisades. Et les Chevènement non plus, bien qu'une généalogie récente recense, parmi les aïeux, un échevin de Fribourg, en Suisse qui, au XVIe siècle, se faisait appeler «von Schwendi» mais dont la famille s'appelait simplement «Schwendimann» (l'homme de Schwendi, petit hameau situé sur les pentes alpestres de la partie germanophone du canton). Schwendimann est devenu Schevènement quand la descendance s'est établie dans la partie francophone du canton de Fribourg, puis Chevènement, à Arc-sous-Cicon, près de Pontarlier, perdant son S au passage de la frontière. De part et d'autre de celle-ci, les deux branches de ma famille ont leurs racines. Les réunions familiales élargies rassemblent, de la Haute-Saône au canton de Genève, cousins et cousines pour qui c'est l'occasion de découvrir leur cousinage. Chevènement est donc un nom d'origine alémanique, francisé au début du XVIIIᵉ siècle. Ma femme, née au Caire, ironise sur le fait qu'il ait fallu cinq siècles et cinquante kilomètres (distance entre Fribourg et Arc-sous-Cicon) pour parvenir à un tel résultat ! Je ne partage pas son avis, car il n'est pas si facile de faire d'un Allemand un Français...

Mes parents, surtout mon père, revendiquaient la modestie de leurs origines. En réalité, ils incarnaient assez bien les lentes mutations de la sociologie rurale dans nos marches de l'Est, depuis que la Révolution était venue à bout de la «Petite Vendée» qu'était alors le Haut-Doubs, et que l'instruction publique, laïque et obligatoire, avait peu à peu creusé son sillon dans les campagnes. Eux-mêmes étaient pleinement représentatifs de ce que l'école publique signifiait : l'accès au savoir d'abord, à la liberté de jugement, ensuite, qui devait délivrer de l'obscurantisme où le poids de l'Église les avait plongés pendant des siècles, les enfants qui leur étaient confiés et dont il leur incombait de faire des citoyens. J'ai conservé de cette époque un «catéchisme républicain» qui montre assez clairement comment l'école laïque avait su prolonger, sous le drapeau de la science, «la foi des anciens jours».

C'est dans cette atmosphère appliquée et studieuse que j'ai grandi. Mes parents tous les soirs jusqu'à une heure tardive corrigeaient les copies de leurs élèves. La conversation, à table, allait bon train sur ce qu'il fallait faire pour redresser les élèves, apprendre aux «Bénusse» – c'était le nom d'un hameau voisin – à se moucher, faire ou non redoubler un élève un peu lent, etc. On y parlait aussi des syndicats – l'affreux SNI (Syndicat national des instituteurs), dont mes parents étaient par ailleurs adhérents et partageaient au fond l'idéologie. Le SNI faisait les carrières, c'est-à-dire permettait ou non les mutations. SNI était synonyme d'opacité. Au prétexte de contrôle syndical, ses bureaucrates s'étaient substitués à l'Administration. Pas tout à fait cependant, si j'en juge par la crainte révérencielle que mes parents éprouvaient encore à l'évocation de la prochaine visite de «Monsieur l'inspecteur».

Quand je devins ministre de l'Éducation, en 1984, j'avais l'impression de connaître l'École de l'intérieur, sans m'être appesanti sur les traités de sociologie de l'éducation ou de sciences cognitives. S'il n'avait tenu qu'à mon proviseur, M. Jeunet, je serais devenu moi-même professeur, par tradition autant que par inclination, comme mes sœurs, toutes deux très appréciées dans leur métier. Je rencontre, à l'occasion, d'anciens élèves qui me disent souvent combien ils ont été marqués par l'enseignement de mes sœurs, et leur exigence qu'elles savaient rendre aimable par la sensibilité de leur ton à la lecture d'un poète, leur capacité à se mettre à la place de personnages d'un roman ou d'une pièce de théâtre, leur rigueur au service de la transmission d'une culture. Mais mes parents ont toujours déclaré vouloir «respecter mes choix». Je n'ai pas préparé Normale sup comme me le conseillait Adrien Jeunet. Il m'arrive de le regretter. Je voulais en fait m'initier à la science de la politique, pour autant qu'elle existât. Je compris vite, mais trop tard, que «Sciences Po» était une appellation usurpée, en phase avec le positivisme de l'époque où fut créée l'École libre des sciences politiques (1872). Malgré l'intérêt des conversations autour de la table familiale, mon plus cher désir était, le repas terminé, de regagner ma chambre pour reprendre mes lectures là où je les avais laissées. Ainsi l'école n'avait pour moi rien de coercitif. «Jean-Pierre, il apprend tout seul» était la réponse de ma mère à ceux qui l'interrogeaient sur mes «bons résultats». À vrai dire, j'apprenais «par imprégnation».

Ma mère n'investit qu'assez tard mes résultats scolaires, après ma classe de quatrième – âge difficile – où je fus privé du prix d'excellence qui, depuis mon entrée au lycée, paraissait me revenir de droit. Longtemps après, quand elle eut pris sa retraite, elle me fit cette étrange confidence : «Tu sais, je n'ai vraiment pris conscience que tu étais "au-dessus de la moyenne", que lorsque tu as été reçu premier au concours départemental de catéchisme.» À l'époque, je devais avoir onze ans ! Bizarre, de la part d'une institutrice laïque, car, au même âge, j'avais été reçu premier à l'examen d'entrée en sixième du département du Doubs ! Les satisfactions que mes prix d'excellence apportaient à ma mère ont été plus que compensées, j'y pense avec peine, par les émotions qu'ultérieurement, par mes choix tranchés, je lui ai réservées après la guerre du Golfe notamment. En fait, l'exigence scolaire dans ma famille n'avait pas besoin de se manifester. Elle était dans le comportement quotidien de mes parents. J'ai bénéficié d'une éducation libérale dans une école dont la philosophie était plutôt directive. Mon apparente «facilité» tenait sans doute aussi beaucoup au fait que, très tôt, j'avais trouvé refuge dans l'univers des livres dont Montaigne disait déjà qu'ils permettaient de «converser avec les honnêtes gens de toutes les époques».

Dans tout ce que j'ai voulu ou entrepris, mes parents ne m'ont jamais découragé, s'employant toujours, au contraire, à satisfaire mes désirs. Ma mère nous initia très jeunes au piano… Pour ma part, je ne dépassai jamais le stade de la *Polonaise héroïque* que j'interprétais, en frappant sur le clavier comme un sourd pour attirer, en vain, l'attention de ma petite voisine aussi timide que moi. Je la suivais tous les matins sans oser l'aborder sur le chemin du lycée de jeunes filles Louis-Pasteur où enseigna Mallarmé et qui jouxtait le lycée Victor-Hugo. Mes sœurs, infiniment plus douées, ont poussé beaucoup plus loin leurs études de piano. Ma sœur Annie a fait le conservatoire de Besançon auquel mes parents l'ont inscrite dès qu'elle en eut fait la demande. Quant à moi, dès le grand lycée je fus abonné par mes parents à une petite collection qui retraçait l'œuvre des grands peintres. Degas, Manet, Monet, les impressionnistes, les cubistes me devinrent vite familiers. Un *Arlequin* de la période rose de Picasso ornait ma chambre à coucher. Mais ma prédilection allait à la peinture espagnole : le Greco, Ribera, Zurbarán, Vélasquez et bien sûr Goya. Comment enfin ne pas faire toute sa place à Courbet qui exprime si bien les paysages et les caractères de la Franche-Comté ? La vallée de la Loue, c'est chez moi : mon grand-père paternel y a été fermier avant la guerre de 1914 à Durnes, près d'Ornans. La peinture de Courbet fait immédiatement vibrer en moi une fibre profonde. Cette explosion dans ma tête de couleurs et de formes m'a peut-être prédisposé à rencontrer ma femme, sculpteur, mais aussi peintre à ses heures.

Mes parents cherchaient ainsi à ouvrir leurs enfants sur le vaste monde des sensations et à desserrer le côté inévitablement étroit de la vie provinciale. Ainsi, les vacances familiales étaient-elles planifiées pour nous faire découvrir la France et les mers qui la baignaient : successivement Arcachon ou plutôt Lacanau où, avec mon père, en 1952, nous découvrîmes la mer, puis Trouville, Saint-Brieuc sur la Manche, Quiberon, Belle-Île, Royan, Biarritz sur l'Océan, enfin sur la Méditerranée, Mandelieu et Cagnes-sur-Mer. Les périodes estivales servaient ainsi de travaux pratiques à l'apprentissage de la géographie. Mon père, en fin d'année, organisait aussi des «sorties scolaires». Nous allions reconnaître les «curiosités» naturelles qu'étaient le saut du Doubs, les sources de la Loue ou la grotte Sarrazine, autre superbe et jaillissante résurgence à proximité de Besançon, le mont Poupet au-dessus de Salins et enfin le fort de Joux où mourut de froid Toussaint Louverture, le héros de l'indépendance haïtienne, exilé au pays de la neige. Le Jura était notre petite patrie. Il fallait en reconnaître les vallées, celle du Doubs, bien sûr, mais aussi de ses affluents, le Dessoubre, la Loue, le Cusancin, et distinguer les chaînons parallèles : le Risoux, le mont d'Or, le Lomont. Après, c'étaient les Franches-Montagnes : mais on était déjà dans le Jura suisse! D'un val à l'autre, on communiquait par des cluses. La plus belle était celle de Mijoux que couronnaient deux châteaux médiévaux redoutables, dont l'un a été repris et perfectionné par Vauban. Toute crénelée de forts, de Belfort aux Rousses en passant par Joux et bien sûr, à l'arrière-plan, par l'impressionnante citadelle de Besançon, fermant la boucle du Doubs, la Franche-Comté tout entière signifiait à l'Envahisseur : «On ne passe pas!»

Nous étions tous fiers de notre belle région qui montait la garde pour permettre aux provinces où la vie était plus douce, la Bourgogne, le Val de Loire, l'Aquitaine, de se prélasser dans leurs vignobles et leurs châteaux, au long des courbes de leurs rivières. Tout cela, on le voyait dans les livres de la bibliothèque parentale : *Pays de France*, en plusieurs tomes, ne laissait rien ignorer des merveilles naturelles ou architecturales de nos belles provinces. Naturellement, le Jura n'est en altitude qu'une petite montagne, mais d'une austérité poignante avec des vues à couper le souffle. La sortie scolaire de juin nous conduisait à la «Vue des Alpes», au-dessus de Neuchâtel et de là, on pouvait admirer les Alpes bernoises, la Jungfrau, le mont Cervin et le mont Blanc, par-delà le Léman. Au nord, il y avait aussi le ballon d'Alsace avec une superbe vue sur les Vosges, la plaine d'Alsace et la Forêt-Noire et une statue de Jeanne d'Arc dont l'épée tendue vers l'est montrait que le temps était passé, où il fallait «bouter l'Anglais hors de France».

Et puis il y avait à Belfort, «le château», immense cuirassé de terre dont j'ai mis plus tard en valeur et en lumière la puissante silhouette, avec à son pied, mais dominant la ville, le Lion de grès rose, deuxième sculpture colossale de Bartholdi, après la statue de la Liberté à l'entrée du port de New York. Mais le Territoire de Belfort était comme une pièce rapportée dans la région. La Franche-Comté s'arrêtait aux portes du pays de Montbéliard. Je n'ai le souvenir que d'une visite aux usines Peugeot de Sochaux dans les années 1950. La grande industrie, Alsthom, Peugeot, n'était pas notre monde. Nous vivions encore dans l'ancien temps, celui d'une France restée majoritairement rurale.

La vérité est que dans cette société qui sortait d'une longue prostration et qui commençait à peine à se moderniser, mes parents ont tout investi dans l'avenir de leurs enfants. Ils leur ont tout sacrifié. Ils n'avaient pas de plus haute ambition que de leur ouvrir la voie d'une vie meilleure que n'avait été la leur. Il est difficile de mesurer aujourd'hui les privations de l'après-guerre, le rationnement, l'étroitesse de la vie quotidienne. Ainsi à Saint-Vit, le logement de l'instituteur n'avait pas de toilettes : il fallait aller dans le jardin, à la feuillée…

C'est à cet univers que mes parents ont voulu nous arracher en nous donnant le goût des idées et l'amour du travail bien fait. À leur manière, ils symbolisaient le progrès en ce temps-là. Et la période s'y prêtait : c'était le début de ce qu'on a appelé ensuite «les Trente Glorieuses». Ma mère a terminé sa carrière à l'école de Battant, et mon père comme directeur de l'école des Chaprais, tous deux à Besançon. Leurs anciens élèves ne les ont pas oubliés. Longtemps, ma mère, qui a vécu jusqu'à l'âge de quatre-vingt-douze ans, a reçu des lettres qui montraient l'attachement que suscitaient dans nos campagnes ces instituteurs de l'ancien temps.

2

Apprentissages

Si ma personnalité a été façonnée par l'atmosphère très particulière de mon enfance, je dois aussi beaucoup aux professeurs principaux du lycée Victor-Hugo de Besançon qui se sont pris d'affection pour moi et m'ont donné confiance en mes capacités.

J'en avais bien besoin, en sixième, à onze ans, quand M. Imberty m'a pris sous son aile pour m'initier aux déclinaisons latines et pour m'aider à traduire *De viris illustribus*[1]. Le régime de l'internat était militaire. Lever au sifflet à six heures et demie du matin. À sept heures et quart, étude. À huit heures, petit déjeuner, dans un réfectoire mal chauffé, d'un quignon de pain et d'un bol de café au lait. Courte récréation, puis début des cours à neuf heures. J'étais, pour l'Administration et pour la lingerie, le numéro 115. Mes camarades m'appelaient «Biquette», du fait de ma petite taille (je ne grandis qu'à l'âge de la puberté). Je ne connaissais personne à Besançon sinon un correspondant dont le rôle était de me sortir les dimanches où je ne rentrais pas à Saint-Vit dans ma famille. Les «pions» me terrorisaient, surtout le «surgé» (surveillant général) qu'on appelait «le Grand», parce qu'il tutoyait les deux mètres et qu'il supervisait la discipline de l'impressionnant «bahut» qu'était, pour les petits écoliers venus des villages environnants, le lycée Victor-Hugo de Besançon. Quelques jours après l'entrée en sixième, j'étais allé me jeter dans les jambes du surgé à l'intersection de deux interminables couloirs où je m'étais imprudemment lancé. Frayeur. J'ai connu longtemps plus tard M. Ledeuil, après sa

---

1. Abbé Lhomond, *De viris illustribus* («Au sujet des hommes illustres»).

retraite. Il avait pris sa plume pour confier au bambin devenu ministre de l'Éducation l'état de ses réflexions sur l'École, la gauche, la France. Le sens de l'État imprégnait sa façon de voir. C'était très émouvant parce que M. Ledeuil, homme de gauche avant la guerre, devenu ensuite gaulliste, ne séparait pas sa réflexion sur l'École et sa vision de ce que la France devait redevenir : un pays de citoyens, épris des valeurs de la science et de la connaissance.

Que serais-je devenu sans la sollicitude paternelle de M. Imberty et peut-être aussi sans les bonnes notes qui ne tardèrent pas à récompenser mes prédispositions littéraires ? Oui, j'ai une pensée affectueuse pour M. Kreisler en troisième, pour M. Nicolet en seconde qui aimait tellement Montaigne qu'il en oubliait de traiter le reste du programme, et pour tous les autres, à l'exception peut-être de «Pépé», en quatrième, qui m'a initié au grec ancien et avec lequel je n'accrochais pas. Mais Pépé ne m'a pas empêché d'obtenir, quelques années plus tard, un accessit au concours général de version grecque, en même temps que de géographie, ce qui pour le proviseur du lycée Victor-Hugo paraissait être une première !

Ces distinctions, si contestées après mai 1968, ont éveillé en moi un sentiment de confiance que je n'aurais pu trouver ailleurs. Je partageais mes prix d'excellence avec un autre fils d'instituteur, le petit Alain Vertener, qui raflait les premiers prix en maths, en sciences et en allemand, me laissant le vaste champ des humanités, y compris l'histoire et la géographie. Je savais aussi qu'il fallait me faire pardonner ces bonnes notes par des camarades moins chanceux dont je favorisais un copiage éhonté pour m'attirer sinon leurs bonnes grâces, du moins leur tolérance.

On ironise aujourd'hui sur le «capital culturel» dont bénéficiaient au départ les fils d'enseignants. C'est ne pas voir l'investissement dans le savoir et les sacrifices consentis pour leurs enfants par ces générations d'instituteurs pour qui l'école était une religion.

À qui viendrait aujourd'hui l'idée de reprocher à Nietzsche d'avoir été fils de pasteur ? Il est indéniable que les métiers de l'enseignement accélèrent la mobilité sociale au bénéfice des enfants d'enseignants. Où est le crime ?

J'ai pu observer aussi la réussite brillante d'enfants de paysans, tel mon camarade Raymond Besson, devenu professeur de sciences à l'université de Besançon, créateur du pôle Temps-Fréquence, dont les travaux très pointus ont été récompensés par le prestigieux prix Science et Défense. Raymond, qui avait un an de plus que moi, était bon en tout : latin, grec, maths, etc. Une facilité déconcertante. On le voyait se promener avec son Gaffiot[1] sous le bras, aisément reconnaissable à sa blouse maculée de taches dans laquelle il avait la curieuse habitude d'essuyer sa plume. L'excellence en tous domaines du petit paysan de Boussières, gros bourg à quelques kilomètres de Saint-Vit, suscitait la risée de ses copains qui l'appelaient « Tomate », sans doute à cause de ses bonnes joues de petit campagnard élevé au grand air. Ainsi ai-je écopé de ma première punition pour avoir versé de l'eau glacée, un matin d'hiver, sur la chaise où, légèrement en retard au réfectoire, Raymond était venu s'asseoir sans méfiance. Hurlement ! Le pion n'était pas loin : avec astuce, il demanda que lèvent la main ceux qui n'étaient pour rien dans l'attentat : toutes les mains se levèrent, sauf la mienne. Encore peu frotté de Machiavel, je m'étais désigné moi-même. Je fus mis aux arrêts de rigueur : suppression de la sortie dominicale et mise en retenue au lycée. Cette sanction méritée contribua peut-être à l'établissement ultérieur d'une amitié durable entre Raymond et moi. Si j'évoque cette scène digne de *La Guerre des boutons* de Louis Pergaud, ce n'est pas tant pour ressusciter une atmosphère que pour montrer que « l'élitisme républicain » dont je fis ultérieurement ma devise (« permettre à chacun d'aller au bout de ses capacités ») ne va pas sans peine et s'enracine autant dans la force des institutions que dans la psychologie des enfants.

Au milieu du siècle dernier, les anciens élèves de Normale sup' ne répugnaient pas à enseigner dans des lycées de province. Ils faisaient briller les mille feux de leur intelligence et de leur culture aux yeux des fils et petits-fils de paysans comme moi. Jean Defrasne, professeur d'histoire, et, plus tard, maire adjoint de Besançon, nous épatait sur les origines du fascisme mussolinien.

---

1. Dictionnaire latin-français.

Mais que dire de la culture encyclopédique, de la clarté d'exposition et de la verve d'André Vergez qui fut mon professeur de philosophie ? André Vergez se défendait de vouloir influencer les consciences. À la question d'un élève : « Que pensez-vous de la politique de Robert Lacoste en Algérie ? », il répondit abruptement : « M. Lacoste a reçu mission de gagner la guerre en Algérie. Il la gagnera ou il la perdra. Quant à moi, j'ai la mission de vous faire obtenir le baccalauréat de philosophie. » Cette réponse me choqua d'abord, mais elle me fit réfléchir ensuite au devoir de réserve qu'implique la laïcité de l'École.

S'il se refusait à intervenir dans le champ politique, André Vergez était un maître pour orienter, à travers ses leçons, ses citations et ses conseils de lecture, notre « capacité à penser par nous-mêmes » qui était l'objectif déclaré de son enseignement. Les grands rationalistes – Descartes et son *Cogito*, Kant et « le ciel étoilé » de sa « conscience morale », leur commune exigence, *Aude sapere*[1], Hegel et sa dialectique opportuniste (« l'histoire du monde est le tribunal du monde »), Durkheim et la découverte de la sociologie, « l'engagement » sartrien avec en arrière-plan la phénoménologie de Husserl et le rôle de la Technique chez Heidegger –, ces figures tutélaires, devenaient nos auxiliaires plutôt que les cours du maître qui se bornait à résumer leur pensée avant de s'en remettre à nos lectures. André Vergez n'avait pas son pareil pour nous éveiller aux philosophies du soupçon, à la critique marxiste de l'idéologie dominante, à la « moraline » selon Nietzsche ou aux mauvais tours de l'inconscient révélés par Freud. Il a déclenché chez moi une boulimie de lecture qui allait bien au-delà de la philosophie. À dix-huit ans, j'avais déjà lu *Le Capital*, il est vrai dans l'édition résumée de Borchardt qui faisait quand même trois cent cinquante pages ! Je me suis passionné pour Nietzsche – *Généalogie de la morale*, *Le Gai Savoir* et, bien sûr, son *Zarathoustra*.

Je prétendais comprendre Freud et Jung, alors que je n'avais pas encore fait mon service militaire. Plus tard je ne décourageai pas ma femme de devenir psychanalyste. Un temps même, je crus aux vertus de l'autoanalyse. L'engagement dans la vie active me

---

1. « Ose te servir de ton entendement. »

fit rompre avec ces lubies dont il ne me reste qu'un vernis de culture psychanalytique – ô combien superficiel! – qui me permet de regarder avec sympathie les efforts vains de Michel Onfray pour saper l'influence du maître de Vienne et de son disciple français Jacques Lacan.

Mon professeur de philosophie m'a conduit à développer la culture du doute méthodique qui ne doit nullement être confondu avec le doute des sceptiques. La culture du doute méthodique fut peut-être aussi pour quelque chose dans mon éloignement de la pratique religieuse que mes prières ardentes n'ont pu conjurer. Cet éloignement coïncide curieusement avec mon séjour à la Maison diocésaine des étudiants catholiques au 61 de la rue Madame où, sachant que je ne connaissais personne à Paris, le bon père Kammerer m'avait fait inscrire. Il y a d'autres explications : les premiers émois sexuels et surtout, je crois, le sentiment de rupture que, confronté aux enfants de la grande bourgeoisie, j'éprouvai, dès mon arrivée à Paris. J'expliquerai ultérieurement mes évolutions à l'égard de la religion à laquelle j'ai substitué la philosophie comme manière d'être au monde. Aurais-je suivi le même parcours hors l'influence de mes professeurs? L'initiation à la philosophie n'a simplement fait qu'accélérer ma prise de distance à l'égard des rites et la difficulté croissante où j'étais à concevoir l'incarnation d'un dieu en une personne, surtout quand elles étaient trois. De la lecture des Évangiles je n'ai gardé que l'amour prôné par Jésus. André Vergez glissait très vite sur les *Pensées* de Pascal dont il ne retenait que le *Credo quia absurdum*[1]. Ce n'est que très récemment que j'ai décidé d'y aller voir de plus près.

Je ne voudrais pas m'éloigner de mes années de lycée qui ont d'autant plus été le socle de ma formation que mes études supérieures à Sciences-Po n'ont duré que trois ans, sans être revenu sur la grande affaire qu'était toujours à mes yeux le destin de la France. Lecteur assidu de l'éditorial que Jean Defrasne, mon professeur d'histoire, publiait tous les matins dans l'édition bisontine du *Petit Comtois*, je m'indignais à quinze ans de l'aveuglement de nos gouvernants, de Joseph Laniel, «dictateur à tête de bœuf»,

---

1. « Je crois parce que c'est absurde. »

selon François Mauriac, et de leur indifférence aux injustices sociales. Surtout je souffrais de l'enlisement de la France en Indochine. Je me souviens avoir pleuré en apprenant en mai 1954 la capitulation du camp fortifié de Diên Biên Phu avec ses collines aux noms de jeunes filles : encore une armée française qui capitulait ! Mais la négociation de Genève, menée de main de maître par Pierre Mendès France, sauva la face. Elle remettait la France dans le sens de l'Histoire et la désembourbait d'une guerre où elle ne défendait même plus son empire, mais un prétendu « monde libre » contre le légitime désir d'affranchissement des peuples. Ne nous avait-on pas toujours appris que « la mission civilisatrice de la France » était de conduire les peuples à leur majorité, c'est-à-dire à leur indépendance ?

En peu de mois, Mendès France devint mon idole. J'approuvais tout ce que faisait « PMF » : l'autodétermination de la Tunisie et surtout le rejet de la CED (Communauté européenne de défense). Je me trouvais alors en Allemagne à l'occasion d'un échange avec un collégien de mon âge, Hans-Jürgen, dans une famille de Mayen, petite ville proche de Coblence. À l'annonce du rejet de la Communauté européenne de défense par l'Assemblée nationale, toute la tablée faisait la tête, sauf moi qui, du haut de mes quinze ans, expliquais aux parents d'Hans-Jürgen que les Français ne voulaient pas être commandés par un général américain. Seule fausse note dans un séjour qui m'apprit à apprécier de près la bonhomie du vieux « Michel » allemand. Dans nos régions de l'Est, le choix de l'allemand comme première langue allait de soi depuis 1871, quand la France eut découvert l'Allemagne. Quand Hans-Jürgen, l'année suivante, me rendit ma visite à Mandelieu où nous passions nos vacances, ma mère découvrit qu'il pouvait y avoir des Allemands sympathiques auxquels on pouvait parler.

J'écoutais régulièrement les *Causeries au coin du feu*, l'émission de radio où Mendès France s'adressait à chaque citoyen comme s'il partageait avec lui la responsabilité de la conduite des affaires du pays. J'avais quinze ans. Je décidai de l'aider. D'obscurs conflits de tendances déchiraient alors le vieux Parti radical. Un certain Martinaud-Déplat faisait obstacle à l'effort de redressement de la France qu'avait entrepris PMF. Je décidai, sans attendre, d'adhérer au vieux Parti radical. Du lycée Victor-Hugo au palais Granvelle, siège de sa permanence, il n'y avait qu'un pas que je franchis à l'heure de récréation. La masse énorme et à contre-jour du permanent qui m'accueillit et son bougonnement peu propre à encourager les adhésions me firent reconnaître en lui un séide de l'affreux Martinaud-Déplat et aussitôt prendre mes jambes à mon cou. J'attendrais encore dix ans avant d'adhérer à un parti politique.

Mes parents avaient mis quelque espoir dans le gouvernement du Front républicain que dirigeait Guy Mollet, mais je garde encore le souvenir de leur fureur quand la radio nous apprit, le 6 février 1956, sa reculade sous la pluie de tomates par laquelle l'avait accueilli la foule des manifestants pieds-noirs. Guy Mollet substitua Robert Lacoste au général Catroux comme gouverneur général et porta le service militaire à vingt-huit mois. Je compris aussitôt que la guerre d'Algérie serait «ma guerre». Mes parents serraient les poings. Pour ma part je souhaitais qu'un lien fort – de nature plus ou moins fédérale – fût maintenu entre la République algérienne et la République française. Je n'avais que dix-sept ans. Je ferais ce que j'aurais à faire à la fin de mes études supérieures. La démission de Pierre Mendès France du gouvernement Guy Mollet et le piteux échec de l'expédition de Suez achevèrent de me convaincre qu'il n'y avait rien à attendre de la IVᵉ République et de son personnel pour sortir la France de l'ornière et lui rendre sa grandeur. Plus que jamais je comptais sur Mendès : il avait déjà su être un recours dans le passé après neuf ans de «traversée du désert» (1945-1954). Il saurait l'être à nouveau pour imposer une solution de raison à la France et au FLN, et sortir ainsi de l'impasse algérienne.

Le moment se rapprochait où il me faudrait choisir mon orientation après le lycée. Je ne connaissais pas Paris, en dehors d'un voyage qui m'avait été offert pour récompenser mes deux accessits de grec et de géographie au concours général.

Mon proviseur – honneur exceptionnel – me convoqua dans son bureau pour me dire : «Jeune homme, je sais que vous voulez faire "Sciences-Po" et préparer l'ENA grâce à une bourse de service public que vos mentions au baccalauréat vous permettront aisément d'obtenir. Mais réfléchissez bien : vous feriez une carrière de bure-lain. À supposer que vous deveniez un jour chef de service, quelle satisfaction pour l'esprit cela vous apportera-t-il ? En outre, ce n'est pas votre milieu. Sans relations, vous ne vous épanouirez pas dans une carrière de fonctionnaire. Croyez-moi, vous pourriez être un brillant helléniste. Après Normale sup', toutes les carrières de l'enseignement supérieur et de la recherche vous seraient ouvertes. Et si le métier de professeur ne vous tente pas, vous pour-riez devenir archéologue, vous consacrer à l'étude des civilisations, écrire des livres. Vous seriez reconnu, j'en suis sûr, et surtout vous seriez heureux. Embrasser une carrière administrative étroite ? Cela ne vous ressemble pas. » M. Adrien Jeunet touchait juste. Il ne pensait pas carrière ni pouvoir. Le savoir et le bonheur lui paraissaient des choses tellement plus importantes…

Mais ma décision était prise. La bourse de service public cou-vrirait une partie de mes frais d'études. Le service public, au demeurant, ne me répugnait pas : j'avais consulté le guide des car-rières offertes à la sortie de Sciences-Po et de l'ENA. Même si je sortais dans un mauvais rang, le commissariat de la Marine me ferait voir du pays. C'est dire que mes ambitions professionnelles étaient modestes. En réalité, une autre ambition me taraudait : la politique. C'est par elle que je pourrais le mieux servir la France. On ne conçoit plus de nos jours l'attrait que pouvait exercer la politique sur l'imagination des adolescents. Le discrédit qui la frappe aujourd'hui pouvait toucher les personnes mais il épargnait l'essence même de la politique : le service de la France n'était pas contesté, bien au contraire. Y avait-il activité plus noble pour un jeune ambitieux ? Puisqu'il y avait des sciences appliquées à la politique, je devais donc me les approprier. C'était par là qu'il fallait commencer !

Au grand dam de mon proviseur, je m'inscrivis à Sciences-Po et comme je ne connaissais personne, ma mère demanda à l'aumônier du lycée Victor-Hugo, l'abbé Jean Kammerer, homme délicieux, ancien résistant et rescapé de la « baraque des prêtres » à Dachau, de me faire entrer à la Maison diocésaine des étudiants catho-liques, rue Madame, dans le 6e arrondissement. J'y fus admis comme pensionnaire la première année, avant de m'émanciper ensuite dans une chambre élégamment garnie et louée à un prix très raisonnable par une demoiselle catholique, au 38, rue de Richelieu, sur la rive droite de la Seine.

Bien que le jeune étudiant mendésiste que j'étais détonnât quelque peu dans le milieu – la guerre d'Algérie, en 1957, était entrée dans sa phase paroxystique –, je me fis parmi les pensionnaires quelques amis solides auxquels je suis resté fidèle : Jean-Louis Chartier, jeune Sarthois, brillantissime et sarcastique, qui se réclamait, à seize ans, de Charles Maurras, avant son épisode marxiste ultérieur, autre face d'une personnalité éprise d'absolu ; Alain Ohrel qui serait préfet de région à Lille ; Hans Daniels, futur maire de Bonn, et bien d'autres…

Le contact avec Sciences-Po, son hall, sa « péniche », sorte de grand canapé de bois où se faisait voir un essaim de jolies filles courtisées par des escouades de « petits messieurs », fut rude pour le Petit Chose qui débarquait de sa province. Un collègue de mon père lui avait glissé le numéro de téléphone d'un inspecteur des Finances censé pouvoir me conseiller utilement. Mais je ne savais pas téléphoner et j'étais trop fier pour m'enquérir de la recette auprès de mes camarades déjà rompus à tous les codes de la vie sociale. Quel conseil, aussi bien, aurais-je pu demander pour m'orienter dans ce labyrinthe ? Dans les premières semaines de mon « exil » parisien, je me pris à douter : n'eût-il pas été plus raisonnable d'envisager une carrière d'instituteur ? J'aurais pu écouter de la musique tout à loisir (j'étais alors un fervent mélomane), dans un village où j'aurais été reconnu…

Heureusement, il y avait les cours en amphithéâtre et les conférences à effectifs restreints. L'histoire des idées politiques des professeurs Touchard, Girardet et Rémond m'enthousiasma. Naturellement, mon maître de conférences, M. Guy de Loÿs, m'avait tout de suite averti que ma réussite aux tests de connaissance ne me dispensait pas de l'essentiel : l'art de l'exposé, l'annonce claire du plan, en deux plutôt qu'en trois parties, la modération du ton, le souci de ne négliger aucun argument quitte à affadir l'un par l'autre, l'équilibre de la conclusion qui devait d'abord montrer la maturité de l'impétrant. Je me pliai, non sans réticences, à l'exercice, en observant l'onction avec laquelle s'exprimaient déjà certains de mes condisciples qui s'étaient seulement donné la peine de naître. C'est à Sciences-Po que j'appris la distinction qu'Albert Thibaudet faisait entre les «héritiers» et les «boursiers» et que je pus vérifier sa pertinence.

Le syndicalisme étudiant me fournit une échappée. Sans doute parce que je ne dissimulais pas mon admiration pour Mendès France, je me vis embarqué à l'automne 1957 sur la liste de l'UNEF Sciences-Po. Je ne remplissais au bureau qu'une fonction modeste : j'étais chargé de l'organisation des stages à l'étranger. La grande affaire, c'était alors la guerre d'Algérie dont s'occupaient les vrais chefs : Lafournière, Wallon, Danton.

Il y avait peu de provinciaux parmi les responsables du bureau de l'UNEF à Sciences-Po. C'est à l'UNEF que je rencontrai Ernest-Antoine Seillière, futur dirigeant du MEDEF, et Jean-Louis Dumas, futur patron d'Hermès. Je constatai ainsi qu'il y avait une grande bourgeoisie de gauche qui savait anticiper intelligemment les événements et de surcroît sympathique. Écarquillant les yeux, je finis par repérer dans le bureau du syndicat un autre et unique Petit Chose, André Larquié, alors adhérent aux Jeunesses radicales et qui, après un détour chez les rocardiens, termina sa carrière comme directeur de la musique au ministère de la Culture.

Je me dégrossissais peu à peu en fréquentant les séances de préparation à l'art oratoire de la Conférence Olivaint où j'avais été inscrit d'office, et en sortant le soir la fille d'un conseiller d'État. Le père Huvenne, jésuite sympathique et bourru, dirigeait la Conférence Olivaint dont le succès tenait beaucoup à la présence en son sein d'une superbe fille qu'entourait toujours, malheureusement, une cour de prétendants. Qu'eût pensé, en me voyant ainsi fourvoyé, mon professeur d'histoire de cinquième pour qui le mot «jésuite», adressé, au mépris de la laïcité, à un élève dissimulateur, occupait sans doute la place la plus élevée dans l'échelle des injures ?

N'importe, il fallait en passer par là et je ne songeais d'ailleurs nullement à masquer mes opinions politiques. Une question cependant me taraudait : comment pouvait-on être de droite ? Que se passait-il dans la tête de ces gens-là pour qu'ils puissent ne pas voir les injustices sociales et ne pas chercher à les corriger et pour qu'ils persévèrent dans les impasses que constituait pour le pays la poursuite des guerres coloniales ? Oui, qu'avaient-ils dans le ciboulot ?

C'est pour tirer au clair cette affaire-là que je m'inscrivis au séminaire très prisé des professeurs Touchard, Girardet et Rémond et je que choisis de préparer un mémoire (sorte de mini-thèse de cent cinquante à deux cents pages) sous la direction de Raoul Girardet, sur le thème suivant : «La droite nationaliste devant l'Allemagne de 1871 à 1960».

Ce travail, poursuivi des mois durant, dans les sous-sols de la très riche bibliothèque de Sciences-Po, m'a permis de découvrir un monde, de m'initier à la recherche, de déconstruire de manière méthodique l'idéologie de Charles Maurras, de replacer dans un cadre historique et géopolitique les errements des courants collaborationnistes, dont tous n'étaient d'ailleurs pas de droite, et surtout de comprendre la pensée stratégique du général de Gaulle au moment où il jetait les bases du rapprochement de la France et de l'Allemagne de Konrad Adenauer : il fallait désormais penser la relation franco-allemande à l'échelle du monde et non plus à celle de l'Europe. J'appris ainsi qu'il y avait différentes sortes de droite et surtout qu'il y avait l'État. Enfin, je commençais à entrer dans la compréhension de l'histoire tourmentée du peuple allemand, avec des lunettes qui, certes, n'étaient pas naturellement les miennes.

Parmi les professeurs dont je buvais les cours, Georges Vedel et Georges Burdeau ont, chacun à leur manière, façonné ma réflexion sur les institutions et sur l'État.

Mes études supérieures furent courtes : trois ans au total. À l'issue de l'année préparatoire, je fus admis parmi les premiers en seconde année. Ainsi en alla-t-il pour le diplôme, en 1960, et la même année pour le concours d'entrée à l'ENA que je réussis par hasard, sans l'avoir préparé. Ne m'étant pas donné le temps de suivre l'année préparatoire au concours, je fus ainsi l'un des derniers à effectuer un service militaire de deux ans. Cette réussite facile de mes études m'a permis de surmonter mon isolement et la condescendance que manifestaient mes condisciples à l'égard du petit provincial que j'étais resté. Ces inspecteurs des Finances prestigieux qui faisaient la politique de la France et au séminaire ultra-chic desquels j'avais été admis, François Bloch-Lainé, directeur général de la Caisse des dépôts, Simon Nora et Jean Saint-Geours, responsables du Trésor, un jour, j'en étais sûr, je serais capable de les égaler ! Ils étaient les meilleurs et les plus intelligents. Leur pouvoir était immense. Et en plus, ils étaient «de gauche» : ne formaient-ils pas la garde rapprochée de Mendès France avant de continuer à servir l'État sous de Gaulle ? Je savourais intérieurement une revanche que je sentais à ma portée.

De la réussite trop rapide de mes études, je n'étais pas mécontent car je savais que j'étais, encore pour une bonne part, à la charge de mes parents. Le petit boursier avait intérêt à travailler vite et bien. C'est pourquoi je garde de ces trois années à Paris le souvenir d'une période exceptionnellement studieuse et formatrice. Ce fut pour moi l'occasion de réaménager les concepts que je m'étais forgés sur l'évolution des sociétés. Sciences-Po ne m'a pas appris la science de la politique que j'ambitionnais de maîtriser, mais m'a fait découvrir une diversité d'approches que je ne soupçonnais pas. J'ai compris ce que le mot «société» voulait dire.

La brièveté de mes études à Sciences-Po fit que je ne terminai ma licence en droit qu'après mon retour d'Algérie et mon stage de l'ENA, c'est-à-dire, en 1965. Je laissai également tomber la licence en sociologie à laquelle je m'étais inscrit en Sorbonne pour suivre les cours de Georges Gurvitch. C'est pourquoi je me suis toujours considéré, avant tout, comme un autodidacte.

Si rapide qu'ait été mon cursus universitaire, les événements politiques, à cette époque-là, allaient plus vite encore.

Le 13 Mai tomba comme la foudre sur la IVe République agonisante. Le «coup de Suez» avait révélé à quelles mains inexpertes la France avait confié son destin. L'envoi du contingent en Algérie par Guy Mollet se révélait d'emblée comme une erreur funeste, dressant l'opinion contre une guerre qu'il avait lui-même qualifiée d'«imbécile et sans issue» quelques mois plus tôt. Les embuscades meurtrières alarmaient les familles. Les gazettes révélaient l'utilisation de la torture pendant «la bataille d'Alger» (1957), en riposte aux attentats terroristes qui avaient frappé la jeunesse algéroise dans les cafés chics de la rue Michelet.

On soupçonnait que le 5ᵉ bureau avait généralisé à toute l'Algérie cette pratique déshonorante. La France était piégée. Dans l'ombre, officiers et soldats de carrière, ivres de défaites qu'ils imputaient, non sans quelques raisons, aux gouvernements qui, en Indochine et ailleurs, s'en étaient remis à eux de résoudre des problèmes dont les politiques seuls détenaient la clé, avaient inventé un concept : «la guerre révolutionnaire», une guerre qu'ils pourraient enfin gagner. Pour l'imposer, ils ruminaient un coup d'État. Entre la France et son armée, le déphasage était alors total.

La valse des gouvernements – après Mollet, Bourgès-Maunoury, puis Gaillard, puis Pflimlin – traduisait l'irresponsabilité des politiques. C'est de cette époque-là que date chez moi le peu d'appétence que m'inspire le régime d'Assemblée. Déjà associé à notre défaite de 1940, il continuait à démontrer sa foncière inaptitude à dominer les crises que le pays avait à résoudre : la décolonisation, bien sûr, mais surtout l'avenir de l'Algérie, avec ses départements, ses villes aux noms français, son million de pieds-noirs qui avaient fait héroïquement leur devoir en encadrant, de 1943 à 1945, l'armée d'Afrique qui fut aussi celle de notre Libération et ses millions de musulmans que la force de l'habitude mais également la séduction d'un vieux et grand pays attachaient à la France. Et ils l'avaient montré eux aussi, déjà pendant la Première Guerre mondiale et surtout pendant la Seconde, en versant généreusement leur sang pour relever la patrie profanée. Car cette patrie, pour nombre d'entre eux, ils l'avaient, en partie au moins, faite leur. Comment trancher, entre la France et l'Algérie, le nœud gordien que l'impéritie de tous les régimes avait laissé se créer (seul Napoléon III, inspiré par les saint-simoniens, avait eu l'idée d'un «royaume arabe» qu'il n'eut d'ailleurs ni la force ni le temps d'imposer).

La IVᵉ République, avec le recul, n'a pas eu que des défauts. Portée par la volonté qu'avait le peuple français de se refaire, elle a même engendré de brillantes réussites économiques, sociales et technologiques. Mais s'agissant de l'Algérie et de la décolonisation, chacun le sentait : elle n'était pas à la hauteur. Où était donc le recours ?

Mendès France, après sa démission du gouvernement Guy Mollet, mais plus encore après 1958, s'était enfermé dans une posture purement morale, sans doute inspirée des républicains du Second Empire et cultivée par Jean-Jacques Servan-Schreiber et par Françoise Giroud, mais que je comprenais mal.

Le 13 Mai peut bien avoir été manigancé. Mais il était nécessaire. Seul un magicien pouvait dire ce qui entre la France et l'Algérie devait être changé et ce qui pouvait être conservé. De Gaulle n'a pas été un magicien mais il a évité à la France la catastrophe majeure qu'eût été une guerre civile. Celle-ci est restée, pour l'essentiel, cantonnée au territoire de l'Algérie, même si deux attentats, à Pont-sur-Seine et au Petit-Clamart, ont failli coûter la vie au président de la République.

Tout cela, je le pressentais vaguement en regardant du trottoir s'écouler tristement cette pauvre manifestation, à laquelle, «pour la défense de la République», avaient appelé, le 28 mai 1958, les dirigeants de ce qui restait de la gauche.

Les manifestants criaient «De Gaulle au musée!» pour mieux se dissimuler, sans doute, que c'était à leur propre enterrement que les chefs des partis de gauche avaient convié un peuple décidément absent.

Dans le groupe de tête, je reconnus Jacques Duclos, quelques têtes chenues de la gauche socialiste, telle celle, honorable, d'Édouard Depreux et avec peine, mon idole : Pierre Mendès France. Je ne comprenais pas.

Quel avenir Mendès France pouvait-il ouvrir à la France avec ces hommes-là? Pour la première fois, je sentis mon mendésisme vaciller.

De De Gaulle je ne savais que peu de chose. J'avais lu ses *Mémoires de guerre* parus peu auparavant : le style autant que le contenu m'avaient impressionné. Que Massu, vieux grognard de la France libre, ait été appelé à présider le Comité de salut public formé à Alger, laissait voir qu'il n'y avait pas de tête à l'insurrection.

Par ses communiqués, l'UNEF soutenait, évidemment, la manifestation «en défense de la République», mais les étudiants, eu égard à la moyenne d'âge du défilé, ne devaient pas être très nombreux. Ernest-Antoine Seillière, c'est la seule chose dont je me souvienne précisément, démissionna du bureau de l'UNEF de Sciences-Po pour apporter son soutien à de Gaulle. Moins d'une semaine plus tard, le Général était investi comme président du Conseil par l'Assemblée nationale.

Au fond de moi je regrettais que Mendès France n'ait pas choisi de lui apporter son soutien, soit au moment du débat d'investiture, soit comme Defferre, au moment du référendum sur les institutions, soit encore après le discours du 16 septembre 1959 par lequel le général de Gaulle ouvrait à l'Algérie le droit à l'autodétermination. L'idole de ma jeunesse préféra se statufier vivant, au nom des idéaux bafoués de la République : il ressortit l'idée d'un « contrat de législature » censé donner une colonne vertébrale au régime d'Assemblée que, par réflexe, il identifiait à la République. Il semblait avoir ainsi oublié la fin piteuse du Front républicain de 1956 et restait prisonnier d'un gambettisme passé de mode. Pour le reste, PMF théorisait la planification démocratique. Keynes était dans l'air du temps. Il n'y avait pas si loin entre les cours de politique économique du professeur Meynaud à Sciences-Po, les orientations du gouvernement Debré et les préconisations de Mendès France. D'ailleurs ses anciens « gourous », François Bloch-Lainé et Simon Nora surtout, n'avaient-ils pas conservé leurs éminentes fonctions sous de Gaulle ?

De même le régime présidentiel qui avait la faveur de Georges Vedel n'était pas si éloigné des institutions que dessinait la Constitution de la Ve République. Michel Debré parlait bien de « parlementarisme rationalisé », mais c'était à l'ombre d'un président de la République érigé en « arbitre national », gardien du long terme et pourvu, en matière régalienne, de toutes les prérogatives.

Georges Burdeau, dont je suivais les cours avec assiduité, théorisait l'État comme « énergie de l'idée de droit ». Il enseignait la distinction entre « la démocratie gouvernante » et « la démocratie gouvernée ». Ma préférence allait à la seconde, à laquelle les nouvelles institutions donnaient forme, rompant avec un régime d'impuissance qui s'identifiait, à mes yeux, à juin 1940, à Diên Biên Phu et à la « guerre imbécile et sans issue » dont un pouvoir débile s'était déchargé sur l'armée du soin de la gagner. Mission impossible, au péril de la démocratie et de l'unité nationale.

Quand il fallut se prononcer par référendum, le 28 septembre 1958, sur les nouvelles institutions, je n'avais pas l'âge de voter.

Mais mes parents qui votaient traditionnellement socialiste parce que nous étions «du côté des pauvres» et pas «du côté des riches», dérogèrent à leurs habitudes : ils votèrent «oui à de Gaulle» en même temps qu'à la Constitution de 1958. C'était la première fois. Ce ne fut pas la dernière, bien qu'ils restassent, dans leur esprit, fondamentalement «de gauche». Derrière la guerre d'Algérie qui ne menait nulle part, je voyais se profiler le grand retour de la France dans les affaires mondiales et c'était ce à quoi j'avais toujours aspiré. J'aurais voté de la même manière qu'eux en 1958 si l'âge du vote avait été abaissé à dix-huit ans.

Je vécus les années 1959-1960 dans une sorte de schizophrénie : je continuais à militer à l'UNEF qui était pour la négociation avec le FLN. J'admire toujours Dominique Wallon qui était allé à Tunis en 1960 rencontrer Ferhat Abbas, premier président du gouvernement provisoire de la République algérienne. Il y fallait du cran car il bravait la volonté du gouvernement. Pour ma part je n'affrontai qu'une seule fois les CRS, lors d'une grande manifestation à laquelle l'UNEF avait appelé. J'y allai d'ailleurs plus par curiosité que par conviction.

D'un autre côté, j'approuvais les initiatives du général de Gaulle en Algérie : le référendum sur l'autodétermination, la recherche d'une «paix des braves», en attendant l'ouverture de négociations directes avec le GPRA[1] qui, après l'affaire des barricades et la reddition de Pierre Lagaillarde (janvier 1960), me paraissait dans la logique des choses. Le général de Gaulle démontrait tous les jours qu'il n'était pas «le prisonnier des factieux» que dénonçait la «petite gauche».

Je voyais s'exercer la force de l'État au service d'une politique qui sortirait la France du bourbier où elle s'était enlisée. Dans le même temps, le général de Gaulle faisait connaître, dans son discours à l'École militaire du 3 novembre 1959, les grandes lignes de sa politique de dissuasion nucléaire «tous azimuts». Quand la guerre d'Algérie qui ne menait nulle part serait terminée, je faisais confiance à de Gaulle pour ramener la France à sa vocation naturelle, universelle et donc mondiale.

---

1. Gouvernement provisoire de la République algérienne.

Par ailleurs je constatais, dans les domaines les plus divers, l'organisation hospitalière par exemple, comment le gouvernement de Michel Debré parvenait à déployer une inlassable activité réformatrice. Ainsi, peu à peu, glissai-je d'un mendésisme que la statue du Commandeur avait elle-même figé en référence intemporelle, à un gaullisme de gauche pratique. Je n'adhérai évidemment à aucune organisation autre que l'UNEF. Je restais de gauche sur le social, tout en approuvant le cours de la politique algérienne menée par le général de Gaulle.

Je m'initiais à la philosophie «marxiste» à travers la petite revue dissidente *Arguments* que publiait Edgar Morin. La guerre d'Algérie, malgré les succès sur le terrain militaire, s'éternisait. J'attendais avec fatalisme d'être un jour appelé de l'autre côté de la Grande Bleue. L'idée de me soustraire au service militaire ou de chercher en Allemagne une affectation ne m'a jamais effleuré. En fait, je faisais confiance à de Gaulle pour trouver la solution qui permettrait aux Algériens d'être libres sans que fussent coupés les liens qui unissaient l'Algérie à la France, car l'Algérie française, à égalité de droits et de devoirs, entre tous ceux qui y vivaient, si elle avait été possible, eût recueilli ma préférence. Mais je savais qu'elle n'était plus possible, si tant est qu'elle l'eût jamais été. Le peuple algérien existait. Nous avions nous-mêmes largement contribué à le façonner. Je m'étonnais, au fond de moi, que mon idole ait encore proclamé, en 1954, à l'unisson de son ministre de l'Intérieur : «L'Algérie, c'est la France !» Je mettais cela sur le compte des inévitables circonvolutions politiques auxquelles même un homme d'État doit quelquefois se plier. Après l'«autonomie interne» et l'indépendance de la Tunisie, il serait bien temps de s'occuper de l'Algérie... Le crédit que j'avais fait à Mendès avant 1958, je le reportai ensuite sur de Gaulle.

Mon mémoire – «La droite nationaliste devant l'Allemagne de 1871 à 1960» – a certainement accéléré mon mûrissement intellectuel et politique. Les discours prononcés par de Gaulle en Allemagne m'en convainquirent définitivement : c'est dans un cadre européen et mondial complètement transformé qu'il fallait désormais penser la relation de la France à l'Allemagne, pour construire une entité européenne stratégique entre les empires. Les rivalités d'autrefois étaient dépassées, même si les politiques d'influence au sein de l'Europe demeuraient. Mais en même temps ma pensée s'approfondissait au plan de l'idéologie. J'ai compris à travers la lecture de Burke, de Maistre et de Bonald la doctrine traditionaliste et la philosophie du conservatisme, la puissance de l'existant, le sens sinon le bien-fondé des coutumes. Bref, la découverte d'une autre manière de penser a fortement interrogé le rationalisme que je tenais de mon professeur de philosophie et que confortait la lecture des ouvrages de Pierre Mendès France. La pensée conservatrice, même formulée avec talent, comme elle l'était chez Burke, heurtait trop en moi l'aspiration à la justice sociale et le fond républicain pour emporter ma conviction. Pour tout dire, la citoyenneté à la française me paraissait procéder d'une exigence intellectuelle et morale supérieure. La morgue d'une société de classes aussi bien que la conscience d'une oppression coloniale à rebours de l'Histoire maintenaient éveillées en moi l'exigence de la justice et la sympathie que j'éprouvais pour les luttes de libération nationale.

À plus forte raison ne trouvait pas grâce à mes yeux la pensée réactionnaire à la Charles Maurras qui croyait pouvoir déduire de l'histoire des quarante rois qui firent la France, la nécessité d'une restauration de la monarchie. Le talent polémique et son goût de la poésie ne rachetaient pas l'indigence d'une pensée fixiste qui devait plus au positivisme du XIXe siècle qu'à une compréhension dialectique de l'Histoire. Dialectique, voilà le grand mot lâché : mon professeur de philosophie m'avait aussi appris Hegel : après la thèse – l'Ancien Régime –, il y avait l'antithèse – la Révolution – et puis la synthèse, c'est-à-dire la société contemporaine travaillée par l'esprit universel. Je garde encore dans l'oreille la phrase du professeur Gurvitch, dans un séminaire à la Sorbonne, assénée avec un roulement de *r* caractéristique de l'accent russe : «La société est un phénomène global total, en *perrpétuelle* voie de *déstrructurration* et de *rrestrructurration*…»

Je n'avais jamais cru à l'idée d'une société sans classes. La lecture de Marx ne m'avait pas convaincu de l'inéluctable paupérisation des masses que croyait avoir démontré le prophète barbu du communisme. L'esprit de la laïcité teinté d'une pointe d'anti-cléricalisme me faisait naturellement rejeter son messianisme. J'admirais les écrits politiques du jeune Marx, particulièrement ses analyses sur l'idéologie dominante «qui est toujours celle de la classe dominante» mais son fléchage du temps me laissait sceptique.

Pas davantage ne pouvait me tourner vers le communisme la lecture assidue de la revue d'Edgar Morin qui d'ailleurs, à l'époque, n'y croyait sans doute plus guère. Je cherchais davantage l'esprit universel en gésine dans le corps des sociétés; non seulement «Tout ce qui est réel est rationnel» (c'était la base de ma philosophie : *Aude sapere* («ose savoir») mais surtout «tout ce qui est rationnel est (ou sera) réel» (c'était déjà le «principe espérance», cher à Ernst Bloch, nécessaire mais quelquefois trompeur). Un peu comme Hegel, qui voyait dans le roi de Prusse, après Napoléon, la réincarnation de l'esprit universel, je me demandais si le général de Gaulle ne pouvait pas faire la synthèse entre le mouvement de la décolonisation qui était l'œuvre de l'esprit universel en ce temps-là et le génie de la France qu'il avait, déjà en 1940, sauvé du désastre.

En me faisant, dans mon for intérieur, ce genre de réflexions, j'étais loin de me douter que ce mémoire de recherche, voué dans mon esprit aux catacombes de la bibliothèque de Sciences-Po, serait exhumé un jour par mes adversaires idéologiques et utilisé par eux comme une pièce à charge pour tenter de me discréditer, quand je serais devenu non seulement l'animateur principal du CERES et l'inspirateur du Projet socialiste mais l'un des six ministres d'État des premiers gouvernements formés par François Mitterrand, en charge de l'Industrie et de la Recherche et surtout de la mise en œuvre du programme des nationalisations.

Qui donc était, en effet, ce professeur Girardet, mon directeur de mémoire, sinon un homme d'extrême droite, un temps proche de l'OAS? Dans un livre intitulé *L'Idéologie française* (tout ce qui est français pue), Bernard-Henri Lévy assura, en 1981, qu'il fallait «chercher dans Maurras et Barrès [mes] plus sûres dynasties», la preuve en était ce mémoire que, de toute évidence, il n'avait pas lu. Le jury constitué par les professeurs Touchard, Girardet et Rémond, auxquels s'était joint Alfred Grosser, spécialiste de l'Allemagne de

Bonn à Sciences-Po, m'avait accordé la note de 18 sur 20. Il faut croire que ces chers professeurs n'avaient pas perçu le côté sulfureux d'une prose qui, chez un garçon de vingt ans à peine, aurait permis de détecter le futur Robespierre que Jean Dutourd décrira vingt ans après dans une pochade de politique-fiction[1].

En réalité Raoul Girardet, qui se ferait ensuite le spécialiste des mythologies politiques, passait plus de temps à lutiner les jeunes demoiselles qui suivaient ses cours dans un bar à l'atmosphère feutrée, en sous-sol de la rue de Montalembert, où j'avais mes habitudes, qu'à monter la tête des officiers de l'OAS contre le général de Gaulle.

Quant à BHL, introduit, en 1973, au «groupe des experts» de François Mitterrand pour une communication sur l'autogestion, il se fit littéralement pulvériser par Didier Motchane dont je décrirai ultérieurement le rôle et la personnalité détonante. De là date sans doute la rancune tenace qu'il manifesta toujours à l'égard du CERES et donc de moi-même. Cette haute figure de l'imposture, parée des prestiges frelatés d'un antitotalitarisme de pacotille dont le concept avait été inventé vingt ans auparavant par Hannah Arendt, dans un tout autre contexte, m'honore de son inimitié. Je ne fais évidemment pas partie de ces hommes politiques qui font mine, parfois, de le consulter sans mesurer le discrédit qui résulte pour eux d'une telle fréquentation. Quand BHL paraît, les vautours ne sont jamais loin.

Du même tonneau est faite la légende selon laquelle j'aurais été membre d'une association intitulée «Patrie et Progrès». Fondée par deux anciens de Sciences-Po, Philippe Rossillon et Jacques Gagliardi, en 1959, au retour de leur service militaire en Algérie, cette association n'a jamais tenu, selon mes informations, plus de quelques réunions essentiellement consacrées à populariser les thèses développées par ces deux sous-lieutenants de l'armée de l'Air rendus à la vie civile, dans un livre intitulé *Survivre à de Gaulle*. De cet ouvrage, le titre seul était une vraie trouvaille. Il anticipait de plusieurs années le problème de l'«après de Gaulle», mais il le faisait à partir d'une étrange idée : pour maintenir l'Algérie dans la France, il fallait, selon les deux réservistes, que celle-ci se

---

1. Jean Dutourd, *Mascareigne*, Julliard, 1977.

transformât en une République socialiste à la mode soviétique. Pas moins ! Les réunions de Patrie et Progrès n'agitaient que le petit milieu de Sciences-Po et ne pouvaient attirer que des touristes ou des désœuvrés. Cette légende tenace fait partie des pauvres arguments dont se sont nourris, faute de mieux, mes adversaires et il y en eut beaucoup de 1971 à 2002 tant que le néolibéralisme n'eut pas la certitude d'avoir, en France du moins, définitivement assuré sa prise. Quand la rumeur n'est colportée que par BHL, c'est encore un titre de gloire. Quand elle est relayée par un professeur au Collège de France[1] qui néglige de vérifier ses sources et préfère répandre la rumeur, cela en dit long sur le niveau auquel est tombé le débat politique dans la «haute intelligentsia» et sur la violence persistante des luttes idéologiques en France.

En décembre 1960, les foules algériennes avaient commencé à descendre dans la rue, en brandissant ce qu'on appelait alors des «drapeaux FLN», c'est-à-dire des drapeaux algériens.

Une France aux couleurs de l'URSS ne faisait pas rêver ces foules, pas plus d'ailleurs que la classe ouvrière française, à l'américanisation de laquelle Sciences-Po consacrait ses séminaires.

Je fus incorporé au lendemain de mon admission à l'ENA, le 3 janvier 1961, au 35ᵉ régiment d'infanterie de Belfort, à la fière devise : «Tous gaillards, pas de traînards!» La transition fut brutale entre la bibliothèque chauffée de Sciences-Po, riche de livres rares, et la chambrée de la caserne Maud'huy, traversée de courants d'air glacés. C'est là que j'ai rencontré Alain Dejammet, futur ambassadeur à l'ONU. Alain Dejammet, devenu mon ami, était un incomparable grenadier-voltigeur avec lequel je devais dresser la tente sur le sol gelé et les pentes neigeuses du ballon d'Alsace. Mais la 1ʳᵉ section de la 1ʳᵉ compagnie du 35ᵉ régiment d'infanterie, bien qu'elle eût pour vocation de sélectionner les futurs élèves-officiers, permettait aussi un certain brassage social. On y rencontrait quelques instituteurs, un bûcheron à l'accent morvandiau qui le rendait difficilement compréhensible, un mécano de Sochaux, un

---

1. Pierre Rosanvallon. *Notre histoire intellectuelle et politique – 1968-2018*, Seuil, 2018, p. 253.

agrégatif de lettres, tous supposés préparer les EOR, c'est-à-dire l'École militaire de Cherchell. Celle-ci formait les sous-lieutenants et les aspirants nécessaires à l'encadrement des quatre cent mille appelés du contingent, chargés de quadriller cet immense pays qu'est l'Algérie.

Trois mois, c'est le temps qu'il faut pour former un grenadier-voltigeur. «Vous avez de la chance d'être dans l'infanterie, nous disait notre chef de section, l'adjudant-chef Billot, car vous mourrez le nez dans les violettes, au lieu de rôtir dans votre char, comme les cavaliers.» En rampant sur la colline des Perches, j'ai ainsi appris à distinguer, à travers la neige fondante, les brins d'herbe microscopiques annonçant le printemps. Nos deux «sous-off» étaient d'excellents hommes qui nous autorisaient à mettre sac à terre quand la colline, enfin, nous dérobait à la vue de la caserne. Et quand il faisait très froid, les matins de janvier ou de février, ils fermaient les yeux sur l'écart qui nous conduisait à prendre un coup de gnôle, chez la «Mère casse-bites», à l'arrière de la caserne.

Le service militaire n'était pas seulement une épreuve physique. C'était une expérience humaine. J'ajoute que les longs temps morts permettaient la lecture. Je rencontrai ainsi à la caserne Maud'huy, que plus tard, comme ministre de la Défense, je ferai rénover de fond en comble, Lucien Leuwen et les frères Karamazov. À l'issue de ces trois mois frigorifiants, Dejammet et moi fûmes sélectionnés pour le grand passage.

Rétrospectivement, je m'étonne que personne ne rechignât à la perspective d'aller servir en Algérie. C'était comme ça : une sorte de rite initiatique auquel nos parents et nos grands-parents avaient sacrifié. Quoi qu'on pensât de la guerre d'Algérie, c'était notre tour et il ne venait à personne l'idée de se dérober. Il n'y eut que de très rares «insoumis», pour des raisons essentiellement idéologiques, à certains égards estimables, quand ces actes périlleux correspondaient, comme chez Maurice Maschino, à un engagement politique réfléchi[1].

Estimable aussi était l'attitude de la grande masse des appelés qui comprenaient qu'en remplissant leurs obligations, ils étaient là

---

1. Maurice Maschino, *Le Refus*, Maspero, 1960.

aussi pour donner au général de Gaulle le temps de conclure au mieux une paix aussi conforme que possible aux intérêts français : il y avait quand même un million de pieds-noirs de l'autre côté de la Grande Bleue et une part non négligeable de la population algérienne qui avait fait confiance à la France, par la force de l'habitude – la France était là depuis six générations – ou tout simplement parce qu'elle ne souhaitait pas être livrée à l'arbitraire du FLN.

Les sanglants règlements de comptes à Melouza entre le MNA de Messali Hadj et le FLN laissaient deviner que l'Algérie indépendante ne ressemblerait pas à «l'oasis de paix où couleraient le lait et le miel» que j'entendrais décrire par Ben Bella à Oran en juillet 1962. Pour autant les soldats du contingent n'étaient pas prêts à suivre les officiers égarés qui n'avaient pas hésité à retourner leurs armes contre la République pour empêcher l'indépendance de l'Algérie. Le «contingent» contribua ainsi de manière décisive à l'échec du putsch des généraux, le 22 avril 1961. Bref, s'il n'y avait nul enthousiasme dans le contingent (l'immense majorité comprenait qu'on allait vers l'indépendance), il n'y avait pas non plus de rébellion : simplement une acceptation mi-stoïque, mi-résignée, qu'il y avait «un temps à faire» dont chacun devait s'acquitter, en espérant fortement qu'il pût être raccourci.

3

L'Algérie, engagement et tragédie

J'ai passé plus de deux ans en Algérie, d'avril 1961 à juillet 1963, au titre du service militaire jusqu'à la fin de 1962, puis six mois comme stagiaire de l'ENA à l'ambassade de France à Alger. Ces deux années m'ont profondément transformé. Grand adolescent quand je suis parti, je suis revenu en homme aguerri – c'est le cas de le dire – moralement et physiquement, non seulement par les épreuves traversées mais aussi et surtout par les choix politiques que j'avais faits. Puisque «l'Algérie allait devenir indépendante, il valait mieux que cela fût avec la France que contre elle», cette pensée du général de Gaulle, quand il eut exploré toutes les autres solutions, a guidé ma conduite.

Quand les SAS[1] où j'avais choisi de servir eurent été dissoutes, je me portai volontaire pour exercer, à la préfecture d'Oran, une fonction de chef de cabinet militaire aux contours mal définis. De mon service militaire proprement dit, je garde quelques images fortes qui me reviennent comme d'un autre temps, aujourd'hui enfoui sous les sédiments de multiples vies. Je me revois à Port-Vendres en avril 1961 : sur le quai quatre cents EOR venant du rang ou de la PMS[2] parmi des centaines d'autres appelés attendant patiemment l'ordre d'embarquer. Bérets rouges des paras, calots bleus de l'infanterie, grands bérets cassés des chasseurs, calots rouges des spahis, mélange d'écussons et d'insignes, 1er de zouaves, 35e d'infanterie,

---

1. Sections administratives spécialisées dépendant du Service des affaires algériennes, lointaines héritières des «bureaux arabes» de l'armée d'Afrique.
2. Préparation militaire supérieure.

parachutes de métal accrochés au revers du blouson ou insignes indiquant l'unité de provenance, les grands sacs marins bourrés jusqu'à la gueule, la destination : Cherchell. C'est l'école de la guerre d'Algérie.

C'est là qu'en six mois on forme à la contre-guérilla, à la technique du quadrillage, à celle du ratissage et à l'embuscade de nuit, les aspirants et les sous-lieutenants dont a besoin, pour tourner, la machine de la guerre. Je retrouve là au hasard des groupes quelques camarades d'études, happés comme moi par le service militaire.

Arrive l'ordre d'embarquer sur le *Ville d'Oran*. Le lendemain, au petit jour, apparaît, dans toute sa splendeur, la baie d'Alger. Le temps de débarquer, les camions s'ébranlent, direction Cherchell, en suivant la côte : Zéralda, Tipaza, mais partout dans les villes, dans les villages et sur le moindre *mechta*, des drapeaux français, comme pour un 14 Juillet. Dans la rue, des Algériens en burnous et des femmes derrière leur *haïk* blanc : j'ai l'impression de regards peu amènes. Un vague malaise m'envahit malgré la douceur du printemps algérois : il y a trop de drapeaux ! Mais je n'ai guère le temps d'approfondir ma réflexion : nous arrivons à Cherchell, l'antique Césarée.

L'école qui formait déjà, de 1943 à 1945, les officiers de l'armée d'Italie et de la 1re armée qui débarqua en Provence n'était pas encore devenue le Saint-Cyr algérien. En ce temps-là elle s'appelait l'EMIA : l'École militaire interarmes. Ce sera la dernière école où j'aurai la faiblesse de m'appliquer. Beaucoup de sport. D'interminables marches dans le djebel, sous le soleil de juillet. Plaisir du hammam après le crapahut. Permissions à Alger. Pas de morts en dehors d'un instituteur bourguignon atrocement déchiqueté par une mine sans doute oubliée à cinquante mètres de moi. Pour le reste, l'école est confortable et nous mesurons toute la différence avec l'humidité suintante et froide des casernes de l'Est. Manœuvres de bataillon dans les montagnes du Dahra, à la recherche d'insaisissables «rebelles». Baignades au fond des oueds. Je me souviens seulement d'un très dur accrochage avec un essaim de frelons qui mit ma section en déroute. Politiquement, l'esprit de l'école, après le putsch des généraux, est pour le moins incertain. Le groupe d'amis qui forme toujours équipe pour servir le mortier, porter le fusil-mitrailleur, voltiger en pointe afin de reconnaître de branlantes mechtas, discourt à longueur de journée sur le communisme, le castrisme et l'imbécillité du colonialisme.

Toute notre sympathie va aux Algériens qu'on appelle alors les « musulmans ». Nous ne les connaissons guère : hormis les lingères dont la fonction excède sensiblement le blanchissage de nos treillis, nous avons peu de contacts avec la population. Aussi préférons-nous parler de l'avenir que du bourbier dans lequel nous pataugeons.

Dans le petit groupe de cinq qui forme équipe, je rencontre Alain Gomez avec qui je créerai le CERES trois ans plus tard et Mohamed Assefsaf, un jeune Algérois habitant la Casbah qui nous raconte la bataille d'Alger telle qu'il l'a vécue en 1957. Curieusement, Mohamed est un appelé comme nous. Catalogué, selon une terminologie peu républicaine, FSNA (Français de souche nord-africaine), il a été retenu, à l'issue de ses classes, comme élève-officier. Direction : Cherchell. Il faut bien encadrer la masse des appelés « musulmans » qui, chose peu sue, seront plus de cent mille à servir sous le treillis de l'armée française. Rien à voir avec les supplétifs qu'étaient les moghaznis qui composaient les *maghzens* des SAS ou les harkis, membres des *harkas*, ou les groupes d'autodéfense constitués au plan local. Ces soldats supplétifs bénéficiaient de contrats renouvelables mensuels ou quelquefois semestriels. Pour beaucoup, ces militaires au statut précaire s'étaient engagés pour nourrir leur famille ou par tradition familiale, ou pour des raisons locales, allégeance à l'agha du lieu, ou règlements de comptes avec les maquisards. Leur effectif permanent dépassait la centaine de milliers. Mohamed Assefsaf n'était pas du lot. Élève brillant dans son lycée, il avait été incorporé d'office à vingt ans par les services du recrutement militaire. Mohamed, leste comme un chamois et d'un tempérament rieur, conquit immédiatement le cœur de ses petits camarades venus de France et à peine plus âgés que lui.

Gomez, quant à lui, dont le père, réfugié espagnol, avait créé à Oran une clinique qui serait incendiée par l'OAS en 1962, ne croit plus à l'Algérie française. Beau gosse et bien « baraqué », il séduit par sa gouaille sarcastique à laquelle rien ne résiste. Je n'ai pas besoin de le convaincre que le mouvement du monde conduit à l'indépendance de l'Algérie. Il le sait et se projette déjà dans l'«après-de Gaulle» : nous rêvons d'une France tiers-mondiste entre les blocs.

Mohamed Assefsaf, vif, intelligent et charmeur, ne sait pas encore que l'Algérie indépendante ne sera pas pour lui un long fleuve tranquille. Cette issue lui paraît naturelle mais il souhaite que cela se fasse avec la France. Aujourd'hui, Mohamed est mort après avoir été emprisonné pendant la décennie de plomb. Cadre dans une grande banque, on lui tiendra toujours rigueur d'avoir porté un peu trop longtemps l'uniforme français. Pourtant Mohamed, par ses récits, avait contribué au mûrissement politique de ses petits camarades. Je le fis libérer, non sans peine, de la prison où il croupissait, malade, au mitan des années 1990. Je reste frappé rétrospectivement par l'intense spiritualité qui émanait de son regard. Drame bouleversant qui en éclaire tant d'autres! Je demeure aujourd'hui en lien avec sa femme, admirable, qui a élevé dignement leurs enfants, son fils, toujours algérois, et ses deux filles qui vivent maintenant au Québec. Noblesse et courage, ce sont ces qualités qui m'attachent toujours profondément au peuple algérien.

À l'issue de l'École militaire, il y a un concours dont je sors sous-lieutenant, assez bien classé pour choisir mon affectation : j'opte pour les SAS parce que je veux connaître mieux la population musulmane. Je suis affecté à la SAS du Khrouf à Saint-Denis-du-Sig, à quatre-vingts kilomètres d'Oran. En dépend le petit poste d'Aïn Cheurfa, sur la route de Sidi Bel-Abbès. Longues veillées d'hiver avec une trentaine de soldats musulmans qui auraient aisément pu trancher la gorge de leurs officiers et sous-officiers métropolitains, afin de se dédouaner, à quelques mois de l'indépendance.

Très occupé par la lecture de l'*Introduction à la philosophie de l'Histoire* de Hegel, le moins qu'on puisse dire est que je ne me tenais pas sur mes gardes. La routine militaire marquait la vie du petit poste. Le soir de la distribution de la solde, je me revois dans la chambrée où mes soldats musulmans jouent leur maigre salaire : je confisque leurs jeux de cartes, car ils n'ont pas le droit de jouer leur solde, et la discipline, même en février 1962, doit rester la discipline ! Ces braves bougres n'ont pas saisi le prétexte que je leur offrais. Ils ont été bien gentils, dans le contexte…

C'est dans ce petit poste isolé que j'apprends le 19 mars 1962 au matin, qu'à Saint-Denis-du-Sig, plusieurs moghaznis ont été assassinés. C'était le lendemain de l'annonce du cessez-le-feu, aux termes des accords d'Évian (18 mars).

Le premier mort que je vis fut l'un de mes moghaznis du Sig, Miloud, étranglé chez lui au cœur du « village nègre », la nuit du 18 mars 1962, avec quinze autres supplétifs. Je vis donc le feu pour la première fois le jour du cessez-le-feu. Sitôt découverts les cadavres, au cœur d'une casbah enfiévrée, le cycle connu s'engage : c'est la répression. Je n'ai pas été témoin de scènes de torture. Celle-ci avait été employée à une vaste échelle en 1957-1958 face aux attentats terroristes qui frappaient Alger ou lors des offensives Challe en Oranie, mais la pratique de la torture s'était résorbée à partir du moment où de Gaulle, ayant proclamé le droit à l'autodétermination, le 16 septembre 1959, le peuple algérien manifesta, de plus en plus au grand jour, son choix de l'indépendance. Je ne saurais garantir que dans la dernière année de l'Algérie française, la pratique des « interrogatoires poussés » ait complètement disparu mais si tel n'a pas été le cas, elle n'a pu être le fait que d'officines spécialisées. En tout cas, je n'ai été témoin, le 19 mars à Saint-Denis-du-Sig, que d'hommes alignés les mains au mur et subissant des fouilles.

Je me revois moi-même, entre deux automitrailleuses, chargeant pour les évacuer, dans des camions militaires, les femmes et les enfants des harkis, avant que la Légion venue de Sidi Bel-Abbès ne commence à ratisser la ville. Scènes bouffonnes et tragiques à la fois. La population algérienne, drapeaux vert et blanc marqués de l'étoile et du croissant rouges déployés, s'attroupe, couvrant d'injures la soldatesque française passablement impressionnée. Le plus difficile est de convaincre les femmes de me suivre. Elles refusent à juste titre : j'ai dans la mémoire le sort des « collaborateurs » dans mon village du Haut-Doubs exécutés en 1944 par les maquisards. Que faire en pareil cas, sinon en rajouter ? Je sors ostensiblement mon revolver pour accréditer définitivement dans l'esprit des habitants la thèse de l'arrestation pure et simple de familles entières. La menace en fait détaler quelques-unes qu'on entasse à l'arrière du camion. Mais la vieille Kheira refuse absolument d'obtempérer. Je suis obligé d'empoigner – ô sacrilège – la grand-mère à bras-le-corps, se débattant dans ses voiles, et de la charger comme un sac de pommes de terre par-dessus les ridelles sous les hurlements d'indignation de la foule. Quelques heures après, la Légion grenadait consciencieusement la cour des mechtas avant de nettoyer les rues, puis de fouiller l'une après l'autre chaque habitation. Il y eut, selon les estimations que je n'ai pas vérifiées, cent trente morts et des centaines de blessés. Le commando FLN – une dizaine d'hommes au total – essaya bien de résister. Tous y laissèrent la vie.

Une véritable épidémie se déclencha alors, tant dans la ville européenne que dans la ville arabe. Le bruit courut que le FLN ici et là l'OAS avaient empoisonné les puits. Des centaines de malades, toutes communautés confondues, accoururent alors à l'hôpital. Aucun n'était encore mort mais tous étaient frappés : du réserviste de l'OAS, aubergiste sur la rue principale, aux guérilleros potentiels du FLN en passant par les femmes et les enfants, les convulsionnaires se tordaient de douleur.

Un médecin-chef avisé sépara les enfants de leurs parents, envoya les premiers jouer dans le jardin et piqua les autres. Le placebo – c'était de l'eau – fit un effet immédiat. Chacun revint à sa passion. Il fallait enterrer les morts et chercher l'eau aux sources réputées intactes.

Dans cette odeur persistante de cadavres, je me sentais humilié d'être là. Était-ce cela servir son pays ? Et que pouvais-je dire aussi bien aux pieds-noirs qu'à mes moghaznis et plus généralement aux Algériens qu'en tant qu'officier SAS j'avais appris à connaître, car l'officier SAS servait aussi de «juge de paix»? Comme le général de Gaulle l'avait annoncé, il n'y avait pas eu de «Diên Biên Phu» en Algérie. Depuis le bouclage, en 1957, des frontières avec le Maroc et la Tunisie par des barrages électrifiés, et surtout depuis le plan Challe (1959-1960) qui avait fait surgir de la masse des soldats vouée au quadrillage des unités d'intervention (paras, commandos de chasse), bref une armée dans l'armée, les maquis avaient été réduits ou dispersés, ne subsistant plus qu'à l'état résiduel. Mais la bataille avait été perdue dans la population et au plan international, à l'ONU où des intellectuels brillants, Mohamed Yazid, Ali Boumendjel ou encore le docteur Debaghine, ministre des Affaires étrangères, faisaient entendre la voix du droit des peuples à disposer d'eux-mêmes.

La France se trouvait prise à revers, contredite dans ses principes et dans sa vocation, entravée dans l'élan que le général de Gaulle voulait enfin donner à sa politique extérieure. De Melun (1960) à Évian (1961-1962), c'est-à-dire pendant deux ans, de Gaulle avait négocié durement avec le FLN en cherchant à exploiter toutes les failles de l'adversaire mais il avait dû se résoudre à d'énormes concessions : le principe de l'indépendance elle-même, certes en coopération avec la France, mais surtout, in fine, la reconnaissance du Sahara comme partie intégrante de l'Algérie : c'était un legs magnifique qui faisait de l'Algérie, c'est-à-dire du Maghreb central, le pays le plus étendu de l'Afrique (2,3 millions de kilomètres carrés) reculant ses frontières jusqu'au sud du Hoggar et aux profondeurs du continent noir.

C'était là l'héritage de la colonisation française. Qui se souvient que ces frontières avaient été fixées peu avant la Première Guerre mondiale ? C'étaient des officiers français agissant, les uns pour le compte du gouvernement général d'Alger relevant du ministère de l'Intérieur, et les autres pour le compte du Soudan et de l'Afrique occidentale française, placés, quant à eux, sous l'autorité du ministère de la Marine et des Colonies. Ces officiers avaient élaboré le tracé des frontières qui séparent aujourd'hui l'Algérie du Mali, du Niger, de la Mauritanie. Que, par suite des arbitrages réalisés à Paris, en cette époque lointaine, l'Algérie ait été bien dotée par la France n'apparaissait pas encore.

Dans l'immédiat, le résultat visible était là, en ce printemps de 1962 : un défilé ininterrompu de camions et d'automitrailleuses emportant sur la route d'Oran vers de lointaines affectations, à Charleville-Mézières ou à Constance, les divisions de l'armée d'Algérie. Enfouis sous leurs chapeaux, les pieds-noirs du Sig sirotent une dernière anisette à la terrasse des cafés en regardant passer le flot du «dégagement». Dégagement, voilà le grand mot lâché : le général de Gaulle veut retrouver les mains libres pour redonner à la France la politique étrangère à vocation mondiale digne d'une grande puissance indépendante. Mais pour les pieds-noirs, c'est la fin d'un monde : qui pourra faire respecter les clauses protectrices à leur égard des accords d'Évian ? Ils n'y croient pas. Déjà les murs se couvrent d'inscriptions vengeresses à l'égard de la «Grande Zohra» (c'est ainsi qu'ils qualifiaient le général de Gaulle). À l'appel des généraux Salan, Jouhaud, lui-même originaire d'Oran, Gardy, ancien commandant de la Légion étrangère, l'OAS organise dans les villes, où se concentre la population européenne, des concerts de casseroles, révélant l'immense désespoir des pieds-noirs. Les «nuits bleues» sont ponctuées d'attentats contre les Français libéraux, les intellectuels algériens en vue comme Mouloud Feraoun, les gendarmes et les forces de l'ordre et enfin les bâtiments publics. L'insécurité prend un nouveau visage, celui d'une guerre civile franco-française haineuse et sans merci.

Comment réussir à maintenir, dans l'Algérie indépendante, ce million de pieds-noirs que l'OAS appelle à détruire un pays qui avait été jusqu'alors leur seul horizon ? C'était la grande faiblesse des accords d'Évian, qu'à aucun moment les pieds-noirs ne s'étaient sentis engagés dans leur négociation. Comment faire dès lors qu'ils s'étaient laissé enfermer dans le camp des extrémistes : Ortiz, Lagaillarde, et pour finir, Susini, n'accordant leur foi qu'aux officiers théoriciens de la «guerre révolutionnaire», les colonels Godard, Argoud, Lacheroy et d'autres qui, en réalité, les envoyaient dans le mur. Ce cauchemar de la guerre civile que j'ai vue de près, à Oran, entre Français aussi bien qu'entre Algériens, n'a cessé depuis lors de me hanter.

Les SAS, qui n'avaient plus d'objet, furent dissoutes par le gouvernement à la fin du mois de mars. Moghaznis et harkis furent licenciés avec un petit pécule, les uns regagnant leurs douars, les autres, plus rares, préférant gagner Oran, pour voir venir, à juste titre. L'historienne Raphaëlle Branche évalue à plus des quatre cinquièmes ceux qui, en mars, choisirent de rester en Algérie, tandis qu'en avril un tiers de ceux qui avaient choisi de venir en France y renoncèrent. Ensuite, après l'indépendance, les choses se gâtèrent et l'exode dépassa les prévisions[1]. Il n'y a pas lieu d'être fier de ce manque d'anticipation. Pour faire surgir, au plan du droit, le peuple algérien comme peuple indépendant et souverain, il fallait trancher le lien qu'avait créé depuis plus d'un siècle le partage, même inégal, de la nationalité française. Les critères fixés à Évian étaient sans doute imparfaits mais il était difficile – reconnaissons-le – d'anticiper la double guerre civile qui a accompagné l'indépendance de l'Algérie et dont ceux qu'on appelle aujourd'hui « les harkis » ont été les victimes. Les consignes données par le gouvernement de l'époque ont constitué une faute que le contexte créé par l'insurrection de l'OAS ne suffit pas à excuser.

Je fus, quant à moi, mis à la fin mars, à la disposition de la sous-préfecture voisine de Perregaux. C'est là que je vis passer un appel d'offres qui était plutôt un appel au secours de la préfecture d'Oran : l'Administration, pour gérer la période transitoire jusqu'au référendum de juillet, manquait de cadres. Beaucoup, sans doute, dans la ville insurgée, étaient soucieux de mettre à l'abri leurs familles. Je me résolus à faire acte de candidature, m'y reprenant à trois fois pour pénétrer dans la préfecture, car celle-ci était soigneusement gardée par plusieurs escadrons de gendarmes mobiles, avant tout soucieux de ne laisser passer personne. Une idée simple me guidait : il fallait aider l'Algérie à construire son indépendance avec la France. Entre nos deux pays, l'avenir serait plus long que le passé. Plutôt que d'aller croupir dans les casernements du 21e régiment d'infanterie où je venais d'être versé, en attente de rapatriement, me vint à l'esprit la parole de saint Matthieu : « Qui veut sauver sa vie la perdra. Qui veut risquer sa vie la sauvera. » Je me portai volontaire et ma candidature fut immédiatement retenue. Outre la pénurie de cadres, ma qualité d'élève de l'ENA y fut sans doute pour quelque chose. Ironie du destin ! Il faut dire qu'on ne se bousculait pas au portillon… Je pris donc la route d'Oran.

Au lendemain des accords d'Évian, s'ouvrait, dans l'attente du référendum sur l'indépendance dont la date fut fixée au 3 juillet 1962,

---

1. Raphaëlle Branche (dir.), *La Guerre d'indépendance des Algériens*, « Le sort des harkis » par Chantal Morelle, Perrin, 2009, p. 280.

une période transitoire où l'autorité était confiée à un exécutif provisoire présidé par un notaire, M. Abderrahmane Farès. Ses douze membres avaient été désignés d'un commun accord par le GPRA et par le gouvernement français. Une force locale composée surtout d'anciens des groupes mobiles de sécurité (GMS), sorte de CRS algériennes, avait mission de maintenir l'ordre pendant la période transitoire. Dans les faits, la sécurité dépendit largement des consignes données de part et d'autre, et qui ne furent qu'inégalement suivies. L'insurrection de l'OAS et les dissensions au sein du FLN rendaient de fait la mission quasiment impossible. C'est dans ces conditions que, les SAS ayant été dissoutes, j'eus à m'acquitter de la tâche que je m'étais donnée en conscience, de soutenir la politique du général de Gaulle.

Le 22 avril 1962, je parvins, à la troisième tentative, à travers les barrages de gendarmes mobiles, jusqu'à l'immense building de la préfecture de région dressé sur la colline qui domine la ville européenne. Pas d'ascenseur. Des gravats partout dans l'escalier. Une odeur épouvantable : l'OAS, c'est-à-dire le concierge, avait coupé l'eau depuis huit jours. Arrivé au dix-septième étage, je pénètre dans le grand salon de la préfecture, plongé dans l'obscurité. Affalés dans de profonds fauteuils, quelques personnages mal rasés, en robe de chambre, bien qu'il fût midi, m'accueillent par quelques plaisanteries. Nous sommes les bienvenus. Il n'y a plus de préfet depuis quelques semaines. Le secrétaire général, malade, doit être rapatrié. Restent deux sous-préfets et quelques rares fonctionnaires et barbouzes tapis dans ce curieux bunker, exposé à une mitraille continuelle des tireurs de l'OAS.

Trois mois jusqu'à l'indépendance, c'est peu et c'est beaucoup. Je les traverserai dans une douce inconscience du danger avec trois autres jeunes officiers du contingent – Barré, Montpezat et Michel –, comme moi désireux de faire en sorte que les accords d'Évian puissent s'appliquer.

Le vrai patron de la ville était en fait le général Katz qui faisait fonction de préfet de police au siège de l'état-major. À la préfecture de région, notre mission consistait essentiellement à servir d'intermédiaires avec les gens de l'ALN[1] et les notables de l'OAS pour les amener si possible à composition, puisque le pari des accords d'Évian était de les faire vivre ensemble. De cette période tragique, j'ai gardé cependant quelques souvenirs cocasses. Promu chef de cabinet adjoint par la seule vertu de mon appartenance à l'énarchie, je fis pour la première fois connaissance avec l'Administration. Un convoi de vivres et de médicaments ne pouvant pénétrer dans la ville musulmane assiégée par l'OAS, je proposai naïvement d'ouvrir la route avec des blindés. « Vous n'y pensez pas, me répondit un vieux fonctionnaire de la préfectorale. Apprenez donc, jeune homme, qu'aux yeux de l'Administration il y a deux sortes de problèmes : ceux qui peuvent attendre demain, parce que les gens qui réclament aujourd'hui seront encore là demain dans votre antichambre, et ceux qui se résolvent d'eux-mêmes parce que demain les quémandeurs seront morts ou ne seront plus là. » La philosophie de « l'immobilisme », chère à Henri Queuille, avait pénétré profondément la conscience de ces fonctionnaires.

Chargé des liaisons militaires, je recevais tous les matins le compte rendu du colonel musulman commandant la force locale pour l'Oranie. Ces supplétifs que la France avait mis à la disposition de l'exécutif provisoire algérien, du notaire Farès, bien que n'ayant jamais lu Friedrich Hegel, avaient pris le vent de l'histoire. Tous les matins, je faisais le compte des désertions et des pertes d'armes, de plus en plus impressionnant au fur et à mesure qu'on se rapprochait de l'indépendance. À la fin, ce fut mon colonel qui disparut. Il m'avait confié auparavant s'être fait construire une maison du côté de Perpignan.

La bagarre devenait de plus en plus rude. Les écoles, les hôpitaux, les bâtiments publics flambaient. Il y avait chaque jour des morts en grand nombre. Malheur aux clochards ou aux pauvres fatmas qui s'aventuraient encore en ville européenne. La ville musulmane quant à elle était bombardée au mortier tous les jours. Notre « gratte-ciel » recevait à intervalles réguliers sa ration de mitraille. À condition de ne pas rester trop près des fenêtres, on pouvait échapper à la trajectoire montante des projectiles de petit

---

1. Armée de libération nationale.

calibre. Il en allait tout autrement avec les balles de mitrailleuses de 12,7 et surtout avec les bazookas qu'à la fin les commandos OAS employaient contre nous. Cela faisait un bruit épouvantable, ébranlant l'immeuble, mais les tireurs étaient très maladroits, à moins qu'ils aient seulement voulu nous faire peur : au total, il n'y eut que des blessés légers dans la compagnie de CRS qui défendait la préfecture, mais quelques morts parmi les assaillants.

Deux craintes agitaient les esprits : que les deux communautés, européenne et musulmane, en viennent à un combat rangé et que la Légion passe à l'OAS. L'armée n'était guère sûre. Le général Katz, surnommé par la population européenne « le gauleiter Katz », ne pouvait compter en fait que sur quelques escadrons de gendarmes mobiles. Dans la première hypothèse, on murmurait que l'armée se retirerait d'Oran, attendant pour intervenir que les comptes soient réglés entre les « communautés ».

Dans la deuxième, il n'y avait rien à faire : un matin, le commandant de la CRS vint me voir et me dit : « Je regrette d'avoir à vous le dire, mais si les informations dont nous disposons sont exactes, s'il est vrai que plusieurs unités de Légion venant de Bel-Abbès ont atteint Sainte-Barbe-du-Tlelat pour investir Oran, répondant à l'appel du général Gardy, alors mes hommes ne se battront pas. Ce serait une boucherie. » Je restai interloqué. Mon interlocuteur reprit : « Ce n'est pas de gaieté de cœur. Je suis un vieux baroudeur, vous savez, et j'en ai vu : j'ai fait le Vercors autrefois. » Au bout de quelques minutes, un doute m'effleura : n'était-ce pas dans les formations de Vichy plutôt que du côté de la Résistance que notre homme avait « fait le Vercors » ?

En fait, grâce au général Simon, la Légion se maintint dans la discipline. L'OAS jeta à Oran ses derniers feux : l'assassinat de quelques officiers loyalistes et courageux – le colonel Randon, le général Ginestet – lui aliéna les sympathies des mess militaires. L'incendie du port, flammes immenses montant des cuves éventrées vers le ciel de juin, réverbérant une chaleur difficilement tolérable jusque sur la corniche où les badauds s'étaient massés, signa l'apocalypse de l'Algérie française. Quelques jours plus tard, les commandos OAS embarquaient à Arzew pour Alicante avec la bénédiction de l'autorité militaire.

Il ne restait plus qu'à consacrer la réconciliation des communautés. À la préfecture d'abord, puis dans l'hôtel de ville dévasté, le nouveau préfet, M. Thomas, offrit une réception aux notables d'Oran et aux responsables FLN de la zone autonome avec lesquels nous avions pris contact. Scène tragi-comique. Au milieu des ruines fumantes, ce furent des discours de comice agricole.

Le 5 juillet 1962, l'Algérie devenait indépendante. Sitôt proclamés les résultats du référendum, dont les procès-verbaux avaient été «ajustés» le matin même du scrutin, les Algériens, progressivement, avaient investi la ville. Un coup de feu vers midi partit au hasard. La chasse à «l'Européen» se déchaîna jusqu'à ce qu'en fin d'après-midi, avec l'accord de Paris et sans doute du FLN, les gendarmes mobiles rétablissent l'ordre. Il n'y avait plus d'autorité française en Algérie hors l'armée, retranchée par ordre, dans ses casernes. Le préfet venait de partir. Les quatre sous-lieutenants demeurés à quai émigrèrent dans les jours qui suivirent dans le bâtiment de l'Inscription maritime pour y installer un consulat de fortune. Le nouveau préfet de police algérien, que nous rencontrâmes en sortant de l'ascenseur de la préfecture d'où nous déménagions nos affaires, nous interrogea pour savoir comment fonctionnait la préfecture de police. «Avec une délégation de signature», lui répondit Jean Montpezat, le plus juriste d'entre nous.

Ce 5 juillet 1962, je faillis moi-même laisser ma peau à une bande d'ATO. Cette police supplétive – dont la dénomination même («auxiliaires temporaires occasionnels») indiquait clairement que l'exécutif provisoire qui l'avait recrutée ne lui faisait pas une entière confiance – agit comme un puissant accélérateur des troubles.

Revenant du port où j'avais fait, sur ordre, embarquer pour la France une tapisserie de Lurçat que m'avait confiée le dernier préfet d'Oran, je me heurte à ces imbéciles qui m'arrachent de mon siège et, pistolets-mitrailleurs sur l'estomac, culasse en arrière, s'il vous plaît, me collent contre un mur avec une bande de malheureux pieds-noirs flageolant sur leurs jambes. Comment m'en suis-je sorti, je ne l'ai jamais vraiment compris. Ma vie ne tenait qu'à un millimètre : la moindre secousse pouvait faire partir en avant la culasse. Le bruit d'un incident sur le trottoir d'en face a fait se retourner l'ATO qui appuyait son MAT 49[1] sur mon estomac. Je détalai aussitôt jusqu'à ma voiture, garée à proximité. Ce fut le plus beau sprint de ma vie. Je remontai à la préfecture de région pour rendre compte de ce qui se passait mais le général Katz[2], retranché dans la préfecture de police, ne reçut que vers cinq heures de l'après-midi l'ordre de Paris de déployer dans la ville les forces à sa disposition.

Trois jours plus tard, le premier consul général de France à Oran, Jean Herly, arrivait du Japon sans même une brosse à dents. Avec lui, puis avec Claude Chayet qui lui succéda, je restai au consulat jusqu'en décembre. Ma principale tâche était de retrouver les huit cents disparus déclarés du 5 juillet 1962. Aux alentours du 10 juillet, j'accompagnai le consul général Herly à Tlemcen en hélicoptère pour rencontrer Ben Bella arrivant du Maroc à la tête de l'ALN. C'était la première rencontre entre un représentant du gouvernement français et le fameux *clan d'Oujda* qui, en quelques semaines, appuyé sur l'armée de Boumédiène et le nationalisme arabe, allait arracher le pouvoir à la petite bourgeoisie kabyle et intellectuelle du GPRA de Benkhedda.

La rencontre avec Ben Bella ne fut pas infructueuse. Dans la semaine, nous récupérâmes deux douzaines de malheureux «disparus», les seuls d'ailleurs qu'on ait jamais retrouvés. Je vérifiai, à cette occasion, que l'expression «avoir la tête au carré» n'était pas forcément une figure de rhétorique.

Comment comprendre le vent de folie qui s'est déchaîné le 5 juillet 1962 sur Oran?

J'avais été témoin dans la matinée du déferlement, en ville européenne, rue du Général-Leclerc et rue d'Arzew, de camions à l'arrière desquels des groupes de musulmans déployaient des drapeaux algériens en criant : «Nous sommes des Arabes! Nous sommes des Arabes!» Sur les trottoirs, il y avait une foule européenne assez dense. J'ai eu le temps de remonter à la préfecture où

---

1. Le MAT 49 désignait le pistolet-mitrailleur, modèle 49, fabriqué à la Manufacture d'armes de Tulle, en service à ce moment-là dans l'armée française et dont je connaissais tous les éléments (culasse, ressort, gâchette, percuteur, etc.) pour les avoir cent fois démontés et remontés.

2. Général Katz, *L'Honneur d'un général*, L'Harmattan, 1993.

nous avons cherché en vain à prendre contact avec le nouveau préfet algérien qui, vraisemblablement, n'était pas encore nommé. Nos interlocuteurs habituels de la zone autonome d'Oran étaient quant à eux injoignables. Je suis donc redescendu vers le port pour embarquer sur un bateau de la compagnie Ambrosino la tapisserie que j'avais charge de « rapatrier ».

C'est sur le port que je me suis trouvé happé par l'incident de rue que j'ai rapporté : une panique que les ATO, bien loin de la circonscrire, me paraissent avoir plutôt amplifiée. Ces auxiliaires temporaires occasionnels n'avaient aucune formation policière. L'exécutif provisoire dont ils relevaient avait cessé d'exister. La municipalité d'Oran avait-elle encore une réalité ? Aussi bien n'exerçait-elle qu'un pouvoir théorique… L'armée française était, par ordre du gouvernement, consignée dans ses casernes, dès lors que l'Algérie était devenue indépendante le matin même, 132ᵉ anniversaire de la prise d'Alger, en 1830, par le maréchal de Bourmont. Mais qu'en était-il de l'autorité dans l'Algérie indépendante ? Le gouvernement du général de Gaulle avait signé les accords d'Évian avec le troisième GPRA formé en août 1961 et présidé par Benyoucef Benkhedda. Mais outre que le gouvernement siégeait à Alger, la capitale, nous savions le FLN divisé. Un clash s'était produit entre Benkhedda, le chef du gouvernement, et son premier vice-président, Ahmed Ben Bella, qui, emprisonné depuis 1956 et interné sur l'île d'Aix, avait été libéré par la France, au lendemain des accords d'Évian.

Simple appelé du contingent, j'ignorais la profondeur de la rupture entre le GPRA et son chef d'une part et le groupe qui s'était constitué autour de Ben Bella et qui allait prendre le nom de « groupe d'Oujda » d'autre part. Cependant il ne fallait pas être grand clerc pour comprendre que Ben Bella et Boumédiène allaient disposer, avec l'armée des frontières, c'est à dire l'armée algérienne stationnée au Maroc, de la force qui ferait pencher la balance face aux maigres effectifs des wilayas de l'intérieur. Je ne peux comprendre autrement la disparition de fait, dès le 5 juillet, des responsables de la zone autonome d'Oran.

Les wilayas de l'intérieur étaient sorties très affaiblies de sept ans de guerre et à Oran plus encore que dans des régions montagneuses comme la Kabylie. Ben Bella et Boumédiène se décrivent alors comme représentants de la paysannerie traditionnelle, où la religion est prégnante, contre la bourgeoisie des villes, teintée de marxisme et de libéralisme. Et la masse des moudjahidines a été recrutée en milieu rural. À la différence enfin du Constantinois et de la Kabylie, où l'élément berbérophone est dominant, l'Oranie est de toutes les régions d'Algérie la plus «arabe». Surtout, Ben Bella et Boumédiène disposent, avec l'armée algérienne du Maroc, d'une force armée située à proximité.

De Tlemcen où ils s'installent au lendemain de l'indépendance, ils entendent faire sentir partout, et d'abord à Oran, leur autorité. En fait, au jour de l'indépendance, il n'y a plus (ou il n'y a pas encore) d'autorité algérienne légitime à Oran. C'est à ce vide d'autorité reconnue qu'il faut, selon moi, imputer ce qu'il est convenu d'appeler les «enlèvements» du 5 juillet. Il n'y a pas de chiffre officiel. Celui de huit cents, fréquemment avancé, correspond à la liste des «disparus» déclarés dans les jours suivants par les familles au consulat général installé à la sauvette dans l'immeuble de l'Inscription maritime, non loin du Front de Mer. Au lendemain du 5 juillet, il règne, à Oran, un désordre indescriptible. Une fuite éperdue jette des milliers de pieds-noirs sur les quais du port où ils s'entassent, faute de bateaux en nombre suffisant pour les recueillir. De concert avec le nouvel ambassadeur, M. Jean-Marcel Jeanneney, Jean Herly obtient que le porte-avions *La Fayette* soit acheminé sur Oran. Il embarquera à son bord plusieurs milliers de réfugiés qui ont abandonné tous leurs biens.

La population européenne d'Oran représentait plus de deux cent mille personnes. Si beaucoup étaient déjà partis – et je me souviens avoir fait évacuer, en mai, deux à trois centaines de scouts juifs, bien encadrés par les soins de la communauté –, une part importante de la population était néanmoins restée sur place. Quel est le chiffre exact des disparus du 5 juillet 1962 à Oran ? J'estime que le chiffre de 800 enregistré par les services du consulat général sur la base de la déclaration des familles constitue un maximum. Beaucoup, selon moi, ont pu gagner la métropole ou l'Espagne (Alicante n'est pas loin). On comprend que les familles, quand elles retrouvaient leurs proches, avaient d'autres soucis que d'effectuer

75

des radiations au consulat. En dehors des deux douzaines d'Européens qui ont pu être récupérés par le canal de l'ALN après notre entrevue de Tlemcen avec Ben Bella et Boumédiène, toutes les recherches entreprises ensuite par l'armée française, notamment par hélicoptère, sur la base de renseignements peu fiables, sont demeurées vaines. Seuls les services des anciens combattants et les archives du SHAT[1] pourraient fournir des chiffres plus précis.

Même si le nombre total d'Européens disparus par enlèvement est très sensiblement inférieur, l'épisode n'en reste pas moins effrayant. Il traduit l'anomie complète qui a régné jusqu'à la mi-juillet, date de l'installation de Ben Bella à Oran, sa première capitale. Elle est aussi révélatrice de la peur qu'inspiraient l'une à l'autre les deux communautés. La situation se normalisa peu à peu avec la proclamation de la loi martiale et la nomination d'un nouveau préfet, M. Houari Souyah.

Je nouai des relations avec quelques officiers de l'ALN, joyeux buveurs, qui travaillaient au service des deux préfets ou faisaient partie de l'entourage de Ben Bella. Parmi eux, le futur premier ambassadeur d'Algérie à Paris, Mohammed Moussaoui. Un de mes amis m'appelant narquoisement «mon colonel», puisque j'étais toujours en charge, au consulat général, des relations avec les militaires, mes interlocuteurs algériens, ignorant que je n'étais qu'un simple sous-lieutenant en civil, détaché au consulat par le 21e régiment d'infanterie, me donnèrent à leur tour du «colonel». Cette méprise était cocasse. Elle en disait long sur le désordre ambiant. Dans l'Algérie de juillet 1962, tout pouvait arriver. Le sens des hiérarchies s'était perdu. Je me gardais bien de rectifier cette erreur qui contribuait – chose très nécessaire – à renforcer ma crédibilité auprès des militaires algériens quand il s'agissait d'organiser des reconnaissances à l'intérieur du pays. Je retournai à Aïn Cheurfa où je retrouvai l'un de mes anciens harkis occupé à des travaux de bûcheronnage.

Vis-à-vis de la rue, Ben Bella, pour asseoir son autorité, jouait sur la fibre de l'identité arabo-musulmane. Son rôle de chef historique de l'insurrection et son charisme, infiniment supérieur à celui

---

1. Service historique de l'armée de Terre.

du pharmacien Benkhedda, lui valaient une grande popularité. Il était personnellement d'un abord facile. J'ai gardé le souvenir d'une conférence de presse, le 19 juillet à Oran, où après avoir fait aux chefs d'entreprise demeurés en Oranie une description idyllique de l'Algérie future, Ben Bella se pencha vers Boumédiène assis à sa droite, maigre, hâve et comme retiré en lui-même et lui dit, en lui tirant amicalement l'oreille, mais à l'attention du public très mélangé où prédominaient des journalistes, certains venus du monde entier : « Et voilà l'homme qu'on accuse de comploter contre moi ! » Boumédiène rougit, c'est le cas de le dire, jusqu'aux oreilles. Il ne sembla pas apprécier la plaisanterie, mais s'en accommoda : il fallait montrer qu'il n'y avait pas place entre les deux hommes pour une feuille de papier à cigarette. L'armée du Maroc allait bientôt marcher sur Alger pour évincer le GPRA de Benkhedda.

Pendant ce temps, les protestations d'allégeance à la personne de Ben Bella se multipliaient. C'est ainsi qu'au même moment – vers le 20 juillet – je vis Ferhat Abbas dans un grand hôtel d'Oran, venir faire acte de ralliement. Le symbole était fort : l'ancien leader de l'UDMA[1], prophète d'un nationalisme démocratique, libéral et ouvert à la modernité, se rangeait derrière l'homme qui personnifiait l'identité arabo-musulmane de l'Algérie, le rescapé de l'Organisation spéciale (OS) et l'un des auteurs, en avril 1949, de l'attaque de la Grande Poste d'Oran ! L'OS était l'organisation paramilitaire qui, constituée au sein même du PPA-MTLD[2] au lendemain de la Seconde Guerre mondiale, avait conçu le projet du FLN, celui d'une insurrection armée. Celle-ci, comme on le sait, fut déclenchée le 1er novembre 1954 mais ne prit réellement son essor qu'avec les massacres de Philippeville (actuelle Skikda), le 20 août 1955. Dans sa personne Ben Bella résumait ainsi toute l'histoire de la révolution algérienne. Son arrestation en 1956 et sa captivité avaient encore contribué à asseoir son rayonnement et sa popularité.

Dans la première quinzaine de juillet 1962, il était difficile à quatre sous-lieutenants du contingent de tout comprendre

---

1. Union démocratique du manifeste algérien, créée en 1946 par Ferhat Abbas, mouvement nationaliste de tendance moderniste.

2. Parti du peuple algérien, Mouvement pour le triomphe des libertés démocratiques fondé par Messali Hadj.

des événements gigantesques qui métamorphosaient l'aspect d'une ville et d'un pays, mais il n'était pas impossible de deviner que la victoire prévisible de Ben Bella et de Boumédiène serait celle d'un nationalisme de type ethnoculturel plus proche du nassérisme que de la conception d'une nation de citoyens «à la française». Il n'était pas non plus imprévisible que, au bout de quelques mois, le spontanéisme de Ben Bella et le sentiment d'improvisation qui accompagnait son gouvernement ouvriraient la voie, à plus ou moins long terme, à un pouvoir militaire, ce qui finit par arriver, en 1965, quand l'austère colonel Boumédiène écarta, en effet, Ben Bella, sans doute jugé trop brouillon. Dans l'immédiat, cependant, il y avait quelque chose d'assez fascinant dans l'entreprise qui avait conduit aux portes du pouvoir non seulement Ben Bella mais des militants issus du peuple, devenus *djoundis* au péril de leur vie, et faisant irruption à la tête du pays qu'ils considéraient, à juste titre, comme le leur. Serait-il possible d'établir entre l'Algérie nouvelle et la France une coopération répondant à l'intérêt mutuel? Il fallait attendre pour cela que la matière en fusion se solidifiât… Mais il ne faisait guère de doute, dès la mi-juillet 1962, que la balance allait pencher du côté de Ben Bella. Il y avait donc grand intérêt, sans s'ingérer dans les affaires intérieures de l'Algérie devenue indépendante, à maintenir le contact avec toutes les parties. C'est ainsi qu'il faut comprendre la nomination, à la fin juillet, de Claude Chayet, futur ambassadeur à Pékin, comme consul général de France à Oran. Jean Herly, quant à lui, se trouva promu à Alger comme consul général.

En septembre 1962, Ben Bella s'installait à Alger, non sans affrontements sanglants avec les soldats des wilayas d'Alger et de Kabylie qui soutenaient ses rivaux du GPRA, Krim Belkacem et Aït Ahmed notamment.

La fin de mon service approchait mais je brûlais du désir de connaître la suite. C'est pourquoi j'obtins de revenir faire à l'ambassade de France, à Alger, la première partie de mon stage à l'ENA, jusqu'en juillet 1962.

Pendant huit mois j'avais eu le sentiment de vivre pour autre chose que pour moi-même et de me trouver associé, à l'âge de vingt-trois ans, à la grande Histoire. M'impressionnait le fait que la réunion, au début, d'un tout petit nombre d'hommes ait pu produire à la fin de si grands événements. Ne m'échappait pas, bien entendu, que rien n'eût été possible sans le peuple algérien. Celui-ci, dans son tréfonds, n'avait jamais admis un système colonial dont l'injustice, le mépris et l'aveuglement avaient nourri sa révolte. Mes sentiments politiques, en 1962, me portaient plutôt vers le général de Gaulle qui avait échappé à deux attentats fomentés par l'OAS et qui s'apprêtait alors à soumettre au référendum l'élection du président de la République au suffrage universel. Je votai donc de Gaulle. Ce fut mon premier vote. Par atavisme familial et inclination personnelle, cependant, j'avais la volonté d'inscrire mon action politique future dans une allégeance à ceux qui travaillent et qui souffrent plutôt qu'à ceux qui profitent. Mais comment les mettre en mouvement pour que se dissolvent la pyramide des fausses valeurs, l'égoïsme des puissants, le conformisme du vieux monde ?

Et comment, après la fin de l'Algérie française, ouvrir à la France, prisonnière d'une bourgeoisie égoïste et d'un capitalisme plutôt frileux, un autre avenir que celui d'une inexorable « portugalisation » ? Au fond, mes aspirations ne s'étaient cristallisées sur aucun projet. Celui que portait le général de Gaulle, le plus grand stratège que la France ait eu au XXᵉ siècle, était encore, s'agissant des institutions et de la politique extérieure, celui qui me convenait le mieux. Je n'en aurais pas dit autant de l'aspect « social » des choses. Et de Gaulle était plus que septuagénaire. Mais il n'y avait pas d'alternative. Je me sentais cependant disponible pour une entreprise dont je n'avais pas même esquissé les prémices dans ma tête. Mais laquelle ?

Le vieux monde, celui de l'Algérie coloniale, s'était effondré sous mes yeux. Mais comment maintenant remettre la France dans le sens de l'Histoire ? Mon expérience algérienne a été la secousse tellurique qui a ouvert la voie à mon engagement politique ultérieur mais elle ne lui a, en aucune manière, donné forme. Simplement, je percevais la nécessité de bâtir en France une alternative à une société que je ressentais comme ayant fait son temps. Cela me projetait bien loin dans l'après de Gaulle…

J'avais vu sombrer l'Algérie coloniale, au prix de souffrances immenses, même si la radicalisation de l'OAS avait rendu cette issue inévitable. Les accords FLN-OAS du 17 juin 1962, dits «Mostefaï-Susini» sont intervenus trop tard pour éviter l'exode des pieds-noirs. Le docteur Mostefaï, qui agissait pour le compte de l'exécutif provisoire, n'a pas été soutenu par le GPRA, qui lui-même s'est dissous à l'été 1962. Susini, quant à lui, avait l'avantage d'être pied-noir. Plus intellectuel que les généraux de l'OAS, il n'en était pas moins une tête brûlée qui avait pris la responsabilité d'actes sanglants destinés à attiser la guerre civile.

L'Association de sauvegarde des Français en Algérie, créée aux termes des accords d'Évian, ne put remplir sa mission. Courageux, son animateur, René Soyer, chercha à sauver ce qui pouvait l'être, mais il n'y avait plus grand-chose à sauver. L'ambassadeur Georges Gorse, que je retrouverais plus tard à l'Assemblée nationale, prenait acte avec philosophie des nationalisations de «biens vacants» opérées par le gouvernement de Ben Bella. L'Algérie quittait peu à peu la une de l'actualité. Revenant aux préoccupations de mon âge, je m'étais mis en ménage avec l'ancienne secrétaire de Claude Chayet qu'il avait amenée à Oran dans ses bagages, une jeune fille à l'esprit vif, d'origine à moitié corse et qui n'avait pas froid aux yeux. Sa présence tempérait la frustration que provoquait un certain retour à la normale et le fait que je dusse désormais me contenter d'un rang très modeste dans la hiérarchie de l'Administration. Ce stage à l'ambassade m'a au moins mis en contact avec quelques grands hauts fonctionnaires, outre Georges Gorse, très cordial à mon endroit, Jean-Claude Paye qui deviendrait ensuite secrétaire général de l'OCDE[1], et le conseiller financier Jacques de Larosière, futur directeur général du FMI, tous très prévenants à l'égard du jeune stagiaire que j'étais devenu, après un service militaire pas comme les autres.

Je revis Ben Bella à deux reprises et j'approchai ensuite quelques personnalités ou ministres algériens dont Bélaïd Abdesselam, le futur ministre des «Industries industrialisantes» qu'on appelait «le jacobin kabyle». Il y avait à ce moment-là à Alger foule de coopérants, d'experts, de militants, dits «pieds-rouges». Fidel Castro était venu en visite officielle. Sur tous les murs, on pouvait

---

1. Organisation de coopération et de développement économiques.

lire *Cuba, territorio libre de America*. Un bureau de propagande du Fatah palestinien avait été installé en plein centre-ville, non loin du tunnel des facultés. Alger avait ainsi un petit côté capitale du tiers-monde. On y parlait d'autogestion à propos des biens laissés vacants, tandis qu'une nouvelle classe dirigeante prenait douillettement la place de l'ancienne. L'intégrisme musulman n'avait pas pignon sur rue. Les femmes sortaient à visage découvert, même si le haïk traditionnel gardait la faveur des anciennes générations. En 1964, Ben Bella rencontra de Gaulle au château de Champs-sur-Marne. On pouvait espérer qu'enfin la coopération entre la France et l'Algérie allait prendre son envol sur de nouvelles bases...

J'ai gardé de cette époque un vif attachement à l'Algérie et à son peuple. Ce n'est pas par hasard que, depuis lors, j'ai maintenu avec elle des liens constants, y compris pendant les années noires avec Rheda Malek, ancien négociateur des accords d'Évian et alors Premier ministre, avec le général Zéroual, président du Haut Comité d'État, et bien sûr avec Abdelaziz Bouteflika que j'avais rencontré à Oran en 1962 et qui a eu le mérite de ramener la paix à l'issue d'une décennie tragique. Ce n'est pas par hasard non plus que j'ai accepté de présider l'Association France-Algérie, de février 2011, à la veille du cinquantenaire de l'indépendance, à novembre 2018.

L'influence des lobbies de mémoire, de part et d'autre de la Méditerranée, qui, au prétexte de préserver l'identité et l'histoire de chaque peuple, les empêche en fait de s'aimer ouvertement m'a toujours attristé. J'ai tout de suite compris ce qu'avait d'insupportable le colonialisme. Jacques Berque parlait à juste titre de «dépossession du monde». Pourtant il y a eu très tôt de vraies amitiés franco-algériennes. Ce passé a été enterré, injustement, car l'Algérie a eu une histoire pendant ces cent trente-deux ans. La grande et noble figure d'Abd el-Kader en a fasciné plus d'un. Des liens profonds se sont créés. Je le sais d'expérience, il y a une attraction réciproque, une connaissance de l'autre, un élan qui ne demanderait qu'à s'exprimer s'il n'était contenu respectivement par ces deux mémoires cadenassées et par définition irréconciliables, censées préserver l'identité de chacun…

Bien entendu, pendant tout ce temps, il y eut deux peuples côte à côte, comme l'a justement écrit Mouloud Feraoun, l'un dominateur et l'autre dominé. Cent trente-deux ans, c'est long, mais ce n'est pas grand-chose au regard des deux millénaires qui nous séparent du royaume numide de Jugurtha, de la dynastie impériale des Sévères, Maghrébins d'origine, et d'Augustin, évêque d'Hippone. L'islam, au VIIIe siècle, a entraîné irréversiblement l'Algérie dans sa mouvance. Aussi, la présence française s'est-elle heurtée dès 1830 à la compacité d'une foi enracinée dans les profondeurs. Le mot « Algérie » apparaît pour la première fois dans les livres en 1635. Depuis un siècle déjà, Barberousse l'avait entraînée dans l'orbite ottomane. Cette profondeur d'histoire et l'incapacité du système colonial à permettre à l'Algérie musulmane de trouver un développement normal qui eût débouché sur un « royaume arabe », selon la juste intuition de Napoléon III et de son entourage saint-simonien, et donc sur l'indépendance, ont conduit à la brisure de 1945 : Sétif, plaie ouverte et jamais refermée. L'idée d'une fusion des deux nationalités – la française et l'arabe – avait bien été avancée par Bugeaud dès 1850, dans un livre remarquablement documenté[1], mais c'était au profit d'une « France africaine » dans laquelle il n'excluait pas que l'élément arabe régénérât le peuple des colons. Le système colonial et l'islam n'ont pas rendu possible cette « créolisation ».

Les pieds-noirs se vivaient dans leur imaginaire comme des Français encore plus français que les autres. C'est aussi ce qui explique l'extrême violence de l'arrachement : avec l'Algérie française disparaissait le rêve d'une France africaine dont on découvre, en lisant Bugeaud, qu'elle avait pour but, dans son esprit, de compenser les déboires de l'Empire napoléonien et en quelque sorte d'« effacer Waterloo ». Pour Bugeaud, la conquête de l'Algérie se justifiait par la nécessité de devancer les projets de l'Angleterre et d'arrimer l'Afrique à la France jusqu'à son cœur : l'Afrique noire.

---

1. Maréchal Bugeaud, *Histoire de l'Algérie française* en trois tomes, Éditions Pierre Moral, 1850.

L'Empire colonial a été pour la France un empire de compensation par rapport à l'échec de sa compétition avec l'Angleterre pour l'hégémonie maritime et mondiale. Commencée à la fin du règne de Louis XIV, lors de la guerre – gagnée – de succession d'Espagne, à l'issue de laquelle la France perd cependant Terre-Neuve et l'Acadie, poursuivie à travers la guerre de Sept Ans où le Canada et l'Inde nous échappent, reprise à travers la guerre d'indépendance des États-Unis, cette compétition prend l'allure d'un conflit mondial et hautement idéologique avec les guerres de la Révolution et de l'Empire.

Bugeaud avait eu la prémonition que cette France africaine tiendrait par l'admiration que la France susciterait chez les Arabes. Ce n'est pas un hasard si Sétif (1945) et la fin de l'Algérie française suivent de seulement cinq et vingt-deux ans l'effondrement de 1940. La violence de la colonisation française et celle de la résistance que lui a opposée la société algérienne n'ont pas empêché que, dans les profondeurs, des liens se soient tissés entre Français et Algériens musulmans. «Il n'a pas pu de cette longue étreinte ne pas résulter quelque chose de profond entre les deux peuples», cette observation de Jacques Berque rejoint le propos que j'ai entendu, en 2016, dans la bouche de l'évêque d'Oran : «L'histoire de la France et de l'Algérie est celle d'une amitié blessée, mais de blessures comme seuls savent s'en infliger de véritables amis.»

La difficulté de la réconciliation des mémoires se manifeste par l'incapacité d'un récit commun de la guerre d'Algérie, comme si les deux peuples n'avaient pas fait la même guerre. La même incapacité ne se montre guère qu'à travers le récit des croisades que chrétiens et musulmans n'arrivent pas à faire coïncider. Quelle en est la raison ? C'est sans doute qu'on touche au noyau de l'identité qui plonge toujours en dernier ressort dans la vision religieuse du monde, même quand elle est laïcisée. Il n'est guère douteux cependant qu'un effort d'objectivité de la part des historiens pourrait permettre de surmonter les incompréhensions, dès lors qu'ils incluraient dans leur recherche ces deux paramètres de l'identité : l'islam d'une part et ce qu'un jour Michel Debré a appelé devant moi «la religion de la France», telle qu'elle s'était constituée au XIXe siècle après la Révolution, avec Michelet.

Ces incompréhensions tiennent aussi, souvent, au fait qu'en France on ne connaît pas assez, voire pas du tout, l'histoire de l'Algérie anté-coloniale ni celle de la société musulmane pendant la période coloniale, et encore moins l'histoire du FLN et de la guerre d'Algérie vécue par les Algériens. Cette méconnaissance n'a d'égale que la sous-estimation par l'opinion algérienne des contradictions et des luttes qui ont conduit la France à reconnaître l'indépendance de l'Algérie, à travers deux référendums, car, il faut le dire, de Gaulle y a mis les formes : il fallait que l'indépendance de l'Algérie, du point de vue français, correspondît à la fois à la volonté du peuple algérien et à celle du peuple français. À ce prix seulement pouvait être sauvegardée la conception française de la nation fondée sur la citoyenneté. Mohammed Harbi, très remarquable historien algérien, a, à juste titre, marqué la spécificité ethnoculturelle de la conception algérienne de la nation telle qu'elle a fini par s'imposer. C'est ce qui m'a tout de suite frappé à Oran, le premier jour de l'indépendance («Nous sommes des Arabes !»). L'identité plurielle de l'Algérie, à la fois arabe, berbère et méditerranéenne, n'a été que difficilement reconnue. L'arabisation de l'enseignement, pour légitime qu'elle puisse paraître, et la conception des programmes scolaires ont été conduites, de l'aveu même des dirigeants algériens, de manière trop précipitée, avec des enseignants égyptiens et syriens, souvent proches des Frères musulmans.

Pouvait-il en être autrement ? Si on ne refait pas l'Histoire, on peut au moins repérer les points où elle bifurque irréversiblement. Il est fort probable qu'entre nos deux peuples l'incompréhension ne pourra totalement s'effacer que lorsque leurs conceptions de la nation auront suffisamment convergé. Je l'écris à regret : quels que soient les espoirs suscités par le soulèvement de la jeunesse algérienne en 2019, le temps long est nécessaire à la guérison de plaies qui touchent à l'identité. C'est pourquoi j'ai toujours maintenu, en tant que président de l'Association France-Algérie, que la conscience du passé, avec toutes ses ombres, ses tragédies mais aussi ses lumières, était un remède beaucoup plus efficace que la «repentance» (française) qui tend à ancrer chez les Algériens une vision manichéenne de l'Histoire où la pluralité des possibles n'a pas sa place. L'oppression et l'aliénation coloniales étaient inacceptables mais l'Histoire aurait sans doute pu trouver des chemins moins escarpés et moins tragiques pour ouvrir au peuple algérien un avenir meilleur. Que d'occasions ont été manquées dans le passé et combien pourraient l'être encore à l'avenir si le caractère structurant de la coopération algéro-française pour l'Afrique comme pour le monde arabe n'était pas compris de part et d'autre !

L'Algérie m'a ouvert l'esprit à vingt-deux ans, en bien des domaines. Elle m'a fait découvrir les défis que devait relever le monde arabo-musulman dans son ensemble. J'ai jugé légitime la revendication à un État du peuple palestinien. Je me suis dissocié des deux guerres du Golfe qui, en brisant l'Irak, ont précipité une régression barbare non seulement en Irak mais dans le monde musulman tout entier. C'est le combat courageux et en définitive victorieux du peuple algérien pour sa dignité qui m'a ouvert les yeux. Je ne méconnais pas les causes endogènes de l'islamisme radical. Je peux comprendre que, dans sa lutte pour l'indépendance, l'insurrection algérienne ait pu faire appel au sentiment religieux très présent dans les masses rurales, mais je m'élève en faux contre ceux qui voudraient aujourd'hui réécrire l'histoire pour faire de la guerre d'Algérie un premier épisode du « djihad global ». C'est confondre les époques et brouiller les enjeux. C'est surtout méconnaître la réalité d'une lutte de libération nationale qui s'alimentait bien évidemment à plusieurs sources, à commencer par la liberté des peuples à disposer d'eux-mêmes, proclamée par la Révolution française. Le nationalisme algérien sédimentait assurément des courants d'inspirations très diverses : traditionaliste (l'Association des oulémas de Ben Badis), plébéien et ouvrier (le PPA-MTLD de Messali Hadj), moderniste (le mouvement Jeunes-Algériens au début du XXᵉ siècle et l'UDMA de Ferhat Abbas après la Seconde Guerre mondiale). Mais la vague intégriste qui a failli submerger l'Algérie dans la décennie 1990 procède d'une autre histoire dont les racines sont au Moyen-Orient. Elle n'est pas contenue dans le mouvement de libération nationale, bien au contraire.

Et c'est parce que la nation algérienne était suffisamment forte qu'elle lui a résisté. L'islamisme radical en Algérie a d'autres causes, internes – une bureaucratie opaque – et externes – le contrechoc pétrolier de 1985-1990 et le retour d'Afghanistan des moudjahidines algériens enrôlés, dans les années 1980, sous la bannière américano-séoudo-pakistanaise pour combattre l'Union soviétique. Pour cette mouvance idéologique qui allait donner le jour à Al-Qaïda, le nationalisme algérien était évidemment un adversaire à abattre. Quelles qu'aient été les erreurs commises dans les deux premières décennies de l'indépendance – une identification excessive en matière de politique économique au modèle soviétique, un régime de parti unique avec toutes les perversions que cela peut entraîner, une arabisation de l'enseignement mal conduite –, on ne saurait dénaturer le sens du combat du peuple algérien pour sa liberté : il s'inscrivait naturellement dans le contexte plus vaste d'émancipation qu'ont été, dans les années 1950 et 1960, la décolonisation et le mouvement des non-alignés.

L'expérience vécue en Algérie de 1961 à 1963 m'a donné des grilles de lecture pour comprendre les enjeux de la période qui a suivi, non seulement en Afrique du Nord et au Moyen-Orient, avec l'échec du nationalisme arabe en 1967, mais dans le monde musulman tout entier et même dans notre pays, affronté lui aussi aujourd'hui au défi de l'islamisme radical. Cette régression historique obéit certes à une dynamique interne, mais elle a été alimentée par les fautes de l'Occident et la myopie remarquablement constante de sa diplomatie, de la guerre du Golfe à la Libye et, j'ajoute, à la Syrie, à la seule exception du refus de cautionner l'invasion de l'Irak en 2003, dont le mérite essentiel revient à Jacques Chirac. Un occidentalisme à courte vue continue de nourrir l'illusion qu'il nous serait possible d'exporter par les armes nos valeurs et notre modèle de démocratie. Jacques Berque, «le dernier Français d'Algérie», comme il se définissait lui-même ironiquement, nous avait cependant appris que c'est aux peuples eux-mêmes qu'il appartient de trouver le chemin de la démocratie qui leur convient.

Souhaitons donc de tout cœur au peuple algérien de réussir dans sa lutte pour la démocratie. Celle-ci, aujourd'hui, prolonge évidemment et naturellement le combat qui fut hier le sien pour l'indépendance.

La coopération algéro-française a été voulue par le général de Gaulle comme une œuvre éminemment politique et à long terme. En raison de sa position centrale en Afrique, mais aussi de l'intensité des liens créés par l'Histoire, l'Algérie reste pour la France, selon ses propres mots, « la porte du Sud ». Cela n'enlève rien à la spécificité de notre relation avec le Maroc et la Tunisie dont la France, en imposant son protectorat, a cependant mieux su respecter la personnalité.

La coopération franco-algérienne est portée, en Algérie, par plusieurs dizaines de milliers de chefs d'entreprise, d'enseignants et d'ingénieurs français, et en France, par un million et demi, au bas mot, de Franco-Algériens qui prennent et prendront de plus en plus toute leur place dans la société et dans la nation françaises. C'est paradoxalement aujourd'hui que se réalise le rêve jadis inaccessible d'une intégration dans la République de citoyens venus de l'autre rive. Car le fait colonial n'est plus. Un rapport d'égal à égal, clé de tout, est devenu possible. Bien entendu, cela implique la République, avec les chances qu'elle offre à tous, mais aussi avec l'acceptation de ses valeurs et de ses règles. Il n'y a pas à transiger là-dessus. La guerre d'Algérie est terminée depuis bientôt soixante ans. Ceux qui veulent la continuer sont des adversaires de l'Algérie comme de la France.

Ce qui est actuel, de part et d'autre de la Grande Bleue, c'est la lutte pour une démocratie civique. C'est par là que passe une réconciliation en profondeur.

Deuxième partie

L'aventure de l'Union de la gauche

4

Génération CERES

Les dix années qui séparent mon retour d'Algérie (juillet 1963) de mon élection comme député du Territoire de Belfort (mars 1973) ont été pour moi difficiles mais elles ont structuré mes choix jusqu'à aujourd'hui. À défaut d'une offre politique qui me convienne, j'ai entrepris d'en façonner une avec le CERES, au départ purement virtuelle, mais qui, dix ans après, allait structurer la vie politique française, avec le parti d'Épinay (1971), le programme socialiste «Changer la vie» et le Programme commun de gouvernement signé avec le Parti communiste (1972).

À mon retour d'Algérie, j'avais conscience de n'appartenir à aucune classe sociale, d'être un «transclasse», pour reprendre une terminologie à la mode aujourd'hui. Je me remémorais avec émotion ma grande famille du Haut-Doubs, petites gens travaillant dur et gagnant peu, mais cœurs d'or, dont l'ambition modeste, à l'ombre du clocher du Russey, n'excédait pas un poste de conseiller municipal, et uniquement pour «rendre service».

Je rêvais d'inscrire à leur horizon un changement qu'ils n'auraient pas eux-mêmes osé entrevoir. Était-ce bien légitime? Du moins pourrais-je peut-être embellir leur vie? Mais la retraite à soixante ans n'était pas pour moi un projet.

La bourgeoisie, non plus, ne me faisait pas rêver. À part de Gaulle qui ne serait pas éternel, je ne voyais que des projets médiocres à l'horizon. C'était l'époque où Alain Peyrefitte allait claironnant: «Si nous ne faisons pas de bêtises, nous sommes au pouvoir pour trente ans...»

Je n'ambitionnais plus de m'agréger à la haute technocratie, fût-elle d'esprit progressiste comme j'avais été tenté de le faire, un bref moment, à la fin de mes études de Sciences-Po. La grève des mineurs de 1963 venait de révéler la persistance et la profondeur des oppositions de classes, et d'abord à moi-même. La France de Pompidou, à la fois prosaïque et moderniste, commençait à faire de l'ombre à la « grandeur » gaullienne. Certes, le Général, en instituant l'élection du président de la République au suffrage universel, venait de renverser les petits calculs des leaders de la IVe République qui ne rêvaient que de clore la parenthèse ouverte en 1958 et de renvoyer de Gaulle à Colombey. Mais celui-ci venait d'avoir soixante-treize ans. L'après de Gaulle continuait donc, échéance reportée, de nourrir les spéculations : se présenterait-il à la prochaine présidentielle, celle qui devait intervenir en décembre 1965 ? Cette question faisait phosphorer le « microcosme ». Si telle était sa décision, il ne faisait de doute pour personne qu'il serait massivement réélu. L'échéance suivante – 1972 – se perdait dans les brumes et décourageait les ambitieux dont la gent est pressée. Mais notre génération, qui n'avait pas vingt-cinq ans au retour des djebels, pouvait se donner le temps de la réflexion… Nous rêvions, en fait, de donner un sens nouveau à l'histoire du peuple français.

Le binôme prospectif que je formais avec Alain Gomez depuis les six mois passés à Cherchell, à ratiociner sur l'avenir du monde, s'était reformé à l'issue de notre période de stage. Nous étions bien décidés l'un et l'autre à rompre avec un monde de révérences, mais pour quoi faire ? Le ronron pompidolien ne nous faisait pas rêver !

Notre première incartade – mineure – fut de baptiser « Stendhal » notre promotion de l'ENA, celle de 1965, façon de signifier le peu de cas que nous faisions d'une carrière administrative réglée : Stendhal avait fini consul à Civitavecchia, excellente affectation pour un amoureux de l'Italie, mais ambition plus que modeste pour de futurs énarques. La compétition au sein de la promotion avait été chaude avec « Turgot », nom suggéré par Ernest-Antoine Seillière que je retrouvais là, six ans après notre cohabitation au sein du bureau de l'UNEF à Sciences-Po, à moins que ce nom lui ait été soufflé par la direction de l'école. Turgot était un symbole : c'était l'homme qui, si on avait suivi ses conseils, aurait permis, paraît-il, d'éviter la Révolution. C'était – et ce demeure – le rêve rétrospectif de la bourgeoisie française. Le choix du nom de la promotion allait de pair avec l'élection d'un président des élèves.

Je proposai Alain Gomez, moins marqué que moi à gauche, qui fut élu d'une courte tête par la coalition des boursiers, des élèves issus du concours « fonctionnaires » et du marais, séduits peut-être par l'ancien officier parachutiste qu'il était à leurs yeux, à moins qu'ils n'aient été mus par une hostilité inavouable à l'égard du charismatique baron : Ernest-Antoine était, à vrai dire, un joyeux drille pour lequel je ne pouvais me défendre d'éprouver une certaine sympathie, mais il ne cachait guère – faute majeure – le sentiment qu'il avait de sa supériorité.

Le résultat du vote en faveur de Stendhal fut accueilli avec consternation par la direction de l'école. Le ministre de la Fonction publique lui-même, Louis Joxe, décida que désormais les promotions de l'ENA porteraient le nom de leur année de sortie[1]. De ce petit acte inaugural d'irrévérence, Alain et moi étions très fiers et nous riions sous cape de la surprise consternée des petits et des grands messieurs.

On ne pouvait cependant en rester là. Pendant les quatre années qui avaient suivi mon premier engagement à Oran, un travail intérieur s'était poursuivi chez moi. Bien qu'ayant rompu avec la pratique religieuse, je ne m'interrogeais pas moins sur le sens de mon existence terrestre. De plus en plus, je me refusais à la confondre avec le mouvement ascendant d'une trajectoire sociale. Prototype de la « bête à concours », je ne ressentais plus qu'un cordial mépris pour « ces quelques rois nés du Peuple qui donnent un air de justice à l'inégalité » (Alain). Prétention juvénile ou syndrome précoce d'ancien combattant ? J'avais appris en Algérie à juger des hommes autrement que par leur positionnement sur l'échelle sociale.

Une page de l'histoire de France – celle de son second empire colonial – venait de se tourner. Même si je les avais combattus, je comprenais le sentiment d'arrachement des officiers « factieux »,

---

1. Un compromis intervint ultérieurement dès lors que les élèves s'engagèrent à ne proposer que des noms « sérieux ».

nostalgiques de l'ancien Empire et même la rage forcenée qui les avait animés parce qu'ils ne concevaient pas – faute d'imagination – une forme nouvelle de grandeur française. Au fond, la fin de notre empire colonial n'était que la conséquence de notre effondrement de 1940. Or, c'est ce grand rêve d'une « France contre les Empires » que proposait alors le général de Gaulle. L'épopée de la dissuasion nucléaire française de 1940 à 1960 montrait de quoi la France, même au fond du gouffre, avait encore été capable. Le doute, cependant, se faisait jour dans l'opinion et dans les médias : la France désormais n'était-elle pas trop petite pour se mesurer aux empires ? De Gaulle, certes, proposait un chemin : celui d'une « Europe européenne », c'est-à-dire indépendante. C'était l'époque du plan Fouchet : celui d'une petite confédération à six de l'Europe occidentale (1962), celle du « non » gaullien à l'adhésion au Marché commun de la Grande-Bretagne, coupable d'une inféodation persistante aux États-Unis (janvier 1963). C'était, la même année, la conclusion du traité de l'Élysée entre la France et l'Allemagne d'Adenauer. Le projet gaullien était très séduisant mais nous en percevions toute la fragilité, non seulement chez nos voisins (le Bundestag, en votant un préambule au traité qui subordonnait l'alliance française à l'alliance américaine, l'avait, d'emblée, vidé de sa substance) mais surtout en France même : notre bourgeoisie était viscéralement atlantiste. C'était d'ailleurs un Français, Jean Monnet, qui avait inspiré le préambule au traité de l'Élysée voté par le Bundestag.

La bourgeoisie française avait montré ce qu'elle valait en 1940 et le montrait encore, à qui savait voir. Elle ne rêvait que d'un protecteur extérieur pour se soutenir dans la durée. Certes nous admirions le général de Gaulle mais, même dans sa majorité, il ne recevait que le soutien d'une mince élite à son projet d'« indépendance entre les blocs ». Pour nous, qui essayions de penser « le temps long », pas question de s'en remettre à Pompidou et aux barons bien dotés du gaullisme du soin de préparer la suite. Nous ne leur faisions pas confiance, tout simplement. Aussi bien, nous ne nous voyions pas adhérer à l'UNR[1], et surtout pas, en 1964,

---

1. Union pour la nouvelle République.

par la petite porte, celle des «croûtards» attirés par l'odeur de la soupe, et cela au moment où nous entamions notre scolarité à l'ENA! Vision d'épouvante!

Alors que faire? Il fallait nous donner de l'air, prendre du recul et puisque l'offre politique disponible ne nous satisfaisait pas, en inventer une autre, encore «virtuelle» mais à laquelle nous nous faisions fort, progressivement, de donner corps. Ce fut l'idée du CERES[1]. C'est Alain Gomez, sorti de Cherchell sous-lieutenant dans les parachutistes, qui eut l'idée d'une audacieuse opération, très loin en arrière des lignes : il ne s'agissait de rien moins que d'adhérer à la SFIO[2] pour préparer l'Union de la gauche. Il fallait une certaine capacité d'anticipation pour penser que le dialogue idéologique engagé, en 1962, entre la SFIO de Guy Mollet et le PCF de Waldeck Rochet, avait quelque chance d'aboutir un jour. Chargés de conduire le dialogue pour le compte des socialistes, Roger Quilliot, le futur maire de Clermont-Ferrand, tout imprégné des idées d'Albert Camus, et Georges Brutelle, alors proche de Gaston Defferre, étaient les sûrs garants d'un étirement à l'infini du processus... Mais là n'était pas pour nous l'essentiel : refermer la parenthèse ouverte, en 1920, entre socialistes et communistes, c'était la promesse d'une dynamique politique à faire pâlir le temps de Jaurès.

J'avais connu Alger, «capitale du tiers-monde» en 1963, Fidel Castro en visite. Les États-Unis avaient piteusement échoué à faire débarquer dans la curieusement nommée «baie des Cochons», un contingent anticastriste, promptement mis en déroute. Castro s'était jeté dans les bras de l'URSS et la crise des fusées, un moment, avait mis le monde au bord du gouffre. La raison des empires, qui était aussi la sagesse, avait cependant prévalu. Les révolutionnaires avaient au moins survécu. Ils se cherchèrent d'autres horizons.

Ben Bella à Alger fêtait sa victoire. Nasser au Caire était à son zénith. Un axe La Havane-Le Caire symbolisait dans les

---

1. Centre d'études, de recherches et d'éducation socialiste dont l'idée germa en 1964, les statuts de l'association n'ayant été déposés qu'en janvier 1966.
2. Depuis 1905, le Parti socialiste s'appelait «Section française de l'Internationale ouvrière».

imaginations enfiévrées de ces années-là l'espérance d'une révolution «non alignée». L'idée d'une « Tricontinentale » unissant l'Amérique latine, l'Afrique et l'Asie du Sud et de l'Est faisait rêver les révolutionnaires en panne de révolution. Les États-Unis commençaient à s'enliser au Vietnam, Soekarno était encore au pouvoir à Djakarta : il appelait l'Indonésie à la «Konfrontasi» avec la Malaisie et les puissances occidentales. Mehdi Ben Barka n'avait pas encore été assassiné à Paris. Tandis que les États-Unis s'engageaient de plus en plus profondément au Vietnam et que l'affrontement y prenait toujours plus la forme d'une véritable guerre, Che Guevara, perçant sous Castro, s'apprêtait à vouloir créer «dix, cent Vietnam» de par le monde. Cette vision romantique qu'allait relayer quelques années plus tard la fascination moins héroïque des intellectuels européens et particulièrement français pour la Révolution culturelle chinoise, ne nous tentait pas. Non que nous marchandions notre sympathie aux mouvements tiers-mondistes de libération nationale. Après tout, faisaient-ils autre chose que répondre à l'appel lancé jadis par la Révolution française pour inciter les peuples à se libérer des chaînes de l'oppression ? Il ne nous échappait pas, cependant, que leur révolution, exaltant le rôle de la paysannerie comme classe révolutionnaire, n'était pas tout à fait la nôtre, celle de la citoyenneté. L'«autogestion» algérienne, par exemple, consistait surtout pour les fellahs du coin et les cadres de l'ALN à occuper les riches domaines laissés vacants par les anciens colons, et à en vivre. Réflexe politiquement compréhensible, mais substitution ruineuse pour l'Algérie désormais privée de ses exportations agricoles…

L'idée avancée par Frantz Fanon d'une décolonisation conçue comme «table rase», remplacement d'une «espèce d'hommes» par une autre «espèce d'hommes[1]» s'est pourtant révélée, à l'expérience, comme marquant l'avènement d'une nouvelle classe privilégiée. Frantz Fanon théorise le rejet de la culture des anciens prépondérants, mais pour mettre quoi à la place ? La Révolution culturelle chinoise ? Le régime des Khmers rouges ? Ou tout simplement la régression dans l'islamisme, que non sans quelque

---

1. Frantz Fanon, *Les Damnés de la terre* (1961), La Découverte, 2015, p. 39.

naïveté l'orientaliste français contemporain François Burgat décrivait encore, dans les années 1990, comme « le troisième étage », culturel, de la fusée des luttes de libération? Après la libération politique vis-à-vis de l'ancien colonisateur, puis la libération économique, enfin, la libération « culturelle » par le retour à la charia. Avec le recul du temps, la lutte des décolonisés contre la « reproduction culturelle » des comportements des anciens colonisateurs, telle que le prônait Frantz Fanon, n'allait pas de soi. Était-il si facile d'éviter la reconstitution d'une nouvelle classe dirigeante sans tomber dans les excès de la Révolution culturelle (pour ne pas parler de ceux des Khmers rouges?) Le souci de ne pas reproduire les tares du système colonial, vite assimilé au mode de vie occidental, n'a-t-il pas contribué aussi à faire, à terme, le lit de l'islamisme? On ne fait pas impunément l'impasse sur les idéaux de la citoyenneté. Ceux-ci qui avaient légitimé aux yeux des autres peuples les justes luttes de libération nationale n'auraient jamais dû cesser d'avoir cours au lendemain des indépendances. Certes, je ne passe pas par pertes et profits la froide détermination de l'impérialisme à briser les mouvements d'émancipation, que ce soit la révolution cubaine, la lutte du Vietnam pour son indépendance ou le nationalisme arabe. Mais l'hostilité à l'Occident ne saurait occulter le poids des dynamiques internes ni les illusions qui, souvent, les accompagnaient. La Longue Marche de Mao Tsé-toung a permis certes la refondation de la nation chinoise mais n'a pas évité les luttes d'appareil au sein du parti unique, ni les errements de la Révolution culturelle. Et pas davantage nous n'ignorions que la révolution soviétique avait accouché du Goulag, mais aussi porté des masses misérables et incultes à un niveau d'éducation qui est le passe d'entrée dans la modernité et dans la cour des Grands. Nous n'entendions pas pour autant emprunter ce chemin qui ne répondait en rien à l'héritage historique et aux aspirations démocratiques de la société française.

Nous voulions bien, quant à nous, d'une révolution, mais à condition qu'elle fût le prolongement des idéaux de la Révolution française et plus conforme à la fois aux aspirations de notre société telles que nous les ressentions, et au schéma marxiste initial que nous avions appris dans les livres : le socialisme devait être le fruit d'une maturation et résulter du développement du capitalisme plutôt que d'un raccourci aventuriste, gros de dérapages en tout genre. Certes Raymond Aron nous avait enseigné à Sciences-Po, quelques années auparavant, que le socialisme à la mode soviétique avait été une «voie de rattrapage» dans la course à l'industrialisation pour des pays encore «arriérés». Gramsci ne s'y était pas trompé quand il avait applaudi chez Lénine «la révolution contre le Capital (entendez *Le Capital* de Karl Marx). Mais l'expérience avait été si coûteuse que nous n'étions nullement tentés de la renouveler. Le choix guévariste ou maoïste de la paysannerie pauvre comme classe révolutionnaire nous paraissait conduire à l'impasse. Nous lisions André Gorz qui, à l'époque, encore assez sagement, ne préconisait que des «réformes révolutionnaires». Notre culture marxiste, plutôt livresque, aurait fait de nous de parfaits mencheviks[1] à la Plekhanov ou à la Martov, si nous avions été socialistes (or nous ne l'étions pas encore) et si surtout notre vision sociale n'avait pas été couplée avec la vision géopolitique qui sous-tendait le projet d'«Europe européenne» formulé alors par le général de Gaulle. Plus qu'aux barons gaullistes, nous nous faisions confiance à nous-mêmes pour porter ce projet hybride dans la durée. C'était notre manière à nous d'être «gaullistes» et de contribuer à la lutte contre l'impérialisme, comme c'était la mode en ce temps-là. «Lutter contre l'impérialisme» était devenu, des campus de Berkeley, où j'ai croisé Joan Baez en 1967, aux facs parisiennes après mai 1968, l'horizon commun de toute une génération. C'était surtout, à nos yeux, redonner un rôle moteur à la France, en Europe et dans le monde. Le projet n'était pas si farfelu qu'il pouvait y paraître : l'URSS de Khrouchtchev laissait augurer d'une social-démocratisation répondant à l'aspiration des masses soviétiques. L'URSS ne se donnait-elle pas, alors, pour objectif de «rattraper les États-Unis» en matière de niveau de vie? Le «socialisme du goulasch» ne nous faisait pas rêver, mais nous concevions qu'il pût paraître désirable aux peuples soviétiques, recrus d'épreuves et de sacrifices. Khrouchtchev, au XXe Congrès du PCUS (1956) avait

---

1. Fraction orthodoxe du POSDR (Parti ouvrier social-démocrate de Russie) opposée à la fraction «bolchevique» de Lénine.

dénoncé les crimes de Staline, mort trois ans plus tôt. Le régime, peu à peu, avait rompu, sinon avec la répression, du moins avec la terreur.

Kossyguine, en 1965, cherchait à établir une vérité des prix : l'exercice, en pays soviétique, s'apparentait à la recherche du Graal… Surtout Khrouchtchev, en septembre 1964, avait envoyé à Bonn son gendre, Adjoubei, pour explorer les voies d'une réunification de l'Allemagne dont le prix eût été sa neutralisation, à la mode autrichienne. Successeur d'Adenauer, le chancelier Ludwig Erhard, réputé père de l'ordolibéralisme et du «miracle allemand», était trop dans l'économie et surtout dans la main des États-Unis pour donner suite à cette démarche. Aussi bien Khrouchtchev fut-il balayé deux mois plus tard par le bureau politique du PCUS qui jugeait sa politique extérieure aventuriste et imprudente, aussi bien par sa distanciation d'avec la Chine que par son rapprochement éventuel avec l'Allemagne. Le projet de neutralisation de celle-ci, conçu par Staline au tournant des années 1950, survécut cependant chez Andropov et même chez Gorbatchev qui, on le verra, l'enterra en acceptant le maintien de l'Allemagne réunifiée dans l'OTAN (1990), sacrifiant ainsi à son désir de maintenir de bonnes relations avec les États-Unis le projet d'enfoncer un coin durable entre les deux rives de l'Atlantique. Ce «grand jeu» nous échappait mais nous sentions instinctivement, au début des années 1960, que la carte de l'Europe n'était pas figée pour l'éternité, et offrait à la France la chance d'un redéploiement auquel donnait sens la construction d'une dissuasion nucléaire indépendante. Ces spéculations sur l'avenir de l'Europe répondaient évidemment aux orientations que de Gaulle donnait à notre politique étrangère. Mais quels socialistes étions-nous pour anticiper une confluence possible entre les «États-providence» à l'ouest de l'Europe et une URSS qui nous paraissait en voie de social-démocratisation? Certes Raymond Aron nous avait aussi appris, dans son cours de Sciences-Po, qu'une convergence entre les sociétés industrielles lui paraissait, à terme, une hypothèse assez probable…

Qu'entendions-nous nous-mêmes par «socialisme»? Notre réflexion était loin d'être mûre. Nous voyions certainement déjà, comme Jaurès, dans le socialisme la perfection de la République :

seule celle-ci pouvait satisfaire notre aspiration à une véritable égalité et à une pleine citoyenneté, d'ordre éthique plus qu'économique. Sur ce dernier plan, nous n'envisagions au fond qu'un perfectionnement de l'État gaullien qui orienterait l'investissement davantage en faveur de l'équipement collectif et des territoires délaissés, où la politique des revenus corrigerait les inégalités et où le développement de la scolarisation donnerait davantage sens à l'égalité des chances. Ce qui faisait à coup sûr la spécificité de notre positionnement par rapport aux chapelles de l'extrême gauche d'alors, c'était la croyance en l'État régulateur, croyance à vrai dire commune au socialisme planificateur et au keynésianisme alors en vogue. Nous n'étions ni des libéraux ni des anarchistes. Nous ne croyions ni aux vertus du marché laissé à lui-même ni à l'harmonie naturelle des intérêts. Plus qu'au «parti guide», nous croyions à l'État, non pas comme «machine de racket au service de la bourgeoisie», telle que la décrivait Marx, mais comme expression d'un rapport de forces entre les classes sociales. L'idée du citoyen dans l'entreprise, reprise de Jaurès, était dans nos têtes mais encore mal formulée : s'agissait-il seulement d'étendre les pouvoirs du comité d'entreprise, d'introduire les syndicats dans les entreprises, ou d'aller encore plus loin? Nous n'avions ni la maturité ni assez d'expérience pour répondre à ces questions. Surtout, notre révolte était d'abord morale : nous protestions contre la peur, la bêtise et tout ce que n'inspire que l'amour de l'Argent. Nous étions à contre-courant des idées dominantes. L'indépendance d'esprit était pour nous la vertu cardinale. Peut-être aussi tout simplement notre contestation laissait-elle déjà augurer du conflit de générations qui pointait à l'horizon… Ce n'est pas par hasard que nous fîmes paraître, Motchane, Gomez et moi, en octobre 1967, sept mois avant l'explosion de mai 1968, un petit pamphlet intitulé *L'Énarchie ou les Mandarins de la société bourgeoise*.

J'ajoute que si Gomez était un organisateur-né et s'il avait tout pour faire un technocrate brillant, il n'était pas vraiment enraciné dans une tradition socialiste. Son père avait fui l'Espagne de Franco pour s'installer à Oran où il avait ouvert une clinique, incendiée par l'OAS en juin 1962, au prétexte, me dit-il, qu'il avait une maîtresse musulmane ! J'ai connu plus tard le père de Gomez en France où, à l'âge de cinquante ans, il bûchait pour préparer un concours d'agrégation de médecine et refaire sa vie. Le fils tenait du père la capacité de travail et le souci de l'efficacité. Je ne suis pas sûr que, seul, j'aurais eu le culot d'aller frapper à la porte de Guy Mollet dont j'exécrais, et continue d'ailleurs à le faire, la politique en Algérie. Alain n'avait pas ce genre d'inhibitions et m'aida à surmonter les miennes. Il fallait que le dégoût et le rejet du « système » fussent puissants en moi et déjà bien ancrée la conviction qu'il était possible de « changer la vie » pour que je puisse me résoudre à franchir le pas. Ce que Stendhal appelle « le regard froid » nous aidait à comprendre qu'il n'y avait pas d'alternative à ce long et problématique détour par la SFIO, seule structure de masse en dehors du Parti communiste, pour faire « bouger les choses » : c'était la voie réaliste, beaucoup plus « révolutionnaire » que les emballements de ceux qui voulaient « encercler les villes par les campagnes », selon les enseignements de Mao, ou que le choix des « purs » qui entendaient se ressourcer dans un léninisme purgé du stalinisme, répondant ainsi, avec quarante ans de retard, à l'appel de Trotski. En ce qui me concerne enfin, l'engagement socialiste n'était-il pas aussi le moyen que j'avais trouvé, inconsciemment, de vaincre l'éloignement social et de me rapprocher des miens ?

Nous nous présentâmes donc à Guy Mollet pour ce que nous étions : deux élèves de l'ENA en cours de scolarité et désireux, à l'âge de vingt-cinq ans, de donner à leur engagement de servir l'État un sens socialiste, au moment où le dialogue noué avec le PCF laissait entrevoir la possibilité que l'Union de la gauche se réalisât en France. La réponse écrite nous parvint rapidement (les adhérents jeunes ne devaient pas se bousculer !) : le secrétaire général du Parti socialiste, Section française de l'internationale ouvrière (SFIO), nous fixa rendez-vous dans son bureau, à la cité Malesherbes, modeste hôtel particulier au fond d'une impasse, à Pigalle – je ne me doutais pas en en franchissant le seuil que je m'y installerais moi-même, sept ans plus tard, au lendemain du congrès d'Épinay.

Guy Mollet, qui était né, comme la SFIO, en 1905, nous apparut dans sa force encore intacte : front large et dégarni, œil bleu clair derrière d'épaisses lunettes, où pétillait une lueur d'amusement. Secrétaire général du parti depuis 1946, l'homme qui, de 1951 à

1958, avait dominé la IVᵉ République – car sous le régime électoral des «apparentements» qui avait donné naissance à la «troisième force», rien ne pouvait se faire sans son aval – nous écouta débiter notre petit boniment sur l'ENA, l'état d'esprit qui y régnait, l'espoir qu'avait fait naître en nous l'ouverture du «dialogue idéologique» entre la SFIO et le PCF, l'attente qu'à travers l'Union de la gauche un nouveau souffle soulève le pays, etc. Nous lui posâmes même, à la fin, une question sur sa rencontre à Moscou avec Khrouchtchev encore au pouvoir, ce qui me permet aujourd'hui de dater assez précisément la scène : septembre ou octobre 1964. Guy Mollet écouta distraitement les offres de services que nous lui fîmes : envoi de notes destinées à nourrir quelques chapitres d'un programme de gouvernement pour l'Union de la gauche, etc. Visiblement, dans son esprit, les choses n'étaient pas encore mûres. D'une voix professorale, avec un accent artésien non dépourvu d'un certain charme, il entreprit d'abord de nous «recadrer» au plan de la «doctrine». D'emblée, il nous exposa sa théorie des quatre familles qui structuraient, selon lui, la vie politique française à partir de deux critères : le socialisme et la démocratie. Tout d'abord, il y avait les socialistes qui étaient aussi des démocrates : la SFIO était leur Église. C'était le sel de la Terre. Et puis il y avait des socialistes, mais qui n'étaient franchement pas démocrates : c'étaient les communistes. Leur conversion à la démocratie serait lente. En troisième lieu, il y avait des démocrates, mais qui n'étaient malheureusement pas socialistes. On pouvait les appeler «centristes». Enfin, il y avait une famille qui n'était ni socialiste ni même démocrate : c'était elle qui tenait le pouvoir. C'étaient les gaullistes.

Cette description assez décourageante pour la concrétisation de nos vues nous fit comprendre que Guy Mollet envisageait de camper durablement entre les communistes et les «centristes», c'est-à-dire la droite antigaulliste. Nous le relançâmes sur Khrouchtchev. Il nous répondit sur Tito. Guy Mollet venait en effet de rentrer d'un voyage en Yougoslavie. *Le Monde* avait titré son compte rendu : «Guy Mollet : je suis profondément triste». C'était une coquille. Il fallait lire : «Je suis profondément titiste». Et de nous narrer sa visite d'une porcherie industrielle en Yougoslavie, d'où il résultait, à ses yeux, qu'à l'avenir, il n'y aurait plus de place pour les exploitants individuels. Je croyais entendre André Siegfried narrant sa visite en 1925 des abattoirs de Chicago. Mais Guy Mollet tirait de cette histoire de petits cochons découpés en fines tranches de jambon des conséquences politiques : le salariat était l'avenir de l'Homme et avec lui, bien sûr, le socialisme. Il alluma une cigarette et nous fit remarquer que, dans la société française, il y avait déjà 80 % de salariés. Encore fallait-il les convaincre. C'était le travail des militants, dont il nous fit l'éloge. Quant à nous, il nous fallait d'abord faire nos classes. Le reste viendrait par surcroît. Guy, comme l'appelait Marie-Jo Pontillon à laquelle il nous confia ensuite, nous envoya à la 14e section de Paris, villa Duthy, dans le 14e arrondissement, coller des affiches, mettre des tracts sous les essuie-glaces des voitures en stationnement, bref apprendre notre métier de militants.

Nous adhérâmes donc, Alain et moi, au début de décembre 1964. Nous découvrîmes un monde attachant de vieux militants. La trésorière, une vieille dame prénommée Agnès, ne me fit payer que le timbre mensuel de la cotisation, au demeurant fort modeste, en me disant : « Au Parti socialiste nous sommes d'abord humains. »

Le même soir de décembre, un autre nouvel adhérent se fit connaître : il s'appelait Georges Sarre. Jeune inspecteur des PTT, il travaillait au centre de tri voisin de Paris Brune. Georges, Creusois d'origine, avait le socialisme dans le sang. Son père, Alcide Sarre, avait longtemps présidé la Commission départementale de la Creuse. Une rue porte son nom dans le bourg de Chénérailles dont il fut maire et où Georges a grandi. Hyperactif et déjà remarquablement organisé, fait pour le commandement, Georges allait créer l'Association des postiers socialistes, forte de quelques centaines d'adhérents. Ce serait suffisant pour faire basculer, cinq ans plus tard, la Fédération de Paris du PS sur la ligne du CERES qu'entre-temps nous aurions solidement étayée.

Sans Georges Sarre, rien n'eût été possible. Une fin d'après-midi d'automne 1969, je me trouvais à Besançon chez mes parents. Le téléphone sonna. C'était Georges : « Nous venons de prendre la fédération de Paris », me dit-il. J'en fus stupéfait : grâce à un patient travail d'organisation et d'implantation dans toutes les sections de Paris, Georges avait fait presque à lui seul triompher notre motion et la ligne qui allait devenir, deux ans après, celle du parti d'Épinay. Georges devint naturellement le premier secrétaire de la fédération de Paris qui se dota bientôt d'un logo qui ferait son chemin : le Poing et la Rose. La Fédération de Paris devint le centre de la toile que nous tissâmes en deux ans au sein du Parti socialiste. Sans ce travail militant, Épinay n'eût pas été possible. Sans le CERES à Épinay et à Metz, François Mitterrand ne serait pas devenu ni resté premier secrétaire du Parti socialiste, et sans lui, l'alternance de 1981 ne se serait pas produite.

Mais sans Georges Sarre, le CERES n'aurait tout simplement pas existé. Et pas davantage le Parti socialiste d'Épinay, tel que des milliers de militants l'ont vécu, n'aurait su devenir un grand parti populaire. François Mitterrand, en effet, avait fait de Georges, au lendemain d'Épinay, le secrétaire du parti à l'Organisation et aux Entreprises.

De 1971 à 1981, il s'est créé près d'un millier de sections socialistes d'entreprise. Le nombre d'adhérents au parti a plus que quadruplé. Il y avait alors une dynamique extraordinaire, politique, organisationnelle, intellectuelle à travers les revues qu'animait Didier Motchane. Et puis, il y avait dans les congrès les discours de Pierre Guidoni, de loin le meilleur orateur d'entre nous. Mais tout cela n'aurait pas été imaginable sans le rôle d'organisateur de Georges, brillamment secondé par Michel Charzat, entouré d'une équipe extraordinairement motivée et efficace.

Le Parti socialiste est ainsi devenu un parti populaire, un parti dans lequel une majorité des ouvriers et des employés reconnaissaient leurs aspirations. L'influence électorale du PS dépassa dès 1974 celle du Parti communiste.

Cette dynamique n'aurait pu se développer sans cette virtualité motrice qu'était la ligne d'Épinay et l'incarnation, bien sûr, que lui donnait François Mitterrand. Mais le rôle initial de Georges Sarre et le cachet d'authenticité que lui-même et ses équipes apportaient sur le terrain ont été la clé de cet enracinement populaire réussi.

Inspecteur des Postes, il était naturellement syndiqué. De son expérience syndicale, il avait su tirer le meilleur pour faire du Parti socialiste un parti ancré dans le peuple. Son secret ? Georges aimait le peuple. Il allait au contact, riait de bon cœur avec les militants.

Georges était féru d'histoire. Il s'intéressait particulièrement à la Révolution française. On n'avait pas besoin de lui apprendre ce qu'était la citoyenneté. C'était pour lui la souveraineté du peuple, la démocratie vraie, la capacité de parler d'égal à égal avec chacun, sans fard, sans artifice, mais le cœur ouvert.

Georges Sarre est mort le 31 janvier 2019. Pendant cinquante ans, il a été pour moi un ami incomparable. C'était un bloc de convictions, un républicain qui mettait la République au-dessus de tout, avec un grand sens de l'État. De son souvenir, je ne peux séparer son admirable femme qui a été toute sa vie, et jusqu'au dernier jour, le pilier sur lequel il a pu s'appuyer.

En cette soirée de décembre 1964 où nous adhérâmes ensemble au Parti socialiste, on ne pouvait pas ne pas voir, sur une vieille poutre qui soutenait le plafond du local, une pensée de Bracke-Desrousseaux, vieille figure du parti, inscrite en lettres d'or : « Le socialisme n'a pas besoin de surhommes. Il a besoin d'hommes sûrs. » Cette exhortation venait rappeler à la modestie les nouveaux adhérents que nous étions.

Je ne puis cacher la sympathie que m'inspirent encore ces vieux militants venus de Républiques englouties et capables d'écouter patiemment l'argumentation de jeunes godelureaux ou de s'enflammer dans des débats incandescents opposant « réformistes » et « révolutionnaires », entendez partisans de la « grande fédération » derrière Gaston Defferre, ou tenants d'une « petite fédération », excluant le centre et préservant l'avenir de l'Union de la gauche, derrière Claude Fuzier, secrétaire de la Fédération du PS de la Seine, qui n'était pas seul à la manœuvre. Ces débats, en apparence fumeux, mais qui commandaient le choix du candidat à l'élection présidentielle de 1965, Guy Mollet, maître de la doctrine, mais aussi maître de la tactique, allait bientôt les trancher, dans les négociations ouvertes entre la SFIO et le MRP devenu Centre démocrate. Il invoqua la laïcité qu'une Providence socialiste avait inventée pour empêcher la convergence renouvelée des socialistes et des centristes et ainsi empêcher Gaston Defferre d'être candidat à l'élection présidentielle de 1965. Dans ces débats de sections, en apparence dérisoires, il y avait néanmoins une certaine grandeur. «Il faut toujours savoir écouter un homme», répondait Léon Blum à l'un de ses détracteurs qui lui reprochait de passer trop de temps à écouter ou à essayer de convaincre les militants.

À sa manière, Guy Mollet aussi a témoigné de cette vénération pour la démocratie interne, censée départager les militants et qui faisait le charme de l'ancien Parti socialiste. Après avoir été mis en minorité au congrès d'Épinay, il se retira de toute responsabilité dans le parti et choisit de finir, quatre ans plus tard, dans la discipline.

Après notre rencontre à la cité Malesherbes que nous ne tardâmes pas à appeler «la cité des Mauvaises Herbes», il nous fallut quand même finir notre scolarité à l'ENA. Alain sortit dans la botte et choisit l'Inspection des finances. Quant à moi, relégué de la 15ᵉ à la 42ᵉ place du classement, par deux épreuves orales qui relevaient d'un concours de maintien et où je n'obtins pas la moyenne, je choisis le corps de l'expansion économique à l'étranger qui dépendait du ministère de l'Économie et des Finances. J'aurais pu choisir de redoubler pour entrer à la Cour des comptes ou au Quai d'Orsay, mais c'eût été contraire à mes principes : l'idée de m'agréger à la haute technocratie ne me tentait plus. La diplomatie économique n'ouvrait pas la voie des grandes carrières mais elle découvrait l'horizon du vaste monde et surtout faisait bénéficier les conseillers commerciaux en poste d'un budget propre et d'une grande autonomie par rapport aux ambassadeurs. Alors pourquoi pas ? Les carrières se faisaient aussi à Paris. Je fus donc affecté à la DREE (Direction des relations économiques extérieures), au bureau des Études. Mon chef de bureau s'appelait Didier Motchane.

Notre tâche consistait à traiter les statistiques du commerce extérieur que nous transmettait mensuellement la Direction générale des douanes et à les commenter. Ce travail, qui n'était pas éreintant, nous laissait le loisir de prolonger nos déjeuners et nos conversations dans les restaurants qui environnaient le Quai Branly, où le secrétaire d'État au Commerce extérieur avait ses bureaux, là où s'élève aujourd'hui le musée des arts premiers voulu par Jacques Chirac.

Didier, quand je l'ai rencontré, n'avait qu'un rapport lointain à la politique. Il avait commencé sa carrière au Vietnam, puis l'avait prolongée comme conseiller commercial à Téhéran. J'avais pu lire, dans la revue à couverture vert bouteille du ministère de l'Économie et des Finances, la recension qu'il avait faite de sa mission en Iran. L'intitulé : *Sur un marché persan*, pouvait faire croire à la critique d'un musicologue, destinée à égayer l'austère revue. Ce qui me frappa d'emblée chez Didier, c'étaient l'art du mot juste, auquel il parvenait souvent au terme d'une savante digression, la culture à la fois philosophique, littéraire, et cinématographique, et surtout l'humour. Nous devînmes assez vite amis.

Je lui expliquai ce que nous voulions faire. Didier était un logicien, qualité qu'il tenait sans doute de son père, Léon Motchane, grand mathématicien auquel nous devons la création, à Bures-sur-Yvette, de l'Institut des hautes études scientifiques (IHES), haut lieu de la recherche mathématique mondiale et pôle d'excellence de la recherche française (12 % des médailles Fields[1] décernées dans le monde). Je suis sûr que c'est par déduction logique autant que par curiosité que Didier adhéra, à l'automne 1965, à la 14e section du PS. Il avait éliminé toutes les impasses auxquelles conduisaient les engagements alors à la mode et, par récurrence, choisi la stratégie de ce qui allait devenir le CERES. La force de la pensée était chez lui remarquable. Je hasarde une hypothèse que je me suis faite quand je l'ai mieux connu : il la tirait, me semble-t-il, de la capacité qu'il avait montrée de surmonter une enfance fracassée par un accident qu'à l'époque on ne pouvait soigner. Il en a fait le récit dans son *Voyage imaginaire à travers les mots du siècle*[2]. « Cloué dans mon lit, nous confie-t-il, jusqu'à mes quatorze ans, je m'imagine rétrospectivement et à tort comme un enfant sans enfance, dans cette situation qui faisait précéder pour moi dans une large mesure l'appréhension sensuelle de l'univers par la découverte intellectuelle du monde. Je me souviens surtout du jour auquel je pense encore comme celui de ma découverte, de ma vraie découverte du

---

1. Les médailles Fields sont considérées comme l'équivalent du prix Nobel pour les mathématiques.
2. Didier Motchane, *Voyage imaginaire à travers les mots du siècle*, Fayard, 2010.

monde : celui où, pour la première fois depuis mes huit ans – j'en avais quatorze ce jour-là il me semble –, je pus sortir de ma chambre et marcher à l'air libre, respirer librement à pleins poumons. Je m'en souviens vraiment, de ces premiers pas dans la rue et de l'exaltation qui m'a saisi à me sentir brusquement assailli par l'inépuisable profusion du monde. »

Didier Motchane a joué ultérieurement un grand rôle quand, au lendemain du congrès d'Épinay (1971), il fallut structurer idéologiquement les nouveaux adhérents qui se pressaient en nombre aux portes du Parti socialiste. Dix années durant – de 1971 à 1981 – Didier a fourni au Parti socialiste les outils conceptuels dont il avait besoin pour renaître. Chaque concept était une machine de guerre. Ainsi l'autogestion, contre le socialisme bureaucratique, bien entendu, mais aussi couplée avec la planification, contre ces thuriféraires du marché qu'étaient les tenants de la « deuxième gauche », en résonance naturelle, à la fin des années 1970, avec les premiers zéphyrs du néolibéralisme. C'est à la deuxième gauche que Didier réservait d'ailleurs sa meilleure verve : « Elle n'est au fond qu'un produit et un témoin de la crise de la première, c'est-à-dire de la gauche. »

Très tôt sur l'Europe, Didier a discerné, en visionnaire qu'il était, les risques de dérive que comporte l'inféodation des oligarchies européennes au capitalisme mondialisé. La lecture rétrospective de ses livres – *L'Enlèvement de l'Europe, Un atlantisme à la charentaise* – ne témoigne pas seulement d'un rare bonheur de plume mais surtout de l'acuité de sa vision. Dans les *Cahiers du CERES* de 1966 à 1971, puis au lendemain d'Épinay à la tête de la revue *Frontière,* devenue *Repères* en 1975, Didier sera l'infatigable combattant d'un socialisme autogestionnaire, désireux de donner son plein sens au travail des hommes et ainsi à la « rupture » prônée par le congrès d'Épinay.

Didier, avec ses revues, fera du CERES « l'intellectuel organique » du nouveau PS. À l'approche du pouvoir et devant la montée d'un courant gestionnaire bien décidé à ne rien changer, il se fit vigie du socialisme face aux dérives qu'il discernait à l'horizon. François Mitterrand savait l'emprise que Didier Motchane exerçait sur l'esprit des jeunes soixante-huitards, à peine frottés de marxisme.

Un jour, il lui lança en plein comité directeur (c'était la période, entre 1975 et 1979, où nous étions dans la minorité) : « Et si c'était moi, Lénine ? » Ce qu'impliquait une telle interpellation, la plupart des membres du comité directeur préférèrent l'ignorer. *Repères* devient *Non !* en 1980, puis *En jeu* en 1983, et enfin *République* en 1988. La revue épouse ainsi le mouvement qui, en 1985, a changé l'appellation de notre courant, le CERES, devenu « Socialisme et République ».

Marxien plutôt que marxiste, fin dialecticien et redoutable polémiste, Didier Motchane comprendra que les défis du monde impliquaient cette conversion républicaine à laquelle le PS, pour son confort mais aussi pour son malheur, a préféré une conversion libérale à bas bruit et, par cela même, irrémédiable. Un jour François Mitterrand dit devant moi à Didier Motchane : « Il est dommage que vous ayez choisi de faire de la politique. Sans quoi nous aurions pu être amis. »

Didier, qui est mort le 29 octobre 2017, est resté toute sa vie un homme debout, un bloc de courage physique autant qu'intellectuel. Désireux de rendre la société des hommes transparente à la raison, il savait bien que cette position éthique n'était là que pour nourrir l'espérance. Il écrivait, peu avant sa mort : « Dix ans dans la vie d'un homme c'est beaucoup, mais dix ans pour le mouvement collectif historique, c'est peu. » L'avis de Didier Motchane a toujours beaucoup compté pour moi car je savais de quelle exigence il était porteur. Mais jusqu'au bout aussi, puisqu'il me l'a écrit, j'ai pu compter sur sa fidélité, mot fort chez lui, qui, toute sa vie, avait été un être de liberté.

Nullement rebutés par l'accueil plutôt distant que nous avions reçu à la cité des Mauvaises Herbes, nous décidâmes de nous organiser. En créant d'abord un petit *think tank* que nous baptisâmes centre d'études, de recherches et d'éducation socialiste. Il ne suffisait pas, en effet, de définir un projet : il faudrait ensuite en convaincre une armée de militants et enfin y rallier une majorité de nos concitoyens. Le sigle « CERES » évoquait le nom latin de la déesse grecque Déméter, déesse de la glèbe, et, ajoutions-nous, de la plèbe, par une déduction qu'on qualifierait aujourd'hui de

« populiste ». Déesse de la fécondité, d'où pouvait-elle tirer ses moissons sinon du peuple (*plebs*) en bonne doctrine socialiste et républicaine ? La parenté sonore du sigle avec les CRS (compagnies républicaines de sécurité) mises sur pied, en d'autres temps, par le camarade Jules Moch, pouvait aussi être utile : elle dissimulait le petit nombre des « experts » du CERES, une vingtaine environ, un peu à l'étroit quand même dans le studio que j'occupais 15, boulevard Pasteur, pour la plupart anciens élèves frais émoulus de l'ENA ou de Polytechnique. Le CERES faisait des notes, réunissait des dossiers que nous ne tardâmes pas à publier sous forme de « Cahiers » : les *Cahiers du CERES*. Nous publiions des tribunes libres dans *Le Monde* dont Jacques Fauvet nous avait ouvert les colonnes, ou dans *Combat*, où Philippe Tesson était content de nous accueillir sous des noms d'emprunt – Lancier pour Gomez, Dragon pour Motchane et plus prosaïquement Pierre Malot pour ce qui me concerne : cela faisait plus « socialiste » et même un peu ringard. C'était ce que je voulais. Nous essayions de donner sens à la fière devise qui ornait le titre du journal : « De la Résistance à la Révolution ». J'oublie de dire que nous organisions des colloques peu conformistes dans les municipalités socialistes, à Cachan, en 1966, sur l'Europe, et à Suresnes, en 1967, sur l'égalité, où nous invitâmes Alfred Sauvy et Pierre Bourdieu. Tout cela faisait un peu de « mousse ». Nous ressourcions sous un vernis moderne le socialisme dans son orthodoxie. Le CERES, avec des thèses qui rompaient avec le ronron ambiant, s'inscrivait ainsi peu à peu dans le paysage. Mais s'organiser, cela voulait dire aussi créer un réseau militant au sein du PS. Curieusement, il y avait au sein de la SFIO quelques jeunes qui n'étaient pas « de structures » et qui entrèrent assez vite en résonance avec nous. Ainsi Jean-Louis Dieux qui avait fait ses classes aux Faucons rouges du Var et que Gaston Defferre surnomma très vite « Jésus », à la représentation duquel Jean-Louis ressemblait en effet étrangement.

Edmond Hervé, futur maire de Rennes en Ille-et-Vilaine, Marc Wolff dans le Nord, provenaient de la même filière. Celle-ci recelait aussi une pépite : Pierre Guidoni, monté de son Aude natale à Paris, nous éblouit littéralement par la prodigieuse variété de ses dons : son allure d'abord, celle d'un hidalgo castillan, sa verve, son exceptionnelle faculté oratoire (il avait été à l'école de Georges Guille, considéré comme «le meilleur orateur du parti»), ses capacités d'analyse, ses dons de caricaturiste, aussi. J'oublie de dire que Pierre avait épousé la fille de Robert Marjolin, la délicate Élise, dont la mère était américaine. Robert Marjolin, ancien commissaire européen, était connu pour son intégrité et la fermeté de ses convictions européennes et, ce qui ne gâtait rien, sa liberté d'esprit. Tant de fées s'étaient penchées sur le berceau de Pierre qu'il paraissait prédestiné à exercer un jour le leadership du parti. Sa remarquable connaissance de l'Espagne lui avait fait rencontrer les jeunes du PSOE[1], Felipe González et Alfonso Guerra tout particulièrement. Au lendemain d'Épinay, Pierre organisa à Toulouse le Congrès du PSOE qui porta à sa tête Felipe González à la place de Rodolfo Llopis, ministre de l'Éducation dans le dernier gouvernement républicain espagnol de Front populaire (1938). Franco n'était pas mort encore, mais tous les jalons étaient plantés pour que l'Espagne pût rejoindre le cortège des démocraties avancées d'Europe occidentale et adhérer, en 1986, au Marché commun. Ce fut la tâche dont François Mitterrand chargea Pierre Guidoni en 1983 en le nommant ambassadeur à Madrid et qu'il mena à bien, s'assurant ainsi de durables fidélités.

L'attachement de Pierre à la «Vieille Maison» était presque aussi profond que celui qui le reliait à notre Sainte Mère l'Église. Car Pierre, sous ses dehors infiniment aimables, cachait un catholique fervent. Il professait que seules comptaient les «grandes structures» qui traversent le Temps. Il resta d'ailleurs au Parti socialiste quand nous l'eûmes quitté, après la guerre du Golfe et le traité de Maastricht. Mais il le fit avec cette grande élégance qui le caractérisait. Pour n'être pas mêlé aux querelles partisanes : il se fit nommer ambassadeur de France en Argentine. La mort nous a arraché notre ami en juin 2000. Je ressens aujourd'hui la même émotion qu'au jour de ses obsèques à Saint-Julien-le-Pauvre.

Voici donc campé le portrait des quatre «chefs historiques» du CERES naissant : une amitié, comme il ne s'en noue qu'entre très jeunes gens, alimentée par une unité de vues politiques qui anticipait

---

1. Parti socialiste ouvrier espagnol.

111

très largement sur le paysage ambiant et par la conscience d'avoir un rôle à jouer dans l'Histoire en train de se faire, chacun interprétant sa partition, sans nuire à l'harmonie de l'ensemble.

Je n'oublie pas les compagnons des premières heures : Jacques Vidal, jeune sous-préfet en rupture de ban après mai 1968, d'une remarquable vivacité d'esprit, organisateur hors pair, fauché à trente ans par la maladie ; Paul Calandra, ancien parachutiste que Gomez avait ramené dans ses bagages, comme Jacques Darmon, inspecteur des Finances qui prit dans les années 1970 la tête du cabinet de Michel Debré, ministre de la Défense, et son frère Claude, polytechnicien comme l'était aussi Gérard Renon, qui devint plus tard à mes côtés secrétaire d'État à la Défense ; Loïc Hennekine, futur ambassadeur en Indonésie, au Japon et en Italie, et secrétaire général du Quai d'Orsay, Jacques Warin, autre futur ambassadeur, Michel Suchod, diplomate lui aussi, que ses traits d'esprit n'ont pas empêché de devenir député de la Dordogne ; Jean-Marie Bockel, qui réussit l'exploit d'implanter le CERES en Alsace, devenant député du Haut-Rhin et maire de Mulhouse, Thierry Bondoux, futur directeur à l'action culturelle d'Île-de-France, qui avait très tôt investi sa culture et sa sensibilité dans le combat des idées et dont la mort tragique m'a particulièrement affecté, Jean-Pierre Michel enfin, très jeune président du Syndicat de la magistrature, que j'aidai à s'implanter à Héricourt tout près de Belfort où sa fibre populaire fit merveille. Je n'aurais garde d'oublier enfin la vaillante cohorte des postiers socialistes et particulièrement Georges Mingotaud qui succéda à Georges Sarre comme Premier secrétaire de la fédération de Paris après 1971, mais aussi Pierre Carassus, Michel Jaurrey et beaucoup d'autres. Ce sont eux qui nous apportaient la «base ouvrière» qui nous manquait. D'abord affiliés à FO, ils suivirent pour la plupart Georges Sarre quand celui-ci adhéra à la CFDT d'Eugène Descamps avec lequel nous avions noué une amicale relation, avant qu'Edmond Maire ne lui succédât. Cela gâta un moment – mais un moment seulement – mes relations avec André Bergeron, comme moi natif de Belfort, et qui concluait invariablement nos entretiens par un : «N'oublie pas de serrer la patte au Lion !» J'oublie beaucoup de monde parmi les compagnons des premiers jours, ne serait-ce que François Reingold, ancien officier

SAS que j'avais rencontré en Algérie, et chez qui, lors d'une réunion du CERES naissant, j'aperçus dans le reflet d'une glace, une jolie fille en train de rectifier sa frange. À l'issue de ce séminaire consacré à la Culture, je demandai à Reingold son numéro de téléphone. J'avais remarqué ses yeux verts et enregistré son prénom : Nisa. Mais je ne me doutais pas que deux ans plus tard, elle deviendrait ma femme.

Nisa, à l'époque, étudiait en fac de psychologie. Sous un joli coup de crayon perçait un tempérament d'artiste. Mais je ne devinais pas alors le génie de la sculpture qui s'éveillerait plus tard à mes côtés. Nisa a créé un monde à mes yeux plus durable que le mien. Passant de la terre cuite au bronze, en utilisant la technique de la fonte à la cire perdue, elle a peuplé mon univers de ses créations. À partir de centaines de petites créatures, elle a édifié des livres en forme de temples, d'où surgit l'Humanité des premières civilisations. Sous son chalumeau, c'est l'Histoire qui se met en marche : des tours géantes au sommet desquelles ses créatures se pressent (c'était bien avant le 11 septembre), une orgueilleuse Babel happée en tourbillon par le Ciel. Nisa a ses périodes : les «Casas» dont la liberté tord seulement les barreaux de notre destin, les arbres, les feuillages d'une Nature qui foisonne, des formes fragiles, des silhouettes et aussi de magnifiques bijoux. Dans ses expositions, je ne me présente plus que comme «le mari de l'artiste».

Nisa a cette originalité de mettre les peuples en mouvement. Si je cherche à donner sens à notre histoire, Nisa, elle, transcende les peuples, les époques et les civilisations. Juchée sur un escabeau pour achever la finition de ses tours, cette petite femme est plus grande encore que son œuvre.

Le CERES ne s'était pas encore mis en orbite quand se produisit dans la vie politique française un événement dont nous n'avions pas prévu qu'il interviendrait aussi vite : la désignation par la FGDS[1] (c'est-à-dire par Guy Mollet et Maurice Faure) et, surtout, par le PCF de Waldeck Rochet, d'un «candidat unique de la gauche» en la personne de François Mitterrand. Nous ne le connaissions pas.

---

1. Fédération de la gauche démocrate et socialiste.

Nous l'associions un peu vite à la IVe République. L'affaire de l'Observatoire enfin, encore assez trouble dans les esprits, n'arrangeait pas son cas. Mais le fait était là : après le naufrage de la candidature de Gaston Defferre, torpillée par Guy Mollet, le Parti socialiste et le Parti communiste s'étaient mis d'accord, contre toute attente, sur le nom d'un candidat commun. Guy Mollet ne croyait pas du tout aux chances de François Mitterrand qu'il jugeait assez discrédité dans l'opinion pour ne pas lui faire de l'ombre. Sa candidature aiderait le Parti socialiste à passer le cap de l'élection présidentielle, voilà tout. Il nous dit plus tard : «François Mitterrand est un bourgeois, un manœuvrier, tout juste bon pour faire un ministre des Affaires étrangères, apte à opérer rapidement des changements de cap et des renversements d'alliances inattendus…» La vérité est que Guy Mollet aurait préféré comme candidat Maurice Faure, mais celui-ci n'était pas volontaire.

Le plus surprenant dans l'affaire était le feu vert donné à la candidature de François Mitterrand par le Parti communiste de Waldeck Rochet. Le moins qu'on puisse dire est que François Mitterrand, atlantiste, européiste et plutôt libéral en économie, n'était pas sur la ligne du PCF. Mais celui-ci, depuis plusieurs années, développait avec obstination l'idée d'un rassemblement de la gauche autour d'un Programme commun. Or, François Mitterrand avait rencontré Waldeck Rochet lors d'un bref passage à Londres, fin 1943. Pour le PCF aussi, la candidature de François Mitterrand était l'occasion de passer un cap, tout en faisant avancer sa stratégie…

Nous avions, quant à nous, pris le soin de lire les revues communistes où commençait de s'exposer, sous la plume de Paul Boccara, la théorie du «capitalisme monopoliste d'État» : il suffisait désormais, selon lui, d'un train de nationalisations supplémentaire pour faire basculer le centre de gravité de la société capitaliste et ainsi assurer le passage pacifique au socialisme. Nos partenaires virtuels retardaient d'une guerre : ils n'avaient pas encore pris la mesure des mutations dans lesquelles le capitalisme allait s'engager, dix ans plus tard, après que les accords de la Jamaïque (1976) auraient entériné le flottement des monnaies entre elles, indépendamment de l'or, et ainsi reconnu le dollar comme monnaie mondiale. Bref, ils n'avaient pas vu venir la mondialisation. Admettons-le : en 1965, l'affaire était loin d'être pliée et les États conservaient encore leurs prérogatives. Et nous-mêmes n'avions alors intégré que la dimension mondiale de la compétition.

Waldeck Rochet donna donc à François Mitterrand le feu vert qui allait le consacrer avec 45 % des voix au deuxième tour, comme le leader en puissance de la gauche unie. C'est le Parti communiste qui a fait ainsi de François Mitterrand le leader de l'Union de la gauche. Seize ans plus tard, celui-ci allait lui damer le pion, en devançant de plus de dix points au premier tour Georges Marchais, son candidat à l'élection présidentielle de 1981...

Nous-mêmes, sur-le-champ, ne vîmes dans la candidature de François Mitterrand que l'occasion de donner un coup d'accélérateur à la dynamique unitaire sur laquelle était bâti le projet du CERES.

François Mitterrand avait un besoin pressant d'étayer son programme réduit à «sept options fondamentales» dans sa déclaration de candidature. Il ne suffisait pas de vanter sur les affiches, sur fond de pylônes électriques, «un président jeune pour une France moderne». Il fallait étayer ses propositions. Il était tout aussi urgent de réunir des plumes pour préparer les réponses que «le candidat de l'Union de la gauche et de tous les démocrates» devait donner aux demandes d'interview qui pleuvaient à quelques semaines de l'échéance. Par chance, François Mitterrand confia à Pierre Soudet, qui avait été mon maître de conférences à l'ENA, le soin de jouer les rabatteurs. Pierre Soudet, ancien normalien devenu conseiller d'État, membre de son cabinet quand François Mitterrand avait été garde des Sceaux de 1956 à 1957, partageait avec lui la même passion de Giono. Il était tout dévoué à son grand homme que son menton «mussolinien» aurait prédestiné, selon lui, à devenir président du Conseil, si la IVᵉ République avait duré. Pétri de culture et totalement dépourvu d'ambition personnelle, Pierre Soudet et sa femme, Laurence, devinrent vite des amis. Pierre nous introduisit dans l'atelier d'écriture qu'animait Paul Bordier, ancien gouverneur de la France d'outre-mer, reconverti dans les eaux Perrier, mais demeuré fidèle à son ministre d'autrefois.

Nous n'étions qu'un quarteron : Alain Gomez, Didier Motchane, Gaston Rimareix, qui avait fait avec moi son stage à Alger, encore membre du Parti communiste à l'époque et futur directeur de cabinet d'Edmond Hervé, ministre de la Santé au mitan des années 1980, et bien sûr moi-même. Nous nous astreignîmes à ces tâches obscures dans l'espoir de pouvoir infléchir ultérieurement une ligne dont les fréquentes allusions du candidat à la sécurité collective et au désarmement ne pouvaient dissimuler le caractère foncièrement atlantiste et européiste. Mais nous ne doutions pas, au fond de nous-mêmes, que la logique des situations – l'alliance avec le Parti communiste – permettrait un jour de corriger le fâcheux tropisme du candidat.

François Mitterrand réunit 33 % des voix au premier tour, devançant largement Jean Lecanuet, et 45 % au second. Ce score inattendu fit monter dans l'opinion un fort désir de gauche. Par ricochet, il crédibilisa le projet du CERES dont nous déposâmes les statuts à la préfecture de police en janvier 1966. L'ennui, dans tout cela, était que, par la logique de nos anticipations, nous nous retrouvions dans le camp de ceux qui combattaient le général de Gaulle dont nous approuvions fortement, au fond de nous-mêmes, la politique étrangère, et particulièrement, cette année-là, la décision qu'il avait prise de faire sortir la France de l'organisation militaire intégrée de l'OTAN. Nous applaudissions à la fermeture des bases américaines en France, au discours de Phnom Penh, et même au « Vive le Québec libre ! » lancé du haut du balcon de l'hôtel de ville de Montréal. De même, la conférence de presse du Général qui suivit la guerre des Six Jours nous sensibilisa-t-elle à la nécessité de résoudre la question palestinienne, bien sûr aux côtés d'un Israël « aux frontières sûres et reconnues ».

Il nous fallait donc nous boucher les oreilles pour ne pas entendre les discours désolants de conformisme atlantiste de François Mitterrand et de Guy Mollet à l'Assemblée nationale. Ce qui aurait pu passer pour de la schizophrénie n'était pour nous qu'un mal nécessaire mais transitoire, en attendant que la logique des alliances et des situations, bref la dynamique de l'Union de la gauche, périme la phraséologie atlantiste de nos leaders ou en fasse surgir d'autres… Pour le moment, il fallait serrer les dents. Nous ne doutions pas de parvenir, à force de ruse et de détermination, à faire bouger la ligne de ce qu'on appelait encore « la gauche non communiste ». Au fond, nous nous trouvions dans une position qui n'était guère différente de celle du Parti communiste : le principe de réalité viendrait à notre secours et notre militantisme, appuyé sur la force des idées, ferait le reste. Nous avions pris le risque. Nous acceptions donc d'être patients mais notre patience avait quand même ses limites.

Au début de 1966, Paul Bordier jugea utile de présenter à François Mitterrand ses soutiens dans son appartement de l'avenue Victor-Hugo. Il y avait là Pierre Joxe et Yves Cannac que je n'avais jamais vus dans l'atelier d'écriture où Paul Bordier sans doute ne convoquait que «les nègres» comme nous. Le grand homme murmura quelques mots de remerciement convenus et s'en fut. Cette première rencontre ne nous fit pas grande impression. Elle nous convainquit plutôt de ne pas relâcher nos efforts de militantisme au sein du Parti socialiste.

Avec les maigres subsides de la cité Malesherbes, nous recrutâmes une secrétaire à mi-temps en la personne de Ghislaine Toutain, jeune étudiante de seize ans, la seule à avoir répondu à l'affichette que nous avions apposée dans le hall de Sciences-Po. Ghislaine ne savait pas taper à la machine mais à la question d'Alain Gomez de savoir si elle allait à la messe, elle sut répondre «non» avec franchise. Cette qualité fit la décision. C'est dire si nos débuts furent modestes. Ghislaine apprit vite à taper, bien qu'elle eût la fâcheuse habitude de mettre les archives du CERES naissant sous son lit dans la poussière. Elle fit ensuite une belle carrière qu'elle termina comme députée du 11e arrondissement, puis assistante de Pierre Mauroy au Sénat dans ses dernières années. Autour d'une tasse de café, nous évoquions alors les anciens jours…

François Mitterrand reprit assez vite contact avec nous et nous invita à déjeuner rue Guynemer, bel appartement bourgeois donnant sur les jardins du Luxembourg. Danielle faisait la popote, de bonne grâce, me semblait-il. C'était très familial. Il fallait en effet préparer les législatives de 1967. François Mitterrand nous utilisait en alternance ou plutôt concomitamment avec Jacques Delors et une petite équipe du commissariat général au Plan. Nous nous croisions dans l'antichambre dont Marie-Claire Papegay, précieuse et fidèle secrétaire du grand homme, avait colonisé un recoin. Très vite nous nous aperçûmes que François Mitterrand utilisait simultanément pour ses interviews au *Monde* les notes de Jacques Delors et les nôtres, faisant passer le ciseau là où cela lui convenait, et mêlant ainsi l'ambition industrialiste et moderniste du CERES à la complainte sociale-libérale de la démocratie chrétienne. François Mitterrand aimait bien la jeunesse. Notre côté anticonformiste l'amusait. Quant il nous recevait après Delors, il commençait par nous dire : «Qu'est-ce qu'ils peuvent être ennuyeux, ces gens du Plan!» Une sympathie mutuelle se créait. Je découvrais un homme d'esprit libre, plein de repartie, à la fois simple d'abord et complexe dans sa manière de penser et d'agir. En se hissant au deuxième tour de l'élection présidentielle comme «candidat unique de la gauche», François Mitterrand venait de réussir un formidable coup de poker, et pourtant c'était un homme seul. C'est sa solitude même et la confiance mal placée qu'il avait faite au député poujadiste Pesquet, qui l'avaient fragilisé au moment de l'affaire de l'Observatoire. Tout seul, il était remonté sur le ring du fond d'un discrédit injuste, mais qui paraissait alors abyssal. De sa faiblesse il avait fait un atout.

Aucun de ses alliés n'était sûr : pour tous, il n'était qu'une commodité de circonstance, un candidat de passage qu'on oublierait sitôt passé le cap de l'élection. Lui seul avait compris que pour accéder au pouvoir il ne pouvait compter que sur l'opinion et sur le mythe qu'il venait d'initier : celui de la gauche unie.

Bien plus tard, le préfet Pinel qui, après avoir été nommé, en 1974, préfet du Territoire de Belfort, avec, me dit-il, la consigne donnée en haut lieu de me faire trébucher, et qui fut ensuite promu préfet de Bourgogne à Dijon par la gauche, m'a raconté cette incroyable histoire.

La scène se passe en 1960 à Cosne-Cours-sur-Loire où le jeune Pinel fait ses classes de sous-préfet. Battu aux élections législatives de 1959, François Mitterrand, alors président du conseil général, a réussi à se faire élire sénateur, mais après l'affaire de l'Observatoire, le Sénat a levé son immunité parlementaire, malgré une plaidoirie éblouissante. Bref, François Mitterrand est au fond du trou. «J'ai besoin de prendre l'air, dit-il un soir à Pinel. Prenez le volant et conduisez-moi sur les bords de la Loire…» Pinel s'exécute et s'entend dire après quelques kilomètres : «Arrêtez-moi là. J'ai besoin de me dégourdir les jambes.» Et Mitterrand de s'enfoncer dans une nuit sans lune, sur les bords du fleuve au cours capricieux. Une bonne demi-heure se passe. Mitterrand ne revient pas. Pinel s'inquiète, quand il voit ressurgir du fond de la nuit son président du conseil général. Mitterrand se laisse tomber sur le siège avant et dit à Pinel dans un souffle : «J'ai bien réfléchi : Peyrefitte a raison : ils sont là [les gaullistes] pour trente ans... sauf si, ajoute-t-il, nous nous allions aux communistes.» Pinel m'a raconté cette scène dans les années 1990 quand j'étais ministre de l'Intérieur. Je n'ai aucune raison de ne pas le croire. À elle seule cette petite anecdote illustre la capacité d'anticipation peu commune de François Mitterrand, et certains ajouteront : son esprit machiavélien, au bon sens du terme, bien sûr : celui du lecteur le plus pénétrant du *Prince*.

Je ne connaissais évidemment pas cette instructive saynète en 1967, mais je pressentais l'intelligence stratégique de François Mitterrand. Il émanait de sa personne une autorité singulière, ancrée sans doute dans la certitude qui l'habitait d'un destin hors du commun. Plus tard, Robert Mitterrand m'a montré une lettre de son frère François, où celui-ci, alors âgé de dix ans, écrivait : «Plus tard, je veux être président de la République... ou alors pape.» Cette ambivalence stendhalienne entre le Rouge et le Noir peut faire sourire : le gamin était précoce. À cet âge, je ne rêvais plus, comme à cinq ans, de conduire la loco du «tacot», le petit chemin de fer qui reliait Trévillers près de Goumois à Morteau. J'avais déjà relevé le niveau de mes ambitions : pour rester proche de la nature mais pour faire mieux que mon grand-père, j'envisageais de devenir ingénieur des Eaux et Forêts mais l'idée de me faire élire président de la République ne m'aurait pas effleuré !

En politique j'avais tout à apprendre et j'ai beaucoup appris de François Mitterrand qui, pour être éminemment secret, laissait quelquefois voir à ses proches par une saillie amusante le fond de sa pensée. Comme me le dit un jour Jacques Delors : «François Mitterrand ressemble à une vieille commode dans laquelle il y a plus de cent tiroirs secrets.» Bien qu'elle dégageât un léger parfum de cynisme, nous le créditions cependant de son habileté, parce qu'il y avait la stratégie qui nous était commune : l'Union de la gauche. Je m'instruisais à son contact et dans les réunions où il conviait ses très proches amis pour prendre, à travers eux, le pouls de l'opinion. Bref, François Mitterrand en imposait. Je l'ai entendu dire qu'avec cent hommes dévoués et bien placés, on pouvait prendre le pouvoir en France. Plus tard, en 1994, il me demanda combien le Mouvement des citoyens comptait de militants : «Cinq mille», avançai-je. «C'est beaucoup trop ! me répondit-il. Au-dessus de cinq cents, on ne contrôle plus rien. D'ailleurs, à la Convention[1], nous n'avons jamais été plus de cinq cents.»

Mitterrand exerçait une autorité naturelle, ce que les Anciens appelaient l'*auctoritas*. Si confiant que je fusse en mon jugement, je savais bien que je ne connaissais personne à Paris, en dehors de quelques caciques du Parti socialiste dont je n'attendais rien. François Mitterrand, à l'inverse, possédait un immense potentiel depuis qu'étant parvenu à se faire désigner comme candidat unique de la gauche, il avait réussi à attirer sur son nom, au deuxième tour de l'élection présidentielle, 45 % des suffrages. Certes, il avait, à nos yeux, quelques lacunes : il ne connaissait pas grand-chose au socialisme et encore moins au Parti socialiste qui était la seule force organisée dans ce qu'on appelait alors «la gauche non communiste». En matière de gauche, sa rhétorique en était restée à Lamartine. Nous ne croyions nullement aux fables colportées sur sa Francisque. Nous imputions ces racontars aux campagnes éhontées de la droite, acharnée à le discréditer par tous les moyens. Si sa culture littéraire était immense – il nous fit connaître Saint-John Perse et Marguerite Duras –, sa culture historique qui empruntait plus à l'origine à Bainville qu'à Michelet pouvait se révéler éblouissante. En revanche, sa culture économique était malheureusement nulle : dans une conversation avec Léon Chadé, patron de *L'Est républicain*, il me donna l'impression de ne pas faire clairement la distinction entre la Chaudronnerie lorraine qui venait d'entrer au capital du quotidien, et la Standard Oil (aujourd'hui ExxonMobil). Mais ces insuffisances pouvaient, à mes yeux, se renverser en avantage, puisque nous l'aiderions à combler ou à tout le moins à dissimuler ses lacunes.

La sympathie que François Mitterrand nous manifestait redoubla quand, en octobre 1967, nous publiâmes *L'Énarchie ou*

---

1. La Convention des institutions républicaines (CIR), mouvement créé par François Mitterrand dans les années 1960.

120

les Mandarins de la société bourgeoise, aux Éditions de la Table ronde de *Combat*, dans la collection que dirigeait alors Philippe Tesson. François Mitterrand se méfiait des petits et grands commis formés par l'ENA, dans lesquels il voyait des soldats du «régime» qu'il combattait, bien à tort selon nous, car il ne connaissait pas encore l'infinie plasticité des énarques. La lecture de notre petit pamphlet le combla d'aise, bien qu'à mon sens il en appréciât le style plus que le fond. Stendhal nous rapprochait plus que Marx. Et puis à l'époque il n'y avait pas grand monde autour de François Mitterrand. Il nous arrivait bien de rencontrer dans l'antichambre où régnait Marie-Claire Papegay, maîtresse de l'agenda, Georges Fillioud, Charles Hernu, Claude Estier, ou encore Georges Beauchamp, compagnon de captivité du grand homme. Ils n'étaient pas nombreux mais tous l'appelaient «Président». Sauf Gomez, Motchane et moi : en bons militants socialistes, nous nous refusions à céder à cette mode peu républicaine. Nous l'appelions tout simplement «François Mitterrand».

Convaincus que l'Union de la gauche n'avait d'avenir qu'autour d'un puissant Parti socialiste, nous étions décidés à camper au sein de la SFIO dont nous finirions bien par grignoter les sections et les fédérations. Bien qu'écrivant, à la demande de Pierre Soudet, les petites brochures jaunes de la Convention des Institutions républicaines (CIR), la formation fantôme dont s'était doté François Mitterrand, à l'intérieur de la Fédération de la gauche démocrate et socialiste (FGDS), nous n'envisagions nullement d'y adhérer.

Au contraire, nous lançâmes, en 1967, la publication des *Cahiers du CERES*. Nous y défendions l'actualité de la pensée socialiste, «non pas dans le repliement dévot autour d'une doctrine mal comprise, mais dans la foi des socialistes [et dans leur capacité] à construire une grande maison socialiste, instrument indispensable du grand mouvement d'unité de la gauche, qui porte l'espérance populaire et l'avenir de notre patrie[1]». Sous la grandiloquence des

---

1. Pierre Malot, «Actualité de la doctrine socialiste», *Cahiers du CERES*, n° 1, octobre 1967.

formulations se dessinait clairement la définition d'une politique étrangère et d'une doctrine militaire qui empruntaient largement au gaullisme, tout en renouvelant l'approche socialiste. Le but était clairement fixé : édifier une Europe socialiste indépendante, ayant sa propre politique dans le tiers-monde, mais clairement dressée contre la Révolution culturelle chinoise, qualifiée dans le premier numéro des *Cahiers du CERES* d'«illuminisme volontariste»… ne pouvant déboucher que sur «une gigantesque anarchie», et peut-être «sur une troisième guerre mondiale».

Guy Mollet et les dirigeants de la SFIO étaient éloignés des affaires depuis près d'une décennie. Ils décidèrent de rafraîchir leurs connaissances à la fois des dossiers et des mentalités de la jeunesse. La jeunesse, c'était nous. Robert Pontillon, maire de Suresnes mais aussi responsable des relations internationales de la SFIO, convia ainsi un brelan de jeunes énarques dans un centre aéré, sur les pentes du mont Valérien, où nous nous trouvâmes mis en présence de l'état-major du parti. Autour de Guy Mollet en bretelles, Jules [Moch], Robert [Verdier], Christian [Pineau], Albert [Gazier]. La grande affaire, c'était la guerre du Vietnam, le rapport avec les États-Unis, et bien sûr l'OTAN, etc. Loïc Hennekine et Didier Motchane, qui avaient exercé à notre ambassade à Saïgon – qui n'était pas encore Hô Chi Minh-Ville –, argumentèrent que les Américains ne pourraient pas toujours tenir à bout de bras le régime sud-vietnamien et que le meilleur service à leur rendre était de les aider à se dégager d'un conflit à la fois inégal et, pour eux, sans autre issue qu'un discrédit croissant. Christian Pineau et Robert Verdier se récrièrent : mais si les États-Unis se retiraient du Vietnam, c'est tout le Sud-Est asiatique qui basculerait dans l'orbite du communisme! Ils nous exposaient «la théorie des dominos», c'est-à-dire la justification que les dirigeants américains donnaient eux-mêmes à leur engagement. Leur atlantisme était confondant!

Sur les questions militaires, ils ne croyaient qu'en l'OTAN. Guy Mollet qui, en son temps, avait dégagé les crédits nécessaires à la construction d'une dissuasion nationale, ne pipait mot. Robert Pontillon, qui était aussi chargé des relations publiques chez Thomson, se contenta de ricaner : croyions-nous pouvoir longtemps contenir les «Cosaques» avec notre bombinette? Seul Albert Gazier, qui nous regardait avec une indulgence grand-paternelle, cherchait à mettre un peu de liant, mais heureusement c'était l'heure du déjeuner. D'un restaurant voisin, Au lapin agile, on nous apporta des bières et des sandwichs que nous dégustâmes démocratiquement. La conversation prit un tour plus convivial. Robert Verdier et Christian Pineau prirent à part Loïc Hennekine en lui demandant comment il pouvait, avec des idées pareilles, penser faire carrière au Quai d'Orsay.

L'esprit de «camaraderie» reprenait le dessus et la conversation se dispersait. Nous étions quand même impressionnés de voir de près tous ces pontes dont nous avions tant entendu parler dans notre prime jeunesse, à la fois si accessibles et si démunis. Il faut dire qu'ils étaient très simples et nous les aurions trouvés franchement sympathiques s'ils ne s'étaient pas accrochés à leurs idées désuètes. Au café, j'avisai Jules Moch pour l'interroger, avec l'impertinence de la jeunesse, sur les raisons qui avaient bien pu l'avoir conduit, lui, Jules Moch, à voter, en 1938, les accords de Munich. «Eh bien! me dit Jules Moch, figurez-vous que j'avais voté contre, mais en redescendant de la tribune où j'avais déposé mon bulletin, Léon Blum me retint par la veste et me dit : "Comment avez-vous voté, Jules?" et comme je lui répondais "contre!", il me reprit : "Jules, si vous m'aimez, allez revoir votre vote."» Et Jules, qui y mettait le ton, d'ajouter : «C'est ainsi que je suis remonté à la tribune pour changer mon vote. Vous savez, il était difficile de résister à Léon Blum...»

Je ne raconte cette anecdote que pour rendre compte de cette sentimentalité propre à la SFIO et que j'avais déjà perçue, en allant à Jouy-en-Josas rendre visite à la veuve de Léon Blum qu'on appelait «Jeannot». Elle nous avait fait écouter à Gomez et à moi les discours enregistrés de Léon Blum pendant le Front populaire. C'était très émouvant. Mais il y en avait un où Léon s'acharnait à convaincre les militants d'une voix plutôt chevrotante du bien-fondé de sa décision de ne pas intervenir militairement en Espagne pour soutenir le gouvernement républicain espagnol contre Franco. C'était beaucoup plus troublant. Il est vrai qu'en ce cas nos alliés britanniques nous eussent fait défaut. Plus grave encore, la majorité des députés radicaux n'aurait pas suivi. Cela nous l'ignorions, mais c'eût été pour nous un argument de plus contre le régime d'Assemblée.

Sur ces entrefaites, un événement survint qui sembla bouleverser nos plans : mai 1968, en jetant la jeunesse étudiante dans la rue nous fit aussitôt mesurer le ridicule des intrigues que nous avions nouées pour remodeler une offre politique évidemment désuète. Motchane et moi errions en badauds dans les rues du Quartier latin, enjambant quelques cageots enflammés tenant lieu de barricades. Nous voulions voir et surtout entendre ce qu'avait à proposer cette jeunesse désarçonnante. Trotskistes et maos avaient tapissé de leurs affiches la cour de la Sorbonne. Nous refluâmes vers l'Odéon dans le théâtre duquel se pressait un public survolté, tandis que se succédaient à la tribune d'honnêtes bourgeois venus faire amende honorable de leur inconscience et solliciter l'indulgence de leur progéniture. Celle-ci leur avait dessillé les yeux sur la violence de la société capitaliste et les méfaits du principe d'autorité. Nous continuâmes notre promenade en remontant le boulevard Saint-Michel en haut duquel Motchane avait garé sa voiture. Nous aperçûmes alors une bande de gauchistes s'affairant autour du véhicule pour le précipiter sur un cordon de CRS qui barrait l'avenue de l'Observatoire. Motchane, avec une agilité et une présence d'esprit surprenantes, bondit à son volant et en braquant à gauche toute, parvint à dévier la course du véhicule-bélier auquel une douzaine d'énergumènes avait déjà imprimé une certaine vitesse. L'automobile décrivit une courbe harmonieuse, boulevard du Montparnasse, et frôla, à un mètre près, les fonctionnaires. Ceux-ci, stoïques, ou peut-être experts en balistique, n'avaient pas bougé. Après que je l'eusse rejoint, Motchane mit les gaz et sauva son véhicule.

Nous nous interrogions sur le sens de ce mouvement qui, si débile que nous parût son inspiration, ébranlait le gouvernement et donnait un coup de vieux au prestige du Général. Le 13 mai, la gauche appela à une grande manifestation qui remonta le boulevard Saint-Michel jusqu'à Denfert-Rochereau. Daniel Cohn-Bendit hurlait des slogans flétrissant « les crapules staliniennes », Alain Geismar, alors maoïste et qui finit inspecteur général de l'Éducation nationale sous Jospin, et Jacques Sauvageot, alors président de l'UNEF, conduisaient le cortège à la tête des «organisation étudiantes». Les «crapules staliniennes», derrière Georges Marchais et Georges Séguy, clôturant le défilé. Juste devant les communistes, il y avait les maigres troupes de la FGDS avec François Mitterrand, Gaston Defferre et une poignée de militants. La manifestation était censée se disperser place Denfert-Rochereau. Cohn-Bendit et son mouvement du 22 mars cherchèrent bien à l'entraîner vers les Invalides avec, sans doute, le projet de franchir la Seine vers l'Élysée. Mais la masse cégétiste n'entendait pas aller plus loin que le Lion de Belfort. Quant aux chefs de la gauche non communiste, ils avaient décroché bien avant, peu soucieux d'essuyer les quolibets des étudiants qui venaient de se convertir à la Révolution.

Les gauchistes organisèrent encore une autre manifestation, le 24 mai. Le préfet de police, Maurice Grimaud, qui devait devenir, en 1981, le directeur du cabinet de Gaston Defferre au ministère de l'Intérieur, les dirigea vers la gare de Lyon, sans doute pour leur suggérer de partir en vacances, ce qu'ils firent d'ailleurs quelques semaines plus tard, au lendemain des élections législatives qui donnèrent à la droite, que de Gaulle appelait le «parti de la trouille», une Chambre introuvable. Quant à nous, dont le projet sophistiqué d'entrisme et d'influence dans les partis de la gauche non communiste venait d'être flanqué par terre par le déferlement de dizaines de milliers de morveux qui, d'un seul coup, avaient ringardisé notre démarche, il fallait bien faire quelque chose : cette fois-ci à court d'idées, nous occupâmes le siège de la FGDS, boulevard Saint-Germain, pour signifier aux caciques qui n'en croyaient pas leurs oreilles qu'ils avaient fait leur temps. Je passai rue Guynemer où Marie-Claire Papegay m'interpella : «Mais vous n'êtes pas sur les barricades ? Charles Hernu s'y trouve déjà !» Un conventionnel de passage ironisa : «Il paraît que les gendarmes mobiles lui ont présenté les armes...»

Place Saint-Germain, François Mitterrand fut pris à partie par des gauchistes. Un groupe de postiers socialistes qui traînait par là s'interposa opportunément. J'entendis sur un transistor le général de Gaulle annoncer d'une voix souveraine : «Je ne me démettrai pas !» et surtout «Je dissous l'Assemblée nationale !».

Cette simple décision suffit à désamorcer le mouvement. Très vite, il fallut désigner des candidats. Nous étions déjà assez nombreux à la 14ᵉ section où j'avais fait adhérer pas mal d'anciennes connaissances pour emporter la majorité. Je me fis ainsi désigner contre le sénateur Giraud, homme lige de Claude Fuzier pour porter les couleurs de la FGDS dans la circonscription du 14ᵉ arrondissement, dit « des trois monts » (Montparnasse, Montrouge et Montsouris). Georges Sarre accepta d'être mon suppléant. Un sympathique amalgame s'opéra, le temps d'une campagne, entre les postiers socialistes, les filles que j'avais fait adhérer à la 14ᵉ section et le petit noyau fondateur du CERES. Cette campagne ne déboulonna pas le député sortant Michel de Grailly, qui avait été quelque chose dans les abattoirs de la Villette, mais cimenta l'amitié entre Georges Sarre et moi-même.

Aux élections de juin 1968, la FGDS fut sévèrement battue. Les quinze députés étiquetés CIR, que François Mitterrand avait réussi à faire élire en mars 1967, mordirent tous la poussière, sauf François Mitterrand que la dissolution de la FGDS et l'ire de ses anciens alliés socialistes contraignirent à s'asseoir au banc des non-inscrits. Ambiance… Quant à nous, pouvions-nous recoller les morceaux ? Je ne me souviens que d'une vaine et méritoire tentative pour créer avec Gisèle Halimi ce « front des forces socialistes » au sein duquel la classe ouvrière au sens marxiste du terme, c'est-à-dire nous-mêmes, pouvait donner la main au féminisme dont Gisèle était alors la figure emblématique, seule composante de l'idéologie soixante-huitarde qui nous parût aisément compatible avec le socialisme progressiste tel que nous le concevions. Déjà August Bebel, à la fin du XIXᵉ siècle avait eu cette prémonition[1].

L'avenir, à court terme, paraissait bouché. Je me laissai convaincre par mon chef de service, M. Hullo, dont l'accent méridional laissait deviner une extraction modeste, et dont la bienveillance n'avait pas découragé mes activités militantes, qu'il était peut-être temps de songer à quitter le giron de l'Administration centrale pour prendre

---

1. August Bebel, *La Femme dans le passé, le présent et l'avenir*, Georges Carré, 1891.

un poste de conseiller commercial à l'étranger. Je choisis le plus éloigné : Djakarta, moins par fascination de Joseph Conrad et des mers du Sud qu'aimanté par le sentiment qu'en Asie du Sud-Est, entre Singapour et Hong Kong, il se passait déjà quelque chose... De Gaulle, en France, allait soumettre au référendum son projet de régionalisation. Je ne doutais pas qu'il l'emporterait haut la main, comme à l'habitude. Curieusement, je n'anticipai pas qu'une partie de la bourgeoisie française jugerait le moment venu de se débarrasser du Général. Je m'envolai donc sans inquiétude pour l'Indonésie après avoir confié les clés du CERES à Loïc Hennekine. La carrière politique de ce dernier fut courte, comme il me le rappelle quelquefois ironiquement.

Je n'eus pas le temps, en effet, d'apprendre le *bahasa indonesia*. L'ambassadeur, Claude Cheysson, débordait de projets, convoquant ses collaborateurs dès sept heures du matin. À part Total, installé à Bornéo (aujourd'hui Kalimantan), la présence française en Indonésie était réduite à peu de chose. Degrémont, dans les grilles de ses stations d'assainissement, recueillait encore les cadavres d'opposants assassinés. Quatre ans auparavant Soekarno, le père de l'indépendance indonésienne que soutenait le plus puissant Parti communiste du monde après le chinois, avait été renversé par le général Soeharto.

Le Club de Paris gérait la dette – colossale – et réservait les nouveaux emprunts à quelques grands projets sélectionnés par le Repelita (c'était le nom du Plan indonésien). La dictature en Indonésie était installée pour longtemps. À l'époque elle ne s'appuyait pas encore sur l'islamisme mais sur l'armée et sur les crédits que lui offraient les puissances occidentales. Comment ce grand pays (deux cent cinquante millions d'habitants aujourd'hui) est-il devenu, en cinquante ans, un pays émergent, c'est une autre histoire...

Quand le 27 avril 1969, j'appris la victoire du «non» au référendum et la démission pleine d'une sobre grandeur du général de Gaulle mis en minorité par la défection de la droite giscardienne, je me sentis étreint d'une grande émotion : la relève n'était pas prête. Qu'allait devenir la France sans de Gaulle ?

Sans attendre, je sautai dans l'avion, me sentant comme appelé à écrire la suite. Je n'avais à Paris nul moyen d'influence mais je me sentais possédé d'une « fureur sacrée » : il n'était pas possible de laisser le champ libre aux débris de la FGDS et aux barons félons du gaullisme pour façonner la suite.

5

D'Épinay au Programme commun :
inventeurs de l'avenir ou faiseurs de roi ?

Le lendemain de mon arrivée à Paris, François Mitterrand m'invitait à déjeuner. Je m'attendais à le voir « lever l'étendard ». Je compris vite qu'il préférait laisser passer son tour, car en l'absence d'accord entre les partis politiques de gauche, il n'avait aucune chance de rééditer son exploit de décembre 1965. J'entrevis alors la nécessité d'une « longue marche ». Il faudrait d'abord prendre le contrôle du Parti socialiste. Ma « fureur sacrée » n'en fut pas diminuée. Reprendre le crapahut dans les institutions n'était pas glorieux mais c'était nécessaire.

Apparaissant à l'improviste dans une Assemblée générale du CERES, je retrouvai à la tribune une place que Loïc Hennekine me rendit de bon cœur. Deux candidats au sein du PS s'étaient fait connaître : Gaston Defferre et Alain Savary, tête de proue de l'UCRG[1], petit club d'anciens socialistes, passés au PSA[2] en 1958. Le Parti socialiste avait décidé de tenir son congrès à Alfortville, le 4 mai, pour désigner son candidat à l'élection présidentielle, en l'absence de la Convention des institutions républicaines et de François Mitterrand. Celui-ci m'avait dit juste auparavant : « Je serai le candidat du regret. » Après qu'Alain Savary, à l'issue de débats confus, eut retiré sa candidature, c'est Gaston Defferre qui fut désigné par défaut, car au fond d'eux-mêmes, la plupart des socialistes entendaient bien voter, au premier tour, pour Alain Poher, président du

---

1. Union des clubs pour le renouveau de la gauche.
2. Parti socialiste autonome, l'un des ancêtres du PSU.

Sénat et président de la République par intérim, afin de «faire barrage à Pompidou».

Le CERES se sentait à mille lieues de ce nid de vipères qu'était devenu à ses yeux le congrès d'Alfortville. Didier Motchane présenta aux congressistes ahuris sa candidature à l'élection présidentielle. Quant à moi, je me bornai à remettre, en main propre, à Guy Mollet, un exemplaire dédicacé de *Socialisme ou social-médiocratie*[1]? Dans ce petit pamphlet, Jacques Mandrin avait repris la plume pour livrer son expérience de militant au sein d'un Parti socialiste «cortège d'hommes, de textes et de mots dont on ne savait plus très bien lesquels, des premiers et des derniers le [conduisaient]». Mais ce petit pamphlet se voulait aussi un guide pour d'aventureux militants. Guy Mollet me fit comprendre que ce n'était pas le jour.

Le 1er juin 1969, Gaston Defferre, au premier tour, n'obtint que 5 % des suffrages, talonné par Michel Rocard, candidat du PSU avec 3,6 % des voix, mais largement devancé par Jacques Duclos (21,5 %). Le 15 juin, Georges Pompidou fut élu président de la République.

La gauche est alors à terre. Elle est à reconstruire complètement. De retour en France, j'étais tombé de haut. Mais la motivation qui m'habitait était intacte. C'était le sort de la France qui allait se jouer : soit l'endormissement aux mains d'une bourgeoisie de plus en plus pressée de tourner le dos à l'héritage du Général, soit la résurrection, à travers une gauche que son union rendrait capable de surmonter les errements d'un passé de divisions et d'inventer ainsi un nouveau chemin. Je retournai à Djakarta pour me faire mettre en disponibilité du corps de l'expansion économique à l'étranger. Pendant quatre ans, de 1969 à 1973, je vécus de boulots précaires : directeur d'une société d'études économiques, puis maître de conférences en économie à l'IUT de Villetaneuse. J'entendais me rendre entièrement disponible pour l'action politique, ce qui ne m'empêcha cependant pas de me marier, le 29 juin 1970. Nisa, ma femme, faisait encore des études de psychologie et n'avait pas encore entamé son impressionnante carrière de sculpteur. Les enfants ne

---

1. Paru en 1969 au Seuil dont Claude Durand était alors le patron.

vinrent qu'après que ma situation, aux yeux de ma femme, parut stabilisée. Pour moi, il fallait d'abord qu'avec mon petit CERES, je m'introduise dans la cour des grands. Tel était mon projet.

Depuis plusieurs mois, l'idée d'un Congrès de l'unité des socialistes était dans l'air. Guy Mollet, à la fin de 1968, avait fait connaître son intention de ne pas briguer la tête du Nouveau Parti socialiste (NPS). Les 11 et 13 juillet 1969, un nouveau congrès se tint à Issy-les-Moulineaux avec le ralliement de Jean Poperen (UGCS[1]) et de quelques conventionnels dissidents, mais toujours en l'absence de François Mitterrand et de sa Convention. Le congrès fonda le NPS et porta à sa tête plutôt que Pierre Mauroy, qui était le numéro deux de la SFIO mais auquel Guy Mollet reprochait de s'être beaucoup trop rapproché de Gaston Defferre, Alain Savary, homme d'une remarquable intégrité, mais prisonnier de sa majorité mollétiste, à travers notamment les puissantes fédérations du Nord et du Pas-de-Calais. Lesté d'un pareil soutien et en butte à la critique sans concession du «candidat du regret», resté hors les murs, le pauvre Savary ne pouvait aller très loin. Son refus de tout débat programmatique avec le PCF en faisait, de surcroît, aux yeux des militants «unitaires», le champion de l'immobilisme.

En septembre 1969, Georges Sarre m'apprit au téléphone la fantastique nouvelle : le CERES avait pris la majorité de la fédération de Paris du Nouveau Parti socialiste. Georges Sarre, devenu premier secrétaire, m'offrit le poste de secrétaire politique, c'est-à-dire de porte-parole. J'ai déjà dit notre amitié. Je crois lui avoir communiqué ainsi qu'à quelques autres la «fureur sacrée» qui m'animait. En peu de mois, nous transformâmes ce qui n'était, à l'origine, qu'un démembrement de l'ancienne fédération de la Seine, que hantait encore le fantôme de Marceau Pivert, en une véritable citadelle du CERES, avec son sigle – le Poing à la Rose – élaboré à la demande de Calandra et de Motchane par un jeune graphiste dénommé Bonnet. Celui-ci présenta plusieurs modèles au bureau de la fédération qui choisit le plus ramassé, celui où le poing, symbole de la force prolétarienne, enserrait une rose rouge comme le bonheur pour lequel nous militions. Surtout, Georges put s'appuyer

---

1. Union des groupes et clubs socialistes.

sur un organisateur remarquable, Jacques Vidal, véritable Lazare Carnot du CERES naissant. Nous multipliions les initiatives à la mode gauchiste, mais sur des thèmes accessibles à la masse : manifestation pour les transports en commun qui donna à Didier Motchane l'occasion de se faire embarquer par la police, occupation picaresque des bureaux de l'hôtel de ville pour protester contre le transfert des halles Baltard hors de Paris, communiqués incendiaires, discours inspirés de Guidoni, conférences de presse impromptues dès qu'un événement mettait en valeur la négligence ou l'impéritie des pouvoirs publics en matière d'aménagement urbain, interviews vengeresses dont la social-médiocratie régnante faisait les frais, tout était bon pour faire parler du CERES et de la fédération de Paris du Parti socialiste. Dans le climat post-soixante-huitard, la presse nous était tout acquise, curieuse de voir qu'il y avait encore à la Vieille Maison de vrais jeunes vibrant à l'unisson de la contestation tout en la ciblant sur leurs dirigeants et donnant ainsi sens à leur engagement.

La fédération participait aux manifestations organisées contre la guerre du Vietnam, aux côtés du Parti communiste et de divers groupes gauchistes, avec force drapeaux et calicots, frappés au sigle du Poing à la Rose. Nous commençâmes à drainer de plus en plus de jeunes, soucieux de donner à leurs sympathies soixante-huitardes un prolongement politique qui parût sérieux à leurs aînés. La fédération de Paris énervait pas mal en haut lieu. La limite fut franchie quand, dans une interview donnée à la fin de 1970 au premier *Libération*, je m'en pris sans retenue à l'immobilisme de la direction du NPS, c'est-à-dire à Alain Savary lui-même. Celui-ci était certes un grand honnête homme. Mais cette qualité l'inclinait à une extrême circonspection. Bref, il n'était pas du tout l'homme qui convenait à la période. Je fus traduit devant la Commission des conflits du NPS. Ernest Cazelles, qui était resté le bras droit de Guy Mollet, la présidait. La sanction tomba : j'étais suspendu de toute délégation pour six mois. En clair, j'étais exclu du prochain congrès qui devait se tenir en juin de l'année suivante à Épinay-sur-Seine. En grand sage, Ernest Cazelles jugea qu'il fallait «couper l'omelette par les deux bouts», et administra la même sanction à André Chandernagor qui continuait à prôner ouvertement des alliances «centristes», en contravention avec la ligne officielle du parti. Ce faisant, Ernest ne se rendait pas compte qu'il dressait contre la direction à la fois l'extrême droite et l'extrême gauche du parti. De surcroît, comme la suite l'a montré, la sanction s'avéra inapplicable quand, dans un grand moment d'œcuménisme, fut venu le jour du Congrès de l'unité des socialistes.

Parallèlement, les tractations se poursuivaient en coulisses entre le NPS d'Alain Savary et la CIR de François Mitterrand et bientôt au grand jour, quand une Commission d'organisation, présidée par Nicole Questiaux, fut mise en place. Nicole, qui avait présidé la Commission nationale consultative des droits de l'homme de l'ONU, découvrit dans la préparation du Congrès de l'unité un potage encore moins ragoûtant. Elle n'en parle encore aujourd'hui qu'avec une grande pudeur. Au risque de désillusionner quelque peu le lecteur idéaliste, je vais devoir révéler ou confirmer dans les pages qui viennent que la politique a aussi quelque chose à voir avec la cuisine.

Je n'avais pas interrompu mes relations avec François Mitterrand qui regardait avec intérêt la place nouvelle prise par la fédération de Paris dans le paysage médiatique mais aussi sur le terrain. À la fin de 1970, la fédération de Paris avait franchi le cap des deux mille adhérents et le petit peuple des «manifs» commençait à s'accoutumer à la présence de nos banderoles.

François Mitterrand avait compris, sur notre insistance, que pour peser dans la gauche il devait entrer dans une organisation politique de masse, capable de tenir la dragée haute au Parti communiste et de reconquérir les couches populaires. C'était la condition de la réussite de la gauche et d'une alliance victorieuse avec le PCF. François Mitterrand nous écoutait attentivement mais n'avait nulle envie de se brûler les ailes. Quand le NPS tint son congrès programmatique en juin 1970 – c'était déjà à Épinay –, je me joignis vainement au vœu des congressistes, l'invitant à s'exprimer sur ce terrain glissant. Je lui téléphonai pour lui dire qu'en venant par surprise, il ne manquerait pas de faire un tabac, en évoquant devant le congrès les grandes heures de l'Union de la gauche, ranimant ainsi le souvenir de sa campagne de 1965. Je le sentais hésitant. Il craignait de tomber dans un piège. Il m'écouta poliment et me demanda de le rappeler dans l'après-midi.

En fait, François Mitterrand était conscient de la maigreur de ses forces (la CIR dépassait-elle le millier d'adhérents?). Il craignait, en entrant au Parti socialiste, de s'y trouver promptement ligoté. Sur qui pouvait-il réellement compter? Defferre? Guy Mollet l'avait depuis plus de dix ans enfermé dans sa fédération des Bouches-du-Rhône. Mauroy, longtemps dauphin de Guy Mollet? Celui-ci, en lui préférant Savary, s'en était fait un adversaire résolu. Mais il y avait Augustin Laurent, encore maire de Lille, vieux complice de Guy Mollet, et qui, dans la fédération du Nord, n'avait pas encore lâché la main. Ensemble, Defferre et Mauroy, ne faisaient pas le compte. Certes la Commission d'organisation du congrès s'apprêtait à attribuer dix mille adhérents à la CIR (contre quatre-vingt mille au NPS). C'était un très beau cadeau fait à François Mitterrand, car si le Parti socialiste comptait en réalité un peu plus de cinquante mille adhérents, la CIR, quant à elle, allait bénéficier d'une multiplication quasi biblique de ses effectifs : c'était le prix de l'obstination de François Mitterrand mais c'était aussi la manifestation du dédain dans lequel Guy Mollet tenait ce conglomérat de clubs électoralistes et petits-bourgeois qu'était, à ses yeux, la CIR.

C'est alors que Mitterrand me fit venir rue Guynemer où il habitait encore. Bien que «suspendu» depuis quelques mois, je mettais à profit mon temps libre – je m'étais donné les moyens d'en avoir beaucoup – pour parcourir les fédérations : le CERES pouvait, selon mes calculs, compter en emporter une bonne dizaine. «Vous êtes un peu, me dit François Mitterrand, comme les corps francs que j'ai connus en 1939-1940 : vous opérez en arrière des lignes ennemies. Si vous êtes faits prisonniers, on vous fusille. Mais si vous revenez entiers, alors vous êtes des héros, on vous décore! On vous promeut!...»

Il ne fallait pas m'en dire beaucoup plus pour faire apparaître dans mon esprit les fils d'une alliance de revers dont je perçus aussitôt la difficulté : il fallait que cette alliance, si elle se réalisait, se fît sur une base politique claire, celle d'une Union de la gauche scellée par un Programme commun de gouvernement. Sinon, nous ne serions pas crédibles devant l'opinion.

François Mitterrand se récria et m'enroba aussitôt de propos enjôleurs : l'Union de la gauche, c'était lui ! Il le démontrerait encore une fois. Aussi bien, ajouta-t-il, avec qui donc le CERES pourrait-il bien s'allier à l'intérieur du Parti socialiste ? Mollet ? Savary ? Poperen ? Celui-ci, pour couvrir son rapprochement avec les deux premiers, instruisait à la fois contre le CERES et contre Rocard un procès, à mes yeux assez abscons, en « social-technocratie ». Pour concurrencer le CERES, Jean Poperen, théoricien-né et très bon orateur, avait créé un club intitulé ERIS[1]. Celle-ci, dans le panthéon latin, comme chacun sait, est la déesse de la Colère. Ses réquisitoires ne nous impressionnaient guère. Restait que Poperen, pour nous, n'était pas un allié…

Le raisonnement de François Mitterrand paraissait imparable. Une seule chose lui échappait : il ne tenait pas compte de notre détermination. Celle-ci était entière. Elle était d'un métal qu'avait forgé dans les djebels algériens le dégoût pour ne pas dire la haine que nous inspirait une gauche que nous associions, peut-être injustement, à une longue suite de capitulations, du refus d'intervenir dans la guerre d'Espagne, à la reculade du 6 février 1956, en passant par Munich en 1938 et les pleins pouvoirs accordés à Pétain en juillet 1940. Certes la gauche n'était pas seule coupable de tant de renoncements mais elle l'était à nos yeux plus que la droite, dont nous n'avions jamais rien attendu. Nous rêvions pour la gauche d'une rédemption qui aurait entraîné celle de la France. Et cela, François Mitterrand, si intuitif fût-il, ne pouvait, à la lumière de sa propre expérience, guère le comprendre. Il devinait la difficulté mais pensait pouvoir la résoudre selon ses méthodes, et à moindres frais.

Je savais, pour ma part, que, jusqu'au bout, cette détermination ne fléchirait pas. Il fallait d'abord en réunir les moyens. J'informai aussitôt les chefs historiques du CERES qui se mirent en chasse à travers les fédérations. Il nous fallait activer nos réseaux et convaincre d'autres militants de nous rejoindre : ainsi Robert Lopin, adhérent de la CIR dans la Haute-Garonne, directeur à *La Dépêche du Midi*, mais aussi de vieux militants comme

---

1. Études, recherches et informations socialistes.

Émile Géhant dans le Territoire de Belfort, le père, dit «Milo», et le fils, dit «Bichet», qui voyaient dans le CERES la chance d'un rebond ou encore de nouveaux adhérents venus dans le sillage de Robert Buron.

François Mitterrand avait, bien sûr, perçu l'obstacle qui résultait d'une alliance des contraires. Gaston Defferre et Pierre Mauroy, pour des raisons électorales plus encore qu'idéologiques, étaient viscéralement anticommunistes et leurs alliances locales avec les centristes ne les prédisposaient pas à un rapprochement avec les communistes, encore moins sur la base d'un Programme commun de gouvernement !

On a parlé de «complot» à propos du congrès d'Épinay dont j'ai décrit le déroulement par le menu[1]. Rien n'est plus faux. Les jeux sont restés ouverts jusqu'à la fin du congrès : la motion dite «Mitterrand», à l'issue de la Commission des résolutions, mais qui, par son contenu, était en fait la nôtre, ne l'emporta que de justesse. Il eût suffi qu'un peu plus d'un millier de mandats sur environ quatre-vingt-dix mille basculât, bref que moins de 2 % des votants retournent leur choix pour modifier l'issue du congrès.

À la Commission des résolutions qui se tient le 13 juin au matin, Guy Mollet pointe encore la difficulté : «J'aimerais que François Mitterrand nous montre la motion qu'ont pu élaborer ensemble le CERES, le Nord et les Bouches-du-Rhône…» Avec un incroyable aplomb, François Mitterrand lui répond :

«Elle est là !

— Où cela ?

— Dans ma poche !» répond Mitterrand en tapotant son veston.

J'étais médusé, car la motion, à cette heure avancée de la matinée, n'existait toujours pas : Motchane et Joxe, dans un coin, en raturaient encore le texte dont, à l'issue d'une réunion nocturne de tous les protagonistes de l'alliance en gestation, dans une sorte de pavillon de chasse au fond d'une forêt voisine, il avait été convenu entre Mitterrand et moi qu'ils la rédigeraient avant que se tînt la Commission des résolutions. Visiblement Joxe avait reçu la

---

1. Cf. *Défis républicains*, «Épinay», Fayard, 2004, p. 28-46, repris dans *Passion de la France*, *op. cit.*, p. 185-198.

consigne de faire durer le plaisir. Il avait découvert un projet que Didier et moi, à une heure avancée de la nuit, avions préparé dans une brasserie proche de la gare de l'Est. Pierre n'était pas pressé de conclure. Faut-il en déduire que François Mitterrand pensait pouvoir s'en tirer avec un texte mi-chèvre, mi-chou qu'il imposerait à tout le monde, y compris à nous-mêmes ? Sans doute pas. Simplement, il était dans la nature de François Mitterrand de garder les mains libres jusqu'au bout, en toutes circonstances. En l'occurrence, il lui fallut tester notre détermination.

La motion, où nous avions veillé à ce que l'objectif d'un Programme commun avec les communistes figurât, ne fut définitivement rédigée qu'après que la Commission des résolutions eut levé la séance dans un indescriptible brouhaha. La philosophie rationaliste du Parti socialiste présupposait la recherche d'une synthèse débattue à la Commission des résolutions, comme d'habitude à la virgule près. À Épinay, il n'y avait eu nul débat. Mitterrand allégua «une radicale incompatibilité de méthodes», avant que tous se levassent, comme frappés par la foudre. Pour la première fois dans l'histoire de leurs congrès, les socialistes étaient confrontés au «mystère». À ce projet de motion de Didier Motchane dont Pierre Joxe, en définitive, n'avait pas modifié la substance, François Mitterrand, sentant notre détermination, n'ajouta qu'une seule phrase : elle subordonnait l'engagement de la discussion d'un Programme commun de gouvernement à l'élaboration préalable d'un programme socialiste dont un Conseil national extraordinaire déterminerait les termes début mars 1972. Et sur le moment, j'ignorais encore que c'était moi qui serais chargé d'élaborer le programme !

Il ne restait plus aux délégués qu'à se départager sur un texte qui n'avait même pas été débattu en Commission des résolutions et qui reprenait la philosophie d'une motion «Unité et Rénovation», la nôtre, qui n'avait réuni que 8,5 % des mandats. Mais c'étaient ces 8,5 % qui donnaient la clé du Congrès.

Les voix des militants dans les votes de sections s'étaient réparties sur cinq motions. Pour mieux brouiller les pistes, en effet, une motion, dite «Mermaz-Pontillon», censée unir les conventionnels et les «rénovateurs» de la SFIO, avait été présentée indépendamment de la motion Defferre-Mauroy, dite des «Bouches-du-Nord». François Mitterrand sauvegardait ainsi à la fois son image et sa liberté de manœuvre. Le problème est qu'ensemble la motion des Bouches-du-Nord (25 915 voix) et la motion Mermaz-Pontillon (14 375 voix) ne totalisaient que 44,4 % des mandats et ne permettait donc pas de faire une majorité. En face, la direction sortante ne l'atteignait pas non plus. La motion Savary-Mollet ne rassemblait que 30 394 voix et même avec l'appoint programmé de la motion Poperen (10 850 voix) n'en réunissait que 45,5 %. Cela nous donnait une position clé dans le congrès, à condition que nos délégués ne dispersent pas leurs votes sur les différentes motions, contremotions et amendements qui font la matière et la joie d'un congrès socialiste. Pour l'emporter dans ce sport de haut niveau, il nous fallait pouvoir compter sur l'absolue discipline de vote de nos délégués, une petite centaine, venus de toutes les provinces.

Georges Sarre avait bien fait les choses. De concert avec Roger Fajardie, homme lige de Pierre Mauroy que nous avions rencontré à mon domicile, rue Poulletier, quelques semaines auparavant sur la suggestion de François Mitterrand, soucieux d'aplanir au mieux les angles à la veille du congrès, Georges avait retenu un centre Léo-Lagrange qui offrait le gîte et le couvert pour une centaine de personnes. C'est ainsi que nos délégués se trouvèrent regroupés à proximité du congrès dès le premier jour. Nous leur en expliquâmes les enjeux, rien moins que l'avenir de la gauche et de la France et nous convînmes de réunions régulières, où les «chefs historiques» viendraient leur rendre compte et débattre avec eux de nos positions au fur et à mesure du déroulement du congrès.

Après les préliminaires obligés, le 11 juin, il fut convenu que le congrès définirait, le samedi 12 juin 1971, les structures du nouveau parti et ne s'occuperait qu'ensuite de la ligne politique.

Le débat sur les structures, c'est-à-dire sur le mode de désignation des dirigeants du parti (comité directeur, bureau exécutif) était pour nous capital : si nous obtenions que les organismes dirigeants fussent désignés à la proportionnelle, comme c'était la tradition socialiste avant 1914 et avant 1939, la position clé du CERES (il n'y avait pas de majorité sans nous) se trouverait pérennisée pour deux ans jusqu'au prochain congrès. Mais personne dans aucun des deux camps n'était prêt à nous faire ce cadeau, Mitterrand pas plus qu'un autre. Nul ne souhaitait vraiment faire du CERES l'arbitre des élégances. Il fallait donc jouer finement.

Pierre Joxe, rapporteur de la Commission des structures, monta à la tribune le premier, pour proposer la reconduction du système qui prévalait depuis 1946 : l'élection du comité directeur à la majorité, avec une protection minimale des minorités. C'était le système dit du « tir aux pigeons ». Avec ce système, nous étions morts. Pierre Joxe se fit le chantre de l'unité du parti et le pourfendeur des « tendances ». Ce rôle de procureur lui allait à merveille.

Deux autres positions s'étaient dégagées à la Commission des structures, toutes deux pour la proportionnelle mais l'une, celle des mollétistes, avec seuil à 20 % et l'autre, celle du CERES, sans seuil. La charge de défendre la première incombait à Dominique Taddei. Pour la seconde, c'était moi. La manœuvre n'était pas simple. Taddei et moi argumentâmes contre le scrutin majoritaire. Un premier vote eut lieu : le CERES se coalisa avec les motions Savary-Mollet et Poperen pour rejeter le mode de scrutin majoritaire : 53 806 voix contre 35 407 à la motion Joxe, derrière lequel se profilait bien évidemment Mitterrand. Le congrès d'Épinay commençait bien !

Un second vote intervint pour départager Taddei qui avait abaissé le seuil de représentation à 10 % et moi-même qui avais instauré un seuil à 5 %. La différence pouvait paraître minime, mais c'était notre représentation dans les organismes directeurs qui était en jeu : avec 8,5 % des mandats, dans le système Taddei (la proportionnelle avec seuil à 10 %) le CERES disparaissait ! François Mitterrand le comprit tout de suite. Claude Estier apporta son soutien au texte que je présentai au congrès : seule une minorité n'ayant pas obtenu 5 % des mandats serait privée de représentation au comité directeur et au bureau exécutif. Ce texte obtint 51 221 voix contre 38 743 à celui défendu par Dominique Taddei. La démonstration était faite : le CERES détenait la clé du congrès. Mais rares furent les congressistes qui, sur le moment, comprirent que nous ferions aussi la clé de la majorité au comité directeur avec sept représentants, et même au bureau exécutif avec deux (Georges Sarre et moi-même). La première manche du congrès était gagnée, mais la seconde, celle qui portait sur la ligne politique, était encore loin de l'être.

Je ne reviens pas sur les péripéties qui avaient précédé la non-synthèse à la Commission des résolutions. La question centrale des débats était celle de nos rapports avec le Parti communiste. La discussion sur les garanties qu'on pouvait obtenir de lui avait quelque chose de surréaliste. La Commission des résolutions ayant en définitive avorté, deux motions, dont le contenu n'avait pas été discuté, allaient être soumises au vote des militants, l'une présentée par Savary, arc-bouté à son texte (priorité au dialogue sur les garanties à obtenir du PCF), l'autre par Mitterrand dont les orientations tenaient sur une page – autant dire un timbre-poste – mais tardaient à être imprimées et diffusées parmi les congressistes[1]. En fait, nous avions gagné sur toute la ligne : l'objectif d'un Programme commun de gouvernement était bien l'objectif que s'assignait le Parti socialiste. La confusion des esprits était telle que Gaston Defferre, alors que la séance venait de reprendre, avança encore l'idée d'une synthèse générale. Heureusement, Savary, campant sur la position du

---

1. Le texte de cette motion, largement inspirée de celle du CERES, indiquait notamment :

« Une question fondamentale doit encore être tranchée par le Congrès : celle qui concerne le contenu de l'unité et, dans le cadre de l'union de toute la gauche, les rapports avec le Parti communiste français. Le contenu de l'unité est une question décisive. L'idée dont il faut partir c'est qu'on ne mettra pas en place un gouvernement de gauche durable et, a fortiori, la construction socialiste en partant d'en haut, c'est-à-dire en se contentant d'utiliser dans un sens socialiste l'appareil de l'État, même renforcé. […]

« […] Une autre question essentielle est celle qui concerne les rapports avec le PCF. Le dialogue avec le Parti communiste ne doit pas être mené à partir de thèmes imprécis d'un débat idéologique. Il portera sur les problèmes concrets d'un gouvernement ayant mission d'amorcer la transformation socialiste de la société. La discussion d'un tel accord est le seul moyen de poser sérieusement, au-delà de l'immédiat, les questions fondamentales de la démocratie socialiste.

« Le Parti engagera cette discussion sur la base d'un programme de gouvernement dont il déterminera les termes dans un Conseil national extraordinaire qui sera convoqué au début de mars 1972. L'accord sera conclu lorsque le Parti jugera que les communistes auront manifesté dans leur pratique politique autant que par les réponses qu'ils donneront aux questions posées une détermination à tenir leurs engagements égale à la sienne. Il est évident que les communistes devront s'engager dans cet accord à apporter des réponses claires et publiques aux questions concernant la souveraineté nationale, les libertés démocratiques, et notamment à se soumettre à la volonté du peuple telle que l'exprime le suffrage universel. »

«Juste», la refusa. Et ce fut François Mitterrand qui, sur le fil du rasoir, dans une intervention exceptionnellement brillante, emporta politiquement le morceau. Je n'en reproduis que la conclusion :

«Ce dialogue idéologique, est-ce qu'il va résoudre le problème de deux philosophies, de deux modes de pensée, de deux modes de conception dans la société ?

«Alors je ne comprendrais pas pourquoi il s'est créé un communisme et un socialisme !

«Vous croyez qu'on va résoudre cela d'ici deux ans ?...

«Il n'y aura pas d'alliance électorale, s'il n'y a pas de programme électoral ! Il n'y aura pas de majorité commune, s'il n'y a pas contrat de majorité ! Il n'y aura pas de gouvernement de gauche, s'il n'y a pas contrat de gouvernement !... Il n'y aura pas de véritable programme... si [nos leaders] ne peuvent pas s'adresser aux Français en leur disant : "Voilà ce qu'on va faire et qui on sera !"»

Je ne m'étends pas sur les péripéties tactiques du congrès, ni sur le quasi-enlèvement d'Augustin Laurent rappelé à Lille sous un obscur prétexte, laissant Guy Mollet en rase campagne, et libérant la voie à Pierre Mauroy, désormais seul à la tête de la puissante fédération du Nord ni sur le ralliement réellement inconditionnel de Gaston Defferre à François Mitterrand, après la nocturne et rocambolesque rencontre des chefs de file d'une alliance qui n'existait encore qu'en pointillé, dans une maison forestière, où la présence imprévue de Jean Poperen à l'étage faillit tout faire capoter. Pour le CERES, c'était un triomphe, trop beau pour être vrai : nous allions faire adopter notre ligne politique par une majorité du congrès ! Réunis en assemblée générale, nos délégués étaient décontenancés... la mariée décidément était trop belle ! Et que cachait donc cette alliance avec Mauroy et Defferre ? François Mitterrand qui passait opportunément par là, fit mine de s'étonner : «Vous avez tout ce que vous réclamiez !» déclara-t-il à nos délégués avant de s'éclipser. Cela nous aida à vaincre les dernières réticences.

Les votes tombèrent dans le chahut général, déroutant les pointeurs. Au total 43 926 mandats se portèrent sur la motion dite «Mitterrand» et 41 750 sur celle de Savary. Il y avait 3 925 abstentions émanant notamment des fédérations limousines qui suivaient André Chandernagor. Celui-ci avait – il est vrai – quelque raison d'être décontenancé On lui demandait d'avaler un boa : il préféra s'abstenir… Le coup était passé très près !

Plus que le soulagement, cependant, ce fut le sentiment de l'immense responsabilité que j'avais prise qui m'étreignit : la résolution qu'il m'avait fallu pour arriver à ce résultat n'était rien en comparaison de celle qu'il faudrait montrer pour conclure effectivement un Programme commun avec le Parti communiste, reconstruire, de fond en comble, un Parti socialiste digne de ce nom et, un jour, faire basculer la majorité dans le pays : alors commencerait une autre histoire… La détermination dont j'aurais à faire preuve par la suite a été armée ce jour-là. Le risque que j'avais pris ne devait pas me faire « perdre mon âme ».

La nuit tombait quand le congrès se sépara. En sortant du gymnase qui l'avait accueilli, je sentis une main se poser sur mon épaule. C'était François Mitterrand : « Vos amis et vous, me dit-il, vous ne serez pas déçus, je ne vous tromperai pas… »

Le lendemain, les tractations commencèrent pour répartir les responsabilités. Je fis savoir au téléphone à François Mitterrand que le CERES préférait que ce fût lui plutôt que Pierre Mauroy, comme la presse en faisait état, qui devienne premier secrétaire du parti. François Mitterrand transforma cette préférence en interdit jeté à la candidature de Pierre Mauroy. Celui-ci, qui n'avait pas de communication directe avec nous, s'y plia, j'imagine, de mauvaise grâce, et accepta le poste de secrétaire national à la Coordination. Quant au CERES, il n'était pas mal loti : je me trouvai bombardé secrétaire national au Programme et à la Jeunesse et Georges Sarre à l'Organisation et aux Entreprises. Les nouveaux statuts avaient ouvert la voie à la création de sections d'entreprise. Nous allions nous engouffrer dans la brèche en nous appuyant sur les réseaux de Georges Sarre aux PTT qui n'étaient pas encore La Poste, sur nos sympathisants, nombreux à la CFDT (Descamps, Detraz, Héritier et même, à l'époque, Rolland) et sur les adhérents non communistes de la CGT qui étaient prêts à voter socialiste dans la perspective de l'Union de la gauche.

Au bout de quelques années, le Parti socialiste compta près de mille sections d'entreprise dont la plupart votaient CERES dans les congrès. C'était beaucoup trop pour François Mitterrand mais aussi pour le PCF. J'ai le souvenir d'un «coup de boule» bien ajusté, en plein dans le plexus, du secrétaire de la CGT à l'usine Resogyl de Lure, où je m'étais introduit, en 1975, avec quelques militants socialistes de la Haute-Saône. Au début les choses se passaient de manière civilisée, ainsi dans la grande usine Alsthom de Belfort où se retrouvaient, au sein de la section d'entreprise socialiste, d'anciens secrétaires du comité d'entreprise venus de la CGT (Pierre Meister) comme de la CFDT (Gilberte Marin-Moskovitz).

Les postes qui nous furent confiés par François Mitterrand étaient stratégiques. Mitterrand pariait sur la jeunesse et il avait remarqué notre exceptionnelle motivation. Entre lui et le CERES commença une véritable lune de miel.

Au lendemain d'Épinay, François Mitterrand s'était mis en tête de rencontrer toutes les organisations syndicales. C'était en fin de semaine. Il devait rencontrer le matin la CGT et en début d'après-midi la CGPME[1] que présidait alors Léon Gingembre. Il me demanda de l'accompagner. J'admirai à nouveau son sens de la pédagogie, même s'il s'accommodait de ce péché véniel – si c'en est un – qu'est le mensonge par omission. Le matin à la CGT, il confia que son père, lui aussi, avait été cheminot. Il est vrai qu'il avait été chef de gare à Angoulême… L'après-midi, je n'en crus pas mes oreilles quand j'entendis François Mitterrand déclarer à Léon Gingembre : «Mon père aussi, peut-être ne le savez-vous pas, a dirigé un syndicat professionnel. Il était à la tête d'une petite entreprise de vinaigrerie et a présidé un temps le syndicat national des vinaigriers.» En vieux roublards, Henri Krasucki et Léon Gingembre firent mine tous les deux d'apprécier ce signe de connivence qui préfigurait de cinquante ans, en plus discret, l'«en même temps» d'Emmanuel Macron. À aucun moment, François Mitterrand n'avait offensé la vérité. Il avait l'art de ne retenir dans ses argumentations que ce qui pouvait servir à convaincre ses interlocuteurs. Il faisait profession de mettre la politique très au-dessous de la littérature et de beaucoup d'autres activités humaines mais il la pratiquait en artiste, en y consacrant en définitive beaucoup de temps.

---

1. Confédération générale des petites et moyennes entreprises.

Un an plus tard – c'était après la signature du Programme commun –, François Mitterrand s'avisa que le leader de la gauche unie devait avoir un «look», comme on dit aujourd'hui. Le chapeau de Léon Blum l'inspirait. Je me revois l'accompagnant chez un chapelier du bas de l'avenue George-V. Il essaya plusieurs modèles, me demandant si je ne le trouvais pas trop ridicule. Je protestai du contraire et il s'arrêta en définitive à un chapeau de facture assez classique qu'il assortit plus tard d'une écharpe rouge, à la Bruant. Voilà comment après m'être fait emprunter au lendemain d'Épinay le sigle du Poing et de la Rose, je me trouvai associé, un an plus tard, au choix du chapeau de François Mitterrand.

Dès que je fus installé cité Malesherbes dans un grand bureau du deuxième étage, juste au-dessus de celui qu'occupait auparavant Guy Mollet, je m'attelai tout de suite au projet de programme socialiste qui devait servir de base à la négociation du Programme commun : dès le comité directeur de septembre 1971, je fis adopter un document où sur plusieurs sujets s'ouvraient différentes options. Dans un intitulé emprunté à Rimbaud : «Changer la vie».

En revanche, le bureau exécutif me pria de remballer le projet d'introduction intitulé «L'ordinateur et l'autogestion» dont l'inspiration libertaire et la critique de la croissance «capitaliste» furent jugées impropres à attirer les électeurs[1]. Je revois le bon Albert Gazier, qui parlait en orfèvre, me dire : «Tu sais, la croissance, c'est quand même bien utile pour financer l'augmentation des prestations sociales.»

Georges Sarre, efficacement secondé par Michel Charzat qui, trente ans plus tard, devait se reconvertir dans l'histoire de l'art, pour devenir aujourd'hui le meilleur spécialiste d'André Derain et de Roger de La Fresnaye, savait que le temps nous était compté. Je ne l'ignorais pas non plus. Nous n'avions qu'une confiance limitée dans nos alliés. Le jour où nous occupâmes la cité Malesherbes, Georges Sarre s'était introduit par hasard dans le bureau de Guy Mollet où François Mitterrand avait réuni ses «conventionnels»,

---

1. Didier Motchane publia ce texte en postface d'un de ses livres, *Clefs pour le socialisme*, Seghers, 1973.

144

Mermaz, Hernu, Fillioud, Joxe, Estier, etc. Il les trouva en train de s'esclaffer à l'idée qu'eux, qui n'étaient rien la veille, se retrouvaient ce jour-là à la place de Guy Mollet, et qui plus est, les patrons du Parti socialiste dont aucun d'eux n'avait jamais eu la carte. Ils riaient de bon cœur en échangeant des anecdotes aussi énormes que croustillantes, au lendemain d'un congrès qui n'était vraiment pas comme les autres. Georges Sarre s'éclipsa du bureau et revint vers moi pour me dire, quelque peu effaré : «Mais François Mitterrand, c'est Arsène Lupin!» et comme je ne répondais rien, il ajouta : «Eh oui, le gentleman cambrioleur...»

Un moment ébranlé par ce récit qui me renvoyait à mes responsabilités, je pris conscience que l'image que j'avais encore cinq ans auparavant de François Mitterrand avait changé profondément. J'avais appris à mesurer chez lui l'alliance du sens stratégique – il avait été capable, en 1969, de «laisser passer son tour» – et du sens tactique : il venait de le démontrer avec brio en faisant converger autour de sa personne des forces politiques qu'a priori l'essentiel opposait sur la ligne à suivre. Ainsi je ne connaissais pas Gaston Defferre la veille du congrès : il restait associé dans mon esprit à ce «Monsieur X» qu'avaient voulu susciter à l'élection présidentielle de 1965 Jean-Jacques Servan-Schreiber et Françoise Giroud. Je rencontrai pour la première fois Defferre au «pavillon de chasse», dans la nuit du 12 au 13 juin 1971. J'étais à sa droite et je perçus qu'il me regardait avec sympathie manger les fraises à la crème qui m'avaient été servies (Motchane et moi nous nous étions égarés dans la forêt et étions arrivés avec deux bonnes heures de retard). Gaston et moi plaisantâmes sur Guy Mollet et ses sbires et sur Jean Poperen qui faisait craquer le plancher à l'étage. De cette rencontre naquit, entre Gaston et moi, une amitié qui ne s'est jamais relâchée jusqu'à sa mort en 1987. Il est vrai qu'Edmonde Charles-Roux devint vite aussi un puissant trait d'union entre nous. Edmonde était un personnage romanesque, d'un esprit vraiment libre, avec un très beau visage. Nous devînmes très vite amis. Il n'y avait pas que ses romans *Oublier Palerme*, *Isabelle du désert*, et combien d'autres, qui nous unissaient mais un même regard porté sur les êtres. Elle a été un lien solide, à la fois amical et politique, entre Gaston et moi. Tout cela et le reste, qui paraissait impossible la veille, était devenu réalité grâce à François Mitterrand et à nous-mêmes aussi. Nos sorts étaient désormais liés.

Pour amusante qu'elle fût, la description que venait de me faire Georges Sarre d'un Mitterrand grimé en «gentleman cambrioleur» me paraissait aller trop à la rencontre de l'opinion dominante dans les salles de rédaction, pour que je ne cherche pas à la nuancer aussitôt : «C'est normal : ils décompressent, mais cela n'en rend que plus grandes nos responsabilités : nous sommes comptables des engagements pris devant nos militants.» En fait, nous savions bien que les «conventionnels», même si la plupart, hommes de gauche convaincus, professaient des idées voisines des nôtres sur les questions économiques et internationales, étaient avant tout les hommes liges de François Mitterrand. Ce qu'on appelait «la droite» du parti nous inquiétait davantage (à vrai dire, à nos yeux, tout le reste du parti était «à droite»).

Nous ne sous-estimions pas Pierre Mauroy, ni la puissance de ses réseaux, nombreux, au sein du parti dont il avait longtemps dirigé les «jeunesses», ou encore au syndicat des personnels de l'enseignement professionnel, dans les cercles Léo-Lagrange, et enfin parmi les élus socialistes. Nous connaissions ses qualités : son enracinement dans le Nord «ouvrier», sa capacité de rassemblement, autre mot pour décrire son ambition de tout contrôler : par son phrasé enjôleur, les larges volutes que dessinaient dans l'air ses mains longues et fines, il avait déjà cherché à «fusionner», c'est-à-dire à absorber, le CERES naissant (c'était en 1966) et le CEDEP[1], façade politique des clubs Léo-Lagrange, qui était sa chose. Derrière son affabilité et son charme, nous devinions aussi un grand fauve de la politique : ne le fut-il pas d'ailleurs, en mars 1983, quand il refusa à François Mitterrand de continuer à diriger le gouvernement, si celui-ci choisissait de mettre le franc en congé du système monétaire européen (SME)? Bref, nous n'étions quand même pas des enfants de chœur. Mais cela n'empêchait pas entre nous une «amitié socialiste» sans concession mais une amitié quand même…

---

1. Centre national d'études et de promotion.

Le sentiment de la responsabilité que nous avions prise nous fit redoubler d'énergie. Dans la semaine qui suivit ce congrès, le Parti socialiste, sur notre proposition et sur décision du comité directeur, décida de participer à une grande manifestation contre la guerre du Vietnam. Il fallait retourner l'opinion en notre faveur. Dans la presse dite de gauche, Épinay était présenté comme un «coup de main» immoral, perpétré contre l'honnête Savary.

Les «chefs historiques» du CERES se démultiplièrent alors, courant les salles de rédaction pour contrecarrer la campagne nous présentant comme la «caution de gauche» d'un coup tordu visant à installer à la direction «la droite du parti», dont un intrigant aurait pris la tête. Il faut se remémorer l'atmosphère de ce temps-là où déjà les socialistes ne s'aimaient pas. En 1965 – on l'oublie – le PSU avait refusé de soutenir François Mitterrand. À l'annonce de sa candidature à la présidence de la République, Alain Savary avait ironisé : «Je ne savais pas que la droite présentait Pesquet» (le député poujadiste qui avait fourvoyé Mitterrand dans l'affaire de l'Observatoire). Au lendemain d'Épinay, la presse reprenait les analyses de l'ancienne direction du parti.

Il n'était question que de «hold-up», d'«OPA» et Guy Mollet pouvait ricaner : «Mitterrand n'est pas socialiste. Il a simplement appris à le parler[1].» La tâche était rude. Il nous fallait démontrer que le texte final reprenait tous les points forts de la motion du CERES, «Unité et Rénovation», et que la rédaction du projet de programme sur la base duquel serait négocié le Programme commun avec le PCF m'était confiée. Et puis il y avait Mitterrand, dont il fallait montrer qu'il n'était pas le fourbe sans principe que flétrissaient en chœur l'ancienne direction du parti, la «petite gauche» des clubs et, bien sûr, la droite tout entière. Nous rendîmes alors à François Mitterrand un signalé service dont je ne suis pas sûr qu'il l'ait bien mesuré. Il y avait une chose dont cependant nous ne nous étions pas avisés : tous ces gens retranchés dans leur posture «morale» que nous nous acharnions à convaincre que le Parti socialiste n'était pas «passé à droite», bien au contraire,

---

1. Jean Lacouture et Patrick Rotman, *Mitterrand. Le roman du pouvoir*, Seuil, 2000, p. 97.

étaient, en fait, loin d'être ralliés à l'idée d'un Programme commun avec le Parti communiste. Peu à peu, une distance se créa ainsi entre le CERES et *Le Nouvel Obs*.

Un jour, m'ayant invité à déjeuner, Jean Daniel me glissa : «Ce qu'il nous faut aujourd'hui, c'est un jeune Mendès France.» La scène se passait au printemps 1972, avant la signature du Programme commun. *Le Nouvel Obs* attendit 1974, quand Michel Rocard, rallié à la deuxième candidature de François Mitterrand à l'élection présidentielle, fit triompher dans les équipes de la tour Montparnasse et dans la ligne du candidat la thèse du «franc fort» qui devait inspirer toute la suite. *Le Nouvel Observateur* trouva alors son «jeune Mendès France». Longtemps plus tard, Jean Daniel me dit en confidence : «*Le Nouvel Observateur* a longtemps fait vivre Michel Rocard au-dessus de ses moyens.»

Il fallut peu de temps (la révolution des Œillets au Portugal) pour que Mitterrand apparût enfin à la bien-pensance de gauche comme un rempart contre la terrible menace que l'alliance avec les communistes faisait courir aux libertés au Portugal mais aussi et surtout à Paris…

Pour parvenir à nos fins, il fallut batailler ferme. Au lendemain d'Épinay, ce fut un véritable «Blitzkrieg» : le programme socialiste fut adopté par la convention nationale de Suresnes en mars 1972. Le Programme commun fut signé trois mois plus tard, le 27 juin, un an après le congrès d'Épinay. Et encore avait-il fallu entre-temps déjouer le piège qu'aurait pu être pour la gauche le référendum décidé par Georges Pompidou sur l'adhésion de la Grande-Bretagne au Marché commun et qui divisait la gauche.

Tout fut rondement mené : bien sûr, il y avait la date butoir des élections législatives de mars 1973. Il fallait faire vite. Mais la dynamique créée à Épinay s'enclencha rapidement. *Le Monde* de Jacques Fauvet et de Raymond Barillon y contribua notablement.

Le programme «Changer la vie» surprit par son audace sur le terrain des nationalisations. En étendant leur champ, je déminais à l'avance le contentieux le plus probable de la négociation qu'il faudrait ensuite mener avec le Parti communiste.

Un jeu d'options sur la dissuasion nucléaire permettait de préparer l'avenir : les partisans de sa suppression restaient majoritaires mais l'option dite du «maintien en l'état» fit un score honorable grâce au soutien que lui apporta le CERES après que j'ai dû préalablement convaincre Georges Sarre. Six ans plus tard cette option serait majoritaire.

Le droit à l'autodétermination des Palestiniens était proclamé, bien entendu à côté d'Israël, dont les frontières seraient reconnues et la sécurité garantie.

Sur les institutions, les formulations furent durcies : un contrat de majorité interviendrait à l'Assemblée nationale. Dès lors que la majorité viendrait à manquer, de nouvelles élections auraient lieu.

Ce rappel rendait plus aisées les avancées que ce programme comportait par rapport aux positions traditionnelles de la SFIO, notamment en matière de politique internationale.

C'est sur ce terrain qu'intervint le premier «clash» entre François Mitterrand et le CERES. Celui-ci avait soumis à un vote public une option qui prônait le retrait de la France de l'Alliance atlantique. Cette option servait de marqueur à nos yeux pour manifester à l'extérieur l'orientation à gauche du parti d'Épinay. Cette option recueillit près d'un tiers des voix, emportant au passage le vote des conventionnels, c'est-à-dire des fidèles entre les fidèles de François Mitterrand. Celui-ci nous fit aussitôt appeler à la tribune, Georges Sarre et moi-même. Blanc de rage, il nous déclara : «Si nous étions au gouvernement, je vous ferais mettre en prison.» Nous éclatâmes de rire, sans comprendre qu'il l'aurait fait s'il l'avait pu, et surtout que nous venions, à ses yeux, de franchir une «ligne rouge» : en montrant qu'il existait sur un tel sujet une forte minorité au sein du PS, nous portions atteinte à ses yeux à sa crédibilité en tant que candidat potentiel de la gauche à l'élection présidentielle. De son point de vue, nous nous étions comportés comme des galopins. Et ma responsabilité était plus grande que celle des militants chauffés à blanc sur ce sujet. La guerre du Vietnam faisait toujours rage et nous n'avions pas approfondi la nature des positions réelles de François Mitterrand en politique étrangère.

Mais c'était moi que François Mitterrand avait choisi comme interlocuteur et je devais faire l'effort de me mettre à sa place.

Je me situais en fait dans une autre logique : pour renforcer l'attractivité vis-à-vis de la jeunesse du parti d'Épinay et contrebalancer le poids des grandes fédérations dont je savais bien de quel côté elles penchaient, il me fallait constituer une puissante aile gauche avec laquelle le reste du parti devrait compter. Je dis «aile gauche» mais dans mon esprit et dans celui du CERES originel, nous empruntions au gaullisme assez de thématiques pour nous vivre comme des «républicains avancés» et pas du tout comme des gauchistes.

La question de l'atlantisme n'était pas pour nous et n'est toujours pas un sujet mineur. Mais dans un tel domaine François Mitterrand avait ses idées et il ne nous considérait pas comme des interlocuteurs valables.

Plusieurs fois il chercha à me faire comprendre que le CERES exerçait sur lui une pression excessive. En septembre 1972, la fête battait son plein à Château-Chinon pour célébrer le jubilé, c'est-à-dire le vingt-cinquième anniversaire de l'élection de François Mitterrand comme député de la Nièvre. Nous dînions par petites tables. François Mitterrand, faisant sa tournée, s'approcha de ma femme, assise à côté de Dalida, elle aussi d'origine égyptienne, pour lui glisser, à voix assez haute pour que je l'entende : «Je ne serai pas le général Neguib du colonel Nasser.» Cela fit beaucoup rire ma femme qui ne m'avait pas encore vu sous les traits du colonel Nasser.

Je mettais ces petites piques sur le compte d'une susceptibilité excessive de François Mitterrand, car jamais je n'ai envisagé – faut-il le dire – d'être candidat à l'élection présidentielle. Je savais qu'il n'y avait personne d'autre que lui pour porter la gauche au pouvoir et je le soutenais résolument. Simplement, je considérais, en tant que militant, que le parti avait son mot à dire sur la définition du programme et, le jour venu, sur son application. Je n'avais pas intériorisé complètement la logique des institutions de la Vᵉ République dont j'étais pourtant partisan. Je pensais, naïvement sans doute, qu'il devait y avoir une place pour le débat et je pense toujours d'ailleurs que la verticalité inévitable du pouvoir doit s'accommoder d'une certaine dose d'horizontalité. Bref le «parlementarisme rationalisé» dont avait parlé Michel Debré en 1958 devait tempérer la rigidité de la «monarchie républicaine». À mes yeux, un certain pluralisme en son sein ne desservait pas l'image du parti. En interne mais même à l'intérieur des gouvernements auxquels j'ai participé, je ne me suis jamais départi d'une certaine liberté de ton.

À l'époque, tout allait tellement vite que nous n'avions guère le temps d'approfondir ces lourdes questions et encore moins d'en débattre autrement que dans des joutes de congrès.

Après l'approbation du programme socialiste, François Mitterrand déjoua astucieusement le piège du référendum sur l'adhésion de la Grande-Bretagne au Marché commun : il prôna l'abstention quand le Parti communiste eut enfourché le «non», comme il était prévisible qu'il le fît, pour manifester son opposition à Pompidou. Le choix de François Mitterrand s'avéra judicieux, car la participation au référendum fut très médiocre et l'abstention massive (40 %).

Après cet intermède qui eût pu être fatal à une gauche qui ne s'était pas encore unie, s'ouvrit la négociation du Programme commun avec le Parti communiste. C'était la grande affaire, mais elle était déjà, si je puis dire, «dans le sac». Quatre commissions furent créées, dont l'une sur les questions économiques dont j'avais la charge pour le Parti socialiste. Mon interlocuteur communiste était Henri Jourdain, ancien ouvrier, très agréable, je dois le dire, et désireux d'aboutir. Ce n'était pas difficile. Nous arrivâmes assez vite à circonscrire la difficulté : il n'y avait que deux groupes sur la liste des nationalisations qui faisaient problème. D'un commun accord, nous laissâmes cette difficulté résiduelle à l'arbitrage de la réunion plénière qui coupa la poire en deux. Plus tard, en 1982, j'eus grand plaisir, en tant que ministre de l'Industrie, à remettre à Henri Jourdain la croix de chevalier de la Légion d'honneur. J'ajoute que ses vrais mérites, il les avait montrés dans la Résistance.

La négociation monta donc d'un cran. Une réunion plénière des deux délégations se tint au siège du Parti communiste, carrefour de Châteaudun, rebaptisé place Kossuth après la répression de Budapest par les chars soviétiques, en 1956.

Je n'avais jamais vu d'aussi près – en dehors de Paul Laurent – ces monstres sacrés – ou ces sacrés monstres, comme on voudra –

qu'étaient les dirigeants du Parti communiste à l'époque où celui-ci faisait plus de 20 % des voix : Georges Marchais, encore jeune, et donnant quelque peu l'impression de «rouler les mécaniques», mais assez simple et plus sympathique que l'image qu'il donnait souvent à la télévision ou que rapportaient les commentateurs. Roland Leroy, cheminot de Seine-Maritime aux allures de Prix Goncourt, Étienne Fajon dont la puissante carcasse et le visage buriné résumaient le titre d'un de ses livres à paraître : *L'union est un combat*, Gaston Plissonnier qui veillait sur les circuits de l'argent, une seule femme, Madeleine Vincent, et enfin Paul Laurent, le seul que je connaissais bien : il était venu à mon mariage – tout comme François Mitterrand d'ailleurs – en juin 1970, au musée de Montmartre que ma femme et moi avions loué pour l'occasion. Paul avait un phrasé inimitable, prenant son temps pour laisser le silence envelopper ses mots. Le savait-il? Comme Pasqua sur l'autre rive, il était un très grand acteur, largement à la hauteur de Bourvil ou de Fernandel. Comme je lui indiquais un tonnelet de vin rosé en lui disant : «Tu te sers, ici c'est l'autogestion !», il me répondit, après avoir tourné le robinet et rempli son verre, prenant son temps entre chaque mot : «Oui… mais il y a une différence… ici… ça marche.»

Tous ces grands dirigeants dont les dehors bonhommes ne masquaient pas entièrement la conscience qu'ils avaient de leur puissance, à la tête de ce qui était encore le plus grand parti de France, investis dans une politique mondiale, celle de l'URSS, dont on ne savait pas dans quelle mesure ils en partageaient les choix – ou cherchaient à les infléchir –, tous ensemble donnaient extérieurement une impression de force, dont nous cherchions, en les observant de près, à entrevoir les failles. Roland Leroy, faisant assaut de culture et d'ironie contrastait fortement avec la rudesse apparente de Georges Marchais. Mais le plus dur n'était pas celui qu'on croit. Que voulaient-ils au fond? Plumer la volaille socialiste, tout simplement. Ils en étaient restés à l'époque du Front populaire. Ils pensaient que ce serait facile.

Ils n'avaient pas compté avec François Mitterrand. Épinay, pour eux, avait été une aussi grande surprise que pour Guy Mollet. À leurs yeux, Mitterrand c'était du passé. Ils n'avaient pas mesuré que celui-ci, depuis 1965, avait gardé dans leur propre électorat l'image du candidat de la gauche unie. Ils sous-estimaient Mitterrand. Ils ignoraient tout du CERES qu'ils assimilaient aux « gauchistes ». Du Parti socialiste ils ne connaissaient que les élus – Defferre, Chandernagor, Mauroy, Notebart, Guille et naturellement Guy Mollet – qui résistaient au Parti communiste en nouant localement des alliances électorales avec la droite, mais que celui-ci était sûr d'avaler dès lors qu'il les entraînerait sur son terrain : celui des luttes, communes… et fratricides…

La discussion sur le Programme commun aurait pu achopper sur les questions institutionnelles, le SMIC, ou sur n'importe quoi. Mais la direction communiste avait arbitré avant même que se tînt la réunion plénière : on ne pourrait pas expliquer aux militants et aux électeurs pourquoi il n'aurait pas été possible de se mettre d'accord avec un Parti socialiste dont le programme était public et, sur des points essentiels, convergeait avec ce que réclamaient les communistes depuis une dizaine d'années. Le texte issu de la négociation n'était guère lisible. N'importe ! L'essentiel était qu'il y eût un Programme commun de gouvernement. Sa seule existence valait plus que son contenu, assez confus et toujours sujet à interprétation. Sur ce point au moins, nous étions d'accord avec les communistes.

Georges Sarre et moi-même faisions tous deux partie de la délégation socialiste. Nous vécûmes la conclusion du Programme commun comme une victoire personnelle : en tout cas, c'était le levier dont le CERES avait voulu doter la gauche : un programme alternatif à l'éternelle morgue des puissants, un rayon de lumière perçant le couvercle nuageux des privilèges acquis pour l'éternité. Ce que nous avions voulu – renouveler l'offre politique dans notre pays – était devenu réalité. Certes, il faudrait attendre encore près d'une dizaine d'années pour que se produise l'alternance. Mais celle-ci devenait enfin possible à un horizon rapproché. Le Programme commun n'était que la première étape.

Il y en aurait une seconde à laquelle il fallait préparer intellectuellement et politiquement le Parti socialiste. Celui-ci allait voir affluer les adhérents.

Notre tâche serait d'organiser et de former des milliers de militants. Ensuite, il y aurait une troisième étape, ce serait l'application de notre programme et la transformation de la société française, dont nous ne doutions pas qu'elle aurait un puissant effet d'entraînement en Europe et dans le monde.

Pour relever tant de défis, il nous fallait durer et donc constituer une base solide. Bref il nous fallait des députés. Au printemps 1972, M. Giscard d'Estaing s'était avisé qu'il y avait un jeune conseiller commercial en disponibilité qui s'agitait beaucoup à la tête du Parti socialiste. Le directeur des Relations économiques extérieures (DREE), M. Chapelle, me donna le choix entre deux postes : New York ou Johannesburg. Ce fut Belfort que je choisis. Je ne connaissais pas la circonscription mais une majorité de militants s'était prononcée au congrès d'Épinay pour la motion du CERES. Ma femme eût sans doute préféré la circonscription d'Hyères dans le Var, nettement plus ensoleillée, et que m'offraient aussi les militants du cru. Mais ma ville natale avec ses grandes usines – Alsthom, Honeywell-Bull et, à Sochaux, Peugeot – m'offrait en théorie une base sociologique en harmonie avec mes choix politiques. Dans la plus totale ignorance de ce qui m'attendait sur le terrain, je choisis Belfort ou plus exactement la deuxième circonscription du Territoire de Belfort (Belfort-Ville) dont le député sortant, André Tisserand, était inscrit à l'UDR mais dont, dans le passé, l'orientation politique avait toujours été fluctuante. Je choisis donc mon avenir sur les bords de la Savoureuse plutôt que sur ceux de l'Hudson, au grand dam du directeur de la DREE qui préféra surseoir à ma révocation jusqu'à ma défaite présumée.

Quelques jours après la conclusion du Programme commun, un grand meeting réunit à la porte de Versailles plus de cent mille personnes. Mitterrand s'y surpassa dans une forme lyrique dont l'électorat communiste avait quelque peu perdu l'habitude mais qui entrait en résonance avec sa sensibilité profonde. Georges Marchais avait fait un discours solide et charpenté. Pour Mitterrand, citant le poème d'Aragon « La Rose et le Réséda » pour vanter les vertus du rassemblement – Celui qui croyait au Ciel/Celui qui n'y croyait pas » –, ce fut un triomphe : la salle vibrait. Ainsi, la dynamique était-elle lancée…

On eût beaucoup surpris la foule des militants communistes qui faisaient le gros de l'assistance si on leur avait révélé la teneur de la consigne qu'après une réunion du secrétariat national François Mitterrand avait fait transmettre aux fédérations socialistes pour orienter la campagne des législatives : « Le plus possible de Programme commun ! Le moins possible de réunions communes ! » François Mitterrand ne voulait pas que l'identité du Parti socialiste fût noyée dans une campagne que, par le nombre et la discipline de leurs militants, les communistes domineraient forcément. L'existence de primaires au premier tour des élections législatives facilitait l'application des consignes données par François Mitterrand : chaque candidat faisait campagne pour son compte au premier tour, chaque parti donnant du Programme commun l'éclairage qui lui convenait. Au deuxième tour, ne se maintiendrait que le candidat arrivé en tête. À l'automne, une dynamique de rassemblement de la gauche se fit sentir dans tout le pays.

Au premier tour, le 4 mars 1973, le Parti socialiste, resurgissant de l'abîme, n'était plus qu'à un point du Parti communiste (20 % des exprimés contre 21 %). Au deuxième tour, les centristes s'étant reportés sur la droite, les candidats du Programme commun n'avaient pas la majorité mais celle-ci devenait accessible. Le Parti socialiste obtenait 102 députés – parmi lesquels je figurais – et les communistes 73.

Je me trouvais donc à pied d'œuvre pour la longue escalade à laquelle je pensais m'être préparé.

Troisième partie

La conquête du pouvoir

6

Mai 1981, Mitterrand, Rocard et le CERES

De mon élection, à trente-quatre ans, comme député – j'étais le sixième plus jeune de la fournée 1973 – au congrès de Pau (janvier 1975) où François Mitterrand rejettera le CERES dans la minorité du parti, moins de deux ans se sont écoulés. Que s'est-il passé pour qu'à la lune de miel qui avait suivi Épinay, on en arrive à cette brutale relégation?

Au congrès de Grenoble (juin 1973), le CERES avait fait un peu plus de 20 % des mandats mais François Mitterrand avait réintégré dans la majorité du parti les poperénistes en complète perte de vitesse et les savarystes qui n'avaient jamais été qu'une poignée dont n'émergeait que la tête de Pierre Bérégovoy. Il faisait contre-poids à notre montée en puissance et nous privait ainsi de notre «rôle pivot» dans les organes dirigeants du parti. À la veille du congrès de Pau, François Mitterrand me fit venir rue de Bièvre où il avait emménagé, en même temps qu'il avait cessé ses activités d'avocat. On était à la fin de janvier 1975. Il me dit : «Si vous faites plus de 20 %, je vous mets dans la minorité.» Or, le CERES, une semaine plus tard, rassembla 25,4 % des mandats à Pau. François Mitterrand avait ajouté : «J'avais déjà pensé à le faire au congrès de Grenoble mais c'était encore prématuré...»

Pourquoi était-ce prématuré? Nous étions sans doute au lendemain des élections législatives qui avaient vu l'élection de nombre de jeunes députés mais surtout le bruit courait déjà que Georges Pompidou, malade, ne pourrait peut-être pas aller au terme de son mandat.

Peu après mon élection, François Mitterrand, me recevant chez lui, m'avait confié : «Les chefs du CERES sont soudés par une amitié indéfectible. J'en ai connu dans ma jeunesse des jeunes gens comme cela : ils se seraient fait fusiller l'un pour l'autre… Mais si je vous suivais, on aurait peut-être cent cinquante députés à l'Assemblée nationale mais nous ne parviendrions jamais au pouvoir. Or, voyez-vous, le pouvoir, c'est la noblesse de la politique… »

Bien entendu, je ne voulais pas empêcher François Mitterrand de parvenir au pouvoir, bien au contraire, mais à mes yeux, cette conquête du pouvoir et la construction d'un puissant parti de militants ne s'opposaient pas ; elles allaient de pair. Le pouvoir pour le pouvoir ne pouvait être l'objectif d'un parti qui se disait socialiste. Ou alors, il faudrait changer sa nature. C'est pourquoi il était impératif, dans mon esprit, de tenir les deux bouts de la chaîne.

J'ai longtemps après réfléchi au sens de cette conversation. En réalisant l'alternance en 1981, François Mitterrand a fait – il faut le dire – un superbe cadeau au Parti socialiste : il l'a installé dans la durée. Il lui a procuré une rente institutionnelle qui a fonctionné pendant plus d'un tiers de siècle, de 1981 à 2017 : sur une durée de trente-six ans, le Parti socialiste a été au pouvoir pendant vingt-quatre ans, soit les deux tiers du temps. Mais le cadeau n'était-il pas empoisonné ? Le social-libéralisme a été le prix de cette longévité au pouvoir du Parti socialiste mais aussi la source profonde de son rejet final en 2017.

La conversation entre François Mitterrand et moi, en 1973, ne pouvait guère aller plus loin. Elle révélait cependant une tension croissante dont je ne pris conscience qu'à retardement. La proximité de l'échéance présidentielle tenaillait François Mitterrand. Quant à moi, effet de l'âge sans doute, j'étais moins pressé. Sur bien des points, nous n'étions certes pas d'accord, mais il serait bien temps, le moment venu, de s'en aviser, puisque sur l'essentiel, c'est-à-dire l'alternance et le fait qu'il en était la chance, nous étions absolument sur la même longueur d'onde. Au fond de moi, je ne contestais pas que François Mitterrand dût être notre candidat à la prochaine élection présidentielle. C'était de l'ordre de l'évidence. La mort de Georges Pompidou, le 2 avril 1974, me surprit – je ne l'attendais pas aussi rapide – alors que François Mitterrand, mieux renseigné, s'y était préparé.

En décembre 1973, il avait provoqué un congrès national extraordinaire à Bagnolet sur l'Europe à la suite d'un incident qu'il avait lui-même provoqué. Il avait émis l'intention de se rendre dans chaque capitale des pays alors membres du Marché commun. Pierre Joxe, en bureau exécutif, avait proposé d'étendre ces visites à tous les pays européens, qu'ils fussent ou non membres du Marché commun, créant ainsi un incident avec le premier secrétaire, incident passablement artificiel à mon sens, car plus que d'un « coup monté », il résultait sans doute d'une humeur de Joxe, aussitôt instrumentalisée par François Mitterrand qui entendait faire de l'Europe un marqueur au sein du parti. La motion du CERES recueillit un score appréciable tout en restant minoritaire mais le congrès extraordinaire s'acheva par une « synthèse », où il était dit que « l'Europe serait socialiste ou ne serait pas ». La montagne avait accouché d'une souris. Mais, en rappelant son « engagement européen », François Mitterrand entendait rassurer ceux que le Programme commun effrayait.

Le premier choc pétrolier et les conséquences économiques qui en résultèrent furent à l'origine d'une réunion de la commission économique du parti dont le secrétariat était alors assuré par mon ami Louis Gallois, sous ma responsabilité, en tant que secrétaire national au programme et aux études. Le résultat des débats ne dut pas être concluant, aux yeux du premier secrétaire. Le 12 janvier 1974 – c'était le jour de la naissance de mon premier fils, Raphaël –, j'arrivai en retard au comité directeur pour apprendre que le premier secrétaire avait nommé Jacques Attali comme son conseiller pour les affaires économiques. La commission économique se trouvait ainsi discrètement dessaisie dans un domaine essentiel. Moins de trois mois plus tard, Georges Pompidou décédait : je fus brutalement évincé de l'équipe de campagne du candidat. Jacques Attali et – ô surprise ! – Michel Rocard se virent confier, à la tour Montparnasse, la responsabilité du conseil et de la campagne pour la partie économique. J'en étais d'autant plus marri que Michel Rocard était encore le secrétaire national du PSU et que, dans ma grande candeur, je l'avais cru assez proche de nos positions : j'avais gardé avec Michel Rocard des relations cordiales bien qu'il m'eût déconseillé, en son temps, de créer le CERES au sein de la SFIO. Ce devait être en 1967 : le jeune et brillant inspecteur des Finances, auquel Alain Gomez et moi avions rendu visite, nous avait reçus dans la soupente d'un immeuble haussmannien, avenue de l'Opéra, où se nichait la Commission des comptes économiques de la nation (on croyait encore à la comptabilité nationale comme aux Saintes Écritures). Il nous mit en garde : « Vous serez mangés tout crus par Guy Mollet et ses hommes de main. » Le congrès d'Épinay, quatre ans plus tard, avait renversé la situation et ringardisé le PSU.

Dans l'intervalle, je m'étais efforcé, avec une certaine naïveté, de rapprocher Rocard du Parti socialiste, en escomptant un renfort pour la ligne Unité et Rénovation qui était celle du CERES à Épinay. J'organisai ainsi chez Georges Égal à Boulogne un déjeuner entre Rocard et Mitterrand. L'entretien, cordial sans excès, était resté sans suite dans l'immédiat. Et voilà que Rocard réapparaissait là où je ne l'attendais pas : à ma place !

Presque aussitôt, on vit fleurir, dans la bouche du candidat, la théorie du « franc fort » qui était aux antipodes du projet industrialiste que portait le CERES mais le nouveau « signe de piste » dans lequel se reconnaissaient les inspecteurs des Finances, qu'ils fussent de droite ou de gauche, soucieux d'arrimer le franc à une valeur sûre, au lendemain de la suspension par Nixon de la convertibilité-or du dollar. Et quelle valeur pouvait paraître plus sûre, aux yeux de la bourgeoisie française, que le mark allemand ? Aux yeux de Rocard et d'Attali, il s'agissait, paraît-il, d'assurer « la crédibilité du candidat ». Nous comprîmes aussitôt ce que cela voulait dire : les inspecteurs des Finances et la direction du Trésor continueraient à faire la politique économique de la France…

Au lendemain de l'élection de Valéry Giscard d'Estaing à la présidence de la République, François Mitterrand, sonné par sa défaite, réunit son équipe et les responsables du parti dans les locaux de la tour Montparnasse. La tristesse était générale. Sans doute gagné par la lassitude, François Mitterrand se laissa aller à quelques propos imprudents : « La victoire nous a échappé de justesse. En ce qui me concerne, l'âge me rattrape… [il n'avait alors que cinquante-huit ans] et il faudra sans doute se tourner vers un candidat plus jeune pour assurer l'avenir du socialisme. » Beaucoup murmurèrent ou même se récrièrent ouvertement, mais ces paroles étaient dites. Elles feraient leur chemin…

À l'automne, bien que minoritaire dans son parti, Michel Rocard se décida à franchir le pas. Il adhéra au Parti socialiste avec Robert Chapuis et quelques amis proches… Pour célébrer l'événement, la direction du PS organisa à grands frais les Assises du socialisme. Nous ne fûmes que modérément surpris, après l'épisode de la tour Montparnasse, de voir Michel Rocard se rapprocher non pas du CERES, comme je l'avais espéré au lendemain d'Épinay, mais de Pierre Mauroy et de ses amis : Gérard Jacquet, Robert Pontillon et quelques anciens «jeunes» de l'ex-SFIO, au temps du Front républicain. Tout se passa comme s'il s'agissait de mettre un terme à une brouille passagère (elle avait quand même duré plus de quinze ans!). C'étaient de vraies retrouvailles!

Avec toute son expérience, François Mitterrand ne s'était sans doute pas préoccupé outre mesure du risque d'introduire le loup dans la bergerie. Sans doute voulait-il «rassembler» et ne prenait-il pas trop au sérieux une éventuelle concurrence venue de Michel Rocard.

Car ce qui s'est appelé deuxième gauche ne peut se comprendre en dehors de l'ambition – en soi légitime – de Michel Rocard d'être candidat à la présidence de la République. Il le fut un bref moment en 1980, et l'eût été ultérieurement si la chose avait été possible. Ramenées à l'essentiel, les grandes constructions idéologiques prennent leur dimension humaine et s'approchent ainsi de leur vérité…

Née au croisement de la CFDT, de mai 1968, et du PSU, lui-même constitué, au départ, en réaction à la SFIO, la deuxième gauche s'opposait naturellement à la gauche préexistante baptisée par ses soins «première gauche» pour la ringardiser. La deuxième créa ainsi la première, comme l'antisémite avait créé le Juif, selon Sartre. Mais avec un temps de retard. En 1971, le congrès d'Épinay avait changé la donne.

En réalité, la deuxième gauche est, pour l'essentiel, le produit du passage à gauche d'un électorat chrétien qui votait traditionnellement à droite (généralement pour le MRP) notamment dans les départements de l'ouest ou du nord-est de la France. Ce basculement ne peut être compris en dehors des profondes transformations de la société française pendant les Trente Glorieuses : croissance, exode rural, urbanisation, sortie progressive de la religion, etc.

La transformation de la CFTC[1] en CFDT accompagne ce mouvement. Naturellement le passage à gauche des « couches nouvelles » n'implique pas qu'elles se défassent sur-le-champ de leur bagage idéologique. C'est ainsi très naturellement qu'on voit passer de droite à gauche l'exaltation des franchises locales et des langues régionales, la critique de l'État jacobin et, bien sûr, de l'école laïque regardée comme traditionaliste et bientôt décrétée d'un autre âge.

Loin de moi l'idée de vouloir sauver la gauche historique, que sa politique sous la IVe République suffisait à discréditer. Il me semble juste, cependant, de ne pas jeter le bébé avec l'eau du bain et de ne pas prendre au pied de la lettre toutes les excommunications proférées par d'anciens enfants de chœur convertis au socialisme, pourvu qu'il serait « moderne », et à la laïcité, dès lors qu'elle se dirait « ouverte ». Inventer pour la France un nouveau chemin aurait mérité un travail intellectuel approfondi et le dépassement des oppositions internes de la gauche française. C'est ce travail que le CERES avait entrepris, attirant lui-même de nombreux chrétiens de gauche, Pierre-Luc Séguillon et Georges Montaron notamment, venus de *Témoignage chrétien*, mais que le surgissement de la deuxième gauche a plutôt bloqué.

Naturellement la culture de la CFDT ne pouvait faire bon ménage avec celle de François Mitterrand qui avait, certes, été formé chez les maristes mais que les us de la IVe République parlementaire avaient marqué au moins autant que l'enseignement des frères. Il y avait bien longtemps que François Mitterrand n'était plus un enfant de Marie. La deuxième gauche ne pouvait surtout pas se reconnaître dans le Mitterrand du Programme commun. Mais la deuxième gauche eût-elle permis l'élection de Michel Rocard en 1981 ? J'en doute profondément. La deuxième gauche a télescopé l'entreprise du CERES dans le cours des années 1970 et nous a obligés, comme disait Lénine, à « tordre le bâton dans l'autre sens ». Elle a enfin préparé le terrain au renoncement de la gauche face au néolibéralisme en 1983 et dans les années qui suivirent, et à sa conversion ultérieure au social-libéralisme.

---

1. Confédération française des travailleurs chrétiens.

La référence permanente au marché, même assorti d'une touche d'autogestion, et l'éloge du «réalisme» au moment où le néolibéralisme s'installait dans les pays anglo-saxons ne pouvaient que préparer le ralliement des socialistes à la doxa libérale dominante et entraver leurs efforts pour inventer un modèle de développement original.

L'arrivée de Michel Rocard au Parti socialiste à la fin de l'année 1974 correspondait au besoin de la CFDT d'Edmond Maire de trouver un autre relais à ses thèses qu'un PSU marginalisé et décrédibilisé par la spectaculaire relance du Parti socialiste après le congrès d'Épinay. Une partie de la CFDT avait bien essayé de rejoindre le CERES mais le rationalisme critique de ce dernier et surtout son attachement à la stratégie du «programme commun» ne favorisaient pas l'amalgame. L'entrée de Michel Rocard au Parti socialiste fut préparée dès le début de 1974 par un travail de concertation entre Edmond Maire, Michel Rocard et Pierre Mauroy, comme le rappelle Pierre Rosanvallon[1], c'est-à-dire avant l'élection présidentielle et les Assises du socialisme qui se tinrent les 12 et 13 octobre 1974. L'accession d'Edmond Maire à la tête de la CFDT en remplacement d'Eugène Descamps, plus unitaire, avait entraîné un changement de climat aussi bien dans les relations avec la CGT que dans l'approche des questions politiques et sociales : l'autogestion cessait d'être une problématique du socialisme à inventer, dans un pays capitaliste avancé comme la France, une recherche en commun du sens à donner au travail collectif pour devenir à la fois le marqueur du socialisme démocratique et le grand discriminant vis-à-vis du Parti communiste.

Pierre Rosanvallon et Patrick Viveret qu'on peut considérer comme les «intellectuels organiques» de la deuxième gauche, l'un à la tête de *CFDT-aujourd'hui*, l'autre de la revue *Faire* qui, au nom du rocardisme, disputait aux revues du CERES, *Enjeu*, *Frontière*, l'hégémonie des idées, ne cachaient pas qu'ils entendaient fournir une alternative politique au social-étatisme dont la gauche française, toutes tendances confondues, était, selon eux, affligée depuis toujours : radicaux jacobins, socialistes guesdistes

---

1. Pierre Rosanvallon, *Notre histoire intellectuelle et politique*, op. cit., p. 172-173.

ou communistes soviétisés. De cette idéologie qu'ils entendaient combattre, en dignes héritiers qu'ils se voyaient de mai 1968 et du personnalisme chrétien, le Programme commun était l'expression achevée. L'année 1975 avait débuté avec la relégation du CERES dans la minorité du Parti socialiste. Ce dernier, dans la foulée du congrès de Pau, organisa une convention nationale sous l'intitulé « Quinze thèses sur l'autogestion ». Le CERES répondit, sous l'impulsion de Didier Motchane, par l'élaboration d'une seizième thèse d'inspiration « conseilliste » aussitôt mise en minorité. C'était l'époque où François Mitterrand accusait le CERES de vouloir faire « un faux Parti communiste avec de vrais petits-bourgeois ». Ce n'était pas gentil. Et c'était surtout saper notre effort pour construire un parti de militants, croyant à un « autre possible » et pas seulement un parti d'électeurs et d'élus.

François Mitterrand ne se méfiait pas de Michel Rocard dont l'allure restée juvénile et le langage complexe rappelaient son passage par les scouts aussi bien que par l'ENA. On ne pouvait d'ailleurs pas détester Michel Rocard dont le personnage semblait s'être échappé d'une bande dessinée à l'enseigne de *Salut les copains !* La sympathie qu'il suscitait, moins par l'exposition de ses thèses, toujours un peu alambiquées, que par les positionnements qu'on lui prêtait, lui a valu de longues fidélités, encore qu'on puisse s'interroger sur le fait de savoir s'il était véritablement un chef, et pas seulement le représentant que s'étaient donné, ensemble ou séparément, la majorité confédérale de la CFDT, l'aile moderniste du patronat, la fraction avancée de l'épiscopat, etc.

Il est de bon ton de se réclamer aujourd'hui de Michel Rocard, bien que son passage à Matignon n'ait duré que moins de trois ans, que son legs idéologique soit resté assez maigre[1] et ses réalisations assez modestes : l'excellente idée des contrats de plan État-région, le report à l'horizon du prochain siècle de l'indépendance de la Nouvelle-Calédonie, l'impôt proportionnel de la CSG pour alimenter le budget social et le RMI, dont il faut quand même rappeler qu'il fut

---

1. À l'exception de ses derniers écrits, heureusement délivrés du principe de précaution.

expérimenté de 1985 à 1988 dans le Territoire de Belfort, sous l'impulsion de Christian Proust et de Gilberte Marin-Moskovitz.

François Mitterrand avait-il raison de ne pas se méfier de Michel Rocard? Celui-ci attendait tranquillement son heure, confortablement lové au sein du courant majoritaire du parti. Il fallait cependant à Michel Rocard se positionner dans le champ des idées, et cela d'autant plus que l'échéance des législatives de mars 1978 se rapprochait. Il choisit de camper à la tribune du congrès de Nantes, le 17 juin 1977, l'opposition de «deux cultures», l'une étatiste, centralisatrice, bref jacobine, vaguement «laïcarde», et d'un marxisme fleurant bon le totalitarisme, l'autre décentralisatrice, respectueuse des identités locales, bref girondine, invoquant en économie les mânes de Proudhon pour prôner la coopération et l'économie solidaire et prêchant sans restriction le marché.

Michel Rocard, sans désigner personne – ni le CERES ni le Mitterrand du Programme commun –, cloua au pilori «la tradition étatique – jacobine, centralisatrice, nationaliste-protectionniste[1] –», fournissant aux journalistes paresseux des grilles de lecture commodes. Mesurait-il qu'il apportait de l'eau au moulin des thèses néolibérales déjà en vogue outre-Atlantique et que n'allaient pas tarder à relayer, en France, les «nouveaux économistes»? Pierre Rosanvallon, idéologue patenté de la deuxième gauche, reconnaît aujourd'hui – un peu tard – avoir «fait fausse route en voulant donner un débouché politique aux ambitions intellectuelles de celle-ci, et en proposant de leur trouver un champion[2]».

L'idéologie de la deuxième gauche s'approchait ainsi des idées d'autorégulation et d'abolition du politique, consubstantielles aux théories libérales du marché qui fleurissaient en ce temps-là où Friedrich Hayek et son anarcho-capitalisme, Milton Friedman et ses Chicago Boys détrônaient Marx à l'horizon de l'intelligentsia branchée. C'est ainsi qu'à la fin des années 1970, les thèses de la deuxième gauche entraient de plus en plus en consonance avec l'utopie néolibérale qui allait s'emparer des consciences dans les pays anglo-saxons.

---

1. *Ibid.*, p. 176.
2. *Ibid.*, p. 176.

Les médias saluaient le réalisme et la modernité de Michel Rocard au regard de l'archaïsme ringard de François Mitterrand.

Il était temps de contre-attaquer. Le CERES le fit en approfondissant ses analyses sur les évolutions de la société française aussi bien que sur la mutation du mode de production capitaliste et de l'Empire américain lui-même.

L'apparition et l'essor d'une nouvelle petite bourgeoisie attisaient en France les convoitises électoralistes. Le pouvoir giscardien entendait rassembler «deux Français sur trois» et les thématiques rocardiennes attiraient ces nouvelles couches fondamentalement modérées, mais qui se voulaient «de gauche», par un effet de mode post-soixante-huitard. Pour caractériser ces ancêtres des bobos, je forgeai un sobriquet polémique, la «gauche américaine» : elle s'américanisait en effet par les mœurs (consumérisme, hyperindividualisme, sondagisme, etc.) en même temps que par son ralliement spontané aux orientations de la politique étrangère des États-Unis, au prétexte des droits de l'homme et de l'antitotalitarisme.

La deuxième gauche réagit, appuyée par l'artillerie lourde des pseudo-«nouveaux philosophes», André Glucksmann et Bernard Henri-Lévy, qui lancèrent contre le CERES une bataille d'anathèmes. Nous apparaissions alors comme la pointe avancée d'une Union de la gauche dont la victoire annoncée, dès avant 1977, faisait trembler non seulement les élites bourgeoises mais aussi cette fraction de l'intelligentsia ralliée à la République du centre et qui se mobilisait au nom de l'antitotalitarisme. Bernard-Henri Lévy desservit leur cause et nous rendit service en prenant pour cible une «idéologie française» allant de la gauche à la droite, ayant saturé la France d'un crypto-fascisme dont nous étions à la fois la quintessence et la forme la plus menaçante… L'outrance est à elle-même son propre remède. Cette tentative de discréditer la République au nom de la question juive, telle que l'a décrite Perry Anderson[1], prit l'eau immédiatement. Si le CERES était la cible de BHL, il ne l'était qu'indirectement de Michel Rocard. Celui qui était visé au congrès de Nantes, c'était en réalité François Mitterrand. Il ne sembla pas s'en apercevoir. Tout au long d'une Commission des

---

1. Perry Anderson, *La Pensée tiède*, Seuil, 2003, p. 63.

résolutions qui se prolongea fort tard dans la nuit, François Mitterrand, enveloppé dans une sorte de pelisse, maintint contre la majorité des congressistes qui souhaitait une synthèse, une position inflexible vis-à-vis du CERES. Celui-ci, il est vrai, s'était maintenu à l'étiage qui était le sien au congrès de Pau, deux ans auparavant. De surcroît le CERES se trouvait accusé d'avoir fait le jeu du Parti communiste en lui concédant la tête de liste à Reims aux élections municipales de mars 1977. En réalité, c'était le PS (et souvent le CERES d'ailleurs) qui avait raflé les mairies dans la plupart des grandes villes et nous n'étions coupables que d'avoir voulu, à la marge, intéresser les communistes aux résultats. Il n'y eut pas de synthèse au congrès de Nantes : François Mitterrand n'en voulait pas. J'ai encore le souvenir, dans une assemblée générale de militants déçus, d'un de nos camarades foudroyé, au petit matin, par une crise d'épilepsie. Les militants du CERES se sentaient pris dans une impasse.

En réalité, c'était François Mitterrand qui était engagé dans une impasse et c'est le CERES, encore une fois, qui allait l'aider à en sortir, non sans magnanimité.

Le Parti communiste, au lendemain des élections présidentielles de 1974, s'était vu doubler par les candidats du Parti socialiste à l'occasion d'élections législatives partielles. Dans le même temps, la direction du Parti socialiste, renouvelée au congrès de Pau, mettait en avant tout ce qui pouvait distinguer celui-ci du Parti communiste. L'autogestion ne fut jamais tant vantée que dans ces années-là, sans que soient réellement creusés ni ce qu'elle pouvait réellement signifier quant à l'organisation du collectif du travail ou à la gouvernance et aux finalités de l'entreprise, ni la manière dont elle s'articulerait avec la planification au sein d'un secteur public élargi. Cette paresse intellectuelle ferait sentir ses effets quand, la gauche étant parvenue au pouvoir en 1981, il incomberait au ministre de l'Industrie de tracer lui-même les contours de « l'autonomie de gestion » accordée d'emblée par le président de la République aux entreprises nationales et de déterminer le contenu des contrats de plan qu'elles devraient passer avec l'État. En attendant, l'actualité allait fournir des munitions à tous ceux qui voulaient remettre en cause l'Union de la gauche telle qu'elle avait été scellée trois ans auparavant.

169

La révolution des Œillets au Portugal fut d'abord accueillie avec enthousiasme. Sartre lui-même fit le déplacement pour aller saluer et complimenter la révolution des capitaines. Mais bien vite les conflits s'aiguisèrent entre le Parti socialiste portugais de Mário Soares et le Parti communiste d'Álvaro Cunhal. *Le Nouvel Observateur*, qui servait de caisse de résonance à la deuxième gauche, enrôla Soljenitsyne dans le combat contre le totalitarisme qui menaçait – paraît-il – sur les bords du Tage. L'ambassadeur américain Carlucci, que je connus plus tard comme secrétaire d'État à la Défense (1988-1989), n'eut pas besoin de se décarcasser beaucoup pour faire atterrir les rêves romantiques des capitaines du MFA[1] dans les eaux calmes de la social-démocratie européenne : Willy Brandt et François Mitterrand, au nom de l'Internationale socialiste, furent les cornacs ou les parrains – comme on voudra – de cette normalisation douce. Mário Soares, au demeurant excellent homme, que j'avais connu dans son exil parisien en 1971-1972, accéda au pouvoir par la voie des urnes. Le Portugal apparut ainsi comme le laboratoire des « expériences » de gauche qui s'annonçaient en France, en Italie et dans l'Europe du Sud. Le coup d'État chilien de Pinochet contre Salvador Allende, en septembre 1973, avait résonné comme un avertissement.

L'eurocommunisme et les partisans d'un « compromis géographique » entre l'Europe du Sud et l'Europe du Nord n'avaient qu'à bien se tenir : les Américains ne laisseraient pas faire. En Italie, l'assassinat d'Aldo Moro en 1979 mit fin au rêve d'un compromis historique entre le PCI et la démocratie chrétienne qui eût été l'aboutissement logique de la théorie de Gramsci sur la conquête de l'hégémonie culturelle par la gauche, préalablement à la prise du pouvoir politique. Felipe González en Espagne et Georges Papandréou en Grèce, qui venaient à nos colloques, se préparaient eux aussi à prendre le pouvoir.

La question décisive était : qu'allait-il se passer en France ? Le Parti communiste avait compris que le schéma des Fronts populaires des années 1930, où les communistes ne doutaient pas de pouvoir, *in fine*, « plumer la volaille socialiste », ne se reproduirait

---

1. Movimento das Forças Armadas (Mouvement des forces armées).

plus. François Mitterrand a-t-il vu le danger, qui résultait, pour le maintien de sa stratégie, du déséquilibre croissant de rapport de forces électoral au sein de la gauche?

Au printemps 1975, il organisa un voyage de la direction du Parti socialiste en URSS. Il avait besoin de se faire connaître sinon reconnaître et il devait aussi rassurer l'électorat communiste. Bien qu'il nous eût relégués dans la minorité du parti, il nous invita Didier Motchane et moi à faire partie de la délégation. Je garde encore le souvenir de l'entretien au Kremlin entre Souslov et Ponomarev d'une part et Mitterrand de l'autre. Souslov, secrétaire à l'Idéologie du PCUS depuis 1928, avait survécu à toutes les purges. Il ressemblait à un professeur émérite en Sorbonne. Pendant qu'il lisait son papier, Mitterrand me glissa à l'oreille : «Je me demande bien qui peut lui rédiger scs textes. En principe le rédacteur en chef, c'est lui...» Ponomarev, ensuite, nous fit un discours sidérant sur la paupérisation croissante de la classe ouvrière en Grande-Bretagne : «Bientôt, nous dit-il, ils auront moins de riz dans leur bol que les Chinois.» Cette réflexion à elle seule montrait dans quel confort idéologique vivaient les dirigeants de l'Union soviétique. Un peu plus tard, Brejnev déclara à François Mitterrand en faisant sonner ses bretelles sur sa poitrine : «Si vous ne croyez pas que je suis à fond pour la paix, eh bien, c'est comme si vous me coupiez les bretelles!» Salzmann, ami de François Mitterrand, me glissa cette définition de l'URSS : «C'est une République positiviste gouvernée par des imbéciles.»

Le voyage se poursuivit à Oulianovsk où nous visitâmes la maison de Lénine, jolie datcha surplombée d'un gratte-ciel hébergeant les pèlerins communistes. Le père de Lénine était inspecteur d'académie. «C'est toujours dans les familles bourgeoises que naissent les révolutionnaires», opina François Mitterrand. Le voyage se poursuivit en Asie centrale : Tachkent, Samarcande. L'observatoire d'Ulugh Beg, contemporain et égal de Copernic, le tombeau de Tamerlan, somptueux édifice plus digne de perpétuer sa mémoire que les pyramides de crânes qu'il élevait aux entrées des villes conquises...

La russification de l'Ouzbékistan me parut si profonde que je ne pus m'empêcher de penser à une Algérie française réussie :

171

je me trompais. Il ne faudrait pas attendre vingt ans pour que les Républiques soviétiques d'Asie centrale, grâce à Boris Eltsine, deviennent indépendantes. L'Empire soviétique, héritier de l'Empire russe, n'était-il pas resté, malgré le congrès de Bakou et les rêves de Sultan Galiev, un empire colonial? Et la coexistence du peuple russe et des peuples turcophones d'Asie centrale pouvait-elle être pérenne, dans un rapport demeuré, malgré tout, inégal? Le paradoxe est que la dissolution de l'Empire soviétique est venue de la Russie elle-même…

Le stage de quatre ans que j'ai effectué dans la minorité du parti m'a ainsi permis de voir du pays : en 1975, les États-Unis où je m'étais déjà rendu en 1967. J'ai pu apprécier l'hospitalité du peuple américain et faire quelques rencontres assez peu banales : Ronald Reagan, alors gouverneur de Californie et candidat malheureux aux primaires républicaines contre Barry Goldwater, m'a raconté son parcours idéologique et politique et comment, militant démocrate au temps de Roosevelt, il s'était lassé de collecter les cotisations des stars d'Hollywood pour le compte du syndicat des acteurs, et avait rejoint, après la guerre, les rangs républicains. J'ai également rendu visite, huit ans plus tard, à Zbigniew Brzeziński, alors professeur à l'université Columbia avant que Carter ne l'appelle comme son conseiller pour la politique étrangère. Il étudiait l'hypothèse et le risque que le Japon trouve en Chine, où on venait de découvrir du pétrole, les moyens d'une autonomie énergétique qui lui permettrait de s'affranchir de l'Amérique. Je découvrais ainsi que les États-Unis, affaiblis par leur retrait du Vietnam, maintenaient leur vigilance stratégique et préparaient leur grand retour sur la scène internationale. Ces contacts me permettaient aussi d'enrichir et de nuancer mes perceptions.

Autres voyages formateurs : Israël au temps de Golda Meir, l'Allemagne de Willy Brandt, l'Afghanistan du prince Daoud en 1977, à la veille de l'invasion soviétique.

De Bonn je rapporte cette anecdote qui en dit long sur les malentendus franco-allemands : c'était l'époque de la bande à Baader. Des affiches étaient placardées à l'entrée des ministères. Elles faisaient frissonner : *Terroristen*, avec le portrait des individus recherchés. Je fus reçu à la chancellerie où on m'interrogea sur le fait de savoir s'il fallait recevoir aussi un personnage inconnu sur les bords du Rhin, qui se présentait comme président des *Linksradikalen* en France. Je rassurai mes interlocuteurs : les radicaux de gauche ne pouvaient pas faire de mal à une mouche et Robert Fabre était un honnête pharmacien qui, à ma connaissance, n'avait tué personne et ne pouvait être confondu avec Andreas Baader. Robert Fabre a été reçu, mais n'a jamais su qu'il me le devait.

Les années 1970 avançaient ainsi : Giscard d'Estaing, en suggérant la création d'un G5, sorte de directoire mondial, se flattait d'influencer Jimmy Carter. En fait, les accords de la Jamaïque conclus en 1976 consacraient, sous des apparences trompeuses, le rôle du dollar comme monnaie mondiale. Giscard d'Estaing se rendit à Alger pour rencontrer Boumédiène. Celui-ci, qui nous reçut quelques semaines plus tard, Motchane et moi, au palais d'Été devenu palais du Peuple, nous fit part d'une autre vision que celle qui transparaissait dans les communiqués officiels : l'alliance, pour isoler l'Algérie et les pays arabes «progressistes» des régimes conservateurs, au premier rang desquels l'Arabie Séoudite, sous le patronage conjoint des États-Unis et de la France. Je prenais ainsi conscience de l'environnement difficile dans lequel un gouvernement de gauche en France aurait peine à se déployer.

Au même moment, France 3 Lille me proposa de faire un film sur un sujet à ma convenance. Michel Debré avait choisi Carnot, Edmond Maire les verriers de Carmaux. Je choisis Louis Rossel, héros méconnu de la Commune de Paris, qui avait été le seul officier de l'armée française à avoir rejointe, après la conclusion par Thiers de l'armistice avec Bismarck. Éphémère ministre de la Guerre de la Commune, ce jeune polytechnicien protestant et qui se disait simplement «républicain», refusa la grâce de Thiers et fut fusillé par le gouvernement de Versailles. Plus tard, ministre de la Défense, je ferai fleurir sa tombe. Serge Moati accepta d'être le réalisateur du film et André Dussollier d'incarner Rossel. Dans une conversation sur la Commune avec Michel Debré, que j'avais rencontré à Athènes cette année-là, celui-ci me rapporta ce mot de De Gaulle passant avec lui devant les ruines du fort d'Issy : «De la

Commune il ne reste rien… Que Rossel!» Et je me suis dit que sans Rossel et son patriotisme sacrificiel, de Gaulle n'eût peut-être pas existé…

Dans la France de 1977, sous la surface apparemment immobile des choses, germaient au sein de la gauche les graines de la discorde.

Le Parti socialiste – électoralement – creusait l'écart avec les communistes et ceux-ci s'avérèrent incapables de penser leur venue au gouvernement dans le cadre des institutions de la Vᵉ République. S'ils l'avaient fait, ils auraient évidemment privilégié une victoire aux élections législatives, d'autant plus que dans son discours de Verdun-sur-le-Doubs, le président Giscard d'Estaing avait admis l'hypothèse d'une cohabitation. La publication du livre d'Étienne Fajon *L'union est un combat*[1] était, par son intitulé même, un bon indicateur de leur état d'esprit. Alors que les socialistes multipliaient les prises de distance, la direction du Parti communiste, au prétexte d'«actualiser le Programme commun», fit surgir assez de points de divergence pour que la discussion s'en trouvât suspendue. Toutes les questions soulevées par Georges Marchais n'étaient pas absurdes : pouvait-on ainsi nationaliser les maisons-mères sans nationaliser leurs filiales? C'eût été multiplier les minorités de blocage et empêcher tout effort de restructuration industrielle ultérieure. On peut penser d'ailleurs que ce raisonnement a été l'un des arguments qui ont conduit en 1982 François Mitterrand à nationaliser à 100 % les holdings de tête, contre l'avis de Michel Rocard et de beaucoup d'autres, qui prônaient une nationalisation à 51 %. Ou n'était-ce qu'un signe, pour manifester la fermeté de son «ancrage à gauche» ?

J'ai gardé le souvenir d'une discussion qui n'était pas anodine quand le Parti socialiste proposa d'accorder le droit de vote aux étrangers aux élections municipales. Georges Marchais s'insurgea avec véhémence contre cette proposition. Évoquant Champigny et son peuplement hétérogène, il lança : «Avez-vous bien réfléchi au pouvoir que vous donnez sur les maires, aux associations et aux consulats étrangers?» À cette question inopinée, personne chez les socialistes ne répondit, car personne n'avait réfléchi aux chantages et

---

1. *Op. cit.*

174

aux surenchères que des minorités organisées pourraient faire peser sur les candidats et sur les maires. Tous étaient installés dans une bonne conscience de gauche. Il est vrai que nous n'étions qu'en 1977. On ne parlait pas encore des «territoires perdus de la République»…

Je ne rapporte cette saillie que parce que Georges Marchais voulait donner l'impression d'une discussion sérieuse et approfondie sur tous les sujets du programme. Dans la réalité, le Parti communiste avait décidé de casser une mécanique qui apportait de l'eau au moulin des socialistes plutôt qu'au sien. Vue assez courte, machiavélisme «petit bras» qui, certes, allaient assurer la défaite de la gauche aux législatives de mars 1978, mais aussi paradoxalement préparer la victoire de François Mitterrand sur Georges Marchais au premier tour de l'élection présidentielle de 1981…

Malgré un rafistolage de façade, à la veille des élections législatives de mars 1978, celles-ci furent perdues par la gauche. Décidément une malédiction semblait s'acharner sur François Mitterrand…

Le moment était venu pour Michel Rocard d'abattre ses cartes. Au soir de l'élection, il pointa comme cause de la défaite la persistance de certains «archaïsmes». Le mot était lâché. Tout le petit monde médiatique comprit de quel archaïsme il s'agissait. C'était François Mitterrand l'Archaïque. Sans avoir eu à le dire, Michel Rocard venait de lancer sa candidature à l'élection présidentielle. C'est à cette aune que désormais tous ses propos allaient être analysés. Mauroy, coincé entre son allégeance proclamée à François Mitterrand et sa proximité autant idéologique que personnelle avec Michel Rocard, avait beau dire : le compte à rebours était enclenché.

La crise économique minait sourdement le pouvoir giscardien. Les cantonales de 1979 marquèrent une nouvelle avancée de la gauche que Mitterrand salua comme telle, tandis que Pierre Mauroy insistait sur la prépondérance au sein de la gauche désormais acquise par le Parti socialiste.

Le congrès de Metz fournit à François Mitterrand l'occasion de rebattre les cartes. Tandis que Michel Rocard, encouragé par des sondages flatteurs et par un bruyant soutien médiatique, lançait sa motion pour compter ses partisans, François Mitterrand mit la barre à gauche toute, ne reculant devant rien pour affirmer sa fidélité à la ligne d'Épinay devenue mythe. Alors que les Soviétiques venaient d'envahir l'Afghanistan, le texte de sa motion commençait par affirmer avec aplomb : «La route de la paix passe par Moscou.» Cette affirmation paradoxale était en fait assez énigmatique et pouvait autoriser plusieurs interprétations. N'importe, les militants n'y virent que du feu : Mitterrand, à leurs yeux, confirmait la solidité de son ancrage à gauche, tandis que Michel Rocard révélait par ses soutiens la réalité d'une «dérive droitière» que le CERES avait été seul à pointer depuis 1974.

Imagine-t-on le bénéfice qu'auraient pu tirer les communistes en 1979 d'une prise de contrôle du Parti socialiste par Michel Rocard et ses amis ? Pierre Mauroy ne crut pas pouvoir faire autrement que de déposer sa propre motion en renfort de celle de son ami Michel. De notre point de vue, les masques tombaient, et nous nous en réjouissions, à tort ou à raison. En effet, l'ampleur rhétorique du virage à gauche opéré par François Mitterrand pour contrer l'offensive du rocardisme était telle qu'elle désorienta la partie de notre base qui, idéologiquement et politiquement, était la moins formée. Je n'avais pas vu venir non plus, issue de notre propre sein, une petite aile rocardisante qui, au nom du réalisme, s'était regroupée autour de Christian Pierret dont François Mitterrand n'avait pas voulu comme maire de Créteil en 1977, et que nous avions aidé à se faire élire député des Vosges en 1978. Christian venait de Vie nouvelle, association où se retrouvaient les amis de Robert Buron. Je lui aurais donné le bon Dieu sans confession : c'est à lui d'ailleurs que les chefs historiques du CERES avaient confié les clés de la fédération de Paris, notre donjon. Christian n'hésitait pas à faire de la surenchère à gauche : lors d'une assemblée parisienne, en 1974, les militants debout avaient accueilli François Mitterrand en criant à l'unisson : «Une seule solution, le Programme commun!» Mitterrand en était revenu furieux, m'imputant cet accueil alors que je n'en pouvais mais. C'est donc avec surprise qu'en 1979 je vis Christian Pierret s'éloigner du CERES pour présenter sa propre motion. Elle nous enleva quelques points supplémentaires. Le CERES, au congrès de Metz, en avril 1979, se retrouva à près de 15 %, l'essentiel de nos pertes provenant de reports de voix sur la motion Mitterrand. Il faut dire aussi que de nombreux maires de la cuvée 1977 trouvaient plus confortable de s'afficher comme mitterrandistes vis-à-vis de leur électorat que comme CERES. J'avais bien autorisé Jean-Marie Bockel, dans le Haut-Rhin, à se réclamer d'un «socialisme central», qui fleurait bon le centrisme. Cela ne pouvait que limiter les pertes…

Malgré celles-ci, nous retrouvions quand même une position décisive dans le parti, entre Rocard et Mitterrand. En effet, si la motion du premier secrétaire dépassait 40 %, il n'avait pas la majorité dans le parti. Ensemble Rocard et Mauroy ne faisaient pas non plus 40 %. Pierret n'avait grappillé que quelques points et ne passait pas la barre des 5 %.

Une semaine avant le congrès, François Mitterrand demanda à me voir. Il fut tout à fait charmant : notre retour à la direction du parti allait de soi. Vis-à-vis des communistes, il faudrait être «unitaires pour deux». Il me confierait la responsabilité du Projet socialiste qui servirait de base pour les orientations de la présidentielle de 1981 et les législatives qui suivraient. Puis il dauba sur Rocard, imputant aux chrétiens de gauche une inclination fatale pour son rival, ignorant sans doute qu'il y avait au CERES beaucoup d'anciens de Témoignage chrétien et de Vie nouvelle. À vrai dire, il ne connaissait que Pierre-Luc Séguillon dont il se méfiait : trop exigeant à ses yeux. À la fin, il me posa une question surprenante : «Que faisons-nous de Pierre Mauroy ? Devons-nous le mettre, lui aussi, dans la minorité ?» Connaissant François Mitterrand, je me gardai bien de répondre à la question. J'imagine qu'il avait déjà son idée et je n'aurais pas trouvé élégant de cautionner et encore moins de paraître souhaiter la relégation de Pierre Mauroy dans la minorité. Celui-ci en fut d'ailleurs bouleversé. Mais c'était le prix à payer pour une infidélité passagère. C'est ainsi que François Mitterrand faisait l'éducation des éléphants du Parti socialiste. Ceux qui, du dehors, apparaissaient comme les «grands barons», il les traitait comme des collégiens. En me raccompagnant, François Mitterrand me glissa en me prenant par le bras : «Au fond, Jean-Pierre, nous sommes d'accord sur tout. Sauf sur un point : je ne crois pas que la France, à notre époque, puisse faire autrement – hélas – que passer à travers les gouttes.» Cette réflexion me parut assez importante pour que je la note sur un petit cahier d'écolier qui m'aidait à fixer les quelques faits ou idées qui me paraissaient dignes de l'être. J'étais cependant loin de mesurer à quel point cette confidence allait éclairer la suite... Ainsi était François Mitterrand : il vous disait tout, par petites touches.

François Mitterrand tint sa parole : il nous fit entrer, Georges Sarre et moi-même, dans la direction, mais seulement quelques jours après le congrès. Il ne voulait pas apparaître dans les médias comme passant sous les fourches caudines du CERES. Nous avons accepté cette légère entorse faite à notre fierté. François Mitterrand était notre candidat depuis le début. Même s'il s'était montré dur avec le CERES pendant les quatre années précédentes, c'était le jeu. Un point nous avait opposés : nous voulions construire un vrai Parti socialiste qui serait à la fois un parti d'idées et un parti de militants. Cela pouvait convenir jusqu'à un certain point à François Mitterrand. Peut-être n'avions-nous pas toujours été adroits... Nous y veillerions mieux à l'avenir. Je n'ai que trop tardivement éprouvé le sentiment qu'un parti trop puissant le gênait. Sa seule priorité, il nous l'avait dite : c'était la conquête du pouvoir, «la noblesse de la politique»...

Au congrès de Metz, avions-nous aussi bien le choix? Renouer l'alliance avec Mitterrand n'allait pas sans risque, mais un soutien à Michel Rocard était inenvisageable. Celui-ci ne l'avait jamais ni demandé ni recherché. Ni avant, ni après Épinay et encore moins après les Assises du socialisme. Parce que la deuxième gauche n'était peut-être que la couverture idéologique de son ambition véritable : être élu, un jour, président de la République. Michel Rocard avait été candidat pour le PSU en 1969. Il pouvait imputer à la faible audience de son parti, le score modeste qui avait été le sien (3,6 %). Il lui fallait devenir candidat du Parti socialiste. Or, depuis Épinay, il savait que le CERES s'était rangé derrière la candidature de François Mitterrand. Il n'a jamais mesuré à quel point nous étions conscients du risque que nous prenions à soutenir François Mitterrand. Ce n'était pas un politique. Il y avait certes entre le CERES et la deuxième gauche de vraies différences au plan idéologique. Le CERES croyait à l'État républicain comme instance d'orientation à long terme de la société et comme facteur de régulation dans le court et le moyen terme. La deuxième gauche, elle, croyait en l'ajustement naturel des intérêts à travers le marché ou par la grâce de l'autogestion. Une double utopie – libérale et anarchiste – était au fondement de sa méfiance à l'égard de l'État, ressenti comme matrice potentielle d'un totalitarisme toujours menaçant. L'idée républicaine, qui fait procéder la définition de l'intérêt général du débat entre citoyens instruits, lui était assez étrangère.

En fait, en campant à Nantes une opposition irréductible entre deux cultures, Michel Rocard les avait rendues imperméables l'une à l'autre. Il avait interdit la recherche de formulations consensuelles entre nous. Car, au fond, le CERES n'a jamais combattu le marché mais le «tout marché» et les rocardiens, s'ils passaient beaucoup de temps à critiquer l'État, ne méconnaissaient pas, au fond, l'existence d'un intérêt général. Et s'il y avait des oppositions entre nous, il y avait aussi des affinités générationnelles ou tout simplement humaines. Quand je devins ministre de l'Intérieur, je choisis entre plusieurs candidats pour directeur de cabinet, poste ô combien stratégique, un rocardien, le très charismatique préfet de Seine-Saint-Denis, ancien délégué général à l'Aménagement du territoire, Jean-Pierre Duport. Par son autorité naturelle, il me parut taillé pour ce poste difficile. Je connaissais certes ses penchants idéologiques mais c'était son éducation. Le ministère de l'Intérieur est le ministère de l'État. Et ceci corrigerait cela. Homme d'ordre, Jean-Pierre Duport était aussi un humaniste, grand amateur de musique et de surcroît président de l'Association des amis de Le Corbusier. Je n'ai pas regretté mon choix et nous avons eu le temps de devenir amis.

Le congrès de Metz n'est pas resté dans l'Histoire à l'égal du congrès d'Épinay. Il a pourtant été tout aussi décisif. Seule la ligne «unitaire pour deux» qui réunissait Mitterrand et le CERES pouvait permettre à la gauche de l'emporter en 1981. Il fallut amener le Parti communiste à résipiscence. C'était la fonction du Projet socialiste que d'afficher une ligne ferme et sans concession. Cela n'empêchait pas de cultiver certaines convergences avec les gaullistes. Dans le génome du CERES, il y avait des chromosomes gaullistes. Et en matière de politique extérieure, nous les avions en partie transmis au parti d'Épinay. Par rapport à Giscard d'Estaing, dont les orientations atlantistes s'étaient assez tôt manifestées, il était facile de trouver des thématiques communes avec Jacques Chirac. Ainsi l'alliance affichée avec le Parti communiste, dont chacun pouvait mesurer la rivalité qu'elle abritait, n'empêchait pas d'exploiter les contradictions internes de la droite…

J'ai rencontré Jacques Chirac, par l'entremise de Georges Sarre, en 1979, à l'hôtel de ville de Paris. C'était peu de temps après son « appel de Cochin ». Nous n'avions pas eu de peine à trouver des convergences en matière de politique étrangère et de défense. J'avais transmis l'information à Mitterrand qui confia à Édith Cresson et à Pierre Bérégovoy le soin de donner des suites à cet entretien. Il a sûrement manqué quelques voix de droite à Valéry Giscard d'Estaing au deuxième tour de l'élection présidentielle le 10 mai 1981. Une élection n'est pas qu'une somme d'additions. Elle est faite aussi de quelques soustractions…

Au lendemain du congrès de Metz, j'arrêtai, à l'issue d'une conversation avec Régis Debray dont la fermeté de pensée m'a toujours été précieuse, le plan du Projet socialiste. Trois parties : « Comprendre, Vouloir, Agir ».

Les deux premières parties étaient les plus idéologiques. Elles reflétaient l'esprit à contre-courant du petit essai que Régis avait consacré à l'héritage de mai 1968. Il n'était question que des « valeurs de la connaissance », du « sens de la rigueur », du « rôle de la science » et des « valeurs collectives », bien sûr « dans le respect des droits de l'individu ». Un long développement concluait enfin sur la nécessité de refaire de la France le lieu d'une histoire qui ne serait pas subie. « Le pouvoir de la classe dirigeante se paye d'une allégeance extérieure… qui peut signifier tout simplement la fin de la France, si le socialisme se révèle incapable d'assumer la relève historique de la classe actuellement dominante[1]. » Ce chapitre se concluait par une citation de Jean-Paul Dollé[2] : « Nos pères nous léguèrent la défaite… Ils nous balbutièrent la soumission à l'ordre du monde. Ils avaient inventé… les orphelins de l'Histoire,

---

1. *Projet socialiste pour la France des années 80*, Club socialiste du livre, 1er trimestre 1980, 380 pages.
2. *Ibid.*, p. 163.

les bâtards de l'être. » En voulant relever la gauche, le Projet socialiste entendait aussi relever la France. Ce n'était pas une mince gageure que de vouloir faire avaliser une telle perspective historique par un parti qui allait accéder au pouvoir l'année suivante...

La troisième partie du projet, débattue par les commissions du parti, ne reflétait que très inégalement mon empreinte : forte, s'agissant de la politique en matière d'industrie et de recherche et de politique économique, faible en matière sociétale, nulle pour ce qui concerne l'éducation : l'affaire était trop sérieuse pour ne pas être débattue directement par le premier secrétaire lui-même avec les dirigeants de la fédération de l'Éducation nationale. Le projet de grand service public unifié de l'Éducation nationale (GSPULEN) était la promesse que François Mitterrand ne pouvait pas ne pas faire à la FEN pour prix de son soutien. Mais il n'y était fait qu'une allusion elliptique dans le texte du projet[1]. Et cette promesse fut ensuite assortie, dans la bouche du premier secrétaire, de tant de réserves (« convaincre sans contraindre ») qu'on pouvait se demander ce qui ressortirait à la fin de cet engagement.

C'était l'été 1979. Avec ma femme nous avions loué un chalet au bord du lac de Lacanau pour initier nos enfants, Raphaël et Jean-Christophe, à la voile et aux sports nautiques. Tôt le matin, je noircissais le papier. Latche n'était pas loin. Mitterrand m'invita à venir l'y voir. Il vint m'attendre à la gare d'Hossegor. Prévenance extrême dont j'avais perdu l'habitude... Je ne me souviens pas que Mitterrand ait formulé des objections sur le cadrage général. Seulement un conseil en matière de politique étrangère : « Suivez votre pente, mais en la remontant, selon le mot d'André Gide. »

Mitterrand se borna ultérieurement à agrémenter le projet d'une préface aux accents libertaires où il était surtout question d'« élargir les espaces de liberté ». Ce n'était pas vraiment l'esprit du projet, tout empreint d'un républicanisme exigeant, mais c'était la prérogative du premier secrétaire. Je ne me faisais pas trop d'illusions sur la valeur d'engagement du Projet socialiste. Sa valeur d'orientation politique était incontestable. Encore aujourd'hui,

---

1. *Ibid.*, p. 284.

Serge Halimi[1] semble considérer que les analyses que le Projet socialiste faisait de l'environnement international reflétaient une analyse collective engageant la responsabilité de la direction tout entière. C'est évidemment méconnaître ce qu'était la réalité du Parti socialiste. À la fin de 1979, le comité directeur fut appelé à se prononcer sur le contenu du Projet socialiste. Rocard et Mauroy, qui constituaient la minorité du parti, ne jugèrent pas utile d'engager le fer. La deuxième gauche a certes raté là l'occasion de faire étalage de sa « culture ». Le Projet socialiste fut adopté à l'unanimité des membres du comité directeur à l'exception d'un seul : Jacques Delors préféra démissionner du comité directeur que de voter le texte. Il appartenait pourtant au courant Mitterrand dont on voit à quel point il méritait peu l'appellation de « première gauche » dont les médias l'affublaient. Jacques Delors démissionna du comité directeur mais il ne démissionna pas du parti. Il réapparaîtrait, en mai 1981, au poste de ministre de l'Économie et des Finances…

Le Projet socialiste adopté par le Parti socialiste ne posait pas moins un acte fort. Il baliserait le chemin et les écarts qui seraient pris en pratique par rapport à la carte. J'avançais ainsi les yeux ouverts au-devant des orages que je devinais à l'horizon. Il n'y avait pas d'autre choix. Certes, le ciel s'assombrissait avec la venue au pouvoir de Mme Thatcher en Grande-Bretagne et de Ronald Reagan aux États-Unis. Khomeiny en Iran et les moudjahidines afghans faisaient émerger un nouvel environnement géostratégique. Entre l'Irak et l'Iran, la guerre venait d'éclater. La France soutenait l'Irak.

J'étais loin de me douter alors que, dix ans plus tard, les États-Unis briseraient eux-mêmes l'échine de l'Irak laïque, ouvrant ainsi la voie à l'islamisme radical dans le monde sunnite. Et je me doutais encore moins de l'implosion finale de l'Union soviétique. Quelles que fussent les circonstances dans lesquelles il allait s'engager, le combat était là. Il fallait le livrer en mobilisant toute son intelligence et tout son courage, sans esprit de retour. Tout combat aussi bien n'a-t-il pas sa part d'imprévu ?

---

1. Serge Halimi, *Quand la gauche essayait : les leçons de l'exercice du pouvoir, 1924, 1936, 1944, 1981*, Arléa, 2000.

François Mitterrand, de son côté, se préparait au grand affronte-ment. C'était l'été 1980. Il m'avait invité à venir le voir à Latche. Nous bavardions, assis au seuil de la bibliothèque qui lui servait aussi de bureau, quand nous vîmes surgir de la forêt, à deux ou trois cents mètres de là, trois formes humaines vêtues d'un uniforme noir. Ces étranges randonneurs se dirigeaient vers nous. Ils portaient au revers de leur veste un insigne rouge indéchiffrable. Au fur et à mesure qu'ils se rapprochaient, nous reconnûmes des Asiatiques. Celui qui paraissait être leur chef demanda dans un mauvais fran-çais : «Nous cherchons la maison de François Mitterrand. — Mais vous êtes chez François Mitterrand», lui dis-je. L'homme des bois sortit alors une lettre et nous déclara, solennel : «Je suis chargé par notre Leader suprême [Kim Il-sung] de remettre cette lettre d'invi-tation à François Mitterrand personnellement. — C'est chose faite», répondit François Mitterrand qui leur demanda comment ils avaient fait pour se retrouver à Latche en passant par la forêt. «Je suis allé à Paris, répondit l'envoyé spécial, au siège du Parti socialiste. De là, on m'a envoyé à Château-Chinon, mais là on m'a expliqué que François Mitterrand passait ses vacances du côté de Biarritz. Il a été difficile de trouver un chemin de fer. C'est pourquoi nous avons pris beaucoup de retard... — Et à Biarritz?» demanda François Mitterrand qui pouffait de rire. Nous reconnaissions en effet une médaille à l'effigie de Kim Il-sung et le drapeau rouge en métal, accrochés à la boutonnière. «Eh bien, on nous a conseillé d'aller à Hossegor et à Hossegor on nous a dit que ce n'était pas là : il fallait marcher encore quelques kilomètres plus au nord, jusqu'à Latche, un hameau en bordure de la forêt...»

C'est ainsi que les trois envoyés du Cher Leader, en remontant la forêt, avaient fini par tomber sur la bergerie de François Mitterrand.

Celui-ci ouvrit la lettre : c'était une invitation en bonne et due forme faite par Kim Il-sung au premier secrétaire du Parti socia-liste de venir à Pyongyang. François Mitterrand répondit tout de suite qu'il ne manquerait pas d'honorer l'invitation. Et effective-ment, alors qu'il devait se rendre en Chine au mois de février 1981, il fit un crochet par la Corée du Nord. La Chine de Deng Xiaoping intriguait, tout comme la portée de son opposition à l'URSS. Un voyage en Chine et un passage par la Corée du Nord du candidat socialiste à l'élection présidentielle ne pouvaient que faire rêver l'opinion. Ce voyage constituait un signe d'indépendance, plus vis-à-vis de Moscou d'ailleurs que de Washington. Un crochet par la Corée du Nord, alors vue comme un protectorat de la Chine, ne mangeait pas de pain politiquement. Ce crochet par le «royaume ermite» pimenterait le voyage d'une touche de mystère et d'exotisme. François Mitterrand pensait-il que la France, un jour, pourrait favoriser la réunification des deux Corées? «On ne conduit les hommes que par les rêves.» Mitterrand connaissait sûrement cette pensée de Napoléon. Ce voyage imprévu et bizarre ajouterait une touche supplémentaire à l'image tiers-mondiste du candidat et contribuerait à camper son personnage hors norme.

Au début de l'automne 1980, Michel Rocard, de sa mairie de Conflans-Sainte-Honorine, fit acte de candidature. Les sondages lui étaient très favorables mais sa prestation ne convainquit guère. N'importe, la machine médiatique se mit en route. François Mitterrand allait-il braver les sondages et se lancer dans une compétition devant les militants qui pouvait paraître humiliante? Si c'était pour conduire une troisième fois la gauche à la défaite, il y avait de quoi hésiter…

Jean Riboud, patron de Schlumberger et ami de François Mitterrand, m'a confié lui avoir dit alors : «Si vous êtes un homme, vous devez y aller!» Pour ma part je ne crois guère que François Mitterrand ait jamais hésité. Deux semaines plus tard, en novembre 1980, il fit connaître son intention de se porter candidat devant le prochain congrès qui devait se tenir à Créteil en janvier 1981.

Rocard savait qu'il était minoritaire dans le parti. Il était trop intelligent pour ne pas voir que les sondages qui lui étaient favorables additionnaient à ses partisans sincères des électeurs de droite ou du centre qui, le jour de l'élection, ne voteraient pas pour lui. Il se refusa à la confrontation et retira sa candidature. Il manqua ainsi l'unique occasion où il aurait pu être candidat en faisant reculer Mitterrand. Après, il était trop tard : en 1988, il aurait dû affronter le président sortant et aurait encore plus fait figure de diviseur. En 1995, son médiocre score aux élections européennes de l'année précédente (14 %) lui a coupé les ailes. Être candidat à l'élection présidentielle réclame toujours une certaine détermination. Je ne soutiens pas que le courage a manqué à Michel Rocard. Sa défaite au congrès de Metz, en 1979, a certainement pesé lourd dans sa décision de retrait. Il savait qu'il n'aurait pas le parti pour lui. Rallié au parti d'Épinay, il n'avait jamais conquis sa légitimité sur François Mitterrand, faute d'avoir engagé assez tôt et avec assez de force, devant les militants et devant l'opinion, le débat d'idées qu'il était censé porter, sauf à Metz, mais il était trop tard pour lui.

Ainsi sombra avec sa candidature le vaisseau fantôme de la deuxième gauche. Celle-ci n'a pas combattu[1]. Ni avant 1981 ni après. Elle a salué comme son propre triomphe le ralliement du Parti socialiste au néolibéralisme ambiant à partir de 1983. C'est Jacques Delors, comme ministre de l'Économie et des Finances, puis comme président de la Commission européenne, qui a fait le travail. Faut-il le décrire comme un homme de la deuxième gauche, tapi au sein de la première ? En aucun cas : il faut rendre cette justice à Jacques Delors qu'il n'a jamais dissimulé ses opinions : il jouait la carte Mitterrand, mais sans rien renier de ses convictions démocrates-chrétiennes et sociales-libérales. Ce n'est pas la deuxième gauche, c'est Delors qui a ouvert la fameuse «parenthèse libérale» de 1983. Michel Rocard n'a démissionné du gouvernement, en 1985, que pour préparer son éventuelle candidature à la présidentielle de 1988.

La deuxième gauche se flattait d'avoir été anticolonialiste au temps de la guerre d'Algérie, oubliant que c'était de Gaulle, en définitive, qui y avait mis fin. Je n'ai pas le souvenir que pendant la crise et la guerre du Golfe (1990-1991), la deuxième gauche se soit beaucoup manifestée. C'était pourtant la revanche de la guerre du Vietnam, aux dires mêmes du président Bush père. Quelques semaines avant que ne «parlent les armes», Michel Rocard, au banc des ministres, à l'Assemblée nationale, m'avait glissé à l'oreille : «J'espère que les Américains ne vont pas nous entraîner dans cette connerie...» Cela ne l'empêcha pas de demander à la tribune de l'Assemblée nationale, le 15 janvier 1991, l'autorisation du Parlement d'engager le surlendemain nos forces au sein de la coalition.

---

1. À l'exception peut-être de Jean-Pierre Cot au ministère de la Coopération.

Aujourd'hui, Pierre Rosanvallon peut bien passer en revue «les explorations» et «les ressources» qui furent celles de la deuxième gauche[1] dans les années 1970. Il doit en convenir lui-même : l'arsenal était mouillé…

La victoire de François Mitterrand, le 10 mai 1981, a été le fruit à la fois de son exceptionnelle ténacité et de son habileté. Il a su, seize ans durant, faire fructifier son capital, à partir de la position de candidat unique de la gauche qui ne lui avait été concédée par les Partis communiste et socialiste qu'à titre précaire, pour passer le cap de l'élection présidentielle de 1965. Il avait su faire sa pelote, malgré mille traverses, en évitant les pièges et en faisant mordre la poussière au seul rival que l'establishment avait été capable de lui susciter. Au lendemain du congrès de Créteil (janvier 1981) qui introuisa François Mitterrand comme notre candidat, je demandai à Nicole Questiaux et à Jacques Fournier, éminents membres du Conseil d'État et aussi bien orientés que possible, de constituer le groupe dit de «l'après dix mai». Ils préparèrent pour Pierre Bérégovoy et Jacques Attali que François Mitterrand désigna, au lendemain du 10 mai, comme «antenne présidentielle», le train de mesures, notamment sociales, qui seraient prises entre la présidentielle et les législatives et qui contribuèrent au succès de ces dernières.

La campagne fut courte mais intense. Elle concluait une longue chevauchée. Dans l'avion qui, de Nantes à Mulhouse, emportait pour les derniers meetings le candidat et l'état-major du parti, François Mitterrand convia à voix haute Pierre Mauroy à venir s'asseoir à côté de lui. Pierre, rougissant, comprit que ce n'était pas seulement un signe d'absolution pour son écart de Metz. C'était le chemin de Matignon qui s'ouvrait. À Mulhouse où nous arrivâmes à la nuit tombée, l'enthousiasme était énorme. Jean-Marie Bockel était transporté : la petite phalange du CERES avait fait lever en quelques années, dans cette Alsace rétive au socialisme, une armée de militants qui était devenue une foule immense. C'était du délire !

---

1. Pierre Rosanvallon, *Notre histoire intellectuelle et politique, op. cit.*, p. 56-78.

La victoire de François Mitterrand a été le résultat à la fois d'un flux – la dynamique de l'Union de la gauche – et d'un ressac : la moindre mobilisation de la droite en faveur de son candidat, auquel contribuaient, au premier tour, le médiocre score de Georges Marchais et la rivalité ouverte de Jacques Chirac et de Valéry Giscard d'Estaing. Le dimanche 10 mai, en fin d'après-midi, la plupart des secrétaires nationaux du parti se retrouvèrent à son siège, rue de Solférino. C'est là que nous apprîmes, par des sondages effectués à la sortie des urnes, la victoire de notre candidat. Je n'en fus pas surpris. C'était le résultat pour Mitterrand de vingt-trois ans de combat dans l'opposition, et pour les plus anciens du CERES la récompense de seize ans de militantisme. Il fallait bondir aussitôt vers les plateaux de télévision. Je n'arrivai qu'à minuit place de la Bastille où Paul Quilès avait planté ses tentes et convié militants et sympathisants. Un gros orage creva. Avisant une voiture que conduisait un jeune banlieusard, torse nu, je lui demandai, pour ma femme et pour moi-même, l'asile de son véhicule. « Seulement si vous me dites pour qui vous avez voté ! me cria-t-il. — Mitterrand, bien sûr ! lui rétorquai-je. Et vous ? lui demandai-je une fois mis à l'abri. — Moi je ne suis pas inscrit ! » répondit notre hospitalier conducteur. Je vis dans cette réponse plus qu'un signe de la fermeté qu'il fallait attendre du soutien populaire…

L'entrée de quatre ministres communistes au gouvernement, au lendemain des élections législatives de juin 1981, fut le modeste prix que François Mitterrand acquitta pour le concours que le Parti communiste lui avait apporté, *volens nolens*, depuis 1965. Certes les États-Unis froncèrent les sourcils. Le président Reagan envoya à Paris son vice-président, George Bush père, pour exprimer sa préoccupation. Mais dans l'immédiat, il ne se passa rien… On verra dans de prochains chapitres comment la France, en catimini, finira par rentrer dans le rang… Pour le moment, nous savourions notre victoire.

À celle-ci, j'avais le sentiment d'avoir contribué de façon décisive à Épinay et à Metz, et bien entendu, en ayant mouillé ma chemise pendant un peu plus de seize ans. Cette victoire était celle de François Mitterrand mais elle était aussi un peu la nôtre, celle des militants. Vingt-cinq députés étiquetés CERES vinrent rejoindre sur les bancs de l'Assemblée nationale le petit brelan des élus de 1973 et 1978. De cette victoire, je me sentais comptable vis-à-vis de tous ceux qui nous avaient fait confiance depuis Épinay. C'est pourquoi je l'accueillis avec bonheur, mais aussi, au fond de moi, avec gravité. Plus que jamais, je sentais peser sur mes épaules le poids des choix, de prime abord risqués, que j'avais pris sur moi d'opérer. Cette alternance historique, quelles avancées permettrait-elle et quel en serait finalement le destin ? L'écho mondial qu'elle rencontra immédiatement et le style flamboyant du discours d'intronisation du nouveau président, où je reconnaissais la patte de mon ami Régis, constituaient un bon départ.

Deux jours après son élection, François Mitterrand me fit venir rue de Bièvre. Il me demanda tout de go quel ministère m'intéressait. Je n'y avais pas véritablement réfléchi en termes stratégiques. Au fond de moi, il n'y avait que le désir de servir du mieux que je le pourrais à la réussite collective. Je hasardai donc une réponse qui correspondait à ce que je savais faire : « Je ne connais bien que les problèmes de l'énergie, lui dis-je, et aussi ceux de la recherche, dont je suis rapporteur du budget. » Mitterrand leva sur moi un sourcil vaguement dédaigneux. Il s'attendait visiblement à ce que je lui demande l'Économie ou les Affaires étrangères, et m'aurait offert sans barguigner, je crois, l'Éducation nationale. Rétrospectivement, bien m'en a pris de ne rien exiger, car j'eusse été embringué dans la querelle du GSPULEN, qui n'était pas la mienne. Et déjà, dans l'esprit de Mitterrand, Rivoli c'était pour Delors et les Relations extérieures pour Cheysson. Je n'appris que plus tard ce qu'il fallait à un ministre : non pas la connaissance précise des dossiers et des arcanes de son ministère, mais le coup d'œil politique qui lui permettait, à un moment donné, de savoir qu'en faire.

J'obtins simplement un accord de principe pour que tous les budgets des grands organismes fussent placés sous la tutelle du nouveau ministère de la Recherche et de la Technologie. François Mitterrand m'offrit en prime le titre de « ministre d'État » qui revenait aux chefs de file des principales composantes de la majorité. Nicole Questiaux, qui partageait ma sensibilité aux Affaires sociales et Michel Jobert que Mitterrand, sur ma suggestion, avait fait entrer au gouvernement (il fallait bien un gaulliste de gauche!) rejoignirent au même rang Defferre et Rocard. Le quintette devint sextuor, quand Charles Fiterman, après les élections législatives de juin, fut nommé à son tour ministre d'État.

La situation, pour moi, n'était pas si mauvaise. François Mitterrand fit de la recherche et de la culture deux priorités budgétaires emblématiques. Je fis approuver, dès le 6 juillet, le lancement d'un Colloque national sur la recherche et le développement technologique qui se tint d'octobre 1981 à janvier 1982 et déboucha sur une loi d'orientation et de programmation de la recherche, six mois plus tard. L'hôtel de Clermont m'était dévolu. Mon rang de ministre d'État me permettait enfin d'intervenir sur les grands dossiers. J'avais tout pour exercer une magistrature d'influence au sein du gouvernement.

L'essentiel était de préserver ma relation avec François Mitterrand. C'est ainsi que j'opérai spontanément ma conversion républicaine. Je me sentais à l'aise dans mes habits de ministre. Je me suis complètement investi dans mon domaine. La loi d'orientation et de programmation de la recherche fut promulguée moins d'un an après. Je n'avais pas perdu de temps! Le Colloque national décentralisé dans les régions suscita un élan qui allait bien au-delà de la gauche.

Quarante mille personnes – chercheurs, enseignants-chercheurs, chefs d'entreprise, syndicalistes – participèrent aux trente et une Assises régionales que j'organisai dans toutes les grandes villes universitaires et en outre-mer. Le succès du colloque dut beaucoup à son rapporteur général, Philippe Lazar, à François Gros, conseiller à la Recherche après du Premier ministre et, partout, à de brillantes équipes superbement motivées. Je reviendrai plus loin sur la loi d'orientation et de programmation de la recherche qui ouvrit, pour celle-ci, de 1982 à 1991, une décennie dorée.

En quelques mois, la presse de droite me fit apparaître comme une sorte d'hybride jusque-là non répertorié, un «gaullo-marxiste» qui, sous un jargon «de gauche», servait l'intérêt national. Cette image, au demeurant conforme à la réalité, me convenait. Elle me permettait de faire un travail sérieux, sans faire de vagues inutiles.

189

J'étais résolu dès le départ à mettre en œuvre une stratégie de large rassemblement, la seule qui nous permettrait de réussir, réservant aux réunions internes du gouvernement l'occasion de marquer mes orientations et à mes rencontres en tête à tête avec François Mitterrand l'expression de ma pensée profonde. Jacques Attali devait s'en douter. Comme il fallait traverser son bureau pour avoir accès à celui du Président, il m'assaillait de questions après chaque entretien…

Mon souci principal était celui de la cohérence de l'action gouvernementale. Je devais d'abord en donner l'exemple en m'abstenant de toute surenchère publique. Ainsi, quand Jacques Delors demanda, en octobre 1981, qu'on fît «une pause dans l'annonce des réformes», j'insistai sur le fait qu'il ne s'agissait pas d'une pause dans les réformes, mais simplement dans leur annonce. Je n'en pensais évidemment pas moins… De même au congrès de Valence (avril 1982) fis-je à la tribune l'éloge du «godillot» pour couper court aux surenchères des fidèles de François Mitterrand qui, croyant avoir deviné sa pensée, l'interprétaient avec de gros sabots. Il n'était pas simple de faire marcher du même pas le parti et le gouvernement. En fait, je comptais seulement sur François Mitterrand, principal comptable de la trace qu'il laisserait dans l'Histoire. Y avait-il, dans les institutions de la Ve République, une autre stratégie raisonnable ?

7

Belfort, citadelle républicaine

Enfant du Haut-Doubs, je ne connaissais pas vraiment ma ville natale quand, à la veille de la signature du Programme commun, je décidai de me présenter au suffrage des militants d'abord, des électeurs ensuite. Je ne doutais pas que ma désignation par les premiers ne serait qu'une formalité. Grossière erreur ! En fait, j'ignorais tout de l'histoire politique et électorale du Territoire de Belfort. Morceau du Haut-Rhin que le traité de Francfort (1871) avait conservé à la France, cet arrondissement, devenu département en 1922, avait connu une industrialisation rapide avec l'arrivée des usines alsaciennes désireuses de conserver leurs débouchés en France, au lendemain de la guerre. Société alsacienne de constructions mécaniques, devenue Alsthom qui construisit à Belfort sa première locomotive en 1878, usines textiles (Dollfus-Mieg, Koechlin, Dollfus-Noack, etc.). Le flot des «optants» (on appelait ainsi les Alsaciens qui «optaient» pour la nationalité française au lendemain du traité de Francfort, puis des ouvriers venus soit d'Alsace, soit des départements voisins, francs-comtois et vosgien) gonfla vite la population : de huit mille habitants en 1871, la ville passa à quarante mille à la veille de la Grande Guerre.

Belfort juxtaposa ainsi à la vieille ville alsacienne un nouveau centre-ville haussmannien campant une petite capitale française face à la nouvelle frontière, et des faubourgs ouvriers s'allongeant entre la Savoureuse descendue du ballon d'Alsace et la ligne de chemin de fer Paris-Mulhouse au long de laquelle s'étaient installées les usines. Là vivaient les «classes dangereuses» : c'était «le faubourg des Coups-de-Trique» qu'a nostalgiquement décrit

Alain Gerber. Plus tard, au lendemain de la Première Guerre mondiale, vinrent s'ajouter des cités ouvrières : la Pépinière, le Mont puis, après 1945, deux grands quartiers d'habitat social : les Résidences et les Glacis. L'ensemble était dominé par le Lion, deuxième sculpture monumentale de Bartholdi après la statue de la Liberté, accroché à la puissante forteresse édifiée par Vauban puis Haxo pour verrouiller la porte d'Alsace. Au fil du temps les Belfortains avaient fini par s'identifier à leur Lion : « Nous sommes des lions ! » était devenu le slogan préféré des « Alsthom » en grève, à l'automne 1979, que François Mitterrand – je revois la scène – était venu conforter, à la nuit tombante, autour d'un brasero…

Je ne serais pas complet si je ne mentionnais pas la proximité d'un autre lion, le lion Peugeot, cousin du lion de Franche-Comté, dont les usines de Sochaux ne sont distantes que d'une quinzaine de kilomètres vers le sud. Certes, c'était un autre monde, celui des industriels protestants, mais à l'époque il y avait quarante mille employés à Sochaux et c'était le premier employeur du Territoire de Belfort.

Contrairement à mon intuition initiale, le socialisme ne s'était développé que difficilement dans ce rude pays, marqué à Belfort d'une forte empreinte catholique et, en regard, d'une vigoureuse tradition anticléricale. Les radicaux avaient conquis l'hégémonie de la gauche républicaine à la fin du XIXᵉ siècle et n'avaient rien concédé à la SFIO, elle-même bientôt talonnée par un petit Parti communiste pugnace.

C'est ainsi que Pierre Dreyfus-Schmidt, maire en 1936, l'était resté jusqu'en 1964, en alternance avec son premier adjoint Alfred Metzger. Celui-ci devenait maire quand le premier était élu député, avec l'appoint des voix communistes, car, au plan national, Pierre Dreyfus-Schmidt, à la tête de l'Union progressiste, était un des compagnons de route notoires du Parti communiste. Aux municipales, tout le monde, des gaullistes aux communistes, s'entendait pour faire une liste unique à la proportionnelle des sensibilités politiques, derrière Pierre Dreyfus-Schmidt. Il fallait beaucoup de talent pour réussir cette martingale : député d'extrême gauche à Paris, le maire représentait, à Belfort, l'extrême centre. Le système se grippa à la mort de Pierre Dreyfus-Schmidt. La droite UDR, avec Jean-Marie Bailly, secrétaire d'État au Budget sous Pompidou, l'emporta non seulement aux législatives de 1968 dans les deux circonscriptions, mais également aux municipales de 1971, où la gauche se divisa. Auparavant, la droite belfortaine avait déjà fait tomber le conseil général dans son escarcelle. À l'automne 1971, elle rafla enfin le poste de sénateur. Bref, la gauche qui détenait toutes les positions dans le Territoire de Belfort les avait toutes perdues quand la fédération socialiste se tourna vers le CERES à Épinay et m'offrit ensuite d'être candidat à la députation.

Je m'aperçus vite que, contrairement à mes attentes, j'avais un rival en la personne de Michel Dreyfus-Schmidt, fils de l'ancien maire dont je m'avisai tardivement qu'il avait été élu député de 1967 à 1968, sous l'étiquette de la CIR[1]. Battu en 1968, il avait alors rejoint le nouveau Parti socialiste d'Alain Savary. François Mitterrand le considérait comme un soldat égaré sinon perdu – car aux yeux de Mitterrand personne n'était jamais complètement ni définitivement perdu. Le premier secrétaire ne m'avait donc pas dissuadé d'aller tenter ma chance à Belfort mais il ne m'y avait pas encouragé non plus. De Paris, je n'avais pas vu la rivalité qui perdurait entre les héritiers de la tradition radicale (Michel Dreyfus-Schmidt) et ceux de la tradition socialiste (Émile Géhant, dit « Milo », ancien déporté, et lui-même fils de l'ancien premier adjoint SFIO de Pierre Dreyfus-Schmidt, également prénommé Émile).

La liste conduite par Milo et sur laquelle figurait Michel Dreyfus-Schmidt avait été défaite aux municipales de 1971, du fait d'une liste de gauche dissidente, conduite par le Parti communiste mais sur laquelle se trouvaient aussi des syndicalistes et des professionnels issus des milieux chrétiens de gauche formés à la JOC (Jeunesse ouvrière chrétienne) ou à l'Action catholique ouvrière (ACO). Le mystère de mon parachutage à Belfort s'éclaircit alors à mes yeux. On n'avait fait appel à moi que pour réparer la porcelaine. Bien plus, c'était la SFIO locale avec, à sa tête, Milo, personnage haut en couleur, qui avait souhaité ma venue pour contrer l'ancien Parti radical et son héritier, Michel, auquel l'opposait un

---

1. Convention des institutions républicains.

contentieux plus vieux que le siècle. Heureusement je trouvai l'appui de syndicalistes de tous bords (CFDT, CGT, FEN) séduits par le CERES pour venir renforcer ma main. Milo était avoué de profession. C'est dans son étude que j'établis mon quartier général. Son épouse Yolande, femme magnifique à tous égards, nous régalait de petits plats alsaciens dont elle avait le secret. Il s'opéra alors une très curieuse alchimie entre anciens de la SFIO, souvent francs-maçons, comme l'était Émile Géhant fils que tout le monde appelait «Bichet», et militants de l'Action catholique ouvrière, inscrits à la CFDT, cégétistes non encartés au Parti communiste, sympathisants de gauche qui se tenaient jusque-là à l'écart des partis. C'était le miracle d'Épinay et un peu aussi l'effet de mon parachutage, car, en à peine un an depuis Épinay, la presse nationale avait déjà largement contribué à ma notoriété. Mais sans l'action persévérante d'une part des francs-maçons et de l'autre des prêtres ouvriers immergés dans les masses depuis de longues années, aurais-je trouvé le sol fertile duquel jaillirait tant de dévouement? Gilbert Walter, ancien «malgré nous», syndiqué à la CFDT, et sa femme infirmière à l'hôpital, Gilberte Marin-Moskovitz, secrétaire administrative du comité d'entreprise Alsthom, Pierre Droz, président des artisans cordonniers, Pierre Meister, syndicaliste CGT influent, puisaient leurs racines dans la gauche chrétienne; Joseph Bader m'apportait le renfort des militants de Châtenois-les-Forges davantage marqués par la tradition Peugeot. Mais j'avais également le soutien des socialistes de tradition laïque : à côté de Bichet, Jacky Ravioli, Marc Dreyfus, Claude Hann, secrétaire de la FOL (Fédération des œuvres laïques); Lucien Couqueberg, médecin des quartiers ouvriers et lui-même fils de mineur, mais aussi David Angel, Maurice Altmann, Joël Urbajtel qui refusaient de se laisser embrigader par Michel Dreyfus-Schmidt au nom d'une appartenance communautaire et faisaient passer avant toute autre chose leurs options politiques et idéologiques. Comment ne pas évoquer avec émotion la figure d'Ernest Bonneff, marchand de chevaux à Foussemagne, «le seul village qui ait une synagogue mais qui n'ait pas d'église», et qui me couva paternellement jusqu'à m'offrir le lendemain de mon élection, sachant que ma femme était psychologue, les œuvres de Bruno Bettelheim?

Dans le mois qui précéda la désignation, le nombre d'adhérents crût de manière exponentielle car, en face de moi, Michel Dreyfus-Schmidt avait battu aussi le rappel de ses réseaux qui excédaient largement les contours de la sensibilité radicale. C'étaient pour l'essentiel la petite bourgeoisie commerçante et les employés municipaux qu'il avait connus quand il était adjoint aux Sports, avant que la droite ne s'empare de la ville. L'effectif des adhérents à la fédération socialiste départementale grimpa à plus de mille adhérents à la veille de la désignation du candidat, mais je ne battis Michel Dreyfus-Schmidt que d'une courte tête : une dizaine de voix. Il n'en fallut pas plus pour que le comité directeur du PS, réuni au lendemain de la signature du Programme commun, subordonnât la ratification de ma candidature à un nouveau vote dit « de vérification ». C'est dire combien mes services, au plan national, furent payés de retour par l'instance dirigeante du parti !

J'étais dégoûté des ragots et des calomnies que Michel Dreyfus-Schmidt, en avocat procédurier qu'il était, avait collectés pour étayer son dossier et faire reporter à la fin de l'été la désignation du candidat. J'avais complètement sous-estimé la réaction d'un homme qui se sentait exproprié d'une circonscription qu'il considérait comme un apanage héréditaire. Écœuré, et bien que ma position personnelle fût très précaire (mon Administration voulait m'envoyer à New York !), j'offris à Michel Dreyfus-Schmidt de me désister pour un tiers candidat : soit Marie-Thérèse Eyquem, qu'il avait connue à la Convention des institutions républicaines, soit Gilles Martinet qui venait de lâcher le PSU pour rallier le PS, à travers le CERES. Mais chez Michel, l'instinct du propriétaire était le plus fort : il refusa ma proposition. Une nouvelle désignation eut donc lieu en septembre 1972. Une commission était venue de Paris avec Georges Fillioud et Gérard Jacquet pour vérifier la régularité des opérations. Je creusai l'écart à deux douzaines de voix. La partie n'était pas gagnée pour autant. Je dois dire que Michel Dreyfus-Schmidt respecta le vote des militants. Ceux-ci m'adoptèrent vite comme un totem. Plus tard, en 1980, je n'empêchai pas la désignation de Michel Dreyfus-Schmidt comme sénateur. Il le resta jusqu'en 2008.

J'étais vraiment consacré comme le candidat des « Alsthomiens » et des « Bullistes » : Alsthom faisait alors travailler à Belfort plus de sept mille personnes et Honeywell-Bull environ deux mille. La conjonction dont j'avais jadis rêvé fonctionnait ! Je me sentais à la fois tout petit et gonflé à bloc devant ces salles pleines à craquer d'ouvrières et d'ouvriers, mais aussi d'ingénieurs, curieux de connaître les perspectives que le Programme commun de la gauche leur offrait. Je m'efforçais d'être pédagogue, mais je me sentais lié par mes propos à ces foules qui, j'en avais l'intuition, étaient prêtes à me faire confiance. De cette époque date le lien de fidélité qui, pendant plus de quarante ans et jusqu'à aujourd'hui, m'attache encore à eux. J'ai suivi minutieusement depuis lors les dossiers les plus techniques. Et combien n'ai-je pas été payé de retour par une confiance qui venait du cœur ! Il me fallait faire campagne : un jeune journaliste de *L'Est républicain*, géant blond du Haut-Doubs, au verbe haut, m'y aida puissamment. Gabriel Goguillot veillait, en dehors de ses heures de travail, sur mes publications. Gaby avait une plume extraordinaire. C'était l'être le plus spirituel de la terre. Jamais personne ne m'a fait autant rire. Formé chez les jésuites mais renvoyé de tous leurs établissements, Gaby joignait à sa vaste culture, un coup d'œil incomparable. Il connaissait tout le monde dans le Territoire de Belfort. Quelle chance j'ai eue de le rencontrer ! Gaby devint ensuite à la mairie mon directeur de cabinet. En 1973, je devins le parrain de son premier fils, Julien, et sa fille Helga devint ensuite conseillère municipale de Belfort.

En février 1973, François Mitterrand vint à Belfort m'apporter son soutien, avec en prime un spectacle de Míkis Theodorákis dont la voix puissante et entraînante retentit bien au-delà des marches de la Maison du peuple, où se pressait une foule immense. Un souffle épique soulevait le Territoire de Belfort.

En mars 1973, je fus élu député dans la 2ᵉ circonscription du Territoire de Belfort. En prime, le Parti socialiste emporta la 1ʳᵉ circonscription, qui jusqu'alors avait toujours voté à droite. Le vent avait soufflé très fort ! C'est ainsi qu'un jeune et brillant avocat, Raymond Forni, fut lui aussi élu député. Nos relations commencèrent sous d'heureux auspices. En 1981, l'arithmétique parlementaire voulait qu'une présidence de commission revînt au CERES. Je choisis Raymond Forni plutôt que Jean-Pierre Michel, député de la Haute-Saône qui en aurait eu aussi les qualités pour présider la commission des Lois. À moins de quarante ans, c'était un beau début de carrière !

Mon élection comme député du Territoire de Belfort eut l'avantage de convaincre ma femme que j'avais enfin acquis une situation stable. Elle mit en route notre premier fils, Raphaël, qu'un second, Jean-Christophe, suivit d'à peine un an. Ce sont de beaux garçons, presque des jumeaux. J'en suis fier. Ma femme se trompait cependant sur un point : député n'est pas un métier, c'est un mandat. Et ce n'est pas un emploi stable : il faut être réélu ! La chance a voulu que je l'aie été à huit reprises (1978-1981-1986-1988-1991-1993-1997-2000). Cette fidélité n'était pas acquise. D'autant que j'ai démissionné trois fois en cours de mandat. Il fallait le faire ! À l'époque, le député ne retrouvait son siège que si son suppléant démissionnait et à condition d'être réélu. Ce mécanisme avait été inventé en 1958 pour assurer la discipline des ministres et la cohésion des gouvernements. Il n'a été supprimé que récemment : désormais les ministres démissionnaires, quand ils sont parlementaires, sont assurés de retrouver leur siège.

La fidélité de mes électeurs a été redoublée par mon élection comme maire de Belfort de 1983 à 1997, puis à nouveau de 2001 à 2007. De 1997 à 2001, Lionel Jospin ayant imposé le non-cumul d'un exécutif local à ses ministres, je suis redevenu premier adjoint comme je l'avais été déjà de 1977 à 1983. À l'époque, partisan du non-cumul, comme c'était déjà la mode à cette époque-là, j'avais négligé le conseil général et laissé la mairie à Milo qui réalisait là le rêve de sa vie. J'ai assez vite compris que le non-cumul était une position théorique qui ne tenait pas compte de la nécessité, pour tout parlementaire, d'être assez investi dans la vie locale pour donner de la chair à son mandat national. Au surplus, dans le Territoire de Belfort, grand comme un mouchoir de poche, les grands élus se marchent sur les pieds : deux députés, un sénateur, un président de conseil général et le maire de Belfort président depuis sa création, en 2000, de la communauté d'agglomération : il fallait mettre un peu d'ordre dans ce « Schmilblick », expression locale que tout le monde comprendra.

L'expérience m'a vite convaincu de la nécessité de devenir maire de Belfort pour conduire des projets à longue portée et assurer la cohésion de l'ensemble. Une permanence parlementaire telle que je l'ai tenue assidûment pendant les premières années de mon mandat, de 1973 à 1981, ne suffit pas à établir le contact avec l'électeur. Si utile qu'il soit d'écouter les demandes et les doléances des uns et des autres, ne serait-ce que pour voir à travers leurs yeux et comprendre comment raisonnent nos concitoyens, j'ai vite été convaincu qu'un député, surtout dans l'opposition, ne pouvait se rendre utile à travers le seul travail législatif. Les règles de la Ve République, les immenses pouvoirs transférés aux institutions européennes, la prolifération des autorités administratives indépendantes, le développement exponentiel des jurisprudences nationales (Cour de cassation, Conseil d'État, Conseil constitutionnel) ou européennes (Cour européenne des droits de l'homme, Cour de justice de l'Union européenne) et enfin l'instauration du quinquennat ont fini par réduire comme peau de chagrin le domaine de la loi et les pouvoirs du Parlement. L'expérience parlementaire me convainquit assez vite que là était la cause principale de la crise de la démocratie et de l'abandon de l'idéal républicain de l'autogouvernement. Comment remédier à cette crise de la démocratie représentative ?

Le Parlement reste à coup sûr le vivier dans lequel la République doit continuer à puiser ses serviteurs. Je n'entends nullement participer au discrédit orchestré du politique. La solution doit être principalement cherchée dans l'investissement direct du Parlement national dans les affaires européennes. Car c'est dans le Parlement national que bat le cœur vivant de la démocratie. Le quinquennat s'est révélé, à l'usage, selon moi, une mauvaise réforme, cadenassant excessivement l'expression du suffrage universel. De même, la possibilité, pour les députés, d'exercer en sus de leur mandat national un mandat exécutif au niveau local (à l'exclusion des grandes villes et agglomérations, des départements et des régions) rendrait de la chair au premier. La fonction de maire est celle qui permet le plus d'appréhender le concret de la vie de nos concitoyens. Il n'y a guère de domaines dans lesquels l'action d'un maire, directement ou indirectement, n'entre pas. Enseignement, culture, sports, logement, aides sociales, crèches, urbanisme et environnement, sécurité et citoyenneté : il n'y a pas meilleure école

198

pour connaître les préoccupations quotidiennes des Français et pour comprendre la France.

J'ai été pendant plus de vingt ans maire de Belfort, à égalité avec Charles Schneider (1894-1914), le grand maire radical du début du XXe siècle, mais j'ai été en fait plus de trente ans, soit maire, soit premier adjoint, c'est-à-dire à même de conduire les affaires de la ville ou de peser fortement sur elles. Si on ajoute les six années que j'ai passées au Sénat de 2008 à 2014, j'aurai été quarante et un ans élu du Territoire de Belfort. Je ne rougis pas de cette longévité exceptionnelle non seulement parce qu'elle est faite de la confiance des électeurs mais surtout parce qu'elle a été la condition de mon efficacité dans le long terme. Belfort a toujours souffert de l'exiguïté de son territoire, de sa géographie de couloir entre Vosges et Jura, de son éloignement par rapport à la capitale régionale (hier Besançon à cent kilomètres et aujourd'hui Dijon à deux cents !) et même par rapport à Paris où on ne la connaît que par ses usines, et bien sûr d'abord par Alstom, devenu en partie depuis 2014 General Electric. Belfort, enfin, a longtemps pâti de la faiblesse de son enseignement supérieur : c'est en 1962 seulement qu'a été fondée une petite mais performante école d'ingénieurs de production : l'ENIB, et en 1968, l'IUT. C'était quand même très insuffisant pour la ville-centre d'une agglomération de trois cent mille habitants !

La longévité dont m'ont gratifié les électeurs m'a servi à faire de ces handicaps des atouts. Je ne dirais pas que les responsabilités gouvernementales qui m'ont été confiées ne m'ont pas servi à donner aux Belfortains ce qui leur avait été si longtemps refusé mais encore fallait-il avoir pensé le développement à long terme d'une ville et de sa région. Il fallait ensuite rassembler les parties prenantes et batailler ferme à longueur d'année, voire de décennie, pour éviter les remises en cause.

J'ai eu la chance de rencontrer à Belfort un noyau d'hommes et de femmes exceptionnellement compétents et motivés au premier rang desquels je mettrai Gérard Jacot, venu d'Épinay à Belfort comme secrétaire général de la mairie. Tôt rallié au CERES, Gérard s'était vu chargé par mes soins de présider la MNEF (Mutuelle nationale des étudiants de France) que le PSU nous avait abandonnée en 1972 avec la mission quasi impossible, mais dont il s'acquitta avec méthode, de nettoyer les écuries d'Augias. Au lendemain de mon élection comme maire de Belfort (et de ma démission comme ministre de l'Industrie), Gérard me rejoignit comme secrétaire général de la ville et du district de Belfort. Il fallait pour cela qu'il fût puissamment motivé ! C'est une caractéristique de cette époque : nous «y croyions»! Gérard fut pour moi une chance exceptionnelle. Grand, longiligne, il impressionnait non pas seulement par sa taille qui l'obligeait à se voûter légèrement pour se mettre à la hauteur de ses interlocuteurs, mais par son intelligence supérieure, sa science administrative, sa parole nette et précise et, j'ajoute, sa vaste culture juridique, historique et artistique. Gérard était un bourreau de travail, mais il était surtout pour moi un ami infiniment précieux qui me donnait dans tout ce qui touchait à la gestion de la collectivité une absolue sécurité. Gérard est mort à la tâche en 1997, un mois avant que je devienne ministre de l'Intérieur. Il était digne des plus hautes responsabilités. Il aurait pu être un excellent préfet de région. Je m'en serais privé pour ne pas priver la France d'une personnalité aussi remarquable. Pendant quatorze ans, il a été plus qu'un ami, mon double. En politique il m'a fait connaître *Robespierre, derniers temps* de Jean-Philippe Domecq. Dans son bureau, derrière lui, une ombre veillait : c'était, sculpté, le visage pensif et la silhouette esquissée de l'Incorruptible.

Dans le privé, Gérard était un homme délicieux. Il aimait la peinture, avec un goût particulier pour le Caravage. Sa fille, Stéphanie, et sa femme, Arlette, étaient son jardin secret. Dans la ville, Gérard était unanimement respecté. Il attirait autour de lui les meilleurs : ainsi Didier Lecoq, directeur de l'agence d'urbanisme et sa femme Marie-Catherine, Patrick Pincet, son adjoint, aujourd'hui directeur général des services de Paris-Sud. Jean-Pierre Cuisson, ingénieur hors pair, Thierry Chipot, un produit du terroir, qui devint ensuite secrétaire général.

Gabriel Goguillot, devenu, en 1998, inspecteur général de l'Administration, Jean-Luc Gary, à peine trentenaire, aujourd'hui directeur de la SNCF en Nouvelle-Aquitaine, lui a succédé comme directeur de cabinet. Il avait la finesse des gens du Béarn.

Quand les choses, après 2002, devinrent plus difficiles, je pus m'en remettre à lui avec une absolue confiance. Cela cimenta notre amitié.

Au lendemain de mon élection en 1973, m'avait rejoint à Belfort Bruno Gazeau qui créa l'agence de développement économique de Belfort et de son Territoire (ADEBT) et organisa les transports en commun à l'échelle du département. Sa femme, Marie-Noëlle, devint une excellente directrice des Affaires culturelles. Je drainais ainsi vers Belfort des cadres de haute envergure, comme la suite de leur carrière l'a souvent montré. Ils instillaient un esprit de recherche et une rigueur aux équipes militantes qui s'étaient constituées sur le terrain.

Quelle chance ce fut d'avoir toujours autour de moi de tels collaborateurs que je n'ai d'ailleurs pu citer tous ! Mais naturellement, on ne fait pas de bonne politique en s'appuyant seulement sur des administrateurs brillants. Il faut pour cela des politiques, branchés sur la société, à l'écoute de leurs concitoyens. Les conditions rocambolesques de ma candidature à la députation m'avaient heureusement fourni un ample vivier de militants. Lucien Couqueberg et Gilberte Marin-Moskovitz qui furent mes deux députés suppléants successifs, les « jeunes » de la SFIO, la figure emblématique de la CGT de Bull, Jackie Drouet, à la fois avisé et généreux, qui devint maire de Belfort de 1997 à 2001, mes adjoints communistes successifs : Arlette Clerc, au tempérament bien trempé, François Bloc et Claude Boiteux plus ouverts au débat et beaucoup d'autres, souvent admirables de dévouement et de sollicitude, je pense à Brigitte El Khelifi, ma secrétaire particulière à la mairie, à Madeleine Fleury, présidente du quartier des Résidences, à André Kaufmann, militant cégétiste de l'Alstom qui devint adjoint aux travaux ou à Jean Lacorre à Belfort-Nord, militants admirables, ou remarquables de compétence comme Olivier Prévot, professeur d'université, ou Isabelle Lopcz, sa compagne, jolie fille et fine mouche, adjointe à vingt-cinq ans et qui est devenue, longtemps après, mon assistante parlementaire quand je fus élu sénateur. Le jeune Maurice Schwartz, lui aussi venu de la CGT d'Alstom, devint le pilier du parti dans le Territoire de Belfort. Jean-Louis

Wolff, médecin du travail et très sensible à la détresse humaine, resta comme un adjoint aux sports quasi institutionnel.

Le cercle de ceux sur lesquels je m'appuyais s'est élargi au fil du temps et à mesure que la Communauté d'agglomération belfortaine (CAB) montait en puissance aux côtés de la ville. Je tissais ainsi des liens très forts avec les maires de l'agglomération, ainsi Françoise Bouvier maire d'Offemont, ville de quatre mille habitants qu'elle a transformée de fond en comble, en rénovant le quartier d'habitat social de l'Arsot et en implantant non loin du lac des Forges des équipements communautaires conçus par des architectes de grand talent, Philippe Jean et Robert Gomez[1]. Bien sûr chaque maire veille d'abord aux intérêts de sa commune. Mais par des réunions de travail régulières, suivies d'un dîner convivial, j'ai fait l'expérience de la création d'une dynamique communautaire avec les maires de l'agglomération. Plus tard, quand j'ai été élu sénateur, j'ai élargi le périmètre de mes soutiens aux maires du sud du département, je pense en particulier à Christian Rayot, maire de Grandvillars et remarquable « battant » que j'avais combattu jadis quand il s'était présenté contre le candidat de la gauche, mon ami Jean Monnier, mais qui devint mon suppléant au Sénat de 2008 à 2014 et dont j'ai appris à mesurer le dévouement à ses concitoyens et à admirer la réussite, à la tête de la Communauté de communes du Sud-Territoire où il a su maintenir un tissu industriel moderne.

Parmi tant de militants compétents, l'un s'est imposé d'emblée par son dynamisme et ses talents : Christian Proust, jeune syndicaliste CGT chez Bull, de dix ans mon cadet. Je n'étais pas encore élu député que Christian, nouvellement arrivé à Belfort, prétendit m'imposer le choix de mon suppléant. C'était en 1973. Sitôt élu, je mis cette forte tête à contribution pour installer des commissions d'études destinées à penser l'avenir du Nord-Est-Franche-Comté. Nous commençâmes par bloquer le projet de SDAU (schéma départemental d'aménagement et d'urbanisme) porté par Jean-Marie Bailly, encore maire UDR de Belfort, président du conseil général du Territoire et André Boulloche, président socialiste du

1. Françoise Bouvier, *Maire : un combat de chien*, L'Harmattan, 2014.

District urbain du pays de Montbéliard. Ce projet d'ingénieurs, qui prolongeait les tendances des Trente Glorieuses, prévoyait la création d'une ville nouvelle entre Belfort et Montbéliard, portant à cinq cent mille la population de l'agglomération. C'était peu réaliste.

Il ne suffit cependant pas de défaire. Il faut savoir reconstruire. Et là Christian Proust s'est avéré pour moi un collaborateur sans pareil, imaginatif, créatif, entraînant et bousculant à la fois élus et fonctionnaires. Notre projet était de créer un grand pôle urbain moderne, et écologiste avant l'heure (au bon sens du terme), à l'intersection du sillon Rhin-Rhône et de l'axe qui relie Paris à Berne, par Delle et Delémont. Dans la préface de *L'Histoire de Belfort*[1], j'écrivais : «Belfort a devancé le vœu d'Alphonse Allais : c'est une ville bâtie à la campagne. Grâce à l'opération de rachat de 140 ha de terrains militaires, elle dispose pour l'avenir de vastes réserves foncières comme peu d'autres villes peuvent se flatter d'en posséder… Le monde du travail a droit à la beauté et à l'épanouissement… L'aire urbaine de Belfort-Montbéliard-Héricourt, avec ses 330 000 habitants, a la chance de faire une belle et grande ville pour le troisième millénaire, d'un type tout à fait original, combinant la fonctionnalité des grands complexes urbains à l'américaine et le charme des vieilles cités historiques à l'européenne, devenues comme autant de quartiers d'un ensemble plus vaste.» Il n'y eut pas de temps perdu : en mars 1977 la gauche emportait la ville de Belfort et en mars 1979 le conseil général du Territoire. Christian devint à vingt-huit ans conseiller général du canton populaire de Belfort-Ouest. Trois ans plus tard, à trente ans, il était président du conseil général. Il le resterait jusqu'en 2004, soit au total un quart de siècle. C'est dire que nous avons mené de pair nos mandats respectifs, lui comme président du conseil général et moi comme maire de Belfort, puis président de la CAB. J'étais heureux de pouvoir m'appuyer sur un militant d'une qualité aussi exceptionnelle. Quand on me demande si j'ai les qualités d'un homme d'État, je réponds : «Certainement, pour avoir su gérer mon ami Christian Proust pendant plus de vingt ans.»

---

1. Yvette Baradel, Georges Bischoff, André Larger, Yves Pagnot et Michel Rilliot, *Histoire de Belfort*, Horvath, 1985.

D'autres auraient craint un rival, mais Christian ne pouvait pas me faire de l'ombre : dès 1981, je devins membre du gouvernement et personne ne contestait mon rôle de chef de file. Christian, au demeurant, partageait mes options politiques. Le CERES, à ses yeux, valait talisman. C'était plutôt moi qui, à l'occasion, devais refréner ses ardeurs. Ayant fort à faire au gouvernement, et lui faisant sur le fond confiance, j'eus aussi la sagesse de lui laisser la bride sur le cou pour tout ce qui ressortait à l'évidence d'une compétence départementale : politique de l'environnement, des espaces naturels, de l'eau, des dessertes routières, pistes cyclables, lutte contre les inondations, etc. Son talent d'entrepreneur public l'imposait par ailleurs à la tête de la société d'économie mixte patrimoniale, alors commune à la ville et au département, qui reprit, en 1992, le site de Bull Périphériques pour en faire une zone d'activités porteuse d'emplois, ensuite baptisée «Techn'hom». Parallèlement j'avais fait désaffecter une ancienne base aérienne de l'OTAN, Belfort-Fontaine, pour en faire une zone d'activités.

Christian Proust fut par ailleurs à l'origine d'un festival de rock, les Eurockéennes, qui contribue aujourd'hui à la notoriété de Belfort à côté des deux festivals que j'avais créés au lendemain de mon élection comme maire : le festival de cinéma Entrevues, dont Janine Bazin, veuve d'André qui créa les *Cahiers du cinéma*, était l'inspiratrice infatigable, relayée sur le terrain par Richard Gorrieri puis par Michèle Demange, et le FIMU – Festival international des musiques universitaires – qui draine chaque année plus de deux mille musiciens venus du monde entier. Il y avait tant à faire qu'aucune tension insurmontable n'apparut jamais entre Christian et moi. J'étais heureux de pouvoir aussi m'appuyer sur lui pour mettre en œuvre les politiques que j'impulsais au niveau national : implantation d'une université de technologie, régionalisation et modernisation des lycées, développement de l'enseignement supérieur, délocalisations diverses, rétrocession de vastes terrains militaires, travaux permettant le maintien de nos deux régiments, le 35e d'infanterie et le 1er régiment d'artillerie dans des casernes modernes et fonctionnelles, développement de l'intercommunalité sur un mode plus souple que celui qui a prévalu depuis lors, création, grâce à Jean-Noël Jeanneney, d'une station Radio France dont les ondes irriguaient l'aire urbaine où des centaines de jeunes journalistes ont fait leurs classes, etc. Bref, Christian a été pendant près d'un quart de siècle mon homme de confiance. Quand il y avait des problèmes de bornage, l'affaire se traitait généralement au niveau de Gérard Jacot, mon secrétaire général. Quand Christian fut mis en cause, en 1996, à propos d'une implantation industrielle contestée, mon soutien ne lui a pas manqué. Dix ans après, Christian a obtenu de la justice un non-lieu, mais il a fallu que je monte à la tribune de l'Assemblée nationale pour que cesse son emprisonnement abusif à Mulhouse « à titre préventif ».

Le rôle qu'a tenu Christian Proust à mes côtés ne me fait pas oublier la gratitude que je dois à tant de militants aguerris dans les luttes, à tant de fonctionnaires qui sont allés bien au-delà des horaires que leur imposait le service public pour œuvrer à la transformation d'une ville et d'une région, à tant de citoyens simplement mus par le sens de l'intérêt général et l'amour de leur petit coin de France.

Rien de ce que j'ai fait à Belfort n'eût été possible si une dynamique de rassemblement n'avait pas fait converger autour de la liste d'union Belfort Démocratie que je conduisais, un éventail très large de sensibilités : communiste avec Jackie Drouet, venu au Mouvement des citoyens (MDC) et qui me succéda à la mairie de 1997 à 2001, Philippe Garot, ancien conseiller général et président du Centre démocrate qui prit en charge, après Lucien Couqueberg, les Affaires sociales, Bernard Beauseigneur, ancien secrétaire général de l'UDR, et Pascal Martin, de sensibilité écologiste. Je dois dire cependant que le noyau de ma liste a toujours été composé d'une majorité de socialistes passés au Mouvement des citoyens en 1993, de socialistes d'autres obédiences et de communistes qui, de 1977 à 2007, sont restés à mes côtés (à l'exception d'un seul intermède de 1989 à 1995).

Tout cela faisait une dynamique exceptionnelle qui relayait au niveau local le rassemblement auquel j'appelais au niveau national. Le Lion qui domine la ville pouvait être fier de l'œuvre accomplie par les rejetons de ses défenseurs. J'oublie de dire que j'ai veillé personnellement à ce que l'activité industrielle se maintienne et se développe à Belfort, tant du moins que la logique financière n'a pas pris le pas sur la logique industrielle.

Longtemps les programmes nucléaire et TGV contribuèrent puissamment au plan de charge d'Alsthom. L'exportation vers la Chine prit le relais au début des années 1990. On fabriquait beaucoup de choses à Belfort : gros aimants supraconducteurs, locomotives de fret adaptées aux climats extrêmes, etc. L'intégration de l'usine facilitait les transferts de main-d'œuvre entre les différents secteurs pour faire face aux aléas de la conjoncture. Tout changea en 1994 avec l'arrivée d'une nouvelle direction. Tour à tour nationalisée puis privatisée, l'entreprise Alcatel-Alsthom allait pouvoir entamer sa course au profit. Son P-DG, Serge Tchuruk, n'avait pas encore développé la théorie de « l'entreprise sans usines ». Mais l'usine de Belfort fut « filialisée » en sept morceaux. En 1998, Serge Tchuruk mit Alstom qui perdit son *h* en Bourse, après l'avoir dépouillée de sa trésorerie (5 milliards de francs) au profit d'Alcatel, sa maison-mère. À chacun son métier : c'était la théorie du *pure player* (le joueur unique). La Bourse reconnaîtrait les siens. C'était la fin du grand conglomérat qu'avait été jadis la Compagnie générale d'électricité, en tout point comparable à ce qu'est encore Siemens aujourd'hui en Allemagne.

Dès mars 1999, le nouveau P-DG, M. Bilger, vend à General Electric USA, l'usine de turbines à gaz, pour racheter en Suisse, à Baden près de Zurich, les turbines à gaz d'ABB (Asea Brown Boveri). Patatras ! Il se révèle vite que ces turbines présentaient d'énormes défauts. Les actions d'Alstom en Bourse s'effondrèrent. Il fallut alors que j'aille voir Jacques Chirac – c'était en 2003 – pour que l'entrée de l'État au capital sauve l'entreprise de la faillite. Par la suite, l'intérêt de l'actionnaire a délibérément pris le pas sur celui de l'entreprise, sans parler de l'intérêt national, renvoyé au musée des antiquités.

Belfort et son Territoire ont une puissante identité dont j'ai cherché à tirer le meilleur pour asseoir leur développement. Sorte de météorite arrachée à l'Alsace dont la région de Belfort constituait déjà une composante originale puisque la population y est francophone depuis la fin de l'Empire romain, cette identité n'a cessé de se renforcer depuis qu'en 1871 le traité de Francfort l'a maintenue à la France. Déjà au début du Vᵉ siècle, un édit impérial avait fixé à la ligne de partage des eaux, entre Rhône et Rhin, la limite des territoires concédés, au sud aux Burgondes romanisés (ce sont aujourd'hui les Belfortains) et, au nord, aux Alamans ayant conservé leur parler germanique (ce sont aujourd'hui les Mulhousiens). Après 1871, le Territoire de Belfort, créé officiellement comme département en 1922, a été rattaché tardivement à la Franche-Comté, mais celle-ci ne l'a jamais vraiment adopté. Quant à la Bourgogne, ses ducs ne se frottaient guère au Saint-Empire dont l'Alsace a fait partie jusqu'en 1648. Le Territoire de Belfort se vit donc, depuis 1871, comme un territoire autonome, un petit morceau de France, à l'abri de son Lion, ne reconnaissant, au fond, qu'une seule capitale : Paris.

Désireux de rendre aux Belfortains la confiance qu'ils m'avaient manifestée, j'entrepris, dès que j'en eus les moyens, de faire de la ville à son tour une petite capitale, celle du Nord-Est-Franche-Comté, petite région, transcendant les limites départementales du Territoire de Belfort, du Doubs et de la Haute-Saône. C'est ainsi qu'en 1983 je créai l'aire urbaine de Belfort-Montbéliard-Héricourt de concert avec les élus des collectivités concernées. Cela tombait bien : André Lang, maire de Montbéliard, Guy Bêche, président du District urbain du pays de Montbéliard, Jean-Pierre Michel, maire d'Héricourt, Christian Proust et moi-même, nous étions tous socialistes. Cela faisait au total plus de trois cent mille habitants et de puissants intérêts communs. Je n'énumérerai pas les crédits, les primes d'aménagement, les délocalisations dont Belfort, Montbéliard et Héricourt ont bénéficié grâce à l'aire urbaine. Aujourd'hui s'est constitué le pôle métropolitain de Belfort-Montbéliard-Héricourt-Delle, la plus forte concentration de population entre Strasbourg et Lyon, avant Mulhouse et bien sûr Besançon. Qu'ils soient parisiens ou dijonnais, les «grands décideurs» rechignent souvent à s'en aviser.

Je visais plus haut et plus loin : faire venir le TGV à la gare (à créer) de Belfort-Montbéliard, j'en avais eu l'idée dès 1981, dans la cabine de pilotage du TGV Paris-Lyon qu'on inaugurait ce jour-là, aux côtés de François Mitterrand et de Charles Fiterman.

Paul Quilès, qui avait succédé en 1984 à Charles Fiterman au ministère de l'Équipement, avait gentiment mandaté l'Inspection générale des ponts-et-chaussées en la personne de l'ingénieur général Rattier pour étudier un trajet qui passait par Vesoul : pas de chance, la rentabilité n'atteignait pas 5 % ! À cela rien d'étonnant : la « diagonale du vide » n'assure pas une clientèle suffisante pour rentabiliser la construction d'une infrastructure TGV. Des hypothèses de tracé résultait la conclusion du rapport.

Mais l'idée faisait son chemin : à la suite d'une discussion avec le directeur de l'Alsthom à Belfort, M. Dufour, remarquable patron de site et de surcroît profondément patriote, l'intuition prit corps : il fallait « penser » le TGV Rhin-Rhône : une branche vers la Suisse et l'Allemagne, l'autre vers Lyon et la troisième, bien sûr, vers Paris, et de là le Grand-Ouest et l'Europe du Nord, avec un premier tronçon commun entre Dijon et Belfort-Mulhouse. Ce premier tronçon, desservant Dijon, Besançon, Belfort-Montbéliard, Mulhouse, Fribourg, Bâle et Zurich, mettait en relation des bassins de population suffisamment importants pour permettre d'accéder au seuil de rentabilité. C'est ce premier tronçon qui a été réalisé en 2011, vingt-cinq ans après, grâce à l'activité de lobbying de l'Association Trans Europe TGV que j'avais créée avec les régions concernées et qu'anima pendant plus de vingt ans Thierry Zettel, cadre détaché de la mairie de Belfort, avec une ténacité tout alsacienne et – ô combien – méritoire… Nicolas Sarkozy a inauguré en 2011 le TGV Rhin-Rhône. Deux ans plus tard François Hollande, sur rapport de la commission Duron, a renoncé non seulement aux deux autres branches, mais à l'achèvement du tronçon initial de Belfort à Mulhouse. Il y a donc encore du pain sur la planche ! Reste que, désormais, Belfort est à trois quarts d'heure de Dijon, à deux heures un quart de Paris, à trois heures de Lyon, et à quatre heures de Bruxelles, de Marseille et de Rennes.

Pour les grandes entreprises implantées dans la région, pour les cadres industriels et universitaires, c'est un autre monde : il fallait jadis entre quatre et cinq heures pour arriver à la gare de l'Est. J'ai encore le souvenir du train de nuit qui partait vers une heure du matin de Belfort pour arriver à sept heures à la gare de l'Est. Je garde à l'oreille l'annonce nocturne et bruyante des gares traversées :

Chaumont, Culmont, etc. qui réveillait des passagers recroque-villés dans leurs couchettes... Il aura fallu un quart de siècle entre le rapport de l'inspecteur général Rattier et l'inauguration du TGV Rhin-Rhône : combien de ministres des Transports, de présidents de la SNCF, de présidents et de préfets de région aura-t-il fallu convaincre tour à tour de ne pas lâcher le morceau... Je dois cependant rendre un hommage particulier à Jacques Fournier et à Louis Gallois, deux présidents de la SNCF qui m'ont aidé à franchir le cap des études préliminaires et des études d'avant-projet détaillées. Les problèmes de financement ne sont venus qu'en-suite. J'obtins de Lionel Jospin dans les premiers mois du gouvernement de la gauche plurielle que la réalisation de la pre-mière phase du TGV Rhin-Rhône s'intercalât entre la première et la deuxième phase du TGV Est Paris-Strasbourg. Je devais comp-ter au sein du gouvernement avec Catherine Trautmann, ministre de la Culture et de fait encore maire de Strasbourg. Avec derrière elle, le ban et l'arrière-ban des élus alsaciens, elle était une puis-sance ! Mais l'obstacle n'eût pas été déterminant, si le projet de TGV Rhin-Rhône n'avait pas suscité, au sein même des élus franc-comtois, l'opposition farouche de Dominique Voynet, alors ministre de l'Environnement, et de fait encore maire de Dole. Son opposition, comme celle qu'elle avait manifestée au projet du grand canal Rhin-Rhône, était parée d'arguments écologiques. La vérité est qu'il n'était pas prévu de créer une gare TGV à Dole, déjà abondamment desservie par le Paris-Lausanne. Sans cette opposition têtue, j'aurais obtenu le lancement simultané des deux premières phases des deux TGV. Ce ne furent que cinq ans de per-dus pour le TGV Rhin-Rhône. Ma longévité politique m'a permis – il est vrai de justesse – de résister à cette dernière traverse.

Cette longévité (quarante et un ans, tous mandats confondus) n'a pas seulement rendu possible le désenclavement routier et ferro-viaire de Belfort. Elle a permis aussi la montée en puissance d'un pôle universitaire nord-franc-comtois, avec la création, en 1985, par l'entremise de Guy Deniélou, de l'UTC (université de technologie de Compiègne) à Sévenans. Celle-ci est devenue, en 1999, grâce à Claude Allègre, l'université de technologie de Belfort-Montbéliard (UTBM). Elle forme, en cinq ans, plus de trois mille ingénieurs.

En 1991, j'obtins la création d'une UFR[1] délocalisée de l'université de Franche-Comté, dite STGI (sciences et techniques de gestion de l'industrie), grosse de plus de quinze cents étudiants. Avec sept mille étudiants, le pôle universitaire nord-franc-comtois, dans lequel il faut, bien sûr, inclure l'IUT de Belfort-Montbéliard fort de mille six cents étudiants, ne rivalise certainement pas avec les métropoles universitaires de Strasbourg ou Lyon, mais constitue, avec Dijon et Besançon, le troisième pôle universitaire de la nouvelle région de Bourgogne-Franche-Comté. On y forme d'excellents ingénieurs et des pôles de recherche reconnus s'y sont constitués (dans le domaine des matériaux, de la pile à hydrogène, de l'énergie, de l'informatique et des sciences humaines). Reste à trouver le bon équilibre entre Dijon, Besançon et Belfort-Montbéliard… afin que les immenses progrès réalisés depuis 1985 ne soient pas freinés, voire interrompus. Le développement universitaire a été un élément décisif de modernisation technologique des entreprises et de démocratisation dans l'accès des jeunes aux études longues. Il eût été plus simple de créer en 1991 une université de plein exercice. Le maire de Besançon, Robert Schwint, y était opposé et les équilibres politiques, à ce moment-là, ne l'ont pas permis. Robert s'affichait rocardien et cela seul, à l'époque, suffisait à faire pencher la balance. Nos concitoyens emprisonnés dans les contraintes du quotidien mesurent rarement l'âpreté des luttes que doivent mener leurs élus pour défendre les intérêts à long terme de leur ville ou de leur région. N'importe ! il fallait avancer pour dégager l'horizon d'une jeunesse assignée depuis toujours aux études courtes.

Au rang des grands projets dont ma longévité politique a permis la réalisation, je rangerai aussi la fusion des deux hôpitaux de Belfort-Montbéliard (au total quatre mille personnes employées). Ce projet pharaonique a été mis en route à la fin des années 1990 grâce à la bonne entente qui régnait, par-delà les clivages politiques, entre Louis Souvet qui, comme maire de Montbéliard, présidait le conseil d'administration de l'hôpital de sa ville, et moi-même qui présidais celui de Belfort. Des études menées de concert

1. Unité de formation et de recherche.

et l'implication d'un remarquable directeur, Jean Schmid, nous ont conduits à choisir un terrain, non loin de la future gare TGV, à proximité de l'échangeur autoroutier de Sévenans qui structure l'aire urbaine à l'intersection de l'autoroute A36 Mulhouse-Beaune, portée à trois voies en 1999, et de la voie rapide RN19 Langres-Delle par Vesoul, progressivement portée à deux voies. Là est le centre de gravité de l'aire urbaine, facilement accessible de partout, et à mi-chemin de Belfort et de Montbéliard. C'est dans cette zone qu'a été construite, sur les plans de Roland Castro, l'université de technologie de Belfort-Montbéliard. C'est là également que Louis Souvet, avec mon accord, a choisi, quinze ans à l'avance, l'implantation de la gare TGV. Tout simplement parce que c'était le bon sens. Il y aurait, paraît-il, un problème : tous ces grands équipements se situent en effet dans les limites administratives du Territoire de Belfort, à la limite, il est vrai, du département du Doubs. Mais est-ce un problème, dès lors que le temps d'accès à l'hôpital de Belfort ou de Montbéliard ne varie que d'une ou deux minutes ? Je n'évoque ces critiques que parce qu'elles ont fourni un alibi au retard de quelques années apporté à la réalisation du projet de l'hôpital de Belfort-Montbéliard : entre le moment de la conception et l'entrée en service de l'équipement il s'est écoulé vingt ans ! Sans le soutien déterminé de quelques élus puissamment enracinés, de tels projets aujourd'hui ne peuvent plus aboutir, car la politique d'Aménagement du territoire, jadis impulsée par l'État et ses grands commis, n'a pas survécu à la mise à la diète néolibérale des finances publiques…

Naturellement, je ne saurais résumer mon action à quelques grands projets. Chaque fois que je reviens à Belfort, presque à chaque pas, mon cœur tressaille : ici je reconnais la crèche des Bons Enfants, là la passerelle des Arts qui mène au théâtre rénové par Jean Nouvel, un projet parmi d'autres qui ont permis à la ville de s'approprier la Savoureuse. Tout au long de la rivière, il y a des parcs ombragés et une piste cyclable, la promenade François-Mitterrand, qui traverse du nord au sud la ville et son agglomération. Ici, je reconnais un trompe-l'œil qui égaye les façades qu'un plan de ravalement, conçu dès 1984, a inondé de couleurs et de lumière. La cité, jadis grise et humide, a pris les allures d'une ville italienne, grâce à l'architecte de la ville Robert Gironde. De grands noms de l'architecture y ont laissé leur marque : Jean Nouvel pour le théâtre, Antoine Stinco pour la place de la Commune, Roland Castro pour l'université de technologie, Gilles Bouchez pour le Centre de congrès, Lucien Kroll pour le lycée Diderot, Jean-Pierre Drezet pour le lycée Courbet, Jean-Marie Duthilleul pour la gare TGV, Brunet Saunier pour l'hôpital Nord-Franche-Comté, Guy de Rougemont pour la fontaine du faubourg de France, Reichen et Robert pour la rénovation des bâtiments militaires transformés en École d'art Gérard-Jacot ou en Centre national d'art chorégraphique, Robert Rebutato et Pernette Perriand pour le musée d'Art moderne. Celui-ci nous a permis d'abriter la donation de Maurice Jardot qui met Braque, Picasso, Léger et Henry Laurens à la portée de tous, et plus récemment la donation des Picasso offerte par Quentin Laurens.

Les fortifications qui dessinent leur fière silhouette au-dessus du Lion abritent désormais, en plus du musée d'Histoire, un parcours historique retraçant les grands épisodes qui ont fait de la forteresse royale une cité républicaine. Le musée d'Art moderne a été ins-tallé dans les tours bastionnées qui dessinent le pentagone de la vieille ville fortifiée jadis par Vauban. Je n'aurai garde d'oublier enfin la grande fresque murale que j'ai confiée, en 1989, à Ernest Pignon-Ernest sur le thème de la rencontre des civilisations latine et germanique. À la fin de l'été 2007, quelques semaines après que j'eus mis fin à mon mandat de maire, une immense fête costumée, mise en scène par Marie-Annick Duhard[1], a célébré le sept centième anniversaire de l'octroi à Belfort de ses lettres de franchise munici-pale. Mon successeur avait revêtu l'habit du Saint Empereur romain germanique, brandissant son épée du haut du balcon de l'hôtel de ville, tandis que, perdu dans une foule de plus de cent mille per-sonnes, je m'étais costumé en manant, armé d'une simple fourche.

Je termine ma promenade au centre-ville par là où tout a com-mencé : j'aperçois le toit à clochers du centre communal d'action sociale installé là par le bon docteur Couqueberg : la gratuité des

---

1. Marie-Annick Duhard, ancienne secrétaire générale de la Comédie-Française venue à mon cabinet de 1988 à 1991.

transports scolaires fut, dès avril 1977, le premier acte de la nouvelle municipalité de gauche. La multiplication des crèches et des restaurants scolaires, assortie de tarifs dégressifs selon le revenu, l'institution d'un revenu minimum en février 1986 qui serait généralisé deux ans plus tard sous l'appellation de RMI (revenu minimum d'insertion), la rénovation ou la reconstruction de l'habitat social, tout cela fait affluer à ma mémoire d'homériques séances du conseil municipal : chacun se prenait au jeu, nous étions l'Histoire en train de reprendre sa marche en avant.

Plus prosaïquement, avec le recul, nous remédions à quelques négligences de nos prédécesseurs. À part moi, cependant, je me méfiais de ce que le localisme peut comporter d'illusions. Par-delà l'euphorie des inaugurations, je regardais la courbe nationale du chômage et les carnets de commandes d'Alsthom et de Bull. Mais force m'était de constater que l'implication de chacun dans les politiques locales créait un effet dynamisant qui contribuait à nourrir, en retour, la confiance populaire. Le conseil municipal avait mis en place, dès 1983, dix conseils de quartier, libres de s'organiser, à condition que le président – j'y avais tenu – fût un conseiller municipal de la majorité. Cette forme de démocratie participative, en présence du maire et des élus compétents, selon l'ordre du jour, permettait un dialogue concret avec la population. J'ai souvent éprouvé que les grands dossiers industriels passent au-dessus de la tête de la population. La démocratie économique dont nous avions rêvé, jeunes militants, eût impliqué une formation, des relais et un cadre institutionnel que l'élection d'administrateurs salariés attachant l'entreprise à ses sites d'implantation pourrait préfigurer. Mais force était de constater que la population était plus intéressée par les problèmes de scolarisation, de transports en commun ou même de trottoirs que par la planification des investissements industriels ou par les choix de politique extérieure.

Pour la démocratie de proximité, les conseils de quartier faisaient l'affaire. Mais pour les grandes choses, on n'avait pas fait mieux que la «démocratie de préau» traditionnelle, aujourd'hui relayée par la télévision : les réseaux militants seuls tissaient avec la population cette relation de confiance indispensable à l'exercice conscient de la démocratie. Cette confiance chaleureuse et durable d'une population dont la sympathie ne m'était pas acquise au départ est une expérience revigorante. Au fil des ans, je me suis identifié profondément à Belfort et à son Territoire. Cette passion bizarre qu'un maire nourrit pour sa commune, je l'ai éprouvée pour une ville de plus de cinquante mille habitants et pour un Territoire trois fois plus peuplé. C'est une sorte d'envoûtement. On «pense» sa ville longtemps à l'avance. On s'en soucie comme d'une jolie femme. Elle vous possède. La mairie où je restais tard le soir était devenue ma vraie maison. J'ai fini par aimer cet hôtel particulier à clochetons, fait de briques roses dans le style alsacien. Y rôde encore le fantôme de Kleber, qui fut ingénieur des fortifications de Belfort à la fin du XVIIIe siècle et projeta une salle des mariages, avant de s'embarquer pour l'Égypte où Bonaparte lui laissa le commandement de son armée et où, homme des Lumières, il favorisa l'implantation des premières loges maçonniques.

N'avais-je pas laissé échapper, un soir, sur une télé, qu'à côté des soucis que me donnait le ministère de l'Intérieur, Belfort était pour moi comme un beau jardin vers lequel je m'échappais autant que possible toutes les fins de semaine? Quelle ne fut pas ma surprise, le lendemain, lors de la réunion d'un conseil de quartier, d'être accueilli par une ronde de Belfortaines chantant l'une «Je suis votre salade», l'autre «Je suis votre reine-claude», «Je suis vos carottes», «Je suis votre tomate», etc. Toutes étaient pliées de rire. Et moi aussi!

L'expérience de maire est unique et irremplaçable. J'ai porté, comme ministre de l'Intérieur, en 2000, un projet de loi autorisant les parlementaires à cumuler un mandat exécutif local. C'était la bonne formule, à mon sens, pour donner chair au mandat parlementaire. Même restreint aux communes de moins de cent mille habitants, ce serait le moyen d'ancrer le Parlement dans la vie quotidienne des Français. Seul le mandat de maire permet vraiment de «se mettre à la place» de nos concitoyens.

Je suis resté maire de Belfort jusqu'en 2007. Il y eut des moments difficiles. Ainsi, en juin 1991, après ma démission du gouvernement pour marquer mon désaccord sur la guerre du Golfe, je réussis de justesse à me faire réélire avec, il est vrai, le soutien d'Édith Cresson, alors Premier ministre, et donc implicitement celui de

François Mitterrand. Gilberte Marin-Moskovitz démissionna une seconde fois en 2000 après que j'eus quitté le gouvernement de Lionel Jospin. Les Belfortains me renouvelèrent encore leur confiance. Les choses se gâtèrent au lendemain de la présidentielle de 2002.

Devant faire face tout à la fois à la droite et au Parti socialiste, dont une partie de l'électorat, abusé par la vindicte de ses chefs, était bien décidé à me faire battre au second tour, et candidat pour la dixième fois aux élections législatives à Belfort, je ne parvins pas à atteindre la barre de la majorité. Le même phénomène s'étant reproduit, pour les mêmes raisons, en 2007, j'en tirai immédiatement la leçon en démissionnant – c'était le 18 juin – de mon mandat de maire de Belfort et en mettant en place un successeur qui ne ferait pas l'objet du même ostracisme.

Les élections municipales de 2008 furent gagnées par le candidat que j'avais mis en place, malgré la constitution d'une liste socialiste au premier tour. Le verdict fut sans appel : plus de 30 % des voix au premier tour pour la liste Belfort démocratie contre 13 % à la liste du PS local.

À l'automne 2008, je fus élu sénateur du Territoire de Belfort face à un candidat de la droite et à un candidat du Parti socialiste : celui-ci n'était autre que le président du conseil général, Yves Ackermann. La volonté du Parti socialiste de m'éradiquer se retournait ainsi contre lui.

J'avais décidé de me retirer de la vie politique active à soixante-quinze ans. Ce que je fis en 2014, en ne sollicitant pas un nouveau mandat mais en affirmant ma volonté de continuer le combat des idées. Au niveau local comme au niveau national, 2017 est venu solder les comptes d'une période historique à laquelle j'avait été, dès le départ, étroitement associé. À Belfort comme ailleurs il faut maintenant reconstruire, en sachant tirer le fil qui relie le passé à l'avenir.

Quatrième partie

Ni périr ni trahir

8

Recherche et Industrie : les ides de mars 1983

«L'Histoire est un mensonge qui n'est plus contesté.» Cette boutade de Napoléon s'applique particulièrement bien à la manière dont il est rendu compte aujourd'hui des deux brèves premières années de la gauche au pouvoir, de mai 1981 à mars 1983. C'est ainsi que Jacques Attali, dont j'ai toujours admiré l'imagination, n'hésite pas à écrire : «En ces années-là, la France n'est pas passée loin d'une radicalisation économique et politique à laquelle tout poussait... : en politique intérieure François Mitterrand aurait pu devenir léniniste; en politique extérieure il aurait pu devenir pacifiste... S'il avait fait alors ces choix, et si les socialistes français les avaient faits avec lui, l'Europe d'aujourd'hui serait alors fort différente[1].» Que nous suggère donc Jacques Attali sinon que si la France n'avait pas soutenu l'implantation des missiles Pershing en 1982, l'Allemagne, alors, aurait pu basculer dans le neutralisme, et que si la France était sortie du SME[2] en mars 1983, la monnaie unique aujourd'hui n'existerait pas? Alain Minc, en 1988, évoquait encore le risque de «finlandisation» de l'Europe. Ces scénarios de politique fiction suggèrent l'imminence d'une catastrophe évitée de justesse grâce à ces «vigies de l'Essentiel» autoproclamées. Si farfelue que soit l'hypothèse d'un Mitterrand marxiste-léniniste et plus encore, pacifiste bêlant, suivons leur raisonnement : à supposer qu'Oskar Lafontaine ait gagné les élections

---

1. Jacques Attali, *Verbatim*, t. 1, Fayard, 1993, p. 10-11.
2. Système monétaire européen mis en place en 1979 à l'initiative de Valéry Giscard d'Estaing et d'Helmut Schmidt.

législatives allemandes en mars 1983 et n'ait pas autorisé le déploiement des Pershing sur le sol allemand, les États-Unis se seraient débrouillés autrement pour maintenir en Europe un dispositif de dissuasion graduée, l'Allemagne ne serait pas sortie de l'OTAN et l'URSS, empêtrée dans ses gérontes (Andropov après Brejnev, Tchernyenko avant Gorbatchev) et sa guerre en Afghanistan, n'aurait pas ouvert un second front à l'Ouest. C'est se tromper complètement sur la période que dépeindre l'URSS comme «l'ayant emporté dans la course aux armements» et prête à pousser son avantage en imposant à l'Occident une réunification de l'Allemagne à ses conditions. L'URSS était en fait à la veille de son implosion et les Américains ne lui faisaient pas de cadeaux en armant les moudjahidines afghans : ils voulaient simplement lui faire goûter les affres d'un Vietnam soviétique.

Quant à la construction monétaire européenne, il eût sans doute été préférable qu'elle continuât à revêtir une forme pragmatique et maintienne entre des économies hétérogènes une certaine flexibilité. Ainsi l'Europe aurait-elle évité une politique déflationniste et une stagnation économique de longue durée.

Je crois, à l'inverse, que l'Histoire ne comporte pas un chemin unique mais offre toujours une pluralité de choix. Quand la gauche est arrivée au pouvoir en mai-juin 1981, elle n'avait réglé que sur le papier ses problèmes d'orientation politique. Le Projet socialiste avait été délayé en cent dix propositions moins contraignantes car dépourvues de cohérence interne. Surtout, François Mitterrand avait formé un attelage gouvernemental pour le moins composite. Le choix de Pierre Mauroy comme Premier ministre n'était pas celui d'un homme lige. Il l'avait manifesté au congrès de Metz en 1979. Pierre Mauroy récidiverait : en mars 1983 et plus tard encore, en 1988, quand il se ferait élire premier secrétaire du PS contre Laurent Fabius que soutenait le président. Pierre Mauroy a démontré à plusieurs reprises qu'il savait dire non au président de la République. Quand celui-ci lui a demandé, en mars 1983, d'assumer le choix qu'il avait fait de quitter le SME, Pierre Mauroy lui a offert sa démission, en arguant qu'il ne savait pas «conduire sur le verglas». Il fallait du caractère à Pierre Mauroy et François Mitterrand a dû alors mesurer les limites de son pouvoir : Jacques Delors refusait, lui aussi, de devenir Premier ministre pour sortir du SME. On ne peut pas reprocher à ce dernier d'avoir jamais caché son jeu ni manqué de continuité dans ses choix sociaux-libéraux. François Mitterrand n'avait pas de candidat de rechange à Matignon sinon Pierre Bérégovoy qui était un homme seul. Pierre Bérégovoy me rappela tout au long des années 1980 qu'il avait été « quarante-huit heures Premier ministre de la France ». Mais cette éventualité avancée par François Mitterrand n'a pas tenu plus de deux jours.

On ne saurait surestimer le poids de la technostructure, c'est-à-dire des principaux conseillers qui rédigeaient les notes et les argumentaires à destination du Président et du Premier ministre : Jean Peyrelevade, futur président du Crédit lyonnais, était, en matière de politique économique, le conseiller le plus influent de Pierre Mauroy ; Jacques Delors pouvait compter sur Philippe Lagayette, Pascal Lamy et sur quelques moindres pointures, également formées à son école.

Élisabeth Guigou, alors conseillère à l'Élysée, ne nous apprend rien en révélant l'existence d'un « club des Cinq » (Attali, Bianco, Guigou, Sautter et Stasse)[1] qui, de l'automne 1982 à mars 1983, se réunissait quotidiennement pour surveiller le lait sur le feu, bref pour parer à l'indécision du Président sur la question monétaire. Le reste du gouvernement ne pesait qu'à raison des relations que chaque ministre entretenait avec le Président. Tel était le résultat du mode de fonctionnement du gouvernement. Les Conseils des ministres constituent une instance formelle où rien ne se décide véritablement. Les arbitrages mineurs se réalisent sous l'autorité du Premier ministre. Les grands arbitrages interviennent dans des conseils restreints que le président de la République réunit en tant que de besoin.

On aurait pu s'attendre à ce que le groupe des ex-« conventionnels » (Fabius, Joxe, Mermaz, Quilès, Fillioud, Estier, etc.) pesât d'un poids décisif. Mais s'ils avaient, en général, des réflexes politiques et constituaient incontestablement un groupe orienté à gauche, ils manquaient d'un logiciel collectif et de l'habitude de travailler ensemble. C'étaient des individus qui avaient en commun le lien

---

1. Pierre Favier et Michel Martin-Roland, *La Décennie Mitterrand*, Seuil, p. 461.

particulier d'allégeance qui les unissait à un autre individu : François Mitterrand. Il n'y avait donc rien de comparable à l'équipe des technocrates sociaux-libéraux et européistes, généralement formés à l'ENA et issus des grands corps de l'État (Inspection générale des finances, Conseil d'État, Cour des comptes), qui vivaient d'autant plus en étroit concubinage avec les services du ministère de l'Économie et des Finances que beaucoup en provenaient. Je ne serais pas complet si je n'ajoutais pas les gardiens des grands équilibres : le directeur du Trésor, Michel Camdessus, et le gouverneur de la Banque de France, Renaud de La Genière, dont l'ombre planait au-dessus des têtes.

Bien sûr, il y avait le groupe socialiste à l'Assemblée nationale que présidait Pierre Joxe et le Parti socialiste que François Mitterrand avait laissé à Lionel Jospin. Mais le groupe socialiste devait toujours, in fine, soutenir le gouvernement et le Parti socialiste, lui aussi, en était réduit à attendre les arbitrages du Président. C'est ainsi que son premier secrétaire ne put faire autre chose que de constater, en mars 1983, «l'ouverture d'une parenthèse», «plus pour se calmer lui-même, rapporte-t-il, que pour calmer ses camarades[1]».

Bien sûr, tous ces nouveaux députés élus en juin 1981 (273 pour le Parti socialiste et les radicaux de gauche) l'avaient été au deuxième tour avec les voix communistes. De même les élections municipales de 1977 avaient-elles été remportées par des listes d'Union de la gauche, toutes les alliances centristes, même à Marseille, ayant été répudiées. Mais qu'en était-il du Parti communiste ? Les interventions des ministres communistes en Conseil des ministres allaient rarement à l'essentiel (les choix de politique monétaire et encore moins le soutien apporté par François Mitterrand à l'installation des Pershing) et se bornaient à prôner un meilleur partage de l'effort. Eux aussi devaient compter avec la dynamique unitaire. Ce fut la raison donnée par Georges Marchais pour justifier le maintien des communistes au gouvernement après mars 1983 : l'électorat communiste n'aurait pas compris leur retrait.

---

1. *Ibid.*

Ainsi, quand la gauche arriva au pouvoir en mai-juin 1981, la radicale nouveauté de la situation éclipsa les fragilités réelles de la coalition majoritaire. L'entrée de quatre ministres communistes au gouvernement, le 24 juin 1981, fit la une des journaux. Mitterrand l'avait annoncé : il l'a fait, au grand dam de certains de ses ministres, qui en étaient restés au Mitterrand de la IVᵉ République.

Quelle était, du point de vue de la stratégie internationale, la situation de la gauche en juin 1981 ?

Deux problèmes fondamentaux se posaient : alors qu'un nouveau sursaut de la guerre froide faisait désigner par Reagan l'URSS comme « l'empire du mal », la France devait-elle soutenir l'installation des Pershing américains face aux SS-20 soviétiques ? Cette question qui touchait à la doctrine américaine de dissuasion graduée, au plan des principes, n'intéressait pas la France dont la défense était fondée sur la dissuasion pure. Aussi les gazettes n'en soufflaient-elles mot. La presse de droite concentrait ses attaques sur la dégradation de la situation économique.

L'économie française, minée par l'inflation (13 % en 1980 et 10 % en 1981) et prisonnière d'un taux de change ne variant que dans d'étroites limites à l'intérieur du SME, souffrait d'un fort déficit de compétitivité.

Sur ces deux questions, j'avais fait connaître par lettre ma position à François Mitterrand. Dès le 4 novembre 1980, je contestais que les Pershing puissent nous protéger des SS-20 : « 74 % du potentiel nucléaire américain est basé dans les airs ou dans les profondeurs de l'océan. Les fusées Pershing n'ajoutent rien à notre protection. Elles permettront simplement un jour – en cas de crise grave – le fameux "découplage" entre les États-Unis et l'Europe et pourront être remises en toute propriété à l'Allemagne. Ce jour-là, une guerre nucléaire limitée à l'Europe pourra commencer, sans que les Américains aient à s'engager directement eux-mêmes. Comme on le voit, c'étaient des questions de doctrine nucléaire assez absconses du point de vue de l'opinion publique.

En revanche, sur la situation économique, je rappelai à François Mitterrand par une lettre du 15 juin 1981, à en-tête du ministre d'État, ministre de la Recherche et de la Technologie, que de Gaulle en 1958, Pompidou en 1969, et même Giscard en 1975 avaient commencé leur septennat par des dévaluations réussies. Je proposais de prendre les devants face à la spéculation. Devinant par intuition les réticences du Président, j'ajoutais : «Je craindrais fort qu'un "Verdun monétaire", certes héroïque, n'aboutisse en fait qu'à une dilapidation de nos réserves et – ou – à une asphyxie de l'activité intérieure, du fait de taux d'intérêt insupportables, ou plus probablement aux deux à la fois. »

De plus, je conseillais, «pour réussir les nationalisations, une approche moderne, une bonne connaissance de l'économie internationale et la vision d'une stratégie industrielle à long terme dans les secteurs clés», bref, de s'inspirer du modèle japonais. Enfin, je préconisais, *the last, but not the least*, une structure d'impulsion appuyée sur une Banque nationale d'investissement, «faute de quoi ce sera toujours le ministère de l'Économie et des Finances qui imposera sa loi, avec ses conceptions macro-économiques rétrogrades».

Avant même l'arrivée des ministres communistes au gouvernement, le tableau des difficultés à résoudre était ainsi dressé. Ma lettre demeura sans réponse. C'était «l'état de grâce». Chacun sait que le Président nouvellement élu découpla les problèmes.

Sur les Pershing, il opina dès 1982 en faveur de leur déploiement, «dès lors que le déséquilibre créé par l'installation des SS-20 et des bombardiers Backfire n'était pas corrigé par la négociation».

La prise de position de François Mitterrand devant le Bundestag, le 20 janvier 1983, a fait grand bruit. De mon côté, je préférai garder le silence, même si je craignais qu'après une telle prise de position, l'indépendance de notre dissuasion fût mise en cause. Il était clair que François Mitterrand, dans une période de tension, voulait donner aux Américains des gages de sa fidélité à l'Alliance atlantique. Il ne m'était guère possible de le contrarier sur un sujet qui, au surplus, n'était pas de ma compétence ministérielle. À l'inverse, je réquisitionnai sans état d'âme l'usine de l'entreprise américaine Dresser France qui fabriquait, au Havre, les compresseurs nécessaires à l'acheminement du gaz sibérien auquel les Américains, déjà, entendaient nous faire renoncer.

On ne peut pas se battre sur tous les fronts à la fois ; il valait mieux concentrer ses efforts sur le deuxième sujet : le flottement du franc, propre à restaurer la compétitivité de nos produits et amorcer la décrue des taux d'intérêt dès lors que la spéculation, découragée par l'évolution du change, se serait d'elle-même calmée. Une telle décrue favoriserait ainsi le financement par les entreprises de leurs investissements industriels.

S'agissant de mon ministère, les choses avaient bien commencé. Ayant obtenu mon décret d'attribution et la concrétisation des promesses qui m'avaient été faites (la création d'un budget civil de la Recherche et du Développement technologique) et m'étant installé dès le 23 mai à l'hôtel de Clermont, superbe mais peu fonctionnel, je m'étais glissé sans peine dans mes nouveaux habits de ministre.

Je choisis comme directeur du cabinet Louis Gallois, alors administrateur civil au Trésor et âgé de trente-cinq ans, qui m'épaulait depuis sa sortie de l'ENA, à la tête de la commission économique du Parti socialiste. J'appréciais sa puissance de travail et son inaltérable bonne humeur. Il s'est révélé tout de suite comme une très grande pointure : hauteur de vue, sens de l'État, simplicité et, cela va sans dire, intégrité absolue – qualités qui lui ont permis d'enchaîner ensuite les réussites. Pour bâtir, en 1981, le ministère de la Recherche et de la Technologie à partir d'une coquille vide et, surtout, pour impulser la dynamique qui a porté, en peu d'années, la recherche française à un niveau jusque-là inégalé, l'aide de Louis Gallois m'a été précieuse. Je ferais à nouveau appel à lui, en 1988, pour prendre la tête du cabinet civil et militaire au ministère de la Défense. J'ai eu beaucoup de chance de l'avoir rencontré.

Pour les nouveaux ministres qui, pour la plupart, en 1981, découvraient leur ministère, les consignes présidentielles étaient claires : dès le premier Conseil, Mitterrand les avaient données : il fallait arriver à l'heure. Les retardataires ne seraient pas admis. Les bavardages étaient proscrits. Il était interdit de lire son journal au Conseil, comme Mitterrand déclarait l'avoir vu faire sous la IVe, ou d'échanger des petits mots entre ministres. Sur ce seul point la pratique n'a pas suivi : la réunion du Conseil était une trop belle occasion pour ne pas régler en direct les difficultés du jour, ou pousser un dossier, fût-il d'intérêt local.

Dès le 1ᵉʳ juillet 1981, je fis adopter par le Conseil des ministres le principe d'une loi de programmation de la Recherche qui serait préparée en amont par un grand Colloque national décentralisé. Celui-ci se tint d'octobre 1981 à janvier 1982 dans les chefs-lieux de région et à Paris, au Palais des congrès, suscitant un puissant écho chez les chercheurs, les universitaires mais aussi chez les élus, les industriels et dans les syndicats. J'avais confié à Philippe Lazar, directeur du Conseil scientifique de l'INSERM[1], le soin d'en être le rapporteur général. Il s'acquitta de cette tâche avec talent.

À la différence du colloque de Caen, organisé en 1956 par Pierre Mendès France autour d'une élite de scientifiques, j'avais choisi de remotiver les chercheurs que l'essoufflement de notre effort de recherche depuis 1969 avait plongés dans le doute et de mobiliser largement l'ensemble des milieux sensibles aux enjeux de la recherche scientifique. Je disposais pour cela du précieux appui de François Mitterrand. Celui-ci ne lésina pas sur les moyens : les crédits étaient censés augmenter de 17,8 % par an pendant cinq ans et, de fait, l'effort national de recherche passa de 1,8 à 2,35 % du PIB de 1981 à 1985. Jack Lang et moi faisions partie des «chouchous» : le Président, désireux de s'attacher l'intelligentsia, voulait que la culture comme la recherche fussent d'emblée affichées comme deux priorités de son septennat. Les inscriptions budgétaires corroborèrent immédiatement ces choix. L'enthousiasme fut au rendez-vous.

Pour tenir compte des dix mille contributions qui remontaient des Assises, le projet de loi de programmation devint «d'orientation et de programmation». Des suggestions importantes furent reprises dans le texte : nouveaux statuts destinés à favoriser la mobilité entre les organismes, dotations globales accordées aux laboratoires, groupements d'intérêt public (GIP), associant organismes publics et recherche industrielle, statuts des personnels visant à susciter leur mobilité tout en les rassurant sur leur stabilité, juste place reconnue aux sciences de l'homme et de la société, programmes mobilisateurs dans des domaines clés (filière électronique, biotechnologies, etc.).

---

1. Institut national de la santé et de la recherche médicale.

Surtout les grandes missions furent redéfinies : garantie de la recherche fondamentale, mais aussi valorisation industrielle de la recherche, formation à et par la recherche, diffusion de la culture scientifique et technique, etc.

Je donnai une importance particulière à tout ce qui avait trait à l'emploi scientifique : création de postes programmés à hauteur de 4,5 % par an, création de bourses, multiplication des docteurs recrutés dans les entreprises.

La Documentation française a publié, en six tomes, l'ensemble des travaux d'un colloque qui, au total, a mobilisé près de quarante mille personnes ! À une ère de défiance succédait ainsi en quelques mois un élan de confiance et de créativité. On vérifiait sur le terrain qu'une grande ambition pouvait se déployer dès lors qu'elle s'appuyait sur la motivation des hommes.

J'inscrivais ainsi l'action de la gauche dans les pas de celle impulsée jadis par le Front populaire avec la création du CNRS, et dans la tradition gaullienne qui, en 1958 comme en 1945, a largement façonné l'armature de notre appareil de recherche.

Ce positionnement était tout à fait cohérent avec la stratégie de rassemblement qui s'imposait, selon moi, à la gauche victorieuse. Il n'y avait pas besoin d'avoir lu Gramsci pour comprendre qu'à eux seuls, socialistes et communistes n'étaient pas majoritaires dans le pays. L'idée de chasser sur les terres qui furent celles, jadis, du général de Gaulle, aurait pu permettre une sorte de compromis historique à la française. Simplement, là où Gramsci mettait en Italie la démocratie chrétienne, il fallait mettre, en France, la sensibilité nationale, plus conforme à la tradition de nos Républiques. Cependant, un petit couac faillit faire chavirer l'édifice de mes projets. J'avais choisi de maintenir au moins provisoirement à leur poste les patrons des grands organismes de recherche. Je ne m'interdisais pas pour autant d'opérer quelques changements : ainsi voulus-je remplacer Christian Morrisson, économiste libéral fraîchement nommé par Alice Saunier-Seïté à la direction des Sciences sociales du CNRS par un anthropologue, Maurice Godelier, que je ne connaissais qu'à travers les études qu'il avait consacrées au pouvoir mâle dans les tribus primitives de Nouvelle-Guinée. Patatras ! Mon intervention fut jugée comme une intrusion inadmissible du politique dans le sacro-saint domaine de la recherche par le directeur général du CNRS, Jacques Ducuing, qui entraîna, dans une démission collective, les membres du conseil d'administration : à l'Assemblée nationale, la droite m'accusa d'avoir voulu nommer un « marxiste ». Légèrement désarçonné, je demandai conseil à François Mitterrand. « Suivez Machiavel, me répondit celui-ci : frappez vite et fort ! Remplacez-les tous d'ici la semaine prochaine. »

Ainsi fut fait : le mercredi suivant, le Conseil des ministres renouvela l'intégralité des membres du conseil d'administration du CNRS et nomma un *nouveau* directeur général, Jean-Jacques Payan, président de l'université scientifique Joseph-Fourier de Grenoble. Il s'imposa tout de suite par son autorité naturelle. Interrogé à l'Assemblée dans l'après-midi, je me bornai à déclarer que je doutais fort que la méthode marxiste ait pu aider Maurice Godelier à décrypter les mœurs des tribus les plus primitives du monde. Je n'hésitai pas à m'affirmer farouchement « anti-anti-marxiste » au nom même de la liberté de pensée qui ne fait qu'un avec l'esprit de la recherche. L'affaire s'éteignit d'elle-même, tandis que les chercheurs affluaient par milliers aux Assises de la recherche que j'avais convoquées dans toutes les grandes villes universitaires. Quand François Mitterrand vint conclure le Colloque national, réuni au Palais des congrès de la porte Maillot, le 16 janvier 1982, la salle écouta médusée tomber de la bouche présidentielle les chiffres de croissance des crédits et des postes de chercheurs (+ 4,5 % par an) qui seraient inscrits dans la loi de programmation. Seul un petit lapsus vint égayer l'assistance quand le Président, sortant du texte qui lui avait été préparé, lança une ode aux réalisations que permettraient les progrès de la biologie, de la physique, de la chimie, etc., et, ajouta-t-il, de l'astrologie. Un sourire flotta dans l'assistance, presque aussi vite effacé que dans les comptes rendus officiels où l'astronomie remplaça l'astrologie. Nul, alors, ne pressentait qu'Élizabeth Teissier aurait un jour ses entrées à l'Élysée…

La loi de programmation de la recherche et du développement technologique que le Conseil économique et social avait adoptée à l'unanimité fut promulguée dès le 15 juillet 1982. Il n'avait fallu qu'un an pour susciter un immense élan et franchir un véritable parcours d'obstacles. Cette loi allait s'ajouter au trophée des réformes heureuses auxquelles la gauche procédait mois après mois : abolition de la peine de mort, lois de décentralisation portées avec fougue et méthode par Gaston Defferre, prix unique du livre, mesure emblématique prise par Jack Lang et que beaucoup d'autres allaient suivre, abaissement à soixante ans de l'âge de la retraite qui fut accueilli comme une aubaine par les ouvriers dont l'espérance de vie moyenne atteignait alors à peine soixante-cinq ans, réduction à trente-neuf heures de la durée hebdomadaire du travail, facilement absorbée par les progrès de la productivité, création d'un chèque vacances, mise sur pied d'une Haute Autorité de l'audiovisuel confiée à Michèle Cotta, lois Auroux, etc. Ce riche bilan des mesures prises pendant les années 1981-1982 ne suffit cependant pas à enrayer le déclin de l'état de grâce.

Dès le 16 janvier 1982, au soir du Colloque national de la recherche, quatre élections partielles eurent lieu : les députés socialistes élus en juin et invalidés par le Conseil constitutionnel étaient mis en ballottage par le suffrage universel. « C'est grave ! » me dit Mitterrand. Derrière se profilaient les cantonales de mars 1982, les municipales de mars 1983 et, plus encore, les législatives de 1986. Si la droite était majoritaire, comment le président de la République pourrait-il aborder avec elle une cohabitation jusque-là inédite ? Pourrait-il même se représenter en 1988 ? Ces questions, certes prématurées, n'étaient-elles pas déjà dans sa tête ?

La grande affaire immédiatement devant nous était désormais celle des nationalisations : François Mitterrand avait tenu à ce que les lois sur la décentralisation viennent en premier à l'ordre du jour des Assemblées mais un séminaire gouvernemental fut convoqué dès la rentrée de septembre à Rambouillet pour arrêter les orientations en matière de nationalisations.

La question posée était celle qui avait fait, en apparence du moins, capoter la renégociation du Programme commun en 1977 : fallait-il nationaliser à 51 % les holdings de tête qui possédaient, à des hauteurs variables, des participations dans les différentes filiales des groupes ? Si on voulait faire des économies, 51 % c'était moins cher. Mais si on voulait préserver la cohérence des groupes et faciliter les restructurations industrielles ultérieures, comme je l'ai fait par exemple en répartissant les actifs de Pechiney-Ugine-Kuhlmann entre trois grandes entreprises chimiques, Elf-Aquitaine, Rhône-Poulenc et l'EMC (les «potasses d'Alsace»), il fallait évidemment nationaliser à 100 % les holdings-«mères» afin d'éviter les minorités de blocage.

Dehors, il faisait beau. C'était la fin de l'été. À l'intérieur, le temps était à l'orage : également partagés entre les deux thèses, tous les ministres s'exprimèrent. D'un côté Rocard, appuyé par Badinter, Cheysson et Delors, de l'autre Fiterman, Defferre, la plupart des anciens conventionnels et moi-même. Mes raisons se situaient sur le plan de la pure opérationnalité : pour constituer des champions de taille mondiale par filières, on n'éviterait pas de restructurer. Le débat, à la surprise des participants, ne fut pas conclusif. François Mitterrand reporta à la semaine suivante son arbitrage : il fallait sans doute préserver pour les médias l'image d'un Conseil des ministres laborieux, tout entier consacré à sa tâche. J'ai gardé, à l'heure de la pause, le souvenir d'une partie de barque avec Édith Cresson sur les bassins du parc. Les journalistes étaient à la fête. Le verdict présidentiel tomba la semaine suivante : c'était la nationalisation à 100 %. J'y vis un heureux présage pour la mise en œuvre ultérieure d'une politique industrielle cohérente. La nationalisation à 100 % des holdings laissait présager une politique industrielle active : ainsi dans la filière électronique le téléphone irait à Alcatel, les «produits bruns» et l'électronique de défense à Thomson (depuis lors devenu Thalès), etc.

Je commençais cependant à m'inquiéter de la pagaille ambiante. Les ordres du jour étaient embouteillés par l'affluence des projets et surtout le cadrage économique global faisait évidemment défaut. À la veille du congrès de Valence qui se tint à la fin du mois d'octobre, François Mitterrand avait laissé, avant de s'envoler pour l'Amérique latine, une consigne énigmatique : il fallait que le parti s'exprime mais évite les erreurs qui avaient coûté cher à Robespierre – celui-ci avait réclamé des têtes, dans son discours à la Convention à la veille du 9 thermidor, mais avait omis de

À l'école primaire de Saint-Vit, près de Besançon.

Mon grand-père
paternel,
Paul Chevènement,
garde forestier
au Russey.

Ma grand-mère
maternelle,
Thérésia Garessus,
patronne de l'hôtel
du Cerf
à Frambouhans.

Notre avant-guerre. Mon père et moi,
juin 1939.

Mes parents,
Pierre et Juliette,
vers 1950.

Service militaire,
1961 (2e à partir
de la gauche
au premier rang).

1970, six mois avant le congrès d'Épinay.

Nisa, quand
je l'ai rencontrée.

Mariage
le 29 juin 1970
au musée
de Montmartre.

En famille avec
Raphaël
et Jean-Christophe.

En vacances
à Lacanau,
juillet 1983.

Au temps
du Programme
commun (1972).
Au centre
François Mitterrand,
à sa droite
Georges Marchais,
à sa gauche
Robert Fabre.

Avec Régis Debray.

Avec
François Mitterrand
en 1973.

Les « chefs
historiques »
du CERES.
De gauche à droite :
Didier Motchane,
Georges Sarre,
moi-même,
Pierre Guidoni.

Élection
à la mairie
de Belfort,
mars 1983.

En 1981.

Abidjan, avril 1985 :
réception par Félix
Houphouët-Boigny,
alors président
de la Côte d'Ivoire.

Avec Georges Sarre
et Edmonde Charles-
Roux en 1987 devant
la mairie de Belfort.

Avec François
Mitterrand au gala
de Polytechnique,
1982.

Avec Michel Rocard en rade de Toulon pour une revue navale, 1989.

Embarquement à bord d'un Crusader
de la marine nationale sur le porte-avions
Clemenceau, 1989.

En ministre de la Défense
par le peintre grec Fassianos.

à Jean pierre Chévenement
de tout mon cœur, pour vous.
avec mon amitié
10/5/1988   A Fassianos

Valmy, 1989 ; concertation sur le terrain
pendant la crise de la gendarmerie.

À la veille de la
guerre du Golfe,
chasse au faucon
dans le désert.

Pique-nique avec
le général américain
Schwarzkopf, 1989.

Avec le pape
Jean-Paul II,
à l'occasion
des Journées
mondiales de la
jeunesse, 1997.

Remise des insignes
de l'ordre de l'Amitié
par Vladimir Poutine,
Moscou,
décembre 2017.

Comme maire
de Belfort avec
Philippe Séguin,
maire d'Épinal,
Bernard Stasi,
maire d'Épernay,
en mission
de jumelage
en Palestine,
à Jéricho, sur
un pont enjambant
le Jourdain,
au début
des années 1990.

Jeu de fléchettes
avec Lionel Jospin
dans une fête
populaire à Belfort,
1987.

Le gouvernement de la gauche plurielle en 2000.
De gauche à droite : Michelle Demessine, Christian Sautter, moi-même, Lionel Jospin,
Dominique Voynet, Jean Glavany, Catherine Trautmann.

Juillet 2000,
Norvège, cap Nord :
j'apprends par un
coup de fil
de Jean-Paul Proust
que Lionel Jospin
me désavoue
sur l'attribution
des compétences
législatives
à la Corse.

L'histoire de France
selon moi,
par le peintre belge
Guy Peellaert.

Aujourd'hui.

préciser lesquelles devaient tomber, semant ainsi l'effroi parmi les conventionnels de l'époque.

À la tribune du Congrès, Paul Quilès, conventionnel moderne, qui était considéré, au niveau du parti, comme l'organisateur en chef parmi les amis de François Mitterrand, exhorta le gouvernement à ne pas laisser saboter son action, ajoutant simplement : « Il ne faut pas dire comme Robespierre : "Des têtes vont tomber" mais il faut dire lesquelles et le dire rapidement. » S'étant borné à paraphraser Mitterrand sans suivre son conseil d'ailleurs inapplicable, Paul déclencha aussitôt une hystérie médiatique qui lui valut, chez ses amis, et peut-être chez Mitterrand lui-même, le surnom de «Robespaul». Je me rangeai naturellement du côté des modérés, en condamnant le «basisme» surtout quand il venait du sommet, et en faisant l'éloge du «godillot, belle et bonne chaussure» que je préférais, pour ma part, aux «escarpins». Le congrès de Valence illustrait de manière aveuglante la difficulté pour un parti comme le Parti socialiste à exister dans les institutions de la Vᵉ République, sauf à s'opposer au Président et à son gouvernement, chose impensable dans les premiers mois de gouvernement de la gauche. Que fallait-il faire, sinon convaincre Mitterrand lui-même de «resserrer les boulons»? Mais comment, avec un attelage aussi composite, faire marcher du même pas le parti et le gouvernement?

En vérité, je commençais à m'inquiéter des arbitrages rendus à la godille par Matignon, même si j'en bénéficiais à la Recherche. Un keynésianisme primaire semblait tenir lieu de philosophie économique à la gauche. La politique de relance par le budget (95 milliards de francs de déficit prévisionnel dans le projet de loi de finances pour 1982) anticipait sur une reprise mondiale de la croissance qui n'était pas au rendez-vous. Surtout, l'absence d'une forte dévaluation au début de l'été 1981 nous avait mis dans la main des bailleurs de fonds étrangers (principalement l'Allemagne). Faute d'une vue d'ensemble, nous nous laissions pousser de mini-dévaluation (octobre 1981) en mini-dévaluation (juin 1982) dont le montant (8,5 % en octobre 1981, 5,5 % en juin 1982) ne permettait pas de rattraper le niveau de l'inflation, égal à 10 % en 1981 et guère moindre en 1982.

231

Ainsi la compétitivité de l'économie française continuait-elle de se dégrader. La «reconquête du marché intérieur» apparaissait de plus en plus comme un mot d'ordre creux. Notre déficit commercial sur l'Allemagne atteignait 28 milliards de francs en 1982 et mon collègue allemand à l'Économie, Otto von Lambsdorff, me faisait narquoisement remarquer : «Avec notre différentiel d'inflation, le système monétaire européen fonctionne naturellement comme un mécanisme de subvention à l'industrie allemande.»

Bien que m'efforçant de préserver vis-à-vis de l'extérieur l'image de la cohésion gouvernementale (ainsi quand Jacques Delors, à la fin de 1981, réclama «une pause dans l'annonce des réformes»), je n'étais pas dupe de la manœuvre qui consistait à «fatiguer le poisson» en attendant de le ferrer. Jacques Delors brandissait tous les jours le spectre d'une France contrainte de brader son or et de passer sous les fourches caudines du FMI. Quand il fallut entériner en Conseil des ministres, le 16 juin 1982, le blocage des salaires et des prix proposé par Mauroy, je ne pus me défendre d'exprimer une vue critique : «Rien de tout ce qui s'est passé en un an n'était imprévisible, ni la dépression, ni le tohu-bohu intérieur et ses effets psychologiques à l'extérieur, ni, enfin, le caractère douteux de la reprise économique en 1982.» C'était une pierre lancée dans le jardin de tous ceux qui avaient résumé la «rupture» à une petite relance keynésienne insusceptible de modifier en profondeur les conditions de la croissance et de l'emploi.

Michel Jobert et moi-même prîmes l'initiative de demander à Jacques Delors une rencontre en tête à tête pour débattre des conditions du retour à l'équilibre de nos comptes extérieurs. Cette rencontre eut lieu quai Branly, au ministère du Commerce extérieur (Jobert, chargé de ce dernier, avait rang de ministre d'État). Jobert et moi-même souhaitions argumenter : qu'est-ce qui empêchait une sortie même provisoire du SME[1]? Celle-ci eût permis au franc de trouver une parité d'équilibre, susceptible de rendre à l'économie française sa compétitivité. Nous n'aurions certes pas évité la rigueur (ni Jobert ni moi d'ailleurs ne nous étions opposés au blocage des salaires et des prix), mais nous lui aurions donné

---

1. Système monétaire européen.

un sens : celui d'une modernisation technologique réussie de la France, certes au prix de l'effort, mais d'un effort équitablement réparti. Nous n'aurions pas été obligés de maintenir des taux d'intérêt prohibitifs, qui bloquaient la reprise de l'investissement industriel. Le renchérissement des importations aurait facilité à nos entreprises la reconquête du marché intérieur. Inversement, une meilleure compétitivité-prix aurait dopé nos exportations, etc.

J'ai le souvenir d'une fermeture absolue, dogmatique. Non que Jacques Delors ne fût, au fond, un homme sympathique, aimant faire des blagues, et d'une grande simplicité personnelle. Mais ce jour-là, nous rencontrâmes un mur : sortir du SME ? Nous n'en avions pas les moyens ! Pour combattre la spéculation contre le franc, il faudrait vendre notre stock d'or et pour finir, aller à Canossa (c'est-à-dire au FMI). Au Conseil des ministres de la semaine suivante, rompant le secret de notre démarche, c'est tout juste si Jacques Delors ne nous flétrit pas comme coupables de spéculer contre le franc, bref de haute trahison. Le tout était prononcé sur le ton de l'excommunication. Je constatai ainsi que chez le social-chrétien, le chrétien, nostalgique de la Sainte Inquisition, l'emportait de beaucoup sur le social.

Le 29 juin 1982, il se passa quelque chose : le ministère de l'Industrie m'échut, mais surtout Pierre Bérégovoy, secrétaire général de la présidence de la République, devint ministre des Affaires sociales. Il fut remplacé à l'Élysée par Jean-Louis Bianco. Le décor du drame était désormais planté.

Je réorganisai mon ministère, rebaptisé «ministère de la Recherche et de l'Industrie» en trois grandes directions générales : l'Industrie, confiée à Louis Gallois, l'Énergie à Jean Syrota, et la Recherche à Maurice Allègre. Le ministère de l'Industrie m'a absorbé considérablement : je passais, hôtel de Charolais, les quatre premiers jours de la semaine, cherchant à associer les syndicats aux plans de restructuration, dans la sidérurgie et surtout à élaborer les grandes lignes d'une politique industrielle ambitieuse.

Deux mois après ma nomination, je réunis les présidents des grandes entreprises nationales et ceux des grands organismes de recherche. À la tête de ces derniers les passations de pouvoir s'étaient faites en douceur dans la foulée des Assises nationales. C'est ainsi que Philippe Lazar, qui était déjà le directeur du Conseil scientifique, devint le président de l'INSERM, tandis que Jacques Poly, homme de bon sens et Franc-Comtois comme moi, conserva la direction de l'INRA[1] qu'il ouvrit aux biotechnologies. Quant aux patrons des nouvelles entreprises nationales, la plupart ne m'étaient pas inconnus. J'avais apprécié Georges Besse à la tête de la Cogema. Il fut nommé à la tête de Pechiney sur ma proposition, comme Alain Gomez à la tête de Thomson. Georges Besse était un industriel remarquable. Issu d'un milieu modeste, il ne devait sa promotion qu'à ses qualités. J'avais le souci de ne promouvoir que des professionnels. Le directeur général de Saint-Gobain, Jean-Louis Beffa, avait présidé les Assises régionales de la recherche en Lorraine. Il succéderait, le jour venu, à Roger Fauroux. Je ne connaissais les autres que de plus loin. Ainsi Albin Chalandon à Elf-Aquitaine ou Georges Pébereau à la CGE[2] avec lesquels j'avais noué, au ministère de la Recherche, des rapports cordiaux. Le seul problème délicat que j'ai eu à régler était celui de Jean Gandois, à Rhône-Poulenc. Celui-ci avait donné sa démission à mon prédécesseur Pierre Dreyfus, ancien P-DG de Renault, pour marquer son désaccord sur un choix de politique industrielle. François Mitterrand me fit passer un petit mot au Conseil des ministres qui suivit ma nomination. Pierre Dreyfus, m'écrivait-il, a couché sur son testament le nom de Loïk Le Floch-Prigent, son directeur de cabinet, pour prendre la succession de Jean Gandois, démissionnaire.

Un tel ordre ne se discute pas. Je fis venir Jean Gandois le mardi suivant pour lui annoncer que sa lettre de démission était acceptée et qu'il serait pourvu à son remplacement dès le lendemain. Je ne connaissais pas Jean Gandois mais je crus percevoir qu'il aurait sans doute repris sa lettre de démission, si je l'en avais prié. Au fond, je regrettais de ne pouvoir en débattre, car il avait la réputation d'un homme ouvert. Le lendemain, à l'issue du Conseil des ministres, assailli par les journalistes, je crus m'en tirer par une

1. Institut national de la recherche agronomique.
2. Compagnie générale d'électricité.

boutade : «La République a besoin de serviteurs motivés.» Elle n'était pas juste mais j'étais en service commandé et je ne pensais pas qu'un tel incident pût altérer mes rapports avec les patrons des entreprises nationales dans lesquels je voyais, avant tout, de grands serviteurs de l'État... Les ayant réunis, je m'adressai à eux comme s'il fallait les mobiliser. Pour faire de la France une grande puissance technologique et lui donner une industrie compétitive, leur dis-je, nous avons quatre atouts : établir une meilleure liaison entre la recherche et l'industrie, rapprocher celle-ci du système de formation, mobiliser l'épargne et la canaliser vers l'industrie, instaurer un véritable dialogue social, condition d'une démocratie industrielle moderne[1]. Enfin, je décrivis l'outil permettant de concilier l'idée d'une politique industrielle avec le principe de l'autonomie de gestion des entreprises nationales proclamé par le président de la République le 2 février 1982, jour de la promulgation de la loi sur les nationalisations. C'étaient les contrats de plan, chacun articulé autour d'un noyau dur d'engagements réciproques en matière d'investissements, de recherche, de commerce extérieur et d'emploi. J'ai gardé le souvenir d'une séance du comité central d'entreprise des Câbles de Lyon que présidait alors Pierre Suhard pour examiner le plan de développement à cinq ans de l'entreprise. C'était du jamais-vu! Un exercice plutôt réussi que ni Pierre Suhard ni les syndicats de la boîte n'avaient jamais pratiqué!

Je ne me cachais pas les difficultés d'un tel dialogue dont les conditions n'étaient pas partout aussi favorablement réunies. Mais c'était, de mon point de vue, le moyen d'habituer les syndicats à prendre en compte les problématiques industrielles et les grands dirigeants à ne pas considérer le social et l'emploi comme de simples «variables d'ajustement» des choix industriels et financiers. Jean Riboud, patron de Schlumberger et ami personnel de François Mitterrand, avait accepté la présidence des Assises de l'industrie que je prévoyais de réunir en juin 1983, sur le modèle des Assises de la recherche. Je comptais beaucoup sur Jean Riboud, sa large expérience qui n'était pas qu'industrielle (il avait été déporté pendant la guerre), sa connaissance de l'économie internationale et

---

1. *Passion de la France, op. cit.*, p. 511 *sq.*

particulièrement américaine. Il me mit en contact avec Michel David-Weill qui dirigeait alors la banque Lazard et que je rencontrai aux États-Unis. Il me fit aussi connaître Felix Rohatyn qui avait sauvé les finances de la ville de New York et qui, lui aussi, pensait qu'une sortie au moins provisoire du SME était le moyen de rétablir nos grands équilibres et de stabiliser durablement l'économie française. Encore fallait-il en convaincre François Mitterrand. Pour ce faire, je comptais bien évidemment sur Jean Riboud qui était l'unique « visiteur du soir » dont la culture économique impressionnait véritablement François Mitterrand. Il lui inspira, le 27 septembre 1982, à Figeac, un discours dans lequel le Président préconisait la réduction des taux d'intérêt qui dépassaient alors 15 % pour abaisser les charges écrasant les entreprises. C'était un signe clair en faveur d'une « autre politique ». Comme je l'ai déjà écrit, le président de la République était peu porté sur les choses de l'économie. En réalité, il hésitait au départ entre deux politiques et je le vis faire un réel effort pour s'approprier ces questions, par la réunion quasi hebdomadaire de Conseils restreints à l'automne 1982, auxquels je me trouvai associé comme les autres ministres « économiques ».

À la fin de 1982, et pour l'année entière, j'obtins 15 milliards de francs pour financer les dotations aux entreprises nationales et 7,5 milliards en inscription dans la loi de finances pour 1983. On jugera du pactole en le comparant au 1,5 milliard que les actionnaires privés avaient apporté à ces entreprises de 1975 à 1981. Le ministre de l'Économie et des Finances m'accorda par ailleurs la création d'un crédit impôt recherche (CIR) réservé alors aux petites et moyennes entreprises. La tâche était rude mais combien était-elle exaltante ! J'avais l'impression de livrer à nouveau la bataille décisive : la « bataille de France ». L'enjeu en était la place que notre pays saurait prendre dans la compétition internationale, entre les États-Unis, le Japon et l'Allemagne.

Je ne pouvais cependant me dissimuler que le succès de cette bataille dépendrait avant tout de la réussite de la politique économique globale. Les 15 et 16 novembre, j'organisai deux journées de travail, élargies aux entreprises du secteur privé sur le thème de la politique industrielle[1]. J'observai que dans son intervention conclusive, le Président ne disait mot du travail éreintant auquel je m'astreignais tous les jours. Je mis cet oubli sur le compte du peu d'intérêt que le Président avait toujours manifesté pour les questions industrielles. Il faudrait faire avec…

Je sentais bien, cependant, qu'il y avait quelques tensions entre le ministère de l'Industrie et l'Élysée. Mon nouveau directeur de cabinet, Loïc Hennekine, futur conseiller diplomatique du Président, puis secrétaire général du Quai d'Orsay, que nous avons déjà rencontré dans la préhistoire du CERES, me montrait les « bleus de Matignon », c'est-à-dire les comptes rendus des Comités interministériels de restructuration industrielle (CIRI). Alain Boublil, qui y assistait comme conseiller industriel du Président, manifestait un interventionnisme déplacé, ponctuant ses prises de parole par des « le Président pense que… », quand ce n'était pas « le Président a décidé que… ». Il se substituait ainsi au ministre de l'Industrie mais je connaissais Alain Boublil et son tempérament aussi vif que son intelligence était brillante, et je pensais que les choses pourraient s'arranger à bas bruit. C'était une erreur d'appréciation. Plusieurs mois après (au lendemain de mon départ du gouvernement), Georges Pébereau m'a invité à déjeuner au siège de la Compagnie générale d'électricité qu'il présidait. Comme je lui demandais ce qui avait changé, à ses yeux, depuis que les socialistes étaient arrivés au pouvoir, il me répondit tout à trac : « Il n'y a plus d'État. Avant je devais m'adresser tour à tour au directeur compétent du ministère, puis au directeur de cabinet du ministre, puis au ministre et, si je n'obtenais pas encore satisfaction, à Matignon et, en dernier ressort, à l'Élysée. Maintenant je passe un coup de fil à Alain Boublil et ça s'arrange tout de suite. » Beaucoup de choses se passaient ainsi très au-dessus de ma tête, mais je n'en fus informé que beaucoup plus tard…

Le 9 janvier 1983, le Président invite à sa table six patrons des entreprises nationales, hors la présence du ministre responsable de l'Industrie. Mais ses principaux conseillers sont là. Georges Besse,

---

1. *Ibid.*, p. 526 *sq.*

président de Pechiney, se fera un devoir de loyauté de me rapporter le déjeuner, à commencer par le propos d'un futur ministre de l'Industrie, tête pensante de la deuxième gauche, se plaignant de ce que le ministère de l'Industrie avait entrepris de recenser les machines à écrire utilisées dans son entreprise. Je n'ai, bien entendu, jamais trouvé la moindre trace d'une initiative aussi stupide, sans doute simple fable destinée à alimenter le procès en bureaucratie tatillonne instruit à mon égard. Georges Besse conclut son petit compte rendu par une confidence : « Si je gérais mon entreprise comme François Mitterrand gère les affaires de l'État, il y a longtemps qu'elle serait en faillite ! »

Trois semaines plus tard, au Conseil des ministres du 2 février 1983, le président de la République déclara s'inquiéter des « excès de dirigisme et de bureaucratie, les chefs de bureau appelant les dirigeants des entreprises nationales et peut-être même avec l'aval des ministres de tutelle »... Je tombai de haut. Certes François Mitterrand avait omis de citer mon nom et, à la fin du Conseil des ministres, il me glissa : « Ce message ne s'adressait pas à vous en particulier, mais à tous. » Au même moment, cependant, Jacques Attali, qui faisait office de porte-parole, répercutait le message à destination des journalistes : le Président a mis en garde contre les excès d'une bureaucratie tatillonne dans la gestion des entreprises nationales. Qui donc cela pouvait-il concerner, sinon moi ?

Sitôt rentré à mon ministère, je rédigeai, sous le coup de l'émotion, une lettre de démission que je ne remis au Président que deux jours plus tard, le vendredi 4 février, dans un entretien en tête à tête déjà programmé : « Votre déclaration, écrivais-je, m'enlève le peu d'autorité que je pouvais avoir vis-à-vis des entreprises nationales... Dès lors que je ne dispose pas de votre appui [dans l'accomplissement d'une tâche exceptionnellement rude] je me trouve obligé de vous dire honnêtement : je ne sais pas faire[1]. »

J'ai toujours eu avec François Mitterrand un rapport de franchise qui m'imposait à son égard un devoir de transparence. C'était l'homme sur lequel, au moins depuis le congrès d'Épinay,

---

1. Texte intégral de ma lettre de démission du 2 février 1983, in *Passion de la France*, *op. cit.*, p. 537-530.

j'avais cristallisé l'idée qu'il était le point de passage obligé du changement. Et voilà qu'il me manquait, dans le feu de l'action que j'avais engagée conformément à nos engagements, aussi bien dans la forme que dans le fond. Que voulait au fond François Mitterrand ? Le savait-il lui-même ? J'avais longtemps spéculé sur le fait que, d'abord soucieux de sa propre gloire, il ne décevrait pas les attentes que des millions de gens avaient placées en lui. Au fond de moi, je savais bien, cependant, combien ce pari pouvait être audacieux et peut-être illusoire. Dans un déjeuner à quatre à l'Élysée avec André Rousselet et Georges Fillioud, je n'avais déjà pas mâché mes mots au Président : « Ce qui manque le plus dans votre gouvernement, c'est le courage ! » On ne pouvait pas mettre davantage la pression sur François Mitterrand.

À vrai dire, mes amis du CERES et moi-même étions beaucoup trop isolés au sein du Parti socialiste. Et celui-ci ne s'était pas donné les moyens de peser sur la ligne gouvernementale, sinon à travers un petit déjeuner hebdomadaire pris en tête à tête entre le Président et le nouveau premier secrétaire. Nous n'avions pas d'alliés véritables. Le Parti communiste jouait son jeu. Les seules questions qui pouvaient l'intéresser étaient liées à la répartition de l'effort et nullement à la politique industrielle elle-même. Et encore ! La CGT ne s'était pas opposée à la suppression de l'échelle mobile des salaires, signe d'extrême bonne volonté à l'égard du gouvernement de gauche.

Le « mouvement autonome des masses » n'existait que dans la littérature conseilliste, et peut-être dans un moment révolutionnaire que nul ne voyait poindre à l'horizon. Aussi bien cette idée contrariait-elle trop la conception que je me faisais de l'action politique qui ne va pas sans un minimum d'ordre dans l'État. Bref, tout me ramenait à François Mitterrand que je devais voir le surlendemain. L'idée de ne pas lui remettre ma démission ne m'a pas effleuré un instant car le coup porté à mon autorité était trop grave. Mais je savais que François Mitterrand serait très contrarié par ma lettre qui était rédigée sans précaution de plume. J'y mettais en cause certaines orientations de sa politique : « Message brouillé vis-à-vis de l'opinion. Endettement extérieur croissant dont la finalité réelle m'échappe (si encore c'était pour moderniser l'économie…). Réduction du temps de travail considérée comme la seule issue à la crise et au chômage. Il n'est pas jusqu'à l'accent mis sur le déséquilibre des forces en Europe qui ne me laisse sceptique…»

On le voit, c'était un véritable appel à changer de politique. Je lui remis d'emblée ma lettre en lui demandant de la lire car elle explicitait mieux que tout les raisons profondes de mon acte. François Mitterrand parut en effet embêté. Il fallait se donner le temps de la réflexion, me déclara-il, avant d'écarter ma lettre en me disant : «Écoutez, on peut surseoir jusqu'aux municipales et là on verra…» Je n'avais pas l'habitude de refuser quelque chose au Président. Les municipales s'annonçaient mal, même pour moi qui surestimais alors mes chances d'élection à Belfort. Et puis surtout la décision majeure qui aurait pu me retenir – sortir ou non du SME – n'était pas prise. Les dés roulaient encore. Je ne formulai donc qu'une demande : si je devais conserver encore le portefeuille de l'Industrie, je lui demandais de bien vouloir me désigner un autre interlocuteur que son conseiller industriel, Alain Boublil, pour traiter des affaires courantes. Dès mon retour au ministère de l'Industrie, j'écrivis une lettre en ce sens à Jean-Louis Bianco, secrétaire général de la présidence de la République. Ainsi laissai-je rouler les dés jusqu'au jour du choix décisif, au lendemain des municipales.

Ce n'est que le lundi 7 février, jour programmé pour une conférence de presse que, pour écarter une question indiscrète sur les conséquences que je tirais de la mise en garde présidentielle s'agissant des entreprises nationales, je laissai tomber cette phrase sibylline, entrée depuis dans la mémoire collective : «Un ministre, ça ferme sa gueule. Si ça veut l'ouvrir, ça démissionne!»

Elle prenait son sens dans un contexte que tous ignoraient, hors le président de la République et moi-même. Chacun n'y vit qu'un simple rappel à la déontologie de l'État, ce qu'elle était aussi.

Sous une apparence technique, sortir ou non du SME, François Mitterrand se trouvait confronté à la question décisive de son premier septennat. Ce choix n'était pas important seulement parce qu'il divisait profondément le gouvernement : il remettait en cause l'institution choisie par Valéry Giscard d'Estaing et Helmut Schmidt, en 1978, d'un système monétaire européen[1], à l'intérieur duquel les monnaies étaient contraintes à une parité fixe, dans d'étroites bandes de fluctuation (+ 2,25 % et − 2,25 %). Le comité directeur du PS issu du congrès de Metz avait bien condamné à l'avance, sous l'impulsion du CERES, un mécanisme décrit comme la résurrection du « mur d'argent », contre lequel s'étaient brisés le Cartel des gauches, en 1925, et le Front populaire, en 1936, et qui ne manquerait pas de se transformer en instrument de chantage vis-à-vis d'un futur gouvernement de la gauche unie. C'est effectivement ce qui se produisit chaque fois que Jacques Delors dut négocier une mini-dévaluation pour stopper l'hémorragie de nos réserves de devises (octobre 1981-juin 1982). Il fallait négocier le bout de gras, notamment avec les Allemands, pour obtenir de leur côté une mini-réévaluation du mark. Encore à l'époque, l'Allemagne était-elle divisée et le soutien que nous apportions à son gouvernement – Kohl après Schmidt – pour le déploiement des Pershing ne nous laissait-il pas, si je puis dire, sans munitions.

Le SME avait été conçu, selon Jacques Delors, pour « fournir un point d'ancrage et réussir des politiques visant à effacer les déséquilibres macroéconomiques et à chasser le fléau de l'inflation[2] ». C'était déjà la politique énoncée par Raymond Barre de 1976 à 1981. Dès le début des années 1970, il y avait déjà eu le plan Werner qui accoucha du fameux « serpent », mais le « serpent » n'avait pas résisté aux secousses provoquées par les chocs pétroliers. En réalité, le SME n'était pas seulement, aux yeux de ceux qui l'avaient conçu, un point d'ancrage du franc français au mark allemand dans la nouvelle ère de flottement des monnaies qui avait suivi la suspension de la convertibilité du dollar en or. Le mark, certes, n'était pas aussi sûr que l'or aux yeux des classes dirigeantes françaises, mais l'Allemagne – ou plus exactement l'ordolibéralisme allemand – restait pour elles et notamment pour les détenteurs d'actifs non seulement un modèle mais le point d'ancrage le plus rassurant dans une Europe encore agitée de vents contraires. Le SME avait à leurs yeux un second avantage : avec l'arrivée de la gauche au

---

1. Réellement mis en œuvre en 1979.
2. Jacques Delors, *Le Nouveau Concert européen*, Odile Jacob, 1992, p. 14-15.

pouvoir en 1981, le franc vivrait sous le chantage permanent d'une fuite des capitaux à laquelle le gouvernement ne pourrait mettre un terme – provisoire – qu'en dévaluant la monnaie. Ce n'est que dans le cours des années 1980 que le SME devint pour les classes dirigeantes françaises, et d'abord dans l'esprit de Jacques Delors, le moyen privilégié d'accéder au Graal de la monnaie unique dont le projet avait commencé de prendre forme après l'adoption de l'Acte unique, en 1985. Ce n'est pas le lieu d'expliquer ici comment ce qui aurait dû n'être que le couronnement de la construction européenne en est devenu le point de passage obligé. De l'Acte unique négocié en 1985 au traité de Maastricht conclu en décembre 1991, Jacques Delors a été l'artisan opiniâtre de cette inversion des priorités. Il se peut qu'il n'ait pas eu auparavant l'intuition de ce fait accompli caractéristique de la méthode Monnet, mais l'inverse est également envisageable.

Après avoir été nommé président de la Commission européenne en 1984, sur la suggestion d'Helmut Kohl, Jacques Delors écrit en effet : «J'avais gardé pour moi [dans la répartition des compétences entre les Commissaires] certains domaines : les affaires monétaires que je dissociais de l'économie pour la première et unique fois dans l'histoire de la Commission… En me réservant la monnaie, mon intention était de faire progresser mes idées sur le renforcement du Système monétaire européen et – qui sait ? – d'en faire la rampe de lancement de la monnaie unique[1].» Cette vision quasi téléologique du salut par les fins pourrait expliquer rétrospectivement la fureur dogmatique avec laquelle les tenants du SME ont défendu ce mécanisme de change, comme s'il se fût agi d'une ceinture de chasteté les acheminant vers la vie éternelle. François Mitterrand, en 1983, hésitait encore à maintenir le franc dans le SME mais il voulait, comme à son habitude, garder les mains libres. Il ne s'était pas avisé que depuis 1981, une alliance «en fer forgé» s'était constituée, selon Jacques Delors[2], entre celui-ci et le Premier ministre : «Même si on ne le disait pas…

---

1. Jacques Delors, *Mémoires*, Plon, 2003, p. 241.
2. Les Amis de l'Institut François-Mitterrand, *Entretiens – Jacques Delors*, Michel de Maule, p. 35.

nous étions convaincus que notre ligne était la bonne et nos deux cabinets travaillaient en étroite collaboration. »

Aux élections municipales du 13 mars 1983, la gauche limite les dégâts. Elle ne perd que trente villes de plus de trente mille habitants, vingt de moins que ce qu'indiquaient les pointages. Aucun ministre n'est battu. Au Conseil des ministres du 16, le Président, en gagnant sa place, nous apostrophe Defferre et moi : « Vous deux, c'est *Boudu sauvé des eaux* ! » À la table même du Conseil des ministres, Michel Jobert est en train de rédiger sa lettre de démission. Il est vrai qu'à aucun moment il n'avait été mis dans la boucle d'une décision apparemment très technique mais en fait très politique. Sur l'essentiel, nous n'ignorions pas que les grandes décisions allaient être prises si elles ne l'étaient déjà. Le lundi 14 mars, Pierre Mauroy avait mis en jeu sa démission : « Je ne sais pas conduire sur une route verglacée. » Les récits divergent quelque peu sur cette période. François Mitterrand cherche à retenir Mauroy tout en pressentant le surlendemain Bérégovoy, selon celui-ci du moins : « C'était moi à Matignon, et Fabius aux Finances[1]. »

Jacques Attali tire peut-être un peu la couverture à lui en s'arrogeant l'idée de faire basculer Fabius. Il aurait convaincu Jacques Delors de laisser Fabius aller voir le directeur du Trésor, Michel Camdessus[2]. À Delors aussi, le 15, Mitterrand aurait offert Matignon « à condition qu'il accepte l'idée d'une sortie du SME ». C'est ce que rapportent Pierre Favier et Michel Martin-Roland auxquels Mitterrand aurait ouvert l'accès aux comptes rendus des Conseils des ministres et peut-être d'autres archives, mais Delors, dans ses *Mémoires*, dément fermement que cette proposition lui ait été faite. Mitterrand en fait est coincé. Selon moi, Jean Riboud l'a convaincu de sortir provisoirement du SME et c'est son premier mouvement. Mais il découvre qu'il n'a pas au gouvernement les hommes qu'il faut pour mener à bien cette entreprise. Fabius s'enquiert auprès du directeur du Trésor « de l'état des réserves de la France ». Celui-ci lui peindrait une situation catastrophique : « des réserves de devises réduites à trente milliards de francs, à peine

---

1. Pierre Favier et Michel Martin-Roland, *La Décennie Mitterrand*, op. cit., p. 469.
2. *Ibid.*, p. 469.

de quoi tenir quelques jours, et la perspective de devoir augmenter les taux d'intérêt de 14 à 20 % pour défendre le franc». Fabius, dans un entretien avec Pierre Favier et Michel Martin-Roland, confiera plus tard, en juillet 1988 : «Je tire de cet entretien la certitude que si nous sortons du SME, les avantages attendus d'une telle décision nous conduiront à une plus grande rigueur, car le franc va dégringoler.» Favier et Martin-Roland poursuivent leur récit : aussitôt Fabius fait part de ses conclusions à François Mitterrand : «Je crois, confie le premier aux auteurs, avoir joué un rôle de déclencheur de la décision de Mitterrand.»

À plusieurs reprises, au long de sa carrière politique, Laurent Fabius, sur le berceau duquel toutes les fées s'étaient penchées, nous a habitués à des choix plutôt erratiques. François Mitterrand, sur son rapport, semble avoir fait sa religion. Il tente alors, via Delors, une manœuvre de diversion vis-à-vis des Allemands pour obtenir d'eux une réévaluation aussi forte que possible du mark. À Bérégovoy, il demande simultanément de lui faire des propositions quant à la composition d'un nouveau gouvernement, «SME ou pas». Delors, dans un va-et-vient entre Paris et Bruxelles, qui montre où sont ses préoccupations, obtient une réévaluation du mark de 5,5 % et une nouvelle mini-dévaluation du franc (2,5 %), en échange d'un plan d'assainissement financier sévère (deux points de PIB, soit deux fois le montant injecté en 1981). Mais Delors n'obtient pas Matignon, faute de se voir concéder par François Mitterrand le contrôle des «grands leviers économiques et monétaires[1]».

Le mardi 22 mars en fin d'après-midi, après avoir retourné tout le monde sur le gril en tête à tête, François Mitterrand demande à Pierre Mauroy de former son troisième gouvernement. Mauroy accepte, «goguenard[2]», selon le récit de Thierry Pfister, alors son conseiller.

Que déduire de tout cela? D'abord que, chez les principaux ministres et chez les conseillers, l'idéologie libérale avait déjà triomphé, avant même les choix du Président. Si Jacques Attali dit vrai,

---

1. P. Favier et M. Martin-Roland, *La Décennie Mitterrand*, Seuil, p. 479.
2. *Ibid.*, p. 481.

il va bien au-delà du rôle d'un conseiller, fût-il «spécial». Ensuite l'impréparation des partisans de «l'autre politique» qui n'ont nul lieu pour se concerter, à la différence de Mauroy et Delors unis par leur «pacte en fer forgé», puissamment relayés à l'Élysée et qui se voient quasiment tous les jours. Bérégovoy et Fabius se méfient l'un de l'autre. L'un vise Matignon, l'autre Rivoli. Curieusement, on voit aussi le poids des facteurs extérieurs (la position allemande notamment, qu'on ne peut qualifier d'ingérence dans la mesure où elle est sollicitée... par le président de la République lui-même mais le chancelier Kohl n'est pas sans remarquer la dextérité du ministre de l'Économie et des Finances français pour garder le franc dans le SME, objectif central de la politique allemande. Ce détail, on le verra par la suite, aura son importance).

Dans la négociation, c'est Jacques Delors qui, à l'extérieur comme à l'intérieur, tient tous les fils, sauf un : il n'a pas le pouvoir de nommer à Matignon. Le Président, qui était disposé à l'y nommer lui-même, finit par y renoncer, inquiet des attributions de compétences supplémentaires qu'il réclame, en fait la direction du Trésor. En définitive, François Mitterrand, contre son premier mouvement, conserve Pierre Mauroy à Matignon sans avoir pu lui imposer un changement de politique, car il est, à ses yeux, la moins mauvaise solution. Certes, dans la perspective des élections de 1986, François Mitterrand aurait bien aimé changer de cheval à Matignon. Mais Bérégovoy est trop isolé et s'est avéré peu fiable du point de vue de «l'autre politique». Il le montrera ultérieurement quand il aura été nommé, en 1984, ministre de l'Économie et des Finances, puis en 1991 Premier ministre. Il fera entièrement sien le choix de 1983 contre lequel il s'était initialement prononcé. Laurent Fabius, en 1983, n'est pas encore mûr pour Matignon.

Quant à la politique économique et aux choix industriels, ils sont passés à la trappe. Il y a tout lieu de penser que le tableau apocalyptique périodiquement dressé par Jacques Delors («C'est la Bérézina!» répète-t-il constamment), efficacement relayé par Jacques Attali, Jean Peyrelevade, Michel Camdessus et consorts, ne prenait en compte ni les réserves d'or ni les facultés d'emprunt. Le niveau des réserves est naturellement fluctuant. Si on s'en tient aux chiffres cités dans le livre de Pierre Favier et Michel Martin-Roland, le 16 mars 1983, Michel Camdessus, directeur du Trésor, confirmerait à Fabius « les données de Delors : 30 milliards de francs de réserves en devises[1] ». Mais le 15 septembre 1982, selon la même source qui cite un document d'archives, Jacques Delors déclare au Conseil des ministres que « Paris ne dispose plus que de 260 milliards de francs de réserves de change et d'or », soit une perte de 65 milliards en un an[2] (depuis 1981).

Je ne suis pas un spécialiste de la gestion de la Trésorerie de l'État, mais celle-ci est un jeu permanent d'endettement et de remboursement. Rien n'est plus facile à maquiller qu'une telle statistique.

Rien n'obligeait non plus à porter les taux d'intérêt à des niveaux asphyxiants pour l'économie, comme l'aurait pronostiqué Michel Camdessus. L'endettement de la France à l'époque était ridiculement faible comparé à ce qu'il est aujourd'hui (environ 20 % du PIB contre 98 % en 2019). Dans la configuration de l'époque, l'Administration américaine aurait été neutre, face à une décision de Paris de sortir du SME. Ce qui intéressait les Américains, c'était notre position sur le stationnement des Pershing en Europe.

Avec près de trente-cinq ans de recul, je ne comprends toujours pas comment Laurent Fabius qui était dans la place, au ministère de l'Économie et des Finances, et Pierre Bérégovoy qui avait été, pendant un an, secrétaire général à l'Élysée, n'ont pas mieux coordonné leurs stratégies. Ni l'un ni l'autre n'ont jamais passé pour des naïfs. Moi-même, après la remise de ma lettre de démission, j'avais exercé la plus forte pression dont j'étais capable sur le Président. N'appartenant pas au premier cercle des fidèles et les finances extérieures de la France n'étant pas dans mes compétences, je me tins ensuite en retrait. Mais comment ceux qui étaient dans la place ont-ils pu ne pas mieux préparer leur plan d'action ?

Pour ma part, maire depuis 1977, je me trouvais de plus en plus absorbé par le « local » : j'avais fort à faire à Belfort : il n'était pas si aisé de succéder à Milo, certes malade mais qui, par sa

---

1. Pierre Favier et Michel Martin-Roland, *La Décennie Mitterrand, op. cit.*, p. 471.
2. *Ibid.*, p. 444.

personnalité attachante et en tant que président de l'Union départementale des anciens combattants, bénéficiait d'un capital de sympathie qui allait bien au-delà de la gauche...

Au plan national, l'explication la plus probable de l'absence d'une politique alternative clairement formulée est qu'aucun de ses deux principaux tenants (Bérégovoy et Fabius) n'avait réfléchi à ce que pouvait signifier une conversion «républicaine» de la gauche au pouvoir. Les idées néolibérales qui avaient triomphé dans le monde anglo-saxon en 1979-1980 imprégnaient déjà trop l'air du temps sur le continent, et au sein même de notre gouvernement l'esprit de la technostructure dite «de gauche». Comme l'a écrit l'économiste américain Rawi Abdelal, le tournant de mars 1983 en France fut «un combat pour l'âme même du socialisme français» : que voulions-nous faire en définitive de la victoire de la gauche en 1981 ? La suite a confirmé la pertinence du propos de Rawi Abdelal : c'est du 22 mars 1983, date de la victoire du duo Mauroy-Delors, que découle l'enchaînement des décisions qui vont conduire, à l'orée des années 1990, au triomphe, sur le continent européen, du modèle néolibéral. J'en ferai, dans les pages qui viennent, la démonstration détaillée.

Pierre Bérégovoy, devenu ultérieurement le soutien le plus ardent de l'accrochage du franc au mark, aurait-il pu deviner en 1983, où cette politique nous conduirait dix ans plus tard ? Qui alors aurait pu imaginer l'alignement de nos taux d'intérêt sur ceux de la Bundesbank qui atteignaient 20 % en 1992, conséquence du taux de conversion adopté par Helmut Kohl (1 DM = 1 Ostmark) pour faire accepter aux Ossies[1] la réunification allemande ? Et cela alors que toutes les autres grandes monnaies européennes (livre britannique, lire, peseta) avaient préféré décrocher à la fin de 1992 par une forte dévaluation vis-à-vis du mark, faisant ainsi littéralement exploser le système monétaire européen (les bandes de fluctuation ayant été portées de 2,25 % à 15 %). Seul le franc, asservi au fantasme de la monnaie unique, s'était accroché à sa parité antérieure avec le mark, l'envol des taux d'intérêt provoquant l'année suivante (1993) une franche récession (– 0,9 %) et un déficit

---

1. Allemands de l'Est.

budgétaire abyssal (6,4 % du PIB), aux antipodes des prévisions et des convictions affichées par Pierre Bérégovoy. Dans quelle solitude, l'ancien Premier ministre ne dut-il pas affronter la campagne qui piétinait son image !

Et moi-même, que hantait le spectre de la désindustrialisation de notre pays, aurais-je pu deviner, en mars 1983, que celle-ci aboutirait à la suppression, en trente ans, de la moitié de nos emplois industriels ? Dans le rapport sur la compétitivité de l'industrie française qu'il a remis au gouvernement en 2014, Louis Gallois a établi que la part de l'industrie française dans la valeur ajoutée est tombée à 11 % en 2012 (contre plus de 20 % en 1983). Aurais-je pu imaginer, à l'époque, que le déficit du commerce extérieur français – 93 milliards de francs en 1982 – aurait plus que quadruplé en 2018 : 70 milliards d'euros, soit l'équivalent de 462 milliards de francs 1982 ? C'est dire qu'il n'a pas été remédié au défaut de compétitivité qui, en 1982 déjà, était le grand handicap de l'économie française dont Jacques Delors passe aujourd'hui pour avoir été le sauveur !

Il faut donc resituer le choix de 1983 dans l'histoire longue. Comme les ides de mars au cours desquelles Jules César fut assassiné, le tournant de mars 1983 marque un basculement de l'histoire de la gauche et peut-être de la France elle-même. Ce choix a été un choix de structure. Il a exprimé la préférence des élites françaises pour les services contre l'industrie et pour une répartition internationale du travail qui laisserait à d'autres, et à l'Allemagne en particulier, le privilège de devenir « l'atelier industriel de l'Europe ». Ce n'est pas Jules César qui a été assassiné mais, à coup sûr, une certaine idée de la gauche… et de la France.

Ma démission exprimait la crainte qu'un nouveau seuil eût été franchi, en mars 1983, dans l'acheminement de la France vers son effacement. Et pourtant, je ne voulais pas désespérer. Sur le terrain, la lutte continuait. Ma démission valait avertissement. Restaient à explorer, à partir de ce geste fort, les voies de la reconquête…

Ayant battu à Belfort le 13 mars 1983 d'une courte tête (52 %) l'ancien maire de droite, Pierre Bonneff (1974-1977), qui m'avait devancé de deux points au premier tour, grâce à un solide coup de rein et à la mobilisation de l'électorat de gauche, je passai la semaine qui suivit entre ma ville natale et Paris. À Belfort, il fallait installer le nouveau conseil municipal et élire le maire : c'était moi ! Situation paradoxale, car tant que le Président, ayant gardé pour lui ma lettre de démission, ne l'avait pas acceptée, j'en préservais le secret absolu vis-à-vis de l'extérieur, tant à Paris qu'à Belfort. Il allait falloir en aviser les électeurs. Il m'apparut que le plus simple était de leur dire la vérité quand le nouveau gouvernement serait formé : oui, en matière de politique industrielle, j'avais mes idées qui n'étaient pas celles du Président. Après mon élection comme maire de Belfort, une fête de la victoire était prévue le samedi soir par les militants. Jamais je ne me sentis plus près des électeurs qui me soutenaient qu'en leur expliquant que ma fidélité allait d'abord à eux-mêmes et à la cause de l'industrie française qu'ils symbolisaient à mes yeux. La lecture de la presse entre les deux tours montrait Jacques Delors mandaté pour négocier à Bruxelles un petit rafistolage monétaire. L'idée d'une vigoureuse reprise en main, couplée avec une sortie du franc du SME, s'éloignait. Je pris sur moi de reporter – en fait d'annuler – une visite que je devais faire en Espagne. Revenu à Paris le 21 mars, je m'installai dans l'attente de l'annonce de la composition du nouveau gouvernement. J'appris que le portefeuille de l'Industrie avait été proposé à Jean Riboud qui l'avait refusé. Ce geste élégant était bien dans sa manière. Un coup de fil me parvint enfin dans la soirée du 22 mars : c'était Pierre Mauroy qui venait d'être désigné pour former le nouveau gouvernement : « Je te propose l'Équipement, me dit-il. — Non Pierre, ce sera l'Industrie ou rien. »

Je n'ai évidemment pas cherché à étendre les attributions du ministère de l'Équipement au Plan et à l'Aménagement du territoire. Ceux qui l'ont prétendu[1] sont des affabulateurs ! Encore moins ai-je revendiqué la troisième place dans la hiérarchie gouvernementale. Ceux qui me connaissent savent que je n'ai pas pour habitude de me battre pour des hochets. À part moi, je pensais que la proposition qui m'était faite par Pierre Mauroy était une bien mauvaise manière faite à Charles Fiterman. Sans doute un esprit

---

1. Cf. Pierre Favier et Michel Martin-Roland, *La Décennie Mitterrand, op. cit.*

retors avait-il envisagé d'enfoncer un coin entre les communistes et le CERES. En fait, les communistes n'avaient pas envisagé de quitter le gouvernement. La sortie du franc du SME leur paraissait peut-être un enjeu mineur, curieusement pour un parti dont le mot d'ordre était de « produire français » !

Le 22 mars, à 23 h 45, Pierre Mauroy annonçait la composition du nouveau gouvernement. Par communiqué donné à l'AFP, je précisai aussitôt que si je ne me retrouvais pas au gouvernement, c'est tout simplement parce que j'en avais démissionné : ce communiqué se perdit dans la forêt des commentaires qui accompagnaient l'annonce de la formation du nouveau gouvernement mais suscita en retour la petite campagne de ragots dont j'ai déjà fait justice. Je me retrouvais attaché commercial au ministère de l'Économie et des Finances. Bien que cela eût quelques conséquences pour ma petite famille, ce n'était pas fait pour me déplaire : « Né pauvre, il est mort pauvre. » On trouve ainsi chez Anatole France l'éloge funèbre d'un républicain de ce temps-là.

Le mercredi 23 mars, François Mitterrand, dans une allocution télévisée, justifia le maintien du franc dans le SME par le souci de « ne pas isoler la France dans la Communauté européenne ». C'était l'amorce d'un changement de paradigme dans la politique gouvernementale. La messe était dite. Je choisis de garder le silence pendant deux mois. Le congrès de Bourg-en-Bresse devait se tenir en octobre 1983. Pouvait-il fonctionner comme instance d'appel ? Le CERES n'étendit que modestement son influence à 18,1 % des mandats. Le réflexe légitimiste jouait contre nous. Le moindre secrétaire d'État, le plus modeste maire croyaient devoir leur fauteuil à François Mitterrand. Même Didier Motchane, à qui j'avais laissé, à la fin de la nuit, la conduite de notre délégation en Commission des résolutions, jugea préférable d'opérer au petit matin une synthèse générale, en attendant des jours meilleurs. Ceux-ci ne manqueraient pas d'arriver bientôt : Pierre Mauroy, en s'adressant aux congressistes insatisfaits, avait sorti les deux chevaux de bataille qu'il comptait utiliser pour remobiliser la gauche : la loi Hersant sur la presse et le grand service public unifié et laïc de l'Éducation nationale (GSPULEN) dont le projet serait bientôt abandonné.

Ainsi l'avenir pour la gauche paraissait-il bien incertain. Au fond de moi, je me disais qu'il était impossible qu'à l'épreuve des réalités elle ne révisât pas sa ligne. Il ne restait plus qu'à attendre les événements qui permettraient de remettre le train sur ses rails. Cela prendrait simplement plus de temps que nous ne l'avions imaginé… Pour autant, nous ne pensions pas encore à la « longue marche » qui nous attendait…

En janvier 1984, je créai, avec l'aide précieuse de Philippe Barret, le club République moderne. Il ne s'agissait de rien moins que de remettre la gauche, en tous domaines, dans un axe républicain. C'était pour elle la seule manière de survivre, en partant des besoins profonds du pays.

Notre premier séminaire portait sur le redressement de l'école républicaine. Philippe Barret avait réuni les meilleures têtes : Jean-Claude Milner, Dominique Lecourt, Jacques Perriault. Ainsi programmions-nous, à travers la restauration du lien qui unit l'École et la République, une nouvelle rencontre de la gauche avec le pays.

9

De l'Éducation nationale à la Défense, le détour républicain

C'était le début des vacances à Lacanau. Après l'immense manifestation du 24 juin 1984, le Président changea de terrain en annonçant, le 12 juillet 1984, « un référendum sur le référendum » au prétexte de saisir directement l'opinion de la question scolaire. En fait il retira sans le dire le projet de loi Savary, le 12 juillet, entraînant le départ du ministre de l'Éducation. Celui-ci me confiera quelques jours plus tard n'avoir vu que trois fois François Mitterrand pendant toute la durée de son mandat (mai 1981-juillet 1984). La démission d'Alain Savary, le 13 juillet 1984, provoqua, le 16, celle du troisième gouvernement Mauroy.

Le président de la République nomma aussitôt un nouveau Premier ministre, symbole du renouvellement qu'il voulait opérer, en la personne de Laurent Fabius, le plus jeune occupant de ce poste depuis Descazes, sous la Restauration. Ignorant encore que les communistes, réduits à la portion congrue (deux ministères) allaient quitter le gouvernement, j'accueillis la fin du gouvernement Mauroy avec indifférence. Je partis me coucher de bonne heure après qu'on eut appris la nomination de Laurent Fabius à Matignon. À ma femme qui m'avait interrogé sur la possibilité de mon retour au gouvernement, je répondis qu'il ne m'intéressait pas, aucun changement de la politique économique ne se profilant à l'horizon. Le seul poste qui pourrait m'intéresser, ajoutai-je, était l'Éducation, car après le cataclysme qu'avait été, sous la pression de la rue, le retrait du projet de loi Savary, tout était à reprendre de A à Z pour redorer le blason de l'école publique, livrée aux caprices de ceux que Jean-Claude Milner appelait drôlement les «réformateurs pieux». La situation de l'école publique me faisait mal au cœur, à moi fils d'instituteurs qui étais né et avais grandi dans une école, et dont toute la famille était tournée vers la noble tâche de transmettre les connaissances et les valeurs de la République. C'était aujourd'hui l'éminente dignité de cette fonction qui était blessée et cette blessure m'atteignait directement.

Quand le téléphone sonna le lendemain matin, ce fut ma femme qui répondit. Je me prélassais encore au lit. Laurent Fabius était au bout du fil : «On me dit que tu pourrais être intéressé par un poste au sein du gouvernement.» Je ne me souviens d'aucune proposition précise de sa part mais seulement de ma réponse : «Je ne me vois pas revenir au gouvernement, sauf peut-être au ministère de l'Éducation nationale...» Ce propos parut surprendre le nouveau Premier ministre : «En ce cas, il faut que j'en réfère à François Mitterrand... Je te rappellerai plus tard.» À part moi, je me dis qu'il entendait surtout consulter les dirigeants de la FEN[1], pour lesquels le retrait du projet de loi Savary avait dû être dur à avaler...

En fin de matinée, le téléphone sonna de nouveau. C'était Laurent Fabius qui rappelait. Il m'informa que François Mitterrand avait donné son accord à ma nomination. Ce qu'il me laissa ignorer, c'est qu'il avait déjà fait la proposition à Michel Rocard qui l'avait refusée au prétexte qu'il fallait pour cela «un homme proche du Président».

Le 19 juillet dans l'après-midi, après que Jean-Louis Bianco eut annoncé la composition du nouveau gouvernement sur le perron de l'Élysée, un avion du GLAM (groupement de liaisons aériennes ministérielles) vint me prendre à l'aéroport de Bordeaux-Mérignac : le premier Conseil des ministres du gouvernement Fabius devait se réunir à bref délai. Le départ des communistes du gouvernement m'attrista moins qu'il ne l'eût fait en d'autres temps : j'avais pu vérifier au gouvernement leur faible capacité propositionnelle, s'agissant du moins de la ligne politique générale. Non que les ministres communistes ne fussent humainement et techniquement d'excellente qualité. Mais le centre de décision restait le bureau politique du PCF. Celui-ci ne se déterminait pour l'essentiel que

---

1. Fédération de l'Éducation nationale.

NI PÉRIR NI TRAHIR

sur des critères de politique intérieure : les communistes seraient-ils compris de l'opinion publique s'ils venaient à quitter le gouvernement ? Aussi bien les propositions des ministres communistes excédaient-elles rarement le domaine de leurs compétences ministérielles. Tout au plus prônaient-ils une fiscalité plus redistributive. Une ultime tentative de rabibochage eut bien lieu les 18 et 19 juillet au matin, mais François Mitterrand était résolu à se passer d'eux s'ils n'acceptaient pas la sévère *deminutio capitis* (réduction à deux des ministres communistes) qu'il entendait leur imposer.

Un autre départ m'attristait moins encore : celui de Jacques Delors du ministère de l'Économie et des Finances. Pierre Bérégovoy, avec lequel j'entretenais d'amicales relations, le remplaçait. J'ignorais encore que Jacques Delors allait être nommé président de la Commission européenne pour dix ans ! Je me doutais moins encore que l'affaire avait été engagée dès le 25 juin 1984, avant le Conseil européen de Fontainebleau, où, aux dires mêmes de Jacques Delors, Helmut Kohl l'avait pris à part pour lui dire : « C'est le tour d'un Allemand de présider la Commission, mais il peut y avoir un intérêt politique à ce que ce soit un Français. Dans ce cas, je n'accepterais personne d'autre que quelqu'un dont les initiales seraient J.D. » Derrière cette formulation absconse, se cachait sans doute le refus d'Helmut Kohl de se laisser imposer « C.C. » (Claude Cheysson) dont François Mitterrand avait dû évoquer le nom. Mais plus encore, Helmut Kohl avait remarqué le rôle décisif qu'avait joué Jacques Delors dans le maintien du franc au sein du système monétaire européen, en mars 1983. Un tel homme était une valeur sûre pour la politique que le chancelier chrétien-démocrate entendait conduire. Toujours est-il que François Mitterrand, sans doute flatté qu'on fît appel à un Français, accepta la proposition. L'affaire, selon Jacques Delors, fut réglée fin juillet quand il fallut nommer les membres de la nouvelle Commission européenne. Jacques Delors, qui avait quitté le gouvernement le 17 juillet, commenta sobrement : « Avec moi, il n'a jamais été question d'autre chose que de la présidence[1]. » En nommant Claude Cheysson comme deuxième commissaire français, dès le

---

1. Jacques Delors, *Mémoires, op. cit.*, p. 208-209.

mois d'août, François Mitterrand allait libérer le poste de ministre des Affaires étrangères pour Roland Dumas. Il allait ainsi réunir dans sa main les fils de la grande politique européenne dont il entendait faire la colonne vertébrale de son deuxième septennat. Mais cela, lui seul le savait.

Dans l'avion qui me ramenait à Paris, je ruminais un tout autre dessein. En attendant que les réalités économiques et sociales se rappellent à l'attention du gouvernement de la gauche et ramènent celle-ci à sa vocation sociale naturelle, il ne m'appartenait pas seulement de trouver le point d'équilibre qui permettrait la cicatrisation des plaies de ce que, par euphémisme, on appela ensuite «la querelle scolaire». Il fallait surtout relever l'école publique en la ressourçant à sa meilleure tradition : la transmission des connaissances et des valeurs républicaines. Le chantier était vaste et j'en avais pris toute la mesure à travers la lecture du petit essai de Jean-Claude Milner intitulé *De l'école*. Grâce aussi aux travaux du club République moderne, vigoureusement impulsés par Philippe Barret, ancien élève de l'École normale supérieure, avec lequel j'avais noué une relation d'amicale et intellectuelle complicité. Philippe, venu de l'extrême gauche, avait embrassé avec ardeur et talent l'idée républicaine qui répondait à sa philosophie rationaliste exigeante et à son propre parcours social. Tout cela créait entre nous des affinités. C'est à lui que je confierais le travail de conception, avec le titre de «Conseiller spécial». Le ministère de l'Éducation nationale pouvait être «le détour républicain» qui, en revenant aux fondements de l'École et de la République, me permettrait de ramener la gauche à ses sources. N'ayant pu la soustraire sur le plan économique au néo-libéralisme triomphant, peut-être parviendrais-je à arracher l'École de la République à la dérive libérale-libertaire parée des plumes du «pédagogisme» qui l'emportait, depuis déjà une quinzaine d'années. C'était l'occasion de contre-attaquer : le détour par la République valait d'être exploré comme le retour à l'Antiquité avait servi aux humanistes de la Renaissance pour s'affranchir de la scholastique médiévale. Mes camarades du CERES pourraient entendre cette petite musique et même la relayer.

Pour diriger le cabinet je me tournerais vers Yannick Moreau, femme de très grande qualité, astucieuse et fine, issue du Conseil d'État et de surcroît conseillère aux Affaires sociales du président de la République. J'ajoute que Yannick et son mari Gérard avaient fait leurs classes au CERES. Avec ce binôme excellentissime que constituaient Philippe et Yannick, l'un pour m'aiguillonner, l'autre pour tempérer mes ardeurs, je ne doutais pas de pouvoir contourner les écueils que je pressentais nombreux. Car il faudrait donner sens à l'action : relever l'école publique et déjouer les pièges que ne manqueraient pas de me tendre ses adversaires, d'autant plus redoutables que certains d'entre eux s'étaient lovés dans son sein.

La transmission des pouvoirs eut lieu le lendemain matin au 110, rue de Grenelle. Alain Savary m'accueillit avec sa simplicité habituelle, comme s'il ne s'était jamais rien passé entre nous. Au fond de moi, j'étais désolé, après Épinay qui nous avait opposés douze ans plus tôt, de devoir lui succéder rue de Grenelle, après le naufrage d'un projet où tout lui avait été imposé : sa définition initiale, des changements de cap brutaux et le retrait final. Avec sa dignité coutumière, Alain Savary s'est expliqué dans un livre, *En toute liberté*, qu'il eut le temps de publier avant sa mort.

Après qu'il m'eut présenté les principaux membres de son cabinet et ses directeurs, Alain Savary et moi nous enfermâmes dans son bureau pour une conversation particulière. J'avais eu le temps de parcourir le texte du projet qui me parut infiniment complexe. Comme je l'interrogeais sur le concept d'établissement d'intérêt public (EIP) regroupant dans un même secteur géographique les écoles publiques et privées et les collectivités locales, à charge pour celles-ci d'organiser la carte scolaire, il me répondit : « Bah ! Cela n'a plus qu'un intérêt historique… » C'est ce concept d'EIP qui avait ouvert la voie aux débats les plus houleux au mois de mai précédent, au sein du groupe socialiste de l'Assemblée nationale, cristallisant la crainte des « laïques » de voir le service public se dissoudre dans la perpétuation du pluralisme scolaire et la hantise des autres d'une fonctionnarisation des enseignants du privé. Savary ne me cacha pas que les choses, pour l'essentiel, s'étaient jouées en dehors de lui. Mais moi je devais comprendre l'historique du projet pour trouver les issues à l'imbroglio qu'avait créé son retrait. L'affaire n'était pas simple et je n'étais qu'au début de mes découvertes.

François Mitterrand que j'avais demandé à voir pour prendre ses conseils me reçut et me dit : «Pour l'affaire du privé, l'essentiel est fait, depuis que j'ai retiré le projet de loi Savary. Il vous reste à trouver les mesures simples et pratiques qui permettront de sauver la face des protagonistes. Il faut tenir compte de leurs susceptibilités qui sont grandes. Pour le reste, je fais confiance à votre bon sens.»

Muni de ce maigre et précieux viatique, je me mis immédiatement à la tâche. Il fallait faire vite : je me donnai comme objectif de négocier le nécessaire compromis entre les belligérants avant la rentrée scolaire début septembre. Cela ne me laissait qu'un gros mois pour parvenir à mes fins. Du propos présidentiel je retins l'appellation «mesures simples et pratiques» pour caractériser un compromis dont il me fallait trouver les fondements.

D'emblée je reçus les protagonistes : le chanoine Guiberteau, secrétaire général du Comité national de l'enseignement catholique (CNEC), et Pierre Daniel, président de l'Union nationale des associations de parents d'élèves (UNAPEL), d'une part, et le Comité national d'action laïque (CNAL) que présidait Michel Bouchareissas, d'autre part. Dans celui-ci, je retrouvais des amis comme Jacques Pommatau, secrétaire général de la FEN, ou d'autres responsables avec lesquels j'établirais assez vite un lien de confiance, comme Jean-Claude Barbarant, secrétaire général du SNI[1]-PEGC[2], principale composante de la FEN. Ma double culture catholique et laïque me fut fort utile. Le chanoine Guiberteau avait été directeur de l'enseignement diocésain de Loire-Atlantique. Je reconnus assez vite en lui le profil des curés du Haut-Doubs. Et comme il s'agissait de faire connaissance, je l'attaquai bille en tête sur l'intérêt d'un enseignement catholique spécifique, bref sur le «caractère propre» des établissements d'enseignement privés : «Croyez-vous qu'il y ait une manière confessionnelle d'enseigner les mathématiques ? Et même l'histoire est une discipline à vocation scientifique... On cherche toujours à atteindre le vrai...» Le chanoine ne se démonta pas : «C'est, me dit-il, une question

---

1. Syndicat national des instituteurs.
2. Professeurs d'enseignement général des collèges.

d'"atmosphère"! — Atmosphère? Mais c'est du Louis Jouvet! lui répondis-je. — Eh bien, il avait raison. C'est très important pour l'éducation, l'atmosphère…»

Pierre Daniel se montra beaucoup plus souple. Je sentis l'ancien élève des jésuites, frotté de bonne bourgeoisie marseillaise, d'emblée désireux de trouver une issue. Dès lors que le projet de titularisation des personnels enseignants du privé n'était plus maintenu, le péril pour les directeurs diocésains de l'enseignement privé s'était éloigné et la pression du chanoine Guiberteau sur les associations de parents d'élèves s'était relâchée. Pour l'Église de France qui ne voulait pas se laisser confondre avec la droite, il n'était pas question aussi bien de se laisser enfermer dans les tranchées d'une guerre scolaire prolongée.

Quand je reçus les membres du Comité national d'action laïque, je les vis d'emblée dressés contre ce qu'était devenu le GSPULEN au fil des rédactions successives : un assemblage hétéroclite d'établissements scolaires laissés libres chacun d'élaborer leur projet. Or, il n'était pas question pour les «laïques» de laisser gommer la spécificité de l'école publique. Non seulement le projet Savary ne résorbait pas la fracture entre établissements privés et établissements publics, astreints à devoir prendre en charge les enfants des milieux les moins favorisés, mais il estompait la spécificité de cette institution qu'est l'École républicaine, en proclamant l'autonomie des établissements et la floraison de projets éducatifs très divers. Que restait-il de l'École laïque dès lors qu'on coupait la laïcité de son substrat, c'est-à-dire de la philosophie des Lumières? Le GSPULEN accomplissait la prophétie de Louis Legrand émise en 1980, juste avant qu'Alain Savary en fasse son conseiller pour les collèges : «L'école catholique ne sera plus nécessaire, puisqu'elle pourra exister à l'intérieur même de l'école publique.» Je vis tout de suite l'avantage que je pouvais tirer de l'état d'esprit de mes interlocuteurs : ils étaient prêts, au fond d'eux-mêmes, à adhérer à un projet de redressement de l'école républicaine. Ils avaient pris conscience au fil des événements et des manifestations que «beaucoup de républicains n'étaient pas laïques», selon une fine observation de Michel Charasse et que c'était peut-être par là qu'il fallait commencer. François Mitterrand n'avait cessé de leur répéter que les écoles privées fonctionnaient comme recours aux insuffisances de l'école publique. Ne fallait-il pas d'abord porter remède à ces insuffisances ? Or tel était mon véritable projet et j'allais bénéficier du véritable « trou d'air » qu'avait créé l'échec du GSPULEN.

Je mis aussi le mois d'août à profit pour parfaire ma connaissance du dossier, relire les débats parlementaires, écouter les hauts fonctionnaires du ministère qui avaient suivi le projet, en particulier Bernard Toulemonde, directeur des Affaires générales, qui en était en quelque sorte la mémoire vivante, recevoir quelques personnalités dont l'avis m'a été précieux par la suite, notamment Michel Debré qui avait donné son nom à la loi du 31 décembre 1959 et Paul Vignaux, fondateur, au sein de la CFTC[1], du syndicat général de l'Éducation nationale, SGEN, à la fois laïque et scrupuleux et qui m'apportait le regard des maîtres du privé et de l'enseignement catholique lui-même. J'avais rencontré Michel Debré à Athènes, en 1977, à l'occasion d'un colloque qui célébrait le retour de la démocratie après la chute des colonels qu'avaient organisé le nouveau président de la République grecque, M. Tsátsos et son Premier ministre, M. Karamanlís. Nous avions sympathisé autour de ce bizarre oxymore qu'était la religion laïque de la France, telle que l'avaient instituée, tout en s'en défendant, les fondateurs de l'école républicaine.

Au fond, je voulais en avoir le cœur net. Dans quelles circonstances Michel Debré avait-il laissé son nom à la loi du 31 décembre 1959 qui subventionnait les écoles privées et contre laquelle ma mère faisait signer des pétitions au nom du principe assez clair : « École publique, fonds publics ! Écoles privées, fonds privés ! » ? Michel Debré répondit très utilement à mes interrogations. C'était Guy Mollet qui, en 1952, et sans doute pour consolider l'alliance entre la SFIO et le MRP, avait engagé des négociations avec le Vatican et accepté le principe d'une aide de l'État aux écoles privées. Le projet avait achoppé sur des questions subalternes mais avait été repris en 1959 par le ministre de l'Éducation nationale du gouvernement Debré qui n'était autre qu'André Boulloche, aidé

---

1. CFTC, confédération française des travailleurs chrétiens devenu ensuite CFDT.

de Pierre-Olivier Lapie. André Boulloche, pris en tenaille entre la SFIO qui avait quitté la majorité parlementaire au début de l'année et ses tâches au gouvernement, avait démissionné de celui-ci en décembre, au motif du maintien du « caractère propre » des établissements privés. C'est la raison pour laquelle le Premier ministre ayant repris le projet de loi à son compte, la loi s'était appelée « loi Debré ».

Mais Michel Debré me fit comprendre qu'en contrepartie du financement public, les établissements privés qui souscrivaient un contrat d'association devaient accepter toutes les règles administratives et financières de l'Éducation nationale, les contrôles pédagogiques, celui des inspecteurs de l'Éducation nationale, et même le principe de la liberté de conscience. J'ai encore dans l'oreille le propos de l'ancien Premier ministre : « Il n'y a pas une Éducation nationale qui serait publique et une Éducation nationale bis, qui serait privée. Il n'y a qu'un seul service public de l'Éducation nationale et des établissements privés qui peuvent lui être associés, sous réserve que l'État maintienne ses contrôles administratifs, financiers et pédagogiques. De même, il n'y a pas une Université publique et une Université bis, qui serait privée. » J'entrevis tout de suite le parti que je pourrais tirer de ce principe lumineusement exposé dans la carte scolaire, les ouvertures de classes, et la règle budgétaire des crédits limitatifs. Je remercie encore Michel Debré, qui avait le sens de l'État, d'avoir éclairé ma lanterne : au fond il suffisait, le principe de l'unicité de service public étant posé, d'en tirer toutes les conséquences compatibles avec le respect du caractère propre des établissements. Cela dépendrait des « dispositions simples et pratiques » qu'il me revenait de poser, et des directives ministérielles ultérieures.

Paul Vignaux contribua aussi à compléter la formation accélérée à laquelle je devais m'astreindre pour pénétrer jusqu'aux tréfonds les arcanes de la « querelle scolaire ». Il me fit voir que la question de la titularisation des enseignants du privé opposait moins les laïcs et les « cathos » que ceux-ci entre eux. En effet, les enseignants y étaient pour beaucoup favorables – un statut de fonctionnaire vaut garantie de stabilité et de liberté –, tandis que les directeurs diocésains craignaient de voir s'éroder par là leur autorité. Je complétai mon information en étendant mes consultations jusqu'à la sœur de

François Mitterrand, Mme Geneviève Delachenal, qui travaillait à Bayard-Presse, et au domicile de laquelle s'étaient tenus moult conciliabules plus ou moins secrets entre autorités ecclésiastiques et excellences ministérielles. Il était évidemment important pour moi de comprendre ce qu'avait voulu faire François Mitterrand et ce à quoi il était désormais disposé. Il est vrai que je bénéficiais des avis amicaux et prudents de Michèle Gendreau-Massaloux qui conseillait le Président en matière d'éducation. Yannick Moreau, qui avait gardé toutes ses entrées à l'Élysée, constituait pour moi une sauvegarde supplémentaire.

Il me fallait aussi préparer la rentrée, le 4 septembre 1984, la conférence de presse qui la précède, bref définir la ligne générale de la maison, adresser le 31 août une lettre aux personnels enseignants et enfin rappeler à tous ce qu'était la laïcité selon Jean Macé, le fondateur de la Ligue de l'enseignement, c'est-à-dire «le combat contre l'ignorance». Cela tombait bien : c'était à la fois ma définition et mon projet.

J'avais peu de temps libre. Sur les conseils de Philippe Barret, je lus *La Crise de la culture* de Hannah Arendt et je perfectionnai le concept d'«élitisme républicain» en me ressourçant dans les écrits de Paul Langevin et de Henri Wallon, pour lesquels le but de l'École était «la sélection des meilleurs et la promotion de tous». Ainsi idéologiquement bardé, je savais cependant que, si là était l'essentiel, je serais avant tout jugé sur le succès des «dispositions simples et pratiques» que j'entendais publier le 29 août, quelques jours avant la rentrée qui, pour tout ministre de l'Éducation, est évidemment «le grand jour».

En reprenant l'historique du dossier, il était facile d'identifier les points d'achoppement sur lesquels avait trébuché le projet Savary. Il y avait d'abord la carte scolaire, les créations ou les fermetures des classes. En second lieu venait le projet de fonctionnarisation des maîtres du privé. Enfin, la loi Guermeur de 1977 avait attisé les contentieux entre les écoles privées et les communes censées devoir les financer. Il me sembla qu'il suffisait de tirer les conséquences du principe de l'association au service public qui, en droit français, existe dans bien d'autres domaines que l'enseignement. Les règles budgétaires devaient s'appliquer également : le principe des crédits limitatifs devait donc être reconnu pour les établissements privés. Il devait être ainsi possible de plafonner leurs effectifs à la proportion qu'ils avaient atteinte en 1984, un peu moins du cinquième de l'effectif total scolarisé. De même la création de classes nouvelles devait s'inscrire dans les cartes et schémas de formation établis dans les départements et les régions.

En matière de nomination des maîtres du privé, l'abrogation des dispositions de la loi Guermeur devait permettre de revenir à la pratique antérieure : la nomination par l'autorité académique. De la sorte, celle-ci garderait la haute main sur les créations de postes et pourrait ainsi rappeler les établissements privés à leurs obligations de service public : accueil des élèves issus des couches défavorisées, respect de la conscience individuelle des maîtres, etc. Par ailleurs l'État pouvait créer des établissements publics là où il n'en existait pas, comme cela résultait de sa responsabilité constitutionnelle. Il fallait enfin adapter aux nouvelles règles de la décentralisation les rapports entre établissements privés et collectivités publiques. La conclusion de nouveaux contrats d'association requerrait désormais l'accord des communes et leur résiliation celle de l'État. C'était un soulagement apporté aux finances communales. Désormais les écoles primaires privées ne pourraient se créer qu'à l'amiable. Malheureusement, le Conseil constitutionnel annula cette disposition, après qu'elle eut été votée.

Les dépenses de fonctionnement matériel reviendraient aux départements et aux régions pour les collèges et les lycées mais seraient compensées par l'État. Pour les écoles, ces dépenses resteraient à la charge des communes, sauf si les établissements se situaient en dehors du territoire communal. Là encore la règle amiable prévaudrait. Enfin, les collectivités disposeraient d'un représentant au sein des conseils d'administration des établissements sous contrat et des commissions de concertation seraient créées pour veiller à la bonne utilisation des fonds publics.

Le texte tenait sur une page et demie. Je le soumis à François Mitterrand que cette brièveté sembla enchanter. Il n'était plus question de titularisation des maîtres du privé. L'autorité diocésaine serait satisfaite et l'État ferait des économies. François Mitterrand à qui j'avais fait part de mon intention de donner la priorité au redressement de l'école publique et au rétablissement de sa mission d'instruction m'y encouragea vivement.

La veille de la publication du bref texte que j'avais intitulé «Dispositions simples et pratiques», le 27 août donc, je reçus le matin la délégation du Comité national d'action laïque et l'après-midi le chanoine Guiberteau et le président de l'UNAPEL, Pierre Daniel. Aux uns et aux autres je soumis le texte que j'expliquai ligne à ligne en faisant valoir aux uns mon souci de redonner au mot «laïcité» son sens et aux autres le désir de rétablir entre l'État et les établissements d'enseignement privés une atmosphère de loyale coopération. Mes interlocuteurs découvraient le texte mais ils connaissaient mes intentions. Le CNAL était sensible à ma volonté de redresser l'école publique et de redonner son sens à la laïcité. Mes interlocuteurs du privé encaissaient leurs bénéfices avec l'abandon du projet de titularisation des maîtres. La seule modification que je leur consentis fut l'ajout de la proposition «après concertation» dans la procédure de nomination des maîtres du privé par l'autorité académique : il fallait qu'il y eût «concertation» avec les chefs d'établissement. Je ne crus pas devoir leur refuser cette modeste concession. Le lendemain, 28 août, à vingt heures, je publiai les «dispositions simples et pratiques». Les textes d'application vinrent à l'Assemblée nationale le 8 octobre et au Sénat le 16 novembre. Mais auparavant j'avais déjà eu le temps de passer aux «choses sérieuses», celles qui m'importaient au premier chef : le redressement de l'école publique.

Le rétablissement en cinq semaines de la «paix scolaire» parut relever du miracle. Il n'était que l'effet du principe d'Archimède. La profondeur du traumatisme expliquait l'ampleur du rebond. J'en profitai pleinement pour nettoyer en dix-huit mois, et autant que je le pouvais, les écuries d'Augias.

Je ne m'en interrogeais pas moins : comment cette affaire du GSPULEN avait-elle été possible? Le concept ne figure pas dans le Projet socialiste. Il surgit à la quatre-vingt-dixième proposition, l'une de celles que le candidat à l'élection présidentielle avait suggéré à Pierre Bérégovoy d'«extraire» dudit projet. Cette proposition énonce : «Un grand service public et laïc de l'Éducation

263

nationale sera constitué… Sa mise en place sera négociée sans spoliation ni monopole. » On peut penser que l'invention de cette pépite doit tout aux tractations menées entre le candidat et la Fédération de l'Éducation nationale, dont le soutien lui était nécessaire et dont le secrétaire général, André Henry, serait nommé ministre du Temps libre dans le premier gouvernement de la gauche. Entre les deux tours de l'élection présidentielle, le 1ᵉʳ mai 1981, François Mitterrand s'employa à apaiser les craintes des associations de parents d'élèves de l'École privée : «La mise en place du GSPULEN sera le résultat d'une négociation et non d'une décision unilatérale. J'entends convaincre et non contraindre. » Alain Savary verra dans cette lettre sa véritable feuille de route, sans s'aviser qu'elle recelait une contradiction majeure : comment réussir une nationalisation dont on proclame à l'avance qu'elle doit se faire « en douceur» et sans contrainte ? Tout au long de l'affaire, le malheureux Savary sera l'otage de changements de cap incessants : propos rassurants tenus à l'épiscopat, Mgr Vilnet, président de la Conférence des évêques de France, et Mgr Lustiger, cardinal de Paris, mais feu vert donné, le 22 mai 1984, aux amendements des députés socialistes qui durcissaient le texte du projet. La logique de ces revirements successifs ne peut qu'échapper au commun des mortels : elle traduit en fait les hésitations intimes de la conscience de François Mitterrand. Celui-ci est mécontent du texte Savary qu'il juge incompréhensible, sans mesurer que le projet de sectorisation à travers les EIP (établissements d'intérêt public) n'est que le fruit des exigences contradictoires qu'il a lui-même posées au départ. Tout montre que François Mitterrand a assez vite pris son parti de gérer ses contradictions par la crise. Mais cette crise le dépasse avec la manifestation du 24 juin 1984 qui fait converger vers la Bastille, haut lieu du 10 mai 1981, six cortèges de un million et demi de personnes venues des différentes gares de Paris.

C'est alors que l'artiste se révèle, avec l'aide toujours astucieuse de Michel Charasse. Le 8 juillet 1984, sur la suggestion de ce dernier, l'idée d'un référendum sur le référendum surgit du chapeau présidentiel. Seul Lionel Jospin est mis au courant. Le 11 juillet,

Pierre Mauroy la découvre «abasourdi[1]» car il comprend vite que l'entourloupe vaut retrait du projet de loi Savary. Le 12 juillet, François Mitterrand annonce son projet à la télévision. Le retrait du projet de loi Savary passe inaperçu, sauf de ce dernier qui démissionne le 13. Celle de Pierre Mauroy suit le 16. Sa démission est annoncée dans la soirée en même temps que la nomination de Laurent Fabius comme Premier ministre.

François Mitterrand a géré à chaud une crise qui occulta complètement son premier voyage à Moscou, du 20 au 23 juin 1984, le sommet européen de Fontainebleau du 25 juin où s'est négocié le chèque de Mme Thatcher et fit presque oublier la percée de Jean-Marie Le Pen aux élections européennes du 17 juin où celui-ci frôle les 11 % des suffrages exprimés. La manifestation en faveur de l'école privée, le 24 juin, eut infiniment plus d'écho. Tout l'art de François Mitterrand consistait à faire de ce télescopage d'événements une histoire à nouveau lisible. Le départ des ministres communistes, le surgissement du Front national et la nomination du «plus jeune Premier ministre donné à la France» ouvraient la voie à un nouveau chapitre dans l'histoire de la gauche et de la France, à l'enseigne de la «modernisation». Mais celle-ci était-elle autre chose qu'un habile camouflage, alors que se profilait déjà à l'horizon la lame des élections législatives fixée au début de mars 1986? À coup sûr, me disais-je, pour affronter l'échéance, mieux valait être à bord du navire...

Le GSPULEN ramené à un accident de parcours ne faisait pas de moi un ministre de l'Éducation par accident. Je ne remettais nullement en cause l'idée du «détour républicain» que j'avais résolu d'emprunter en revenant au gouvernement. Il me fallait d'abord pour cela marquer d'une forte empreinte mon passage à l'Éducation nationale. Et, bien entendu, je n'entendais le faire qu'à la lumière de l'intérêt public tel que je le percevais.

Relever le niveau de la formation de base de tous les élèves en mettant l'accent sur les apprentissages fondamentaux était à mes

---

1. Thierry Pfister, *La Vie quotidienne à Matignon au temps de l'Union de la gauche*, Hachette, 1985.

yeux l'évidente priorité. J'entrepris de revoir tous les programmes, à commencer par ceux de l'école élémentaire. Foin de la mode, des activités d'éveil, du tiers-temps pédagogique et autres balivernes! Je mis l'accent sur l'apprentissage de la lecture et sur la mémorisation. Courts et compréhensibles par tous, les nouveaux programmes scolaires furent tirés à grande échelle dans la collection du «Livre de poche», et ainsi mis à la disposition non seulement des enseignants mais aussi des parents d'élèves.

Je rappelai enfin qu'il revenait à l'École de former des citoyens. L'éducation civique, supprimée par Edgar Faure en 1968, fut rétablie en 1985, sur la base des orientations développées par Claude Nicolet, ancien rédacteur en chef des *Cahiers de la République* et qui était devenu mon conseiller officieux. L'affaire n'allait pas de soi car les enseignants, tout fonctionnaires qu'ils soient, ont souvent pris l'habitude de se comporter comme une profession libérale, au prétexte de la «liberté pédagogique». Ainsi l'éducation civique ne fut-elle souvent enseignée que dans le cadre de la commune. Un jour Edgar Faure, curieux de me rendre visite rue de Grenelle, me fit observer que la poignée de la porte de mon bureau marchait à l'envers. «Je vois, me dit-il, que rien de ce point de vue n'a changé depuis 1968 : j'avais inversé le sens de la poignée, pour empêcher que les importuns, nombreux dans les couloirs à cette époque, ne puissent pénétrer à tout moment dans mon bureau…»

Je ne m'étais pas arrêté à ce détail, soucieux de reprendre en main la maison, recadrant le collège en m'affranchissant de la plupart des préconisations du rapport Legrand, et revoyant le programme des lycées de concert avec Monique Vuaillat, secrétaire générale du SNES[1], qui, sur l'essentiel, partageait mes orientations : priorité à la qualité de l'enseignement! Mon souci principal était d'améliorer la formation des maîtres. Je mis aussi en extinction le corps pluridisciplinaire des PEGC que la direction du Budget voulait au contraire multiplier, au prétexte qu'ils coûtaient moins cher. De même obtins-je non sans peine que les professeurs des lycées professionnels fussent désormais recrutés par concours. Je me heurtais, bien sûr, aux syndicats, plus sensibles aux sirènes du corporatisme

---

1. Syndicat national de l'enseignement secondaire.

qu'à l'exigence de la qualité de l'enseignement. Mais je bénéficiais de la compréhension des principaux responsables de la FEN que je m'efforçais de rendre sensibles aux erreurs du passé, en m'aidant des lettres laissées par Georges Lapierre, ancien secrétaire du SNI avant guerre et déporté par les nazis. Quand il fallut approuver les nouveaux programmes de l'École élémentaire, les représentants du SNI-PEGC s'y opposèrent ou s'abstinrent. Leur secrétaire général, Jean-Claude Barbarant, me fit l'amitié de partir en vacances aux Antilles le jour où le Conseil des programmes devait rendre son avis. Ainsi le clash fut-il évité et je passai outre à l'opposition des « pédagogistes » et autres « réformateurs pieux »…

Je rétablis en 1985 le concours général des lycées et collèges, suspendu depuis 1968. Ce fut l'occasion d'une belle cérémonie dans le grand amphithéâtre de la Sorbonne. « Soyez modernes, sachez lire ! » Ce persiflage et l'accent ainsi mis sur les valeurs de la connaissance me valurent force polémiques dans les gazettes. Même Edmond Maire, secrétaire général de la CFDT, jugea utile de s'y mettre, au prétexte que l'accent mis sur la transmission des connaissances induirait forcément une école à deux vitesses. Je lui répondis par une lettre ouverte, le 5 décembre 1984 : « Vous me dites craindre […] une insuffisante prise en compte par l'École "des préoccupations de la pédagogie". Mais ce qui fait l'originalité de l'école publique dans notre pays, c'est l'accent mis sur les valeurs de la connaissance. Qu'est-ce que la laïcité, en effet, sinon à la fois le goût du savoir et de l'esprit critique, et le refus d'enseigner ce qui n'est pas connaissable, par respect pour la conscience de l'enfant ?… »

Cette offensive contre mon « conservatisme » supposé était relayé sur les bancs de l'Assemblée nationale jusqu'au sein du groupe socialiste. Une députée rocardienne du Val-d'Oise, Marie-France Lecuir, m'ayant ainsi interpellé, je lui répondis avec les apparences de la bonne foi : « Je n'hésite pas à le reconnaître : je suis conservateur… [long silence, seulement troublé par des murmures sur les bancs socialistes]… mais, repris-je, je suis avant tout conservateur du progrès ! » Le grand travers des pédagogistes était d'attendre de l'École seule la solution du problème des inégalités, ce qu'elle ne peut à l'évidence pas faire. En lui fixant des objectifs inaccessibles, les pédagogistes parvenaient seulement à désespérer l'institution, maîtres et élèves compris.

Ce combat idéologique ne m'empêchait nullement d'avancer de front sur presque tous les sujets de l'École, jusques et y compris l'enseignement supérieur où, de concert avec Roger-Gérard Schwartzenberg, secrétaire d'État, et Jean-Jacques Payan, directeur général, je m'efforçais d'appliquer, de la façon la plus discrète possible, la loi sur l'enseignement supérieur que mon prédécesseur avait fait voter en janvier 1984. C'est là que je mesurai la folie qui, au nom de la liberté, avait installé dans l'organisation de nos universités le corporatisme et la polysynodie, détournant ainsi les enseignants-chercheurs de la science vers l'administration au sens étymologique du terme (ce qui est tourné vers le mineur).

La loi de 1984 n'avait pas corrigé les défauts hérités de la période soixante-huitarde. J'avais fixé à mon cabinet et aux directeurs l'objectif de « nettoyer le terrain » avant la fin de 1985. « Après, leur dis-je, nous serons en campagne électorale. En 1986 on ne pourra plus rien faire. » Je communiquai ainsi à la maison un train d'enfer m'occasionnant à moi-même un accident de surmenage en novembre 1985. Je me trompais cependant sur un point : le train d'enfer continua jusqu'au dernier jour. Des décrets portant ma signature furent encore publiés la semaine précédant le premier tour.

Pour autant, et même en mobilisant tous les jours d'excellentes équipes, un ministre ne peut pas tout faire. Il doit choisir ses priorités. C'est pourquoi, après m'être employé à redéfinir les missions fondamentales de l'École et son rôle de transmission, je me concentrai sur le grand projet de revalorisation de l'enseignement professionnel à travers la création des baccalauréats professionnels.

Dès la rentrée de 1984, je confiai à Daniel Bloch, directeur de l'Institut polytechnique de Grenoble, le soin d'animer une mission école-entreprise, associant professionnels, syndicalistes et universitaires. C'est cette mission qui nous proposa à mon ami Roland Carraz, député-maire de Chenôve et secrétaire d'État à l'Enseignement technique, et à moi-même de créer, dès 1985, des baccalauréats professionnels, sans lesquels l'objectif de porter 80 % d'une classe d'âge « au niveau du baccalauréat » (et non pas au baccalauréat) n'aurait pu être atteint. Il était essentiel pour moi, ancien ministre de l'Industrie, de relever le niveau de formation et de qualification de nos jeunes pour répondre aux besoins des entreprises. C'est pourquoi je fixai l'objectif ambitieux des 80 %. Celui-ci avait déjà été atteint dans la plupart des grands pays avancés : États-Unis, Japon, Allemagne même, si on prenait en compte les effectifs de jeunes de dix-huit ans formés par le système dual[1]. Il n'y avait que la France et la Grande-Bretagne qui étaient à la traîne. Cet objectif ne pouvait être atteint qu'à travers un puissant effort d'investissement et de modernisation des collèges et des lycées. Je fis voter, à cet effet, la loi de décentralisation qui confiait aux régions les lycées et aux départements les collèges. S'il y a un exemple de décentralisation réussie, c'est bien celui-là : partout en France ont surgi de splendides lycées tandis que nos collèges ont été presque toujours superbement rénovés. L'effectif des lycées a ainsi pu doubler en l'espace d'une douzaine d'années, de 1986 à 1998.

Faire de l'École le fer de lance de la modernisation de la France ne me paraissait nullement incompatible avec le rappel de ses missions fondamentales. Des trente baccalauréats professionnels créés à l'origine, nous sommes passés aujourd'hui à plus de quatre-vingt-dix. Les « bac pro » couvrent une vingtaine de champs professionnels et près de quatre-vingt-dix spécialités. Le baccalauréat professionnel a été conçu au départ pour juxtaposer à un fort contenu de formation générale une grande proximité avec les entreprises : vingt-deux périodes de stage doivent y être effectuées en trois ans de formation. Au total, le baccalauréat professionnel concourt pour plus d'un quart à l'obtention du baccalauréat par nos jeunes, cent trente-quatre mille sur environ cinq cent mille. Il n'a certes pas été conçu au départ pour permettre la poursuite d'études universitaires longues. Mais il n'a jamais exclu les formations courtes. De plus en plus de bacheliers professionnels poursuivent leurs études en BTS ou en IUT. Il n'y a à cela rien de malsain, dès lors que cela répond aux besoins de l'économie. La création de licences professionnelles

---

1. Le « système dual » est ainsi désigné en Allemagne parce qu'il combine la formation en entreprise et l'école professionnalisante. Ce système coexiste avec une formation en lycées (*Gymnasien*) analogue à notre système d'enseignement général.

en IUT a prolongé l'effort entrepris avec la revalorisation des enseignements technologiques et professionnels.

À la veille des élections de 1986, Laurent Fabius avait réuni ses ministres devant les caméras de télévision. Chacun devait dire la mesure dont, dans son bilan, il était le plus fier. Quand mon tour arriva, je ne citai que le baccalauréat professionnel, à la surprise de mes collègues. À l'époque, sa notoriété était encore très modeste : la plupart ne seraient d'ailleurs créés qu'à la rentrée 1986. La suite a montré que j'avais vu juste : aujourd'hui le baccalauréat professionnel a pris toute sa place dans le paysage éducatif. C'est la preuve qu'il répondait, quand il a été créé, à un besoin autant social qu'économique.

À l'époque, je le concevais comme partie intégrante de la grande politique industrielle et technologique qui, après les épreuves qu'avaient été pour la France les deux guerres mondiales et la saga de l'ancien Empire colonial, devait constituer le dernier étage de la fusée qui continuerait à propulser la France vers la grandeur. Au fond de moi-même, je rêvais encore de la France « épousant son temps », grande puissance scientifique, technologique et industrielle. Certes, dans la mise à feu du dernier étage de la fusée, il y avait eu du retard à l'allumage. Mais je ne désespérais pas encore de voir clore la « parenthèse libérale » ouverte en 1983.

Quelques mois après mon retour au gouvernement, je me trouvais à l'Élysée pour un entretien en tête à tête avec François Mitterrand. Je n'eus aucune remontrance à supporter quant au cours que j'imprimais à la politique éducative. Bien au contraire, François Mitterrand, qui voyait jadis mai 1968 comme « la révolution des cancres », savourait, à travers l'affirmation de « l'élitisme républicain » – donner à chacun la possibilité d'aller au bout de ses possibilités – une forme de revanche de la culture sur l'arrogance des « nouveaux Barbares ». À la fin de l'entretien, je fis « une sortie », si je puis dire, sur la politique économique suivie et la loi de déréglementation financière que faisait adopter Bérégovoy au même moment. C'est le contraire de ce qu'il faudrait faire, lui dis-je, pour orienter l'épargne vers l'investissement ». Il m'interrompit : « Mais vous, vous vouliez faire le Gosplan ! — Le croyez-vous vraiment ? » Cette pique, qui l'amusait, ne l'empêcha pas de me tendre une lettre que venait de lui envoyer Pierre Bérégovoy pour soutenir je ne sais plus quelle mesure fiscale favorable au Capital.

«Lisez cette lettre, me dit-il, et ne me dites pas que c'est Bérégovoy qui l'a écrite. De toute évidence, il signe les lettres que lui préparent ses services…» Ainsi François Mitterrand maintenait l'illusion qu'au fond de lui-même demeurait la volonté de redresser le cap et de fermer la malheureuse «parenthèse libérale». Je voyais bien que Bérégovoy, avec qui je m'entretenais quelquefois, avait «viré sa cuti» néolibérale mais je n'arrivais pas à croire que le Parti socialiste et le rapprochement des échéances électorales n'imposeraient pas, le jour venu, la correction nécessaire à un changement de trajectoire.

Je me trouvais ainsi pris dans une contradiction : contre mon premier mouvement, je me flattais qu'il fût possible de revenir un jour sur le choix fatidique de mars 1983. Comment le Parti socialiste renvoyé dans l'opposition ne serait-il pas contraint de redonner la priorité à la politique industrielle et à l'emploi? Mes rapports avec Laurent Fabius étaient courtois à défaut d'être chaleureux. Le Premier ministre ne fit, dans le domaine de l'Éducation, que quelques rares incursions, se bornant à préempter l'annonce du plan Informatique pour tous ou des jumelages entre lycées et entreprises qui accompagnaient la mise en place des baccalauréats professionnels. C'était une façon pour lui de récupérer la «modernité» et de me laisser la tradition. Je m'en accommodais sans difficulté car ce que l'opinion publique plébiscitait dans ma politique, c'était le retour aux fondamentaux de l'école publique. Mes rapports avec Laurent Fabius passaient pour l'essentiel par Christian Bècle, ancien recteur de l'académie de Rouen qu'il avait nommé à son cabinet pour suivre les questions d'éducation.

J'avais certes été un peu surpris d'entendre à l'Assemblée nationale Laurent Fabius se déclarer «troublé» par l'audience accordée par le président de la République au général Jaruzelski, en décembre 1985. J'imputai cela à la fatigue du Premier ministre plutôt qu'au droit-de-l'hommisme de Laurent Fabius. François Mitterrand avait déjà évoqué en 1981, en Conseil des ministres, l'hypothèse que Jaruzelski n'avait peut-être proclamé l'état de siège en Pologne que pour éviter une invasion soviétique. «On ne peut écarter l'hypothèse qu'il se comporte en patriote polonais», avait-il ajouté, un brin provocateur. Visiblement, le Premier ministre avait oublié cette scène, qui m'était restée présente à l'esprit et que j'aurais l'occasion de vérifier ultérieurement : en 1990, ministre de la Défense, je fis un voyage en Pologne, alors en pleine transition du communisme vers la démocratie : je vis Lech Walesa à Gdansk et le général Jaruzelski à Varsovie où il occupait, pour quinze jours encore, le palais du Belvédère qui est celui des présidents de la République. «J'envie la France et sa dissuasion, me dit le général Jaruzelski. Mal placée comme elle l'est, entre ses deux grands voisins, j'aimerais bien bâtir la Pologne comme une forteresse nucléaire...» Les systèmes changent. Les problèmes demeurent.

Je me tenais éloigné des querelles qui éclataient dans des champs dans lesquels je n'entrais pas : ainsi le sabotage du *Rainbow Warrior* sans qu'on sût qui en avait donné l'ordre. Ou encore le leadership de la campagne des législatives que se disputaient Lionel Jospin et Laurent Fabius. C'est pourquoi le CERES qui s'apprêtait à devenir «Socialisme et République», ne chercha pas à se distinguer au congrès du PS qui se tint à Toulouse, en octobre 1985, à six mois des élections législatives. Lionel Jospin, craignant sans doute un front républicain autour de Fabius, fut le seul à objecter publiquement à ce changement de sigle, arguant que «le socialisme ne saurait être réduit à un simple républicanisme». Lionel montrait par là à quel point l'idée républicaine dans toute son exigence était encore étrangère à sa vision du monde. Il sembla se corriger par la suite comme l'a montré sa déclaration politique du 19 juin 1997 quand il sollicita la confiance de l'Assemblée nationale.

Dans nos rangs, la mutation du CERES en «Socialisme et République» ne suscita que peu d'oppositions. Un petit groupe de vieux croyants, s'auto-désignant comme «les Coriaces», prétendit entrer en résistance et se fondit dans l'insignifiance. De même, nous ne nous opposâmes pas à l'adoption pour les prochaines législatives d'un mode de scrutin fondé sur la représentation proportionnelle, proposée par Pierre Joxe au Conseil des ministres du 3 avril 1985. Je pris l'avion immédiatement après le Conseil pour Abidjan, à l'invitation de mon homologue ivoirien, M. Balla Keita.

Épisode burlesque : au petit matin du 4 avril, je fus réveillé dans mon hôtel par l'AFP pour savoir si je rejoignais Michel Rocard qui avait démissionné dans la nuit de ses fonctions de ministre de l'Agriculture. J'étais éberlué de cette question à laquelle je répondis que la proportionnelle était depuis toujours dans les programmes du Parti socialiste. J'eusse été mieux inspiré de dire tout simplement que n'étant pas candidat à la prochaine élection présidentielle contre François Mitterrand, s'il venait à se représenter, je n'avais pas la moindre raison de démissionner…

Nous nous acheminions ainsi vers une cohabitation annoncée avec la droite dans la plus totale opacité de ce qui allait advenir ensuite. J'étais fier de l'œuvre accomplie en moins de deux ans à l'Éducation nationale. Mon successeur immédiat, René Monory, ne modifia pas le cours que j'avais imprimé, en dehors d'un report aux calendes grecques de la réforme des lycées. Il en fut tout autrement des ministres socialistes qui lui succédèrent, Lionel Jospin et Jack Lang qui ramenèrent dans leurs fourgons les vieilles lunes du pédagogisme. Du moins avais-je planté les repères d'un redressement républicain, qui fut certes long à venir…

Ainsi s'achevait la première mandature de la gauche (1981-1986). Un épisode marquant aurait pu augurer de la suite. Il passa inaperçu. Roland Dumas, nouveau ministre des Affaires étrangères, fit avaler à un Conseil des ministres de décembre 1985 un épais document, de trois à quatre cents pages, bizarrement dénommé «Acte unique». Placée devant chaque ministre à dix heures du matin, cette impressionnante liasse représentait le projet de traité, négocié à Luxembourg par le Conseil européen des 2 et 3 décembre 1985. «De quoi s'agit-il?» demanda pédagogiquement Roland Dumas, quand fut venu le moment de la traditionnelle intervention du ministre des Affaires étrangères : «Eh bien, il s'agit tout simplement de faire le "marché unique" à l'horizon 1992. Et le marché unique n'est rien d'autre que la perfection du marché commun.» «Quelqu'un souhaite-t-il intervenir?» demanda le Président. Aucun ministre ne s'aventura à commenter la rébarbative et décourageante prose européenne que nul n'avait eu l'audace de feuilleter pendant les interventions qui font l'ordinaire d'un Conseil des ministres.

C'est ainsi que le gouvernement adopta, comme une lettre à la poste l'Acte unique à l'unanimité et sans débat. Quand plus tard, en 1987, sous la cohabitation, le Parlement en fut saisi, il n'en alla pas différemment. Devant la commission des Finances où je siégeais, et où il était entendu, le secrétaire d'État aux Affaires européennes, Jean de Lipkowski, reprit, au mot près, l'expression de Roland Dumas : « Le marché unique est la perfection du marché commun. » Même soutien unanime, sauf des députés communistes. Tous eussent été bien étonnés de découvrir le texte des directives que la Commission européenne allait tirer de l'Acte unique, en particulier celle relative à la libération des mouvements de capitaux, non seulement à l'intérieur du marché commun, mais aussi vis-à-vis des pays tiers, avant toute harmonisation préalable de la fiscalité sur l'épargne. C'était la porte ouverte aux paradis fiscaux au sein même de l'Union européenne.

Comment en était-on arrivé là ? Il faut lire, pour cela, les *Mémoires* de Jacques Delors. Nous y reviendrons en temps utile.

Le 16 mars 1986, ont lieu les élections législatives qui, rappelons-le, se déroulent selon un mode de scrutin proportionnel. La droite ne dépasse que de deux voix la majorité absolue. Mais le PS, avec 215 députés, reste le premier groupe parlementaire. Le Front national obtient 35 députés, à la faveur de la proportionnelle.

Je ne me souviens que d'une réunion discrète chez Louis Mexandeau, au dernier étage du ministère des PTT, avenue de Ségur, où François Mitterrand avait convoqué une douzaine d'éléphants socialistes à l'heure du déjeuner. L'objet était d'arrêter le choix du Premier ministre. Joxe, Mexandeau, Mermaz déclenchèrent un vrai tir de barrage contre Chirac pour lequel Mitterrand avait sans doute déjà arrêté son choix. Jospin, Mauroy, Bérégovoy et moi-même fîmes entendre la voix de la sagesse. Mitterrand en fait n'avait pas d'autre option : il devait désigner son adversaire principal pour mieux pouvoir le dézinguer à l'occasion. C'était plus démocratique et c'était surtout ce qu'attendaient les Français.

L'après-midi du 18 mars, le Président fait appeler Jacques Chirac à l'Élysée. De longues tractations s'ensuivent pour fixer les règles du jeu de la cohabitation et la composition du gouvernement.

Jacques Chirac est nommé à Matignon le 20 mars et peu après est annoncée la composition du gouvernement. Le 21 au matin, le premier Conseil des ministres de la cohabitation se réunit. Les premières images montrent François Mitterrand très pâle, comme recroquevillé sur lui-même, coincé entre deux géants (du moins apparaissent-ils tels sur la photographie, André Giraud le ministre de la Défense et Édouard Balladur, le ministre de l'Économie et des Finances). Comment ne pas souffrir pour Mitterrand, seul contre tous, arc-bouté à ses seules prérogatives constitutionnelles ? Heureusement, dans le pays et à l'Assemblée nationale, existe encore un puissant Parti socialiste…

Mitterrand avait convié à déjeuner, juste après le Conseil des ministres du 22 mars, un brelan de dirigeants socialistes. Il y avait là Defferre, Mauroy, Joxe, Mermaz et moi-même, et peut-être Jospin, bien que je ne m'en souvienne plus. Mitterrand décompressait : il avait besoin de cette pause amicale après l'épreuve. Il nous raconta quelques anecdotes sur l'ambiance à couper au couteau, qu'il avait d'ailleurs contribué à créer, en gagnant immédiatement sa place et sans faire le traditionnel tour de table, qui l'eût amené à serrer la main de tous les ministres. Ce round d'observation, il l'avait voulu comme le préliminaire obligé d'un affrontement programmé. Le mot «cohabitation» lui faisait horreur. C'était pourtant celle-ci que les Français plébiscitaient dans les sondages. À la fin du repas, François Mitterrand révéla la stratégie qu'il entendait suivre : «Ce que je vais vous dire ne plaira sans doute pas à Chevènement. Mais nous allons reprendre les Français par leurs petits côtés. La droite va immanquablement faire des bêtises : elle va supprimer l'autorisation administrative de licenciement, l'impôt sur la fortune, etc. Elle va décréter une amnistie pour les fraudeurs fiscaux. À chaque fois, elle devra nous trouver, et elle me trouvera. Elle s'usera beaucoup plus vite qu'elle ne le croit…»

Je ne peux pas dire que je fus enthousiasmé par cette perspective, mais je dois reconnaître, avec le recul du temps, que cette stratégie, pour courte qu'elle fût, fonctionna parfaitement. Mitterrand sut utiliser toutes les maladresses de la droite : celles qu'il avait prévues et les autres, les tensions sociales, les manifestations étudiantes et lycéennes, etc.

Le 8 mai 1988, François Mitterrand fut réélu avec 54 % des voix. Pour moi, ces deux années de cohabitation furent beaucoup consacrées à Belfort où s'installèrent la scène nationale Granit, un Centre national chorégraphique et où prit son essor, avec l'aide de Janine Bazin qui, à travers les *Cahiers du cinéma*, connaissait tout le gotha du cinéma mondial, le festival de cinéma Entrevues destiné à l'origine à sélectionner et récompenser les jeunes créateurs. Au plan national, je participais aux travaux de l'Assemblée nationale et à la direction du Parti socialiste. Entre Mitterrand et les ambitions de Michel Rocard, il était difficile d'exister. Je m'investissais dans la politique extérieure. Accompagné de Jean-Marie Bockel, je rendis visite à Hambourg à Helmut Schmidt, au siège du grand journal qu'il dirigeait, *Die Zeit*, autant que je m'en souvienne.

Helmut Schmidt regrettait Giscard. « *Mitterrand, kein Strategist…* », nous confia-t-il. Je commençais, pour ma part, à m'intéresser aux perspectives de la réunification allemande dont j'émis l'idée en juin 1987, au château de Belfort où j'avais réuni une convention de Socialisme et République, qu'elle serait la grande affaire de cette fin de siècle…

Quand j'étais reçu à l'Élysée, François Mitterrand me prenait à part pour m'entretenir de ses relations difficiles avec André Giraud, le ministre de la Défense, qu'au demeurant je connaissais amicalement depuis longtemps. Mitterrand s'inquiétait du « missile à roulettes », le S4, transporté sur un camion banalisé. La mise en service de ce missile aurait nui, selon lui, au consensus national qui s'était formé autour de la dissuasion. La peur des représailles ou des frappes préventives ne manquerait pas de semer le trouble dans l'opinion. J'étais moyennement convaincu de cette thèse mais je payai ma cotisation à la gauche qu'incarnait François Mitterrand en émettant publiquement quelques doutes sur le bien-fondé de ce type d'armement. François Mitterrand en tenait pour le plateau d'Albion, « véritable pointe de diamant de notre dissuasion ». « Et pourquoi ? lui demandai-je. — Tout simplement parce qu'en s'attaquant à Albion[1], l'agresseur aura signé son agression et légitimera notre riposte », me répondit le Président.

---

1. Missiles sol-sol de plus de 2 000 km de portée, rendus invulnérables par un enfouissement en profondeur.

Il me semblait qu'il y avait une autre conception des intérêts vitaux de la France et que la véritable pointe de diamant de la dissuasion était davantage dans les tubes de nos sous-marins nucléaires lanceurs d'engins, tapis dans les profondeurs de l'océan. Mais je compris vite qu'en déclarant «la dissuasion, c'est moi», le président de la République appliquait son esprit plus à la politique intérieure qu'à la stratégie internationale. Je me comportai donc en bon soldat, en relayant dans les gazettes une conception stricte de la dissuasion, moins «baladeuse» que celle du polytechnicien imaginatif et créatif mais quelque peu «boutefeu» que paraissait être André Giraud.

Tel fut le modeste écot que j'apportai à la campagne de François Mitterrand dont j'appris la candidature à la télévision en mars 1988 pendant un meeting organisé à Gap pour la susciter.

Le 7 avril 1988, François Mitterrand publia sa *Lettre aux Français*, c'était de l'eau tiède. Il promettait de mettre fin au cycle des nationalisations et des privatisations. C'était le triomphe du «Ni-ni». Une seule idée directrice émergeait : l'Europe, toujours recommencée, et quelques mesurettes comme le RMI qui contournait le problème de la désindustrialisation et du chômage.

Quelques jours plus tard, les hiérarques socialistes sont conviés à déjeuner par François Mitterrand à la table de Marcel Debarge, maire du Pré-Saint-Gervais. François Mitterrand me tend par-dessus la table un exemplaire complet de sa lettre dont je n'avais lu que des extraits. «Tenez, me dit-il, c'est le meilleur programme que les socialistes aient jamais eu.» Ce n'était pas gentil pour moi qui avais préparé le texte de «Changer la vie» en 1972 et, en 1979, celui du Projet socialiste pour les années 1980. «Sans doute, lui répondis-je ironiquement, mais ces programmes ne vous ont quand même pas empêché d'être élu Président.» Un œil noir m'indiqua qu'on ne parlait pas sur ce ton à un président de la République.

Au lendemain de l'élection, je fus convoqué à l'Élysée. François Mitterrand me demanda d'emblée : «Que diriez-vous du ministère de la Défense?» Je n'arguai pas l'incompétence, comme je l'avais fait en 1981. À vrai dire je suivais d'assez près les questions de défense depuis quinze ans et j'avais largement contribué à rallier le PS à la dissuasion, en convainquant mes camarades du CERES d'abord et en apportant opportunément notre soutien, à travers Charles Hernu, à François Mitterrand lui-même, en avril 1978, lors de la Convention du PS sur la Défense.

Je répondis donc au Président que j'étais honoré de sa proposition. On ne refuse pas un tel poste, même si je percevais d'instinct que l'autonomie du ministre de la Défense était forcément limitée par sa subordination au chef des armées qu'était le président de la République. Mais qu'est-ce qui pouvait nous séparer ? Sur la dissuasion, le travail était largement fait. Sur notre posture générale de défense, elle découlait des engagements internationaux pris par la France : Alliance atlantique. Union de l'Europe occidentale. Les accords de défense que nous avions passés avec de nombreux pays africains contribuaient à la stabilité générale du continent. Seules les questions budgétaires pouvaient poser problème mais il valait mieux que ce fût moi que n'importe quel autre qui défende les crédits du ministère de la Défense. En 1988, l'URSS était toujours debout et le moment n'était pas venu de baisser la garde. Qui pouvait dire de quoi demain en Europe serait fait ?

Je voyais aussi l'avantage que Socialisme et République pouvait tirer de l'occupation d'un poste prestigieux. Je demandai au Président qu'il me laisse le temps d'informer mes camarades dont certains, sur la dissuasion, avaient, au départ, un peu traîné les pieds. « Justement, me dit-il, j'ai l'intention de nommer Georges Sarre secrétaire d'État. C'est un homme courageux et loyal. » J'abondai dans son sens en rappelant sa fidélité aux moments décisifs et en vantant ses qualités d'organisateur et sa pugnacité.

« Je voudrais vous interroger sur un autre point, poursuivit le président de la République. J'hésite encore sur le choix du Premier ministre entre Pierre Bérégovoy et Michel Rocard. » Légèrement surpris, je lui répondis : « Il me semble que vous devez choisir celui des deux dans lequel vous avez le plus confiance. » François Mitterrand me dit alors : « Il vaudrait mieux que pour sortir de mon bureau vous empruntiez celui de Marie-Claire Papegay, car Michel Rocard attend dans l'antichambre… »

C'est ainsi que je devins ministre de la Défense, avant que Rocard en fût informé et sans connaître moi-même le nom du chef de gouvernement.

Dans mon domaine je relevais pour l'essentiel de l'autorité du président de la République. Ce n'est qu'à l'occasion des arbitrages budgétaires que j'étais contraint d'en passer par le ministère des Finances, et à travers des réunions de préarbitrage, par Matignon. Mais tout se résolvait, in fine, à l'Élysée, soit directement dans le bureau du Président, soit par le truchement de mon directeur de cabinet (Louis Gallois d'abord, puis Dieudonné Mandelkern, qui avaient l'un et l'autre toute ma confiance), lui-même branché sur le chef d'état-major particulier du Président.

Pour bien comprendre la manière dont se prennent les décisions en matière de défense, il faut toujours en revenir à la refondation du processus de décision politico-militaire entrepris par le général de Gaulle, à coup sûr une de ses œuvres majeures, pendant les onze ans de pouvoir qu'il a exercé sous la Ve République. L'affirmation du rôle du président de la République, pour ce qui est de la défense, est inscrite dans la Constitution de 1958. Le président de la République est le garant de l'indépendance nationale, il est le chef des armées. Il est le dictateur, au sens romain du terme, en temps de crise grave, si l'article 16 est mis en œuvre. Cette affirmation du rôle du président de la République dans les affaires de défense est indissociable de la construction du développement d'une dissuasion nucléaire, objectif affirmé très tôt par le général de Gaulle lors de sa célèbre intervention de l'École militaire le 3 novembre 1959. Tout le reste en a découlé : les deux lois de programmation militaire portées par deux ministres de la Défense successifs, Pierre Guillaumat et Pierre Messmer, le décret de décembre 1964 sur les forces aériennes stratégiques qui confie au Président la décision de recourir au feu nucléaire, et bien sûr la décision de retrait de l'organisation militaire intégrée de l'OTAN, en 1966. Le président Mitterrand s'est coulé sans peine dans l'héritage du général de Gaulle. Le conflit qui l'opposa à Jacques Chirac et à André Giraud au sujet du S4 (le «missile à roulettes») est tranché par sa réélection le 8 mai 1988 à la tête de l'État. La prééminence absolue du chef de l'État en matière de défense était ainsi réaffirmée.

Le Premier ministre, malgré le texte de la Constitution (article 20) n'a qu'un rôle secondaire de supervision. Le système de décision en matière de défense reste néanmoins un système très contingent qui évolue avec les circonstances et avec les hommes aussi, dont chacun joue son rôle selon son caractère. François Mitterrand n'est pas François Hollande et certains ministres imposent plus que d'autres leur personnalité.

Le Parlement approuve les crédits, son rôle a-t-il été vraiment conforté par le vote qui confirme l'engagement des forces militaires dans une opération extérieure quatre mois après qu'elle a été décidée ? Selon mon expérience, les parlementaires ont rarement le choix, ils votent ce qu'on leur demande d'approuver. Certains votent contre par habitude. Quelques-uns s'abstiennent pour marquer leurs réserves. La plupart bénissent.

Le personnage qui compte le plus dans le système après le chef de l'État, c'est quand même le ministre de la Défense. Il est souvent décrit comme l'ombre portée du président de la République. C'est un grognard, mais un grognard d'apparence. Il porte la préparation du budget et celle des lois de programmation. Et là, il lui faut mouiller sa chemise contre le ministre du Budget et le Premier ministre coalisés.

Le président de la République aussi bien ne peut pas s'occuper à temps complet des questions de défense. Il se décharge sur le ministre de la Défense à qui incombe la tâche de préparer l'outil militaire et de porter les textes devant le Parlement. C'est aussi le ministre de la condition militaire. J'ai gardé le souvenir, à l'été 1989, de la crise des gendarmes et du ministre du Budget de l'époque, Michel Charasse, dont j'ai obtenu les concessions qui correspondaient en gros à ce que je lui demandais au moment de la discussion de la loi de finances, diverses revalorisations de primes que j'ai pu étendre, grâce à lui, au reste des armées. Tout le monde a bénéficié de petits suppléments à l'occasion de cette crise de la gendarmerie. J'en ai profité aussi pour donner plus de consistance aux Conseils de la fonction militaire. C'était la moindre des choses puisque nos soldats n'ont pas de syndicats pour défendre leurs intérêts matériels, alors qu'ils supportent, eux et leurs familles, des servitudes exceptionnellement lourdes. Le ministre de la Défense devait se préoccuper aussi, quand il existait, du service national. J'en ai débattu en 1977 dans un livre d'entretiens avec Pierre

Messmer[1], resté neuf ans ministre (le record après Louvois – dix-neuf ans – qui mourut le jour de sa révocation). Et j'en reste partisan, selon une formule courte, assortie de volontariats « service long » de deux ans. Le peuple, en effet, doit être associé à sa défense et l'armée, en temps de crise, doit pouvoir disposer d'une ressource humaine à la fois compétente et flexible.

Le ministre de la Défense est enfin une sorte de ministre de l'Industrie bis car il doit s'occuper, à travers la Direction générale de l'armement, des industries de défense, ce qui prend beaucoup de temps. Il est également une sorte de ministre du Commerce extérieur bis parce que les exportations de défense, dans un pays de la taille de la France, permettent seules de rentabiliser les matériels que nous jugeons essentiels à l'indépendance de notre défense et que nous produisons donc nous-mêmes. Le ministre de la Défense doit voyager, entretenir des relations avec tel émir ou tel responsable politique, ou décider d'envoyer son secrétaire d'État, à mon époque Gérard Renon, explorer des terrains inconnus, par exemple l'Asie du Sud-Est qui depuis s'est révélée un marché relativement fructueux.

Il veille en même temps sur les théâtres d'opérations. À l'époque, il y avait peu d'OPEX (opérations extérieures) : il y avait l'opération Epervier au Tchad, et puis des opérations mineures dont le ministre s'occupait en liaison avec le chef d'état-major des armées et le chef d'état-major particulier à l'Élysée. Je pense à l'opération de rétablissement de la légalité aux Comores et à l'exfiltration réussie de Bob Denard, auteur du coup d'État, vers l'Afrique du Sud sans faire couler de sang inutilement. Je pense aussi à l'opération destinée à protéger nos ressortissants à Libreville (Gabon) en 1990. On laisse le ministre de la Défense veiller au grain. Il conseille le président de la République à travers des entretiens assez réguliers et il a pour interlocuteurs principaux le CEMA (chef d'état-major des armées, à l'époque le général Schmitt) et les différents chefs d'état-major qui étaient le général Forray (armée de Terre), l'amiral Louzeau (Marine nationale) et le général Lanata (armée de

---

1. Pierre Messmer Jean-Pierre Chevènement, *Le Service militaire*, Balland, coll. « Face à face », 1977.

l'Air) sans oublier le directeur général pour l'Armement (Yves Sillard) et bien entendu le directeur général de la Gendarmerie (Charles Barbeau après Régis Mourier). Tout ça se passe quand même relativement en famille. Bien sûr il y a des tensions, notamment à l'occasion des discussions budgétaires, mais tout finit par se résoudre d'une manière assez harmonieuse. C'est le chef de l'État qui tranche, seul ou en Conseil de défense. La discipline militaire a du bon et je ne me débrouillais pas trop mal pour sauvegarder les crédits militaires. Et puis, il y a deux personnages qui ne figurent pas dans les textes mais qui sont importants : le directeur du cabinet du ministre de la Défense et le chef d'état-major particulier du président de la République, qui n'a en principe aucun pouvoir propre mais qui peut s'octroyer de fait un certain nombre de pouvoirs, et même contourner le ministre, à l'occasion. Tout cela est donc une mécanique complexe comme toute organisation humaine, elle est à géométrie variable, cela dépend beaucoup des hommes et bien entendu des circonstances. Je vais prendre quelques exemples : le ministre peut être un fusible, il l'a été au moment de l'affaire Greenpeace. Il peut y avoir des désaccords entre le président de la République et le ministre de la Défense, par exemple en période de cohabitation. Les élections ont tranché, François Mitterrand a été réélu.

Il y a également des circonstances où même en période de non-cohabitation peuvent surgir des désaccords sur des sujets exceptionnellement graves. J'y reviendrai dans un prochain chapitre sur la guerre du Golfe. Une saine déontologie de l'État veut que le ministre remette son mandat à la disposition du chef de l'État. Bien entendu, c'est à celui-ci qu'il revient de choisir le moment. Ainsi le champ d'action du ministre de la Défense est-il étroitement balisé et il est bon qu'il en soit ainsi pour l'unité de l'État.

En matière de doctrine, je m'étais fait une religion simple : tant que l'URSS avec ses douze mille têtes nucléaires perdurerait sur le sol de notre continent, il n'y avait pas lieu de changer notre posture de défense : la dissuasion, aussi bien, est une stratégie défensive par définition.

Certes, j'ai compris, plus tôt que d'autres, je crois, que l'Histoire n'était pas finie, comme l'a écrit prématurément Francis Fukuyama en 1992[1]. Ma prudence rejoignait celle du président de la République. Celui-ci ne pensait pas que l'URSS pouvait disparaître comme par un coup de baguette magique.

Jusqu'en 1991, la France ne baissera pas la garde, notamment sur le plan nucléaire. Elle dispose, en 1991, de plus de cinq cents têtes nucléaires. La notion d'armes préstratégiques a disparu. François Mitterrand est très attentif, dans les entretiens qu'il m'accorde, à la doctrine nucléaire. Il n'accorde aucune pertinence au programme IDS, dit « guerre des étoiles » lancé par le président Reagan au milieu des années 1980. Il croit davantage à la dissuasion, stratégique s'entend. Il est en effet résolument hostile à l'idée d'une « bataille nucléaire » sur le sol européen. Je lui fais admettre la notion d'« ultime avertissement », ce qui me permet de sauver – provisoirement – le programme des Hadès, missiles mobiles sur roues de quatre cents kilomètres de portée, rapidement déplaçables en Europe et qui auraient permis de dissuader toute concentration offensive de chars à la frontière des pays du pacte de Varsovie. L'« ultime avertissement » peut évidemment revêtir d'autres formes plus sophistiquées. François Mitterrand mettra fin au programme Hadès en 1992, après mon départ du ministère de la Défense et surtout après l'implosion de l'Union soviétique. J'ajoute que le chancelier Kohl, résolument hostile aux Pluton, armes chenillées dont la portée n'excédait pas quatre-vingts kilomètres, avait fini par s'accommoder des Hadès.

De 1988 à 1991, la montée en puissance de la dissuasion se poursuit, conformément à la loi de programmation rectifiée que j'ai fait voter. Un terme est mis au projet du S4, « missile à roulettes » à moyenne portée. L'essentiel est ailleurs : dans la composante aérienne avec ses Mirage IV-P, que n'ont pas encore remplacés les Mirage 2000, et surtout dans les sous-marins nucléaires lanceurs d'engins qui, depuis 1971, patrouillent, indétectables, au fond de l'Atlantique.

Je fis une plongée à bord du sous-marin nucléaire lanceur d'engins *L'Inflexible* que commandait Charles de Coriolis, devenu

---

1. Cf. mon intervention à l'IHEDN (Institut des hautes études de défense natinale), le 21 mai 1990, « L'Histoire n'est pas finie », in *Passion de la France, op. cit.*, p. 922.

ensuite amiral. Je voulais me familiariser avec l'outil et faire mieux connaissance avec la famille des sous-mariniers à laquelle appartenait le chef d'état-major de la Marine, l'amiral Louzeau, récemment décédé, et pour lequel François Mitterrand éprouvait une dilection particulière parce que, me disait-il, il avait une «gueule». L'amiral de Coriolis comparait un SNLE[1] à la base spatiale de Kourou, en plongée et propulsée par une centrale nucléaire. Je revins très impressionné par cet après-midi et cette nuit passés à trois cents mètres dans les profondeurs de l'Océan, admiratif du professionnalisme et de l'abnégation de l'équipage. Au petit matin, juste avant l'hélitreuillage, je garde le souvenir des dauphins sautant par-dessus la proue à peine émergée du navire. Il fallait aussi veiller à la «discrétion» des têtes nucléaires, profilées en conséquence, comme la TN 75 qui venait d'entrer en service. J'avais plaisir à côtoyer ces scientifiques, en particulier Roger Baleras, directeur, au CEA[2], de la DAM (division des applications militaires), titulaire de vingt-sept CAP! Ce savant était aussi un bricoleur!

S'agissant des forces conventionnelles, pratiquement tous les grands programmes qui correspondaient au renouvellement des grands équipements majeurs avaient été lancés dans la deuxième moitié des années 1980 par Charles Hernu, Paul Quilès et André Giraud :

— chars Leclerc ;
— porte-avions nucléaire ;
— canons de 155 automoteurs ;
— hélicoptères de combat HAP HAC ;
— avions Rafale dont il m'est revenu de confirmer la commande en 1988 malgré l'hostilité du Premier ministre de l'époque, y compris pour la version Marine.

François Mitterrand me confia la lourde tâche de convaincre les officiers de l'Aéronavale qui volaient sur de vieux Crusader, d'attendre la mise en service du Rafale Marine, et de renoncer à acheter des F18 américains. Les pilotes prenaient des risques

_____

1. Sous-marin nucléaire lanceur d'engins.
2. Commissariat à l'énergie atomique.

énormes pour voler dans ces avions qui dataient des années 1960 et qui ne seraient remplacés que dans les années 2000.

Le seul « grand programme » que j'ai lancé en trois ans est, en fait, un programme « dual » à finalité civile aussi bien que militaire : l'hélicoptère de transport NH-90 (décidé fin 1990). Les budgets d'équipement ont atteint un pic entre 1988 et 1991. Tous ces programmes n'ont pas été déclassés par la fin de la guerre froide, contrairement à une assertion répandue. Il me devenait plus difficile de lutter contre l'empressement de ceux qui, au gouvernement et dans la majorité, souhaitaient encaisser tout de suite « les dividendes de la paix », au fur et à mesure que la menace soviétique s'estompait à l'horizon (conclusion en 1987 du traité sur les forces nucléaires intermédiaires, impliquant le retrait parallèle des SS-20 et des Pershing, qui serait dénoncé en 2019 par les États-Unis, chute du mur de Berlin le 9 novembre 1989, traité dit « 4 + 2 » consacrant la réunification et le statut de l'Allemagne [septembre 1990], accord de limitation des forces conventionnelles en Europe [FCE] en octobre 1990, enfin retrait programmé des armées soviétiques d'Allemagne de l'Est par un accord direct entre Kohl et Gorbatchev en juillet 1990). Je dois dire que ma prudence était encouragée par celle de François Mitterrand qui n'imaginait pas qu'un formidable empire comme l'Union soviétique puisse se défaire sans risques de guerre, civile ou extérieure. L'échec du putsch de Moscou (août 1991) et enfin la dissolution de l'Union soviétique (décembre 1991) accélérèrent le rythme des diminutions de format que j'avais entamées et les mesures de désarmement enclenchées par le gouvernement Bérégovoy en avril 1992.

Pour en rester au chapitre des armements conventionnels, notre défense reposait encore largement, de 1988 à 1991, sur le service national. En fait, il s'agissait d'une « armée mixte », composée pour moitié de professionnels et pour moitié d'appelés. J'étais soucieux de conduire en douceur une « réduction du format » raisonnable, s'inscrivant dans le cadre des négociations FCE et qui maintenait l'armée française comme la première d'Europe occidentale. Il était clair qu'il fallait anticiper : un peu mais pas trop. Ce fut l'objet du plan Armées 2000, conçu de manière confidentielle à mon niveau grâce aux conseils avisés du général Coullon, ancien commandant de la Légion étrangère, et approuvé par le président de la République. Le plan Armées 2000 supprimait la moitié des états-majors en harmonisant les découpages, ce qui permettait «l'interarmisation» mais en distinguant, pour les forces terrestres, les commandements territoriaux et les commandements de forces afin de favoriser la projection et la mobilité. Je m'étais résolu à ramener, en 1990, la durée du service national de un an à dix mois – disposition qui ne deviendrait effective qu'en 1991 – tout en favorisant les formules de «volontariat service long». Ma conviction était qu'il était parfaitement possible de maintenir le service national en en diversifiant les formes. C'eût été maintenir un outil de cohésion civique et doter nos armées d'utiles amortisseurs pour le recrutement, notamment de spécialistes, ou pour une éventuelle remontée en puissance.

Un argument a été utilisé ultérieurement contre le maintien du service national : l'envoi de forces uniquement professionnelles dans l'opération Daguet à la frontière de l'Irak. François Mitterrand, à l'inverse, se laissa convaincre plus tard d'envoyer des appelés volontaires, au titre des forces d'interposition engagées en ex-Yougoslavie en 1992-1995 : il suffisait de faire signer un papier aux appelés volontaires.

Pour atténuer l'impact négatif en termes d'aménagement du territoire des suppressions d'unités inévitables, je proposai, en août 1990, de supprimer une des deux divisions stationnées en Allemagne, ce qui, dans l'immédiat, se heurta aux réticences du chancelier Kohl, bien que l'opinion publique allemande y fût favorable à 67 % selon les sondages.

François Mitterrand, que j'accompagnais à Bonn quelques semaines avant la chute du Mur, ne s'est pas opposé à la réunification allemande, dès lors que, déclara-t-il ce jour-là, elle se ferait «démocratiquement et pacifiquement». Il n'était pas insensible à la modification des rapports de puissance qui allait en résulter entre l'Allemagne et la France. Mais, comme il l'a écrit : «L'Histoire était là, il fallait faire avec[1].» Sachant que « le droit

---

1. François Mitterrand, *De l'Allemagne, de la France*, Odile Jacob, 1996, p. 57-58.

international est un droit vagabond[1] », François Mitterrand consacra son énergie d'abord à la reconnaissance par l'Allemagne de la frontière Oder-Neisse (traité germano-polonais du 14 novembre 1990), service éminent rendu à la cause de la paix future de l'Europe et ensuite, objectif beaucoup moins évident, à mes yeux, à la fixation d'un calendrier pour l'entrée en vigueur de la monnaie unique : au plus tard 1999 aux termes du traité de Maastricht.

Je reviendrai dans un prochain chapitre sur la fin de l'URSS et sur la guerre du Golfe qui sont comme les deux faces d'une même médaille : une nouvelle ère va alors s'ouvrir dans l'histoire du monde.

Jusqu'à l'automne 1989, les choses allaient leur train à l'Hôtel de Brienne. Ma vie était rythmée par de fréquents déplacements à l'étranger ou en France : visites de régiments, d'unités navales, de bases aériennes. C'est ainsi que j'inaugurai la brigade franco-allemande, à Böblingen, près de Stuttgart. Le soir, ma tête résonnait encore de fanfares militaires, tambours, cuivres et cymbales. Je comprenais mieux pourquoi on avait fait la réputation à certains de mes prédécesseurs d'avoir fini quelque peu «timbrés». J'essayais de ne pas me laisser happer par la machine et de conserver un regard lucide sur la marche du monde. J'allais être servi par la soudaine accélération de l'Histoire.

En attendant, je me distrayais en prenant une part active à la commémoration du bicentenaire de la Révolution française. Je voulais associer l'armée à cette commémoration, ce qui était à la fois une façon de la ressourcer dans sa tradition républicaine et de défendre l'institution du service militaire contre ses détracteurs. J'organisai à Valmy, le 21 septembre 1989, une fête, bien vite prise en main par le ministère de la Culture dont l'inspiration multiculturaliste ne recoupait pas forcément la mienne.

Là où je voulais célébrer l'étroite réunion de l'armée et de la nation, Patrick Bouchain, que Jack Lang m'avait recommandé, convoqua une équipe de plasticiens : deux bœufs au pas lent ouvraient la marche au président de la République qui, après avoir contemplé le paysage estival à travers les toiles à lucarnes de Buren, put assister à l'emballement des chevaux de Bartabas, au

---

1. *Ibid.*, p. 94.

pied du moulin de Valmy, où il put enfin prononcer un discours qui ne pouvait que contenter le ministre qui l'avait fait préparer. La contribution de l'armée – une charge de la Garde républicaine à cheval et un ballet d'hélicoptères lançant des fumigènes – sauva le spectacle.

Je voulais aussi donner le nom de héros révolutionnaires à quelques bâtiments de la flotte mais, me dit l'amiral Louzeau, «il n'y a pas eu de héros sous la Révolution dans la Marine». Ce n'est pas pour rien qu'on l'appelle encore aujourd'hui «la Royale». Alors, lui répondis-je, «on donnera à nos bateaux des noms de généraux : Kléber, Marceau, Hoche». Je le vis blêmir : il n'était pas question que la Marine nationale s'inclinât devant l'armée de Terre. Il nous vint alors une idée : donner aux frégates de surveillance, encore en chantier à Saint-Nazaire, le nom des mois du calendrier révolutionnaire : Prairial, Germinal, Vendémiaire, Ventôse, etc. Malheureusement, la loi de programmation n'avait prévu que six frégates… Tant pis ! Certains mois passeraient à l'as : Brumaire, Thermidor, etc.

Cinquième partie

Le retournement du monde

10

1990, la grande rupture

Au soir du 8 mai 1988, François Mitterrand pouvait savourer son triomphe : armé de son seul talent, il n'avait pas seulement défait une droite qui se croyait, de toute éternité, détentrice de la légitimité, mais il était devenu le premier – et resterait le dernier – des présidents de la Vᵉ République à s'être offert un second mandat de sept ans à l'Élysée.

Moins de huit jours plus tard, dans la nuit du 13 au 14 mai, François Mitterrand découvre qu'il n'est plus le maître dans son propre parti, celui qu'il avait refondé à Épinay en 1971 : le comité directeur du PS évince son candidat, Laurent Fabius, et intronise Pierre Mauroy comme premier secrétaire, par 63 voix contre 54. L'affaire s'étant réglée entre «mitterrandistes» brevetés «courant A», mes amis de SR[1] et moi-même en étions restés à l'écart. Aussi bien n'avais-je pas envie de rentrer dans des querelles dont le contenu politique était absent. Plus encore qu'en 1985 entre Laurent Fabius et Lionel Jospin qui se disputaient la conduite de la campagne des législatives, c'était bel et bien la bataille pour la succession de François Mitterrand qui s'ouvrait, de manière quelque peu indécente, au lendemain d'une victoire aussi éclatante.

François Mitterrand aurait sans doute pu imposer son choix, s'il l'avait porté sur un autre que Laurent Fabius. Mais celui-ci, par sa classe – mélange d'intelligence et de supériorité qu'il ne songeait pas trop à dissimuler – suscitait le rejet de ses camarades moins bien dotés. Et pourtant Laurent Fabius avait montré un vrai courage dans

---

1. Socialisme et République, qui a succédé au CERES.

l'affaire du sang contaminé : il avait vu juste avant tous les autres et bravé la critique pour prendre les mesures de prévention nécessaires. Cette «nuit des longs couteaux» à la mode social-démocrate que fut la désignation du premier secrétaire allait se renouveler de manière paroxystique au congrès de Rennes (mars 1990). Incapable de trancher entre les héritiers présomptifs, Fabius et Jospin, Rocard, Premier ministre, se tenant opportunément en retrait, le congrès allait à nouveau reconduire Pierre Mauroy à la direction du parti avant que François Mitterrand ne parvienne enfin à le remplacer : Pierre Mauroy fut aspiré, en septembre 1992, par le nirvana de la présidence de l'Internationale socialiste, mais trop tard pour permettre à Laurent Fabius, enfin devenu premier secrétaire, de conjurer la déroute de la gauche aux élections législatives de mars 1993. Mais qui l'aurait pu? Pour la première fois, le Parti socialiste se trouvait confronté aux conséquences de son choix de 1983.

Bien que Pierre Guidoni ait exploré les voies d'un rapprochement avec Lionel Jospin, Socialisme et République ne prit pas parti entre les deux écuries. Ce que nous commencions d'apercevoir de la politique européenne de François Mitterrand nous avait rendus prudents. Avant d'engager nos forces dans quelque alliance que ce fût, nous attendions que les choix politiques apparussent en toute clarté. Un an environ auparavant – ce devait être à la fin de 1988 ou au début de 1989 – un événement m'avait profondément troublé : j'avais découvert en Conseil des ministres un projet de transposition d'une directive européenne visant à la libération des mouvements de capitaux, avant toute harmonisation préalable de la fiscalité sur l'épargne, et cela non seulement à l'intérieur de la Communauté européenne, mais également vis-à-vis des pays tiers, autant dire à l'échelle de la planète. Première puissance commerciale mondiale, la Communauté européenne aurait pu s'opposer à ce tournant libre-échangiste radical. Elle aurait pu le tempérer de quelques règles restrictives, en matière de politique industrielle et de circulation des capitaux notamment. Elle ne l'a pas fait. Paris n'a pas résisté au néolibéralisme qui triomphait à Londres. La directive était prise en application de l'Acte unique négocié en 1985. J'étais consterné de ce que je découvrais : la parenthèse libérale ouverte en 1983 ne se refermerait donc jamais! Ce fut un tournant décisif dans la longue alliance que nous avions passée avec François Mitterrand.

Je demandai à intervenir quand Bérégovoy eut fini de présenter son texte. «Vous rendez-vous compte, dis-je alors, en interpellant le Conseil et en fait François Mitterrand lui-même, qu'en avalisant ce texte, vous allez créer un déséquilibre fondamental entre le Capital et le Travail? Le Capital pourra se déplacer d'un bout à l'autre de la Terre, à la vitesse de la lumière, le temps qu'il faut pour passer un ordre en Bourse, tandis que les salariés, eux, resteront assignés au local, comme jadis les manants, attachés à la glèbe!» Une sorte de gêne s'installa. Bérégovoy, placé à côté de moi, me glissa: «Tais-toi, c'est déjà arbitré!» J'ai su que Bérégovoy, avant cet «arbitrage», avait partagé les mêmes réserves que moi. Mais il les avait surmontées. Voici ce que rapporte, dans les colonnes du *Monde*, Joseph Borrell, alors secrétaire d'État aux Finances dans le gouvernement espagnol de Felipe González. La scène se passe à un Conseil européen de 1988, appelé à décider la libération des mouvements de capitaux sans harmonisation fiscale préalable, où Joseph Borrel représente l'Espagne: «Bérégovoy s'est levé, s'est approché de moi et m'a dit: "Je viens de recevoir les instructions de l'Élysée: on va accepter. Vous avez reçu les vôtres de Madrid?" Moi: "Non, pas encore!" Bérégovoy: "Vous les aurez, vous les aurez!" Ça marchait comme ça à l'époque[1].»

Et au Conseil des ministres, où j'avais levé le lièvre, cela s'est passé de la même manière. François Mitterrand a jeté son poids dans la balance: c'est à la demande de Kohl, déclara-t-il, qu'il avait accepté de supprimer l'exigence d'harmonisation préalable de la fiscalité sur l'épargne. Cet accord, à ses yeux, faisait partie d'un tout: la libération des mouvements de capitaux était inséparable de l'Union économique et monétaire. En fait, Kohl, très attentif aux réactions de son électorat, avait obtenu de Mitterrand cette modification sans que celui-ci en mesure peut-être toutes les conséquences. Le ministre allemand des Finances, Stoltenberg, avait préféré démissionner ou, plus exactement, s'était retrouvé au

---

1. Sylvie Kauffmann, «La social-démocratie, continent englouti», *Le Monde*, 15 novembre 2019.

ministère de la Défense où il était devenu mon collègue. Que pensait-il de tout cela quand nous passions ensemble en revue à Böblingen, près de Stuttgart, la brigade franco-allemande qui venait d'être créée ? Pressentant une réponse de fiscaliste, je ne me hasardai même pas à lui poser la question.

Le Conseil des ministres passa au point suivant de l'ordre du jour mais la découverte que je venais de faire me perturbait profondément : pour moi, le transfert de ces règles au niveau européen était un pas décisif accompli vers l'avènement d'un capitalisme financier mondialisé. Serait-il possible d'enrayer cette évolution avant la date fatidique qui venait d'être fixée (au 1er janvier 1990, autant qu'il m'en souvienne, reportée ensuite au 1er juillet) ? On m'a reproché d'avoir démissionné trois fois, mais c'était sur des sujets cruciaux. Un ministre a mille fois l'occasion de démissionner car les arbitrages du Président ne sont pas toujours en sa faveur. Au total, j'ai donc dû avaler quelques couleuvres mais aucune de cette importance : si j'avais dû démissionner à nouveau, c'est sur cette décision que je l'aurais fait. Mais pour l'opinion, c'était une affaire trop technique et il y avait à peine un an que j'étais revenu au gouvernement. J'étais pris par surprise, dans un domaine qui n'était pas celui de mes attributions ministérielles. Je décidai donc d'avaler la couleuvre, dans l'espoir qu'il serait possible ensuite de s'en débarrasser.

Dans le système très cloisonné de décision qu'avait institué François Mitterrand, tout ce qui se rapportait à son «grand dessein» européen se traitait en dehors du Conseil des ministres entre l'Élysée, Roland Dumas, ministre des Affaires étrangères, et son directeur de cabinet, Bernard Kessedjian, Pierre Bérégovoy, ministre de l'Économie et des Finances, et quelques hauts technocrates mis dans la confidence (ainsi le directeur du Trésor, Jean-Claude Trichet, Hervé Hannoun, conseiller économique du Président, Pierre de Boissieu, représentant permanent de la France auprès des institutions européennes…). La relation avec Bruxelles passait par le SGCI (Secrétariat général à la coopération intereuropéenne) où le président de la République avait pris la précaution de nommer, avant mars 1986, Élisabeth Guigou qui demeurait aussi sa conseillère à l'Élysée. C'est dire que la négociation sur le contenu des directives de la Commission européenne visant à appliquer l'Acte unique échappait complètement aux autres ministres, chacun travaillant à son établi, absorbé par ses tâches. À l'époque, Internet n'existait pas encore. Il fallait attendre les projets de loi de transposition des directives pour avoir une idée de leur contenu. C'est ainsi que ce qu'on appelle la «construction européenne», c'est-à-dire la dérégulation à l'échelle de l'Europe, a pu progresser dans la plus totale opacité, mais sous l'impulsion constante et quasi obsessionnelle de François Mitterrand. C'était son grand pari, celui qui lui permettrait de passer à la postérité. Pour rester dans l'histoire de France, il était impossible de surpasser de Gaulle qui avait permis à celle-ci de survivre comme «grande nation» après la Seconde Guerre mondiale. François Mitterrand, quant à lui, entendait rester comme l'homme qui aurait «fait l'Europe», idée qui, sur le principe, n'était guère contestable. Seule l'Histoire dirait s'il y avait réussi et si les modalités qu'il avait choisies étaient les bonnes.

Ainsi n'ai-je compris qu'avec retard non seulement l'inspiration qui guidait souterrainement la progression du «grand dessein européen» de François Mitterrand mais encore plus sa traduction pratique dans nos règles de droit interne. Certes, je discernais, à défaut de le partager, le projet de construire, par-delà les nations, une Europe supranationale. Mais je ne croyais guère à la faisabilité pratique d'une fédération, faute d'un sentiment d'appartenance commun assez fort.

La culture de ce mirage relevait à mes yeux, de ce que j'appelais «le pari pascalien de François Mitterrand». Dans ses *Pensées*, Pascal avait entrepris de convertir «les gens de bonne foi» : «Dieu est ou il n'est pas, argumentait-il. De quel côté pencherons-nous? Il faut parier! Cela n'est pas volontaire. Vous êtes embarqué... Pesons le gain ou la perte. Si vous gagnez, vous gagnez tout, si vous perdez, vous ne perdez rien. Gagez donc qu'il est [Dieu] sans hésiter!»

De même pour François Mitterrand, après la misère des nations telle que deux guerres mondiales, au XXᵉ siècle, l'avaient révélée, l'Europe apparaissait, comme Dieu chez Pascal, «une infinité de vie infiniment humaine à gagner». L'Europe, selon François Mitterrand, était donc aux nations comme ce que l'infini (Dieu) est au fini. Au rêve de Friedrich Sieburg[1] («Heureux comme Dieu en France»), François Mitterrand répondait un demi-siècle plus tard par un autre rêve non moins fragile : «Heureux comme Dieu, en Europe…»

«Votre impuissance à croire, écrivait Pascal, vient de vos passions.» Ajoutons «nationales» à «passions» pour comprendre où voulait en venir François Mitterrand.

Confondant la nation avec le nationalisme qui en est la maladie, il ne cessera de répéter : «Le nationalisme, c'est la guerre !», ou encore : «La France est notre patrie – l'Europe est notre avenir.» Comment ne pas lire à l'envers : «La France est notre passé – l'Europe, demain, sera notre patrie»?

François Mitterrand applique les recettes de Pascal : «Vous voulez aller à la foi, mais vous n'en savez pas le chemin», écrit ce dernier… «Suivez la manière dont ceux qui parient ont commencé : c'est en faisant comme s'ils croyaient, en prenant l'eau bénite, en faisant dire des messes…»

Ainsi fit-on, dès 1981, retentir l'*Hymne à la joie* devant le Panthéon. Partout, à côté du drapeau tricolore, on fit flotter le drapeau bleu de Marie aux douze étoiles d'or. Les gestes symboliques se multiplièrent : la «main dans la main» de Verdun (1984), la panthéonisation de Jean Monnet (1988). Le Vatican lui-même a depuis lors entamé une procédure en béatification de Robert Schuman…

Tant que la France restait maîtresse de ses décisions, je ne m'alarmais pas trop de cette symbolique. La mode finirait par passer. Certes l'autorité de la Commission européenne, assise sur le paradigme de la concurrence «libre et non faussée», allait croissant et la France, devant les oukases de Bruxelles, avait dû retirer son plan textiles et son plan machine-outil que je défendais encore en 1982-1983. L'Acte unique n'avait été ratifié qu'en 1987. À la veille des élections françaises d'avril-mai 1988, je n'avais pas prêté attention au mémorandum Genscher de février 1988 visant à

---

1. Friedrich Sieburg, écrivain allemand de l'entre-deux-guerres, *Dieu est-il français ?* réédité en 1991, Grasset.

créer une Union économique et monétaire européenne. Je lis, dans les *Mémoires* de Mme Thatcher, que même celle-ci ne s'inquiétait pas trop du projet d'union monétaire, comptant, bien à tort, sur Karl Otto Pöhl, le gouverneur de la Bundesbank, pour mettre obstacle au projet de Banque centrale européenne[1]. De même comptais-je sur un accident pour faire dévier le train.

Ce n'est qu'après mon retour au gouvernement, en mai 1988, que je perçus la complète déconnexion entre la diplomatie européenne du président de la République et la vie politique intérieure. La cohabitation n'empêchait nullement la progression du grand dessein européen de François Mitterrand. C'est ainsi que l'Acte unique passa en 1987, devant le Parlement, comme lettre à la poste, voté par le RPR et par le PS. Je n'en pris conscience que peu à peu : il y avait sur l'Europe une diplomatie qu'on aurait pu qualifier de «secrète», si elle n'avait été, d'abord et surtout, opaque. Elle unissait la gauche qui signait et la droite qui ratifiait, traversait les gouvernements, survivait à la cohabitation. C'était le fil rouge de la politique du Président, ou plutôt un fil de nylon fait pour tromper le poisson. Sous l'invocation lyrique de l'Europe, se cachait l'implacable mécanique de la dérégulation. De sommet européen en sommet européen émergeait, peu à peu, le dessein d'un «monde plat» qu'à partir de 1988, le cap de l'élection présidentielle française étant passé, une pluie de directives, prises au nom de la seule concurrence «libre et non faussée» par la Commission européenne, commença de dessiner.

Ce fut le grand œuvre de François Mitterrand, appuyé sur Jacques Delors, que de faire avancer, entre Kohl et Thatcher, le projet qui donnera forme en 1991 au traité de Maastricht et dont la réalisation du marché unique, grand acte de dérégulation à l'échelle de l'Europe, était le préalable nécessaire. Mais j'étais loin de mesurer en 1988 ce qui se tramait dans l'ombre de très étroits cénacles. Je peux le dire : j'étais hors jeu, sauf pour les questions militaires. Tout le reste, c'est-à-dire la substitution d'une logique, pseudo-européenne et en fait ultralibérale à la logique nationale, me passait au-dessus de la tête.

---

1. Margaret Thatcher, *10, Downing Street. Mémoires*, Albin Michel, 1993, p. 572 et 605-606.

Les lampions du bicentenaire étaient à peine éteints que des informations me parvinrent sur l'ouverture, par ordre du gouvernement gorbatchévien de Budapest, de la frontière austro-hongroise, aux ressortissants est-allemands. Ceux-ci pouvaient ainsi se réfugier en Allemagne de l'Ouest, en passant par l'Autriche.

Déjà, j'avais été surpris, lors d'un voyage fait en URSS, au début du mois d'avril 1989, de la violence des luttes internes qui déchiraient le pouvoir et l'armée soviétiques entre tenants de la perestroïka et conservateurs. C'est ainsi que reçu fastueusement à Mourmansk, sur le navire amiral de la flotte du Nord, *Maréchal Oustinov*, j'appris avec surprise que l'amiral commandant la flotte venait d'être battu par un enseigne de vaisseau aux premières élections législatives libres organisées par Gorbatchev. Cela faisait désordre.

Quelques jours auparavant, je m'étais adressé aux élèves-officiers de l'armée soviétique formés à l'Académie militaire Vorochilov. En même temps on pouvait lire dans les gazettes des articles qui traînaient dans la boue le même homme, rendu responsable des désastres initiaux de l'Armée rouge dans les premiers mois de l'invasion allemande (juin-septembre 1941). Bref, on sentait un monde qui tremblait sur ses bases. La force s'étalait, impressionnante, mais derrière elle, un regard attentif pouvait percevoir les fissures et même les failles qui s'ouvraient.

Se pouvait-il, dans ce contexte, que Gorbatchev prît le risque de déstabiliser la RDA pour se débarrasser d'Erich Honecker qui la dirigeait ? En visite à Berlin-Est, le 6 octobre 1989, pour le quarantième anniversaire de la RDA, Mikhaïl Gorbatchev prononça un verdict dont l'effet irait sans doute au-delà de ses intentions : « La vie punit ceux qui arrivent en retard. » Ainsi il rend clair désormais que les troupes soviétiques stationnées dans les casernes de la RDA n'interviendront pas, en cas de troubles dirigés contre le gouvernement d'Erich Honecker. Les manifestations qui déjà, à Leipzig, battaient le pavé, prennent de l'ampleur au cri de : « Nous sommes le Peuple ! » Le 18 octobre, Honecker démissionne. Un gorbatchévien, Egon Krenz, le remplace, très provisoirement. Dans la nuit du 9 au 10 novembre 1989, le Mur tombe, à la suite d'une annonce, semble-t-il précipitée, d'un responsable est-allemand. Helmut Kohl ne cherche nullement à calmer les revendications populaires. Au contraire, il ne cesse d'affirmer la légitimité à la fois de la demande d'élections libres en RDA et de la réunification alle-mande elle-même. Sans doute Helmut Kohl avait-il pressenti très tôt, probablement dès juin 1989, lors de leur rencontre à Bonn, la faiblesse de Gorbatchev, dépassé par ses problèmes internes. Dans la rue, l'instinct national se réveille très naturellement. «Nous sommes un peuple!» crie maintenant la foule.

Un nouveau Premier ministre de la RDA, Hans Modrow, pro-pose, le 17 novembre, une «communauté contractuelle» entre les deux États. La question de l'unité allemande est désormais sur toutes les lèvres. Sans s'en être ouvert à François Mitterrand, Helmut Kohl prend tout le monde de vitesse, en annonçant le 28 novembre, devant le Bundestag un «plan en dix points», en vue de la création d'une fédération entre les deux États, au lendemain d'élections libres en RDA. Celles-ci interviendront le 18 mars 1990. Elles donnent une majorité à la CDU est-allemande. Son chef, Lothar de Maizière, forme un gouvernement.

C'est alors qu'Helmut Kohl révèle sa dimension d'homme d'État. Il avait l'habitude de dire que les Allemands étaient réputés pour deux raisons : leur efficacité économique, mais aussi leur bêtise politique. Helmut Kohl, s'agissant du second point, a fait la brillante démonstration du contraire. Il se révèle un puissant génie politique. Pour imposer la réunification que souhaitait légitimement le peuple allemand tout entier (à l'exception de quelques intellec-tuels) et à laquelle aspirait fortement la population de l'Allemagne de l'Est, désireuse de rejoindre le niveau de vie ouest-allemand aussi bien que de pouvoir désigner librement ses dirigeants, il sut imposer, entre l'ostmark et le deutschemark, un taux de change éco-nomiquement aberrant (1 pour 1) mais politiquement, ô combien réaliste. Il faudrait racheter les entreprises est-allemandes réduites à la faillite? N'importe! La Treuhandanstalt[1], c'est-à-dire les capi-taux ouest-allemands, y pourvoirait! Il faudrait payer des sommes

---

1. Treuhandanstalt : établissement fiduciaire chargé de la restructuration des entreprises sur le territoire est-allemand.

mirobolantes pour acquitter les pensions de retraite, les indemnités de chômage et assurer la remise en état des infrastructures est-allemandes ? L'intérêt national passait avant la religion de l'ordolibéralisme allemand ! L'État s'endetterait ? Les taux de la Bundesbank s'envoleraient ? Tout cela n'était que babioles à côté du grand rêve de l'unité allemande, que la promesse de « paysages florissants » allait enfin permettre de réaliser !

Observons, au passage, que les pays européens membres du SME ne furent en aucun cas consultés pour des décisions qui les obligeraient tous, dix-huit mois plus tard, à dévaluer, à l'exception de la France, acharnée à poursuivre le Graal de l'Union monétaire, en maintenant le franc collé au mark, au prix de taux d'intérêt exorbitants. Le SME lui-même exploserait en septembre 1992 : mais ce n'était plus qu'une péripétie banale dans la longue marche vers l'union monétaire dont Maastricht venait enfin de fixer l'échéance : 1999, à la veille du troisième millénaire ! Ainsi un millénarisme, le totem de la monnaie unique et le rêve supranational qu'elle impliquait, en remplaçait-il un autre : le mirage du socialisme.

Bien entendu, il fallait passer sur le corps de Karl Otto Pöhl qui ne se fit pas prier pour démissionner de la présidence de la Buba. L'unité monétaire de l'Allemagne fut réalisée le 1er juillet 1990, en même temps que la libération des mouvements de capitaux en Europe. L'unité politique allait suivre avec les élections législatives tenues dans toute l'Allemagne, le 3 octobre 1990.

Je constatais sans surprise que le sentiment national allemand avait balayé toutes les autres considérations, y compris européennes. Et la France dans tout cela ? En moins d'un an, l'équilibre de l'Europe avait été complètement bouleversé. « Nous sommes devenus le numéro un en Europe, murmurait le chancelier Kohl à ses conseillers, mais il ne faut surtout pas le dire ! » À tous, François Mitterrand administra cette année-là – je puis en témoigner pour l'avoir accompagné plusieurs fois en Allemagne – une leçon de grande politique : ne rien dire, y compris contre son sentiment, qui parût vouloir contrarier le sentiment profond du peuple allemand.

On a beaucoup glosé sur son attitude face à la réunification. La question était difficile pour un homme qui avait vécu 1940 et les conséquences concrètes d'une complète rupture d'équilibre entre l'Allemagne et la France... Les *Mémoires* de Mme Thatcher nous éclairent sur la manière dont François Mitterrand réagissait au fond de lui-même : «Il était encore plus préoccupé que moi», note-t-elle. Elle déplore l'écart entre ses propos privés et son expression officielle, par exemple au sommet de Strasbourg, en décembre 1989. Mais François Mitterrand n'avait ni les moyens ni le désir d'empêcher la réunification allemande à laquelle les États-Unis et l'URSS elle-même semblent avoir très tôt donné leur feu vert, sans doute dès janvier 1990. Il faut, au contraire, admirer la prudence dont François Mitterrand fit preuve pour dissimuler ses appréhensions qui n'étaient que trop réelles. Ce n'était pas une position commode. Mais y en avait-il une autre ? Il fallait évidemment accompagner la marche du peuple allemand vers l'unité. François Mitterrand a édifié quelques digues (ainsi la reconnaissance de la frontière germano polonaise). Pouvait-il faire davantage ? Pourquoi le cacher ? J'ai éprouvé quelque doute sur l'idée qu'on pourrait encadrer l'Allemagne en l'arrimant à l'Europe à travers l'Union économique et monétaire. Celle-ci était encore loin : promesse arrachée à Strasbourg, la Conférence intergouvernementale sur l'Union économique et monétaire ne s'ouvrirait qu'un an plus tard, à la fin de 1990. À cette date, l'unité allemande serait faite... Et puis n'arrimerait-on pas plutôt la France à une Europe que de toute évidence l'Allemagne dominerait ?

François Mitterrand s'est ardemment défendu de tout comportement dilatoire à l'égard de la réunification allemande. À ceux qui lui reprochaient d'avoir accepté passivement le renversement du rapport de forces entre la France et l'Allemagne, il répondait «Europe» et arguait des pas décisifs franchis entre novembre 1989 et décembre 1991, où un calendrier serait définitivement fixé pour l'avènement de l'euro. C'était là où le bât blessait.

François Mitterrand n'a, selon moi, commis aucune faute dans l'expression publique de sa position : la France ne pouvait pas aller contre la réunification de l'Allemagne. Elle ne pouvait que poser les conditions qui la rendraient acceptable au reste de l'Europe. On a fait grief à François Mitterrand de sa rencontre à Kiev avec Gorbatchev, le 6 décembre 1989, et plus encore de sa visite en RDA, du 20 au 22 décembre. Le premier de ces déplacements a eu au moins, de son point de vue, un effet : il mit la pression sur le chancelier Kohl qui dut accepter au Conseil européen de Strasbourg, les 8 et 9 décembre, la convocation pour la fin 1990 de la Conférence intergouvernementale qui préparerait le traité sur l'Union économique et monétaire. Mais était-ce là la bonne parade ?

Je m'interrogeais, à part moi, sur le bien-fondé de cet objectif auquel François Mitterrand a subordonné l'acceptation par les Douze du processus de la réunification allemande. Certes, il y ajoutait le respect de la frontière Oder-Neisse mais tout montre que le raisonnement de base de François Mitterrand était, sous prétexte d'« arrimer l'Allemagne à l'Europe », de lui « chiper son mark » (j'ai entendu cette expression dans la bouche d'un de ses conseillers). Ne risquait-on pas, au contraire, de ligoter l'Europe – et la France en particulier – à l'ordolibéralisme et même aux intérêts allemands ? C'est cette réflexion qu'au fond de moi-même je ne pouvais m'empêcher de faire. Et qui jugerait aujourd'hui mes appréhensions infondées à la lumière des choix qui nous ont été imposés en matière de politique économique, énergétique, migratoire, ou extérieure ?

La France, en 1990, a également appuyé la démarche américaine subordonnant la réunification de l'Allemagne à son maintien dans l'OTAN. Cette démarche reflétait la vieille hantise d'une réunification de l'Allemagne achetée à l'URSS au prix de sa neutralisation. Telle avait été la visée de Staline en 1950 et encore celle de Khrouchtchev en 1964. Mais cette hantise, rétrospectivement, paraît d'une autre époque et quelque peu dérisoire à l'heure où, aujourd'hui, le président de la République, Emmanuel Macron, revendique « l'autonomie stratégique de l'Europe ». Avec le recul du temps, la décomposition de l'ex-URSS et l'arrivée au pouvoir à Washington de Donald Trump donnent un aspect comique à la demande impérative formulée alors vis-à-vis de l'Allemagne par James Baker et George Bush père, lui enjoignant de rester membre de l'OTAN.

L'admission de plein droit de la RDA au sein de la Communauté européenne proclamée très tôt par Jacques Delors (Mme Thatcher y était opposée[1]) avait déjà levé un premier obstacle à la réunification. Mais le vrai problème était ailleurs : dès lors qu'il n'était pas possible d'encadrer la réunification dans une formule confédérale que la déliquescence du régime est-allemand rendait impraticable, était-il opportun de pousser les feux de l'intégration européenne et particulièrement de l'intégration monétaire? Il faut dire qu'en Grande-Bretagne le gouvernement conservateur ne dissimulait guère la hantise que lui inspiraient la réunification de l'Allemagne et le rôle central qu'elle allait retrouver en Europe. J'eus affaire à deux collègues successifs au ministère de la Défense britannique, M. Younger et M. King. Le premier, je crois, au moment où les Estoniens réclamaient leur indépendance, me dit en aparté : « La Grande-Bretagne n'a quand même pas fait deux guerres mondiales pour en arriver là ! » Je lui rappelai qu'historiquement la France et la Grande-Bretagne, de 1920 à 1940, avaient toujours soutenu l'indépendance des pays Baltes. À peu près au même moment (début 1990), le maréchal Yazov, ministre de la Défense soviétique que je recevais au château de Belfort, me disait : « Mais qui est ce M. Landsbergis [le leader indépendantiste estonien]? Un "musikant" ! [un musicien !]. » Je constatais ainsi que l'effritement de l'Union soviétique réveillait partout les vieux réflexes et les vieilles peurs.

Sur le fait de savoir s'il fallait accélérer ou ralentir le rythme de l'intégration européenne, Margaret Thatcher a formulé clairement l'alternative devant laquelle François Mitterrand était placé : « Il avait le choix entre hâter le pas en direction d'une Europe fédérale, afin de ligoter le géant allemand, ou abandonner cette démarche et revenir à celle du général de Gaulle : la défense de la souveraineté française et l'établissement d'alliances utiles aux intérêts français[2]. »

Mme Thatcher reconnaît que « le jugement de François Mitterrand qu'"il n'y avait rien à faire pour empêcher la réunification de l'Allemagne", se révéla juste ». Sa critique vise en fait plus profond : le refus absolu de François Mitterrand de modifier l'axe

---

1. Margaret Thatcher, *10, Downing Street, op. cit.*
2. *Ibid.*, p. 664.

fondamental franco-allemand de sa politique étrangère[1]. Elle lui impute «une tendance à la schizophrénie[2]» en soulignant l'écart entre l'inquiétude qu'il exprime dans ses propos privés et ses déclarations publiques lors de sa conférence de presse à Strasbourg («Je ne suis pas de ceux qui mettent un frein»).

En réalité, François Mitterrand vit une contradiction entre ses appréhensions intimes et son réalisme foncier («Il faut faire avec l'Histoire telle qu'elle se présente»). Je ne pouvais pas le critiquer car à la fois je partageais ses inquiétudes et comprenais sa prudence. Ainsi, après la signature du traité de Maastricht, interpella-t-il, dans son bureau de l'Élysée, le ministre allemand des Affaires étrangères, Hans-Dietrich Genscher, qui le rapporte ainsi : «Si vous voulez retrouver le chemin de la domination en Europe, alors vous retrouverez devant vous les anciennes alliances...» Je n'irai pas jusqu'à soutenir que la réaction fataliste de François Mitterrand au putsch de Moscou d'août 1991 a trahi une quelconque nostalgie de l'ordre de Yalta qu'il avait toujours combattu mais il a sûrement laissé voir le doute qui le tenaillait qu'un immense Empire comme l'URSS ne pouvait se défaire, sans qu'une partie au moins de ses dirigeants cherchât à l'empêcher.

François Mitterrand ne pouvait pas ne pas deviner qu'avec la réunification allemande et l'élargissement à l'Est, une Europe germano-centrée allait succéder à l'Europe franco-centrée qu'était, à ses débuts, la construction à Six et même encore à Douze. Un séisme historique n'a pas convaincu François Mitterrand de changer sa ligne européenne, fondée sur le rapprochement toujours plus étroit de la France et de l'Allemagne.

Tout au plus a-t-il proposé, à l'occasion des vœux le 31 décembre 1989, la création d'une grande Confédération européenne englobant la Russie, mais que les États-Unis et les pays de l'ex-pacte de Varsovie, la Tchécoslovaquie de Václav Havel au premier chef, se sont ensuite empressés de rejeter. Cette parade improvisée et nullement suivie d'initiatives ultérieures laisse entrevoir le désarroi français devant la nouvelle géographie de l'Europe.

---

1. *Ibid.*, p. 664.
2. *Ibid.*, p. 663.

Comment François Mitterrand aurait-il pu oublier le désir qu'il avait maintes fois exprimé de sortir de Yalta? Et pourtant la division de l'Allemagne qui en était le corollaire concourait à maintenir en Europe une certaine prééminence de la France. François Mitterrand a sans doute cru trop longtemps qu'il serait possible de maintenir deux États distincts. À son retour de Berlin-Est, au début de 1990, la Prusse se retrouvait, dans sa bouche, parée de toutes les vertus, par opposition à l'Allemagne du Sud et à l'Autriche, foncièrement réactionnaires. On se croyait revenu à l'époque de Voltaire et de Frédéric II. Le moins qu'on puisse dire est que la réunification de l'Allemagne, si elle a été pressentie, n'a pas été préparée par les quatre puissances victorieuses de 1945. Elle les a prises par surprise, car ce sont les peuples qui font l'Histoire. Et le peuple allemand n'a pas demandé l'autorisation des chancelleries. L'accélération de la construction européenne voulue par François Mitterrand a été la réponse de la France, réponse acceptable dans son principe mais ô combien contestable dans ses modalités...

La foi européenne de François Mitterrand reposait sur une conviction que je partage d'ailleurs : une étroite solidarité des nations européennes est la condition de la survie de l'Europe au XXIᵉ siècle dans la rivalité qui oppose déjà les États-Unis et la Chine. Mais outre que cette rivalité, dans les années 1980, ne se laissait pas encore deviner, est-ce que la bonne voie pour y répondre était celle d'une construction européenne fondée sur un libre-échangisme de principe, concernant aussi bien les capitaux et les personnes que les marchandises et les services? Le fait que la création de ce grand espace n'ait été assortie d'aucune harmonisation préalable des politiques dans des domaines aussi décisifs que la fiscalité, le contrôle des flux migratoires, ou la promotion d'une politique industrielle active me laissait déjà sur ma réserve en 1990. Mais c'était le grand dessein de substitution de François Mitterrand après les «ides de mars 1983» comme l'a excellemment démontré Hubert Védrine dans un livre pénétrant[1].

François Mitterrand s'est totalement investi dans la construction européenne depuis le sommet de Fontainebleau en 1984. En cinq

---

1. Hubert Védrine, *Les Mondes de François Mitterrand*, Fayard, 2016.

ans, il l'a fait progresser par l'adhésion de l'Espagne et du Portugal en 1986, les accords de Schengen à cinq sur la libre circulation des personnes en 1985 malgré les fortes réticences de Pierre Joxe (la convention d'application n'entrant en vigueur qu'en 1990), et surtout par l'acte majeur de dérégulation qu'a été évidemment l'Acte unique. Le maître d'œuvre principal en a certainement été Jacques Delors mais sa négociation et son application n'auraient pu être arrachées sans les initiatives incessantes et inlassables de François Mitterrand. Celui-ci déploie un immense talent de négociateur, mais au service d'un projet de libéralisation intégrale dont il renonce à faire préciser les conditions par ses partenaires, et pas seulement en matière de fiscalité sur l'épargne. C'est un peu le «pont de la rivière Kwaï» où l'on voit un ingénieur britannique, pendant la Seconde Guerre mondiale, déployer ses talents techniques pour offrir aux Japonais à travers la Birmanie une voie vers l'empire des Indes. En effet, l'Europe à Douze, sans parler de l'Europe à Quinze, qui ne verra le jour qu'en 1995, est indiscutablement libérale et même franchement néolibérale.

Appuyée sur la Grande-Bretagne de Mme Thatcher, sans parler des Pays-Bas et du Luxembourg, la coalition allemande CDU-FD a su imposer, au sommet de Hanovre (juin 1988), sous la pression de son aile libérale, la dissociation du lien entre la libération des mouvements de capitaux et l'harmonisation de la fiscalité sur l'épargne. Dans le même temps, selon une délibération simultanée des douze ministres des Finances du 13 juin 1988, la libération des mouvements de capitaux devait être effective deux ans plus tard, le 13 juin 1990. Le Conseil européen se borna à renvoyer à la Commission européenne le soin de faire des propositions en matière d'harmonisation fiscale. La proposition que la Commission fait, en février 1989, d'une retenue à la source de 15 % sera balayée au Conseil par la conjonction de la Grande-Bretagne, du Luxembourg, du Danemark et du ministre allemand des Finances lui-même, M. Théo Waigel, qui a remplacé Gerhard Stoltenberg. Comme l'écrit Hubert Védrine dans le remarquable livre que j'ai déjà cité : «Helmut Kohl nous a laissés tomber[1].» Le chancelier va même

---

1. *Ibid.*, p. 419.

jusqu'à annoncer au Bundestag, le 27 avril 1989, la suppression d'une retenue à la source de 10 % instituée au mois de janvier précédent. «Un cas de lâchage allemand», dont Hubert Védrine note charitablement à mon gré qu'il restera «unique en cette période». Mais sur un sujet ô combien capital! À l'idée d'un marché régulé se substitue l'idée typiquement néolibérale d'une concurrence des fiscalités. C'est une étape décisive dans la voie de la mise à la diète des politiques publiques. Les fractures économiques, sociales, territoriales qui vont ainsi se creuser sont superbement ignorées.

Quelle force meut donc François Mitterrand? On ne peut pas dire qu'il n'a pas vu le danger. Au chancelier autrichien Vranitzky il déclare, en février 1988 : «La perspective du grand marché en 1992-93 est très ambitieuse, sans doute même dangereuse. Mais on ne peut pas faire une grande Histoire sans une grande ambition[1].» Nous revoilà devant «le pari pascalien» de François Mitterrand, un pari métaphysique sur la transsubstantiation européenne des nations dans un temps historiquement court. Un incroyable pari historique tant l'expérience enseigne, au contraire, la lenteur avec laquelle les peuples accèdent à la conscience nationale et tant les résultats acquis à ce jour en matière de conscience européenne laissent dubitatif. Il y a quelque chose de tragique dans cette course de vitesse engagée dès 1984 par François Mitterrand entre les premiers craquements dans le système communiste, annonciateurs de sa fin, le triomphe planétaire du néolibéralisme et en même temps le retour des nations que marque, au cœur de l'Europe, une réunification allemande que nul, même François Mitterrand, n'avait prévue aussi proche.

Lionel Jospin explique le tournant de 1983 par «l'ambition de conduire une grande politique européenne. Ce que François Mitterrand a fait plus tard éclaire le choix [de 1983][2].» Mais si c'était l'inverse qui était vrai?

Ayant abandonné la politique pour laquelle il avait été élu (bien que ne l'avouant jamais, comme s'il se fût agi d'un secret d'État), François Mitterrand s'est trouvé confronté à la nécessité de trouver

1. *Ibid.*, p. 397.
2. *Ibid.*, p. 286.

un nouveau paradigme pour éclairer et justifier son action à la tête de l'État. Il ne lui fallait pas seulement légitimer son pouvoir. Bien davantage, il lui fallait trouver le moyen d'inscrire sa marque dans l'Histoire. Ce serait mal connaître François Mitterrand que d'imaginer que la «grande alternance» de 1981 eût pu à elle seule contenter son ambition. Il lui fallait une réalisation plus haute, qui l'égalât aux plus grands : «faire l'Europe», son grand œuvre. Une telle réalisation, inscrite depuis des siècles dans le rêve des penseurs (Sully, l'abbé de Saint-Pierre, Emmanuel Kant, Victor Hugo, etc.) et que les politiques (Charles Quint, Napoléon et Hitler) avaient échoué à imposer par la force, serait un accomplissement pacifique dont il ne verrait sans doute jamais la fin mais l'Histoire reconnaîtrait qu'il en aurait posé les fondements...

Jamais depuis les débuts des années 1950, sous l'impulsion conjuguée du «Grand Inspirateur», Jean Monnet, et du trio politique démocrate-chrétien que constituaient ensemble Robert Schuman, Konrad Adenauer et Alcide de Gasperi, la construction européenne n'a connu un tel emballement que sous François Mitterrand, Helmut Kohl et Jacques Delors, celui-ci ayant relayé Jean Monnet dans le rôle de «l'Inspirateur».

Certes il y avait eu le projet de Gaulle-Adenauer d'une Europe confédérale : le plan Fouchet, le traité de l'Élysée, l'idée d'une «Europe européenne», mais les temps n'étaient certainement pas mûrs... L'étaient-ils davantage vingt-cinq ans plus tard ?

Sans doute le duo franco-allemand avait inventé le Conseil européen qui se réunit régulièrement depuis 1975. Giscard et Schmidt avaient mis en place en 1979 le système monétaire européen qui serait, par la volonté française, la rampe de lancement, du moins la préfiguration, de la monnaie unique et, enfin, ils avaient fait élire, la même année, le Parlement européen au suffrage universel.

Mais ces initiatives n'avaient pas empêché un certain enlisement, après l'élection de Mme Thatcher en Grande-Bretagne, en 1979, de M. Reagan aux États-Unis, et l'arrivée au pouvoir de l'Union de la gauche en France, en 1981. Le premier mémorandum de François Mitterrand sur l'Europe sociale, en 1981, fit un flop et fut écarté sans ménagement.

C'est après le tournant libéral de 1983 que François Mitterrand se jette à corps perdu dans l'entreprise européenne. Il réussit, non sans mal, à désembourber le sommet de Fontainebleau, en accordant à Margaret Thatcher 66 % de ristourne sur la contribution nette de la Grande-Bretagne. Il lance dans la foulée un groupe de travail présidé par l'Irlandais James Dooge, en vue de préparer un *nouveau* traité d'Union européenne : Jacques Delors charge le commissaire britannique, lord Cockfield, ami personnel de Mme Thatcher, de rédiger le livre blanc sur le marché intérieur. «En dépit de nos orientations différentes (entendons : sur le projet d'une Europe intégrée), écrit Jacques Delors dans ses *Mémoires*, notre entente fut totale. Il [lord Cockfield] mena à bien cette tâche gigantesque… En rappelant sans cesse l'essentiel, à savoir la suppression des frontières, condition de la réalisation du Grand marché[1].» On ne saurait mieux décrire le terrain d'entente trouvé entre sociaux-démocrates français et conservateurs européens. Ce sera l'objet du traité de Luxembourg, «mon traité favori», nous dit Jacques Delors dans ses *Mémoires*. Et pour cause ! Jacques Delors écrit la musique. François Mitterrand assure, avec talent, l'interprétation : «C'est à partir de son choix décisif de mars 1983, écrit Jacques Delors, que François Mitterrand va chausser les bottes du grand Européen qu'il était. À ce moment-là, ajoute Jacques Delors, il s'agissait d'assumer toutes les conséquences d'une ligne politique qui devait conduire très progressivement à la victoire contre l'inflation, à un sévère assainissement financier, à un rééquilibrage des comptes extérieurs et au dynamisme retrouvé des entreprises françaises[2].» L'énoncé de cette politique ressemble à s'y méprendre à celle de Raymond Barre en 1976. Sauf que Delors y met les moyens : non seulement il dérégule l'économie, mais il situe au niveau européen le carcan néolibéral qui va désormais enfermer la France. Sans enrayer, bien au contraire, sa désindustrialisation.

Dans l'esprit de Jacques Delors qui vient de constituer sa Commission, où il s'est réservé la monnaie[3] – et donc l'achèvement

---

1. Jacques Delors, *Mémoires*, Plon, 2003, p. 258.
2. Jacques Delors, *Mémoires*, Pocket, 2004, p. 223.
3. *Ibid.*, p. 241.

de l'Union économique et monétaire –, les choses sont claires : «La montée des marchés et la dérégulation se feront, avec ou sans nous, écrit-il. Le vent est là et il souffle fort. Il s'agit de savoir si le pilote du bateau peut résister au vent et trouver une trajectoire qui soit un bon compromis entre l'évolution de l'environnement et la défense de nos intérêts et du modèle européen[1]. » Bref, il faut faire avec «les vents dominants», c'est-à-dire avec le néolibéralisme. Celui-ci triomphe ainsi sans obstacle, porté par l'air du temps. Élue en 1981 sur un programme de transformation sociale, la gauche française, représentée à la tête de la Commission européenne par Jacques Delors, à peine quatre ans après, a rendu les armes sans résistance. Bravo lord Cockfield !

On voit combien dans un tel environnement, entre Delors, voyant dans l'Europe la promesse d'une nouvelle parousie, Kohl ne perdant pas de vue l'unité allemande à l'horizon, et Margaret Thatcher, arc-boutée sur les principes néolibéraux et sur un nationalisme britannique sourcilleux, la marge de manœuvre de François Mitterrand était réduite.

Je ne suis pas de ceux qui sous-estiment le rôle véritablement historique de Jacques Delors. Celui-ci ne recule pas devant un accrochage avec François Mitterrand, quand, au Conseil de Milan, en juin 1985, la prééminence de la méthode communautaire semble en jeu : «Alors, lui dit-il, vous êtes devenu un partisan du plan Fouchet[2] ?» Jacques Delors crée un groupe de travail à l'intérieur de la Commission. «C'est au sein de ce groupe que nous avons élaboré la partie économique, financière et sociale du futur traité. On peut dire que nous avons formulé 90 % des propositions qui figurent dans l'Acte unique[3]. »

Jacques Delors excelle à développer «la théorie de l'engrenage». «Une mesure en appelle une autre, dans un jeu à somme positive[4]. » À le lire, il fait tout. Son principal problème est d'informer le Conseil. À Milan, il fait adopter le livre blanc de lord Cockfield sur

---

1. *Ibid.*, p. 253.
2. *Ibid.* Le plan Fouchet, proposé par le général de Gaulle fait prévaloir la méthode intergouvernementale.
3. *Ibid.*
4. *Ibid.*

l'objectif 1992 et obtient du Conseil la convocation d'une Conférence intergouvernementale chargée d'insérer dans le traité les dispositions du livre blanc malgré un semblant de résistance de Mme Thatcher, partagée entre son idéologie néolibérale et son souverainisme. Mme Thatcher le décrit comme « le porte-parole politique du fédéralisme débarrassé [quand il mettra en œuvre le traité] de sa laisse de fonctionnaire[1] ».

Les 2 et 3 décembre 1985, au terme de la présidence luxembourgeoise, le Conseil européen, à Luxembourg, approuve le traité malgré les ultimes réticences de Mme Thatcher qui excelle dans ce jeu de rôles : elle encaisse la victoire totale de la dérégulation néolibérale, en ronchonnant vis-à-vis de l'idée même de politiques communes pourtant réduites à peu de chose : l'allocation de fonds structurels aux régions en difficulté. « En fin de compte, écrit Delors, elle a accepté l'Acte unique. On lui a expliqué que c'était son approche, sa philosophie économique qui avait été retenue, au moins en partie avec le marché unique et la suppression des barrières aux échanges. Je sortis heureux de ce Conseil et la Commission avec moi. Nous avions franchi la deuxième étape de la stratégie de l'engrenage : après l'objectif 1992, les moyens institutionnels pour l'atteindre[2]. »

À ce moment, Hubert Védrine remarque que Jacques Delors est probablement le seul à mesurer la masse des textes que l'Acte unique va engendrer en vue d'harmoniser des législations nationales hétéroclites... Jacques Delors a emporté le morceau, à l'insu de la plupart des acteurs du sommet, et bien sûr des gouvernements et des opinions publiques. C'est une remarquable victoire du « despotisme éclairé » qui est la vraie philosophie de ce que ses partisans appellent « la méthode communautaire ». À Paris, personne, parmi les grands responsables politiques, n'y voit goutte.

Passé le cap de la cohabitation (1986-1988) pendant laquelle le gouvernement de Jacques Chirac eut le temps de faire ratifier l'Acte unique par le Parlement (1987), François Mitterrand, réélu

---

1. Margaret Thatcher, *10, Downing Street*, op. cit., p. 607.
2. Jacques Delors, *Mémoires*, Pocket, 2004, p. 253.

en mai 1988, engage un nouveau forcing, non seulement pour faire appliquer l'Acte unique mais pour ouvrir la voie à l'Union économique et monétaire, c'est-à-dire, pour parler clair, à la monnaie unique.

Le 26 février 1988, Hans-Dietrich Genscher avait publié dans une certaine indifférence son «Mémorandum pour un espace monétaire européen et une Banque centrale européenne». Sur proposition d'Helmut Kohl, le Conseil européen de Hanovre (juin 1988) décide de créer, sous la présidence de Jacques Delors, un groupe de travail composé des gouverneurs des banques centrales chargé de faire un rapport sur l'Union économique et monétaire au Conseil de Madrid, qui se réunira en juin 1989, un an après. À Madrid, le Conseil adopte le rapport et le principe d'une Conférence inter-gouvernementale, mais tergiverse sur la date, l'opinion allemande, selon Kohl, n'étant pas mûre pour l'abandon du mark. Ainsi, chose peu remarquée, les dispositions sur l'Union économique et moné-taire qui figurent dans le traité de Maastricht, l'indépendance de la Banque centrale, sa mission exclusive – lutter contre l'inflation – et même sa gouvernance et son articulation avec les banques centrales nationales se trouvent fixées dès juin 1989, quatre mois avant la chute du Mur et deux ans et demi avant la signature du traité. Et dans ce court laps de temps, il va se passer des choses!…

Il sera encore temps de freiner avant les événements qui vont bouleverser la géopolitique européenne. Il reste en effet un ultime espace : en effet, aucune date n'est encore fixée pour la réunion de la Conférence intergouvernementale. Il faudra attendre le sommet de Strasbourg, après la chute du Mur, pour en décider : celle-ci se réunira seulement le 13 décembre 1990, après les élections allemandes du 30 octobre qui consacreront la réunification de l'Allemagne. Et à la fin de 1990, aucun calen-drier n'avait été arrêté!

J'ai sous-estimé, pour ma part, la force que l'accélération de l'Histoire allait donner aux engrenages ainsi créés. Il était presque inévitable que le choix de l'accélération s'imposerait à François Mitterrand après la chute du Mur. Tout y concourait : le poids des décisions déjà prises, celui des entourages et surtout celui de l'idéologie : l'Europe était devenue le nouvel «horizon indépassable de notre temps». François Mitterrand y avait tellement contribué que le choix inverse d'une prise de distance au moins temporaire avec le projet de monnaie unique et d'intégration européenne lui était devenu, dix ans après son accession au pouvoir, inaccessible. L'occasion lui en était pourtant fournie par la politique monétaire d'Helmut Kohl qui avait conduit Karl Otto Pöhl[1] lui-même à rendre son tablier. Mais François Mitterrand n'était pas le général de Gaulle et ne prétendait d'ailleurs pas l'être. Il était François Mitterrand.

À Strasbourg, en novembre 1989, il obtient donc de Kohl la fixation d'une date pour la Conférence intergouvernementale à la fin de 1990. Mais c'est à Maastricht, le 11 décembre 1991, que sera fixé définitivement le calendrier de la monnaie unique (au plus tard 1999). Le choix de répondre à l'unification allemande par l'accélération de l'intégration européenne est tranché en dehors de tout débat public et même sans aucun débat au sein du gouvernement. Pour ma part, je ressens ce choix encore confusément, mais non sans malaise, en ce début de 1990. Face à un bouleversement politique majeur, on ne se donne pas le temps de réfléchir : on continue comme avant, le pied sur l'accélérateur.

On peut s'interroger sur le fait de savoir si tant de décisions aux conséquences si lourdes pour la France ont été bien pesées, face au séisme que représentaient la réunification de l'Allemagne, l'implosion du système soviétique et l'élargissement prévisible de l'Europe à l'Est. Déjà le texte du rapport Delors adopté en juin 1989, avant donc la chute du Mur, porte la marque exclusive des positions allemandes. Delors lui-même rapporte plaisamment les propos de Karl Otto Pöhl, gouverneur de la Bundesbank, à l'issue des travaux du comité : «La substance des travaux vient des gouverneurs, non de Delors. Sa contribution a été modeste et pourtant c'est nous qui avons fait sa réputation[2]!» On ne peut que s'interroger sur l'absence de vision stratégique et même tout simplement économique et sociale en dehors d'un supranationalisme de principe de ceux qui étaient chargés de rédiger, voire simplement de superviser les textes.

---

1. Alors président de la Bundesbank.
2. Jacques Delors, *Mémoires*, *op. cit.*

À travers la plume des gouverneurs, c'était la vision ordolibérale allemande qui s'imposait sans conteste. Or, la France, de par sa culture, ses mentalités, ses structures économiques, son histoire sociale et syndicale, n'est pas l'Allemagne. Qui donc alors, parmi les talentueux technocrates libéraux que François Mitterrand avait chargés de la supervision des textes, s'en était avisé ? Tout semble montrer que les choix politiques ont été faits, en amont, au niveau du Président et de sa vision pascalienne d'un au-delà de la France.

Sur le dossier européen, la France curieusement s'est trouvée demanderesse, fût-ce au détriment de ses propres intérêts : la réalisation du marché unique allait évidemment bénéficier pour des raisons historiques et géographiques plus à l'économie allemande qu'à la nôtre. Quant à la création d'une monnaie unique, il n'y avait pas besoin d'avoir lu Robert Mundell, le théoricien des «zones monétaires optimales», pour savoir qu'en l'absence de mobilité des facteurs de production (travail et capital) et de transferts financiers massifs entre les pays membres, l'écart entre les régions riches et les régions pauvres de l'Europe ne pourrait que se creuser. On sait que les travailleurs ne se déplacent pas facilement (encore que l'émigration vers l'Allemagne de l'Ouest de la force de travail en Europe de l'Est et même le développement en France des migrations transfrontalières illustrent la thèse inverse). Surtout, en matière de transferts de capitaux, l'Allemagne, toutes tendances politiques confondues, refuse formellement toute idée de «mutualisation financière» sous la forme d'eurobonds par exemple. Dans ces conditions, il aurait dû paraître évident aux dirigeants français que les écarts de développement au sein de la zone euro ne pourraient que s'accentuer. Le poids croissant de l'Allemagne la mettrait de plus en plus en mesure d'imposer ses choix. On a préféré croire le contraire : par la grâce de la politique, le «désirable» deviendrait réalité.

On pourrait croire qu'un État, quand il engage son peuple sur la voie d'une mutation aussi fondamentale ne s'en remet pas à la bonne aventure et prend quelques précautions. J'ai beau chercher : je ne discerne ni les mécanismes compensateurs ni les clauses de sauvegarde qui auraient été nécessaires, ni bien sûr la volonté politique de subordonner les avancées de la construction européenne à l'intérêt national. Là est la grande «rupture». Ce n'est pas celle qui avait été annoncée à Épinay.

Plus tard, en 1993, François Mitterrand m'invita à l'Élysée, à partager son petit déjeuner. Comme je m'ouvrais de mes inquiétudes – c'était sur un sujet connexe : la Yougoslavie dont la volatilisation avait suivi de peu la réunification de l'Allemagne –, il me répondit : «Bah! Mais nous, les Français, nous nous en sortirons toujours…» Et comme j'exprimais mon incrédulité : «Mais pourquoi?», il me répondit narquoisement : «Parce que nous sommes les plus intelligents…» Et comme je n'avais pas l'air convaincu, il me dit : «Mais où en étions-nous, au temps de Charles Quint? Nous étions coincés de toutes parts : sur les Pyrénées, aux Pays-Bas, en Franche-Comté par l'Espagne, à l'est sur le Rhin, en Savoie et en Italie, par le Saint-Empire! Et nous nous en sommes sortis!…»

Je me suis tu. J'ai toujours reconnu à François Mitterrand une intelligence supérieure. J'ai simplement pensé que peut-être il partageait mon inquiétude mais ne voulait pas l'exprimer. Il fallait faire avec les va-et-vient de l'Histoire et il ne servait à rien de se perdre en jérémiades… C'était sa façon de penser. Peut-être pensait-il que je retardais à changer d'échelle, alors que lui pensait désormais à l'échelle de l'Europe. Il est vrai que pour moi, Europe ou pas, les nations continuaient. L'intérêt national était l'aune à laquelle je subordonnais toujours mes décisions. L'Europe oui, mais dans le prolongement des nations et pas au détriment des intérêts de la France, et toujours, bien entendu, sous l'empire des valeurs universelles… J'en étais déjà là de mes réflexions alors que s'engageait le grand retournement du monde.

De l'Hôtel de Brienne, je voyais l'Histoire s'accélérer et la réunification allemande en bonne voie. Je me rendis au printemps 1990 à Berlin-Ouest dans le secteur français pour remercier nos soldats qui, depuis quarante-cinq ans, avaient contribué par leur présence à maintenir libre cette partie de la ville. Je fus frappé par la bonne humeur et l'accueil chaleureux des Berlinois, mais aussi par la véritable débâcle de l'armée soviétique : on vendait par centaines des insignes militaires et des casquettes de soldats et d'officiers sur le Tiergarten. Comment l'Union soviétique allait-elle réagir ?

En attendant, il fallait « faire avec » : je veillais à préserver un certain équilibre des forces en Europe à travers les négociations des forces conventionnelles en Europe (FCE). Il fallait aussi préparer la réunion de la Conférence sur la sécurité et la coopération en Europe (CSCE) qui se tint à Paris en novembre 1990. Celle-ci proclama l'intangibilité des frontières en Europe, un an avant la reconnaissance internationale d'une des six républiques fédérées yougoslaves. Fragilité des traités ! Force irrépressible des peuples ! Vingt-cinq ans après qu'eut été lancé le processus d'Helsinki, la guerre froide était finie, à moins d'un accident. Le traité dit « 4 + 2 » (les quatre puissances victorieuses de 1945 et les deux Allemagnes) fut signé en septembre. Je me bornai à vérifier que les clauses d'interdiction d'accès aux armes ABC qu'avait souscrites, en 1954, la RFA, s'y trouvaient bien reprises. Je gardais dans l'oreille la réflexion d'un ministre soviétique me disant, en 1989 : « Que la France et la Grande-Bretagne aient accès à l'arme atomique ne nous gêne nullement. Ce sont de vieilles puissances amies et alliées que nous connaissons bien. » Mais il y aurait un casus belli, « si l'Allemagne, compte tenu du poids de l'Histoire, y accédait elle aussi ».

Je préparai enfin, à l'intention du Président et en vue d'un Conseil de défense franco-allemand prévu à l'automne, un plan de retrait d'une de nos deux divisions stationnées outre-Rhin. C'était aussi pour moi l'occasion de limiter les fermetures de garnisons ou d'états-majors qui résultaient en France de l'application du plan Armées 2000. Le Président m'y encourageait : la présence de soldats français en Allemagne, me disait-il, ne peut que froisser les susceptibilités allemandes. À notre grande surprise, c'est le chancelier Kohl qui, au début de l'automne 1990, freina nos ardeurs et obtint un sursis. Aujourd'hui encore, il ne reste plus que cinq cents soldats français à Donaueschingen, près de Stuttgart, tandis qu'un régiment allemand (un peu plus d'un millier d'hommes) est venu installer ses campements en Alsace, à Illkirch, au sud de Strasbourg.

11

De la guerre du Golfe à Maastricht, l'effacement de la France

Je savourais mes vacances dans la campagne toscane depuis deux jours quand, au retour d'une visite à Sienne, j'appris l'invasion du Koweït par les troupes irakiennes.

Déjà, en 1989, j'avais dû interrompre les vacances que je prenais en Turquie, près d'Izmir, pour gérer, au plus près, la « crise des gendarmes » que la presse, en manque de sensationnel comme souvent au creux de l'été, relayait abondamment.

Et voilà qu'au début d'août 1990, une crise lointaine éclatait dont j'appréciais mal les conséquences qu'elle pouvait avoir pour notre défense. Celle-ci, faut-il le rappeler, restait fondée sur notre capacité à dissuader le surgissement d'un conflit de haute intensité en Europe. Elle n'était nullement calibrée pour des projections de forces à longue distance, à l'exception de l'opération Épervier au Tchad, entrée depuis longtemps dans la routine. Mais c'était dans le « pré carré » français, au cœur de l'Afrique saharienne. Il ne serait venu à l'idée de personne d'engager l'armée française à cinq mille kilomètres de notre territoire et qui plus est dans une région, le Moyen-Orient, où s'exerçait pleinement le leadership militaire des États-Unis, et donc sous contrôle opérationnel américain ! C'était un complet renversement de notre doctrine militaire telle que l'avait fixée le général de Gaulle en 1966, en faisant sortir la France de l'organisation militaire intégrée de l'OTAN. La France, au Moyen-Orient, pouvait exercer des stratégies d'influence, ou au plus d'interposition comme au Liban, mais non intervenir directement. C'était pour moi un axiome, surtout à un moment où la réunification allemande et l'implosion de l'URSS rebattaient les cartes en Europe même.

L'invasion du Koweït contredisait les propos que m'avait tenus six mois auparavant Saddam Hussein sur «le rôle stabilisateur de l'Irak» au Moyen-Orient et particulièrement dans la région du Golfe. C'était la première fois que je rencontrais Saddam Hussein en mission officielle, dans un bref aller et retour à Bagdad, du 27 au 29 janvier 1990. L'objet de ma mission était de négocier l'apurement de la dette de l'Irak vis-à-vis de la France et, surtout, d'équilibrer le voyage que Roland Dumas effectuait en Iran, au même moment, pour explorer, au lendemain de la guerre Irak-Iran (novembre 1988), les voies d'un règlement des contentieux pendants entre nos deux pays.

J'avais trouvé Saddam Hussein surtout préoccupé de l'évolution des prix du pétrole (on était en plein contrechoc pétrolier et celui-ci mettait à mal les finances irakiennes). Il s'inquiétait par ailleurs d'une normalisation trop rapide des relations de l'Occident avec l'Iran. C'était la deuxième fois que j'avais l'occasion d'approcher le dictateur irakien. Je l'avais rencontré avec une délégation de parlementaires socialistes à l'automne 1977. Nous étions encore dans l'opposition et lui-même n'était alors que le numéro deux du régime que présidait le général Hassan al-Bakr. De cette première rencontre, je n'avais gardé que le souvenir d'une comparaison assez surréaliste entre l'Union de la gauche en France et la coalition de façade qui présidait alors aux destinées de l'Irak, entre le Baas, le Parti communiste irakien, et le Parti démocratique kurde de Massoud Barzani. C'était l'époque où le Baas irakien avait un statut d'observateur à l'Internationale socialiste…

Revoici donc Saddam Hussein : taille moyenne et regard clair, sanglé dans un uniforme de bonne coupe, ceinturon et bottines de cuir assorties, il s'avance et m'accueille avec prévenance en me désignant un siège en face du sien, sur une petite estrade où nous nous faisons face. C'est un homme qui n'a nul besoin de forcer son autorité. Il frappe par sa diction mesurée et son argumentation qu'il veut soignée. Bref, il ne ressemble pas à la caricature qui en est souvent faite aujourd'hui, le résumant à sa seule brutalité. Au faîte de sa puissance, il parle avec l'autorité d'un homme qui se sent investi de la souveraineté de l'Irak, lui-même héritier des anciennes civilisations de la Mésopotamie, Ur, Akhad, Babylone et Ninive. Je mesurerai sa susceptibilité quand, me raccompagnant à la fin de l'entretien, il me fera observer que, pour me recevoir, il a retardé son départ pour Le Caire, alors que son envoyé spécial à Paris, Saadoun Hammadi, à l'automne précédent, n'avait pas été reçu par le président Mitterrand. Mais il a contenu jusque-là sa frustration.

Ce qui frappe, au contraire, c'est la volonté qu'il a de convaincre en argumentant pied à pied, n'hésitant pas à interrompre son interlocuteur, mais capable aussi de se laisser interrompre. Il reste maître de lui et maintient sur les événements un regard qui se veut distancié, n'hésitant pas à montrer sa supposée connaissance du monde par des références historiques ou des considérations géopolitiques : quelles seront, par exemple, les conséquences au Moyen-Orient d'une dissociation de l'Union soviétique qui, en janvier 1990, n'a pas encore eu lieu ? Il n'évoque curieusement pas la fin de la protection que l'URSS garantissait par traité à l'Irak et se concentre sur les effets que l'indépendance de l'Azerbaïdjan pourrait avoir sur les populations azéries de l'Iran. Surtout il s'inquiète de l'indépendance que l'Europe et le Japon sauront gagner par rapport aux États-Unis dans un monde où l'URSS aura cessé de faire contrepoids. Et toujours, il souligne la place qu'il réserve à la France, eu égard à sa tradition d'indépendance nationale.

Je le trouve préoccupé par le cercle de menaces qu'il sent se resserrer autour de l'Irak, mais incapable d'y faire face autrement qu'en se prévalant de son rôle traditionnel d'équilibre face à l'extrémisme islamiste. Je me souviens alors des pressions exercées par le roi d'Arabie, quand François Mitterrand que j'accompagnais fit dans son pays sa première visite officielle, en septembre 1981. Il fallait alors que le gouvernement socialiste français ne relâchât surtout pas le soutien que la France de Giscard d'Estaing avait accordé à l'Irak ! C'était alors pour les monarchies pétrolières du Golfe une question de vie ou de mort. Et je sens Saddam Hussein assez convaincu du rôle stabilisateur indispensable que, selon lui, l'Irak joue dans la région du point de vue de l'Occident et des États-Unis eux-mêmes. Est-ce la raison de l'hubris qui le conduira à envahir le Koweït six mois plus tard ? En tout cas, il n'en est nullement question en janvier 1990. Saddam se borne à souligner la vocation « stabilisatrice » de l'Irak dans la région, face à l'Iran.

Quels que soient les arguments que par sa violence Saddam Hussein a donnés à sa diabolisation ultérieure, l'erreur souvent commise serait d'en faire une sorte d'accident, météorite surgi de nulle part, dans l'histoire irakienne. L'Irak moderne est né sur les décombres de l'Empire ottoman, au lendemain de la Première Guerre mondiale. Pays majoritairement chiite, l'Irak a toujours été dirigé par des sunnites : l'armée ottomane au temps de la Sublime Porte, puis après 1920, la dynastie hachémite, imposée par les Britanniques après la répression d'une insurrection irakienne à majorité chiite et, depuis l'indépendance, une armée irakienne à majorité sunnite, dont les chefs, auteurs des coups d'État nationalistes (Kassem en 1958, Aref en 1963), ou baasiste (en 1968, Hassan al-Bakr, prédécesseur de Saddam Hussein) étaient tous eux-mêmes des officiers généraux sunnites.

Cette histoire violente née de l'hétérogénéité même de l'Irak (chiites, sunnites, Kurdes depuis le traité de Lausanne [1924], et le mandat donné à la Grande-Bretagne sur le Kurdistan irakien par la Société des nations, chrétiens d'Orient, chaldéens ou syriaques, Turkmènes, yézidis), nous semblons la redécouvrir aujourd'hui, mais elle existe depuis toujours, contenue un temps par un pouvoir fort, mais libérée ensuite par les secousses de l'Histoire. En 1990, c'est le Baas qui fait l'unité de l'Irak. Parti nationaliste et laïque, socialiste mais arabe, le Baas a été fondé par deux Syriens, l'un chrétien (grec orthodoxe), Michel Aflak, l'autre musulman, Zaki al-Arzouzi. Tous deux étudiants à la Sorbonne dans les années 1920, ils ont élaboré une synthèse entre la nation civique à la française et la conception ethnoculturelle de la nation, à l'allemande, fondée sur l'arabité. J'ai connu le successeur de Michel Aflak, le docteur Elias Farah qui m'expliquait pourquoi le nationalisme arabe n'aurait pas le destin du socialisme soviétique, marxiste et cosmopolite, car il plongeait ses racines dans la conscience de l'arabité. Au départ, j'avais remarqué que le Baas, contrairement à l'image véhiculée en Occident, comptait dans ses rangs et même au sein du gouvernement, un nombre non négligeable de responsables chiites. Mais de tout cela que savait-on à Paris? Combien avaient fait l'effort de comprendre l'Irak moderne que le discours officiel, depuis près de vingt ans, présentait comme le tremplin d'une influence française retrouvée au cœur du Moyen-Orient? En réalité cette position nous avait été donnée par la décision du président Pompidou de ne pas appliquer l'embargo anglo-saxon sur le pétrole irakien après que Bagdad, en 1972, en eut décrété la nationalisation.

Jacques Berque m'avait aussi rapporté ce qu'il avait vu en matière d'art, de poésie, de théâtre, de sculpture, de musique, dans le pays d'entre les deux fleuves... Je n'étais pas naïf : je savais aussi que derrière les apparences, il y avait la violence, hélas consubstantielle à l'Histoire, mais je persistais à penser qu'il y avait, face à la marée montante de l'islamisme, un bon parti à tirer de l'Irak laïque qui n'était pas toujours réfractaire à l'influence de l'Occident. Tout cela je l'avais rapporté à François Mitterrand à mon retour à Paris.

J'en étais là de mes réflexions, supputant les chances d'un arrangement au sein de la Ligue arabe au début d'août 1990, quand mon directeur de cabinet, Dieudonné Mandelkern, me rendit compte de la tonalité très différente qui s'exprimait à Paris. Je rentrai pour participer, le 9 août, à un Conseil restreint présidé par François Mitterrand. De quels ébranlements le coup de tonnerre du 2 août 1990 était-il annonciateur? Je demandai à Mandelkern de préparer le Conseil restreint en m'éclairant sur les dessous du conflit et sur la position des États arabes de la région.

Mon second réflexe fut d'appeler François Mitterrand. Je lui dis mon inquiétude : «Nous ne devons pas nous laisser embarquer derrière les Américains. La situation au Moyen-Orient est trop complexe. Nous n'avons pas les mêmes analyses ni les mêmes intérêts. Surtout pas de suivisme!» Le Président me laissa parler et ne me répondit que par un rire qui ne présageait rien de bon.

J'ignorais à l'époque ce que je découvrirais vingt ans plus tard à travers une brochure de l'Institut François-Mitterrand, consacrée à Roland Dumas. Dans la nuit du 2 au 3 août, George Bush senior a appelé François Mitterrand : «Dans la guerre que nous allons faire à l'Irak, de quel côté vous situerez-vous? Serez-vous avec nous dans la guerre ou préférerez-vous vous situer en dehors de la guerre ? »

François Mitterrand me laissera ignorer l'existence de cette conversation et la suite que de concert, avec Roland Dumas, il y donna. Il a fallu attendre la publication, en 2010, de cette petite brochure pour que la vérité se fasse jour.

Lors du Conseil de défense du 9 août 1990, je soupçonnai cependant que quelque chose m'échappait quand j'entendis sur quel ton le Président s'exprimait : « La France ne serait pas neutre. On ne pourrait pas faire deux politiques à la fois. S'il le fallait, la France ferait la guerre à Saddam Hussein quels qu'en soient les inconvénients. L'opinion ne tolérerait pas une démarche molle et incertaine... »

Je ne modifiai en rien mon argumentaire : « Certes le viol du droit international est caractérisé et il n'y a pas à transiger sur ce point, mais nous devons privilégier une solution diplomatique dans un cadre interarabe et éviter à tout prix de nous laisser enfermer dans un mécanisme d'engagement automatique de nos forces, car nos buts politiques ne sont pas ceux des États-Unis et d'Israël. Nos intérêts dans le monde arabe sont immenses. Nous engager dans la voie d'une confrontation directe nous ferait perdre à tous les coups, soit que Saddam gagne, soit que l'intégrisme islamiste tire bénéfice de sa défaite. » Après ce bref exposé, je me sentis bizarrement isolé. J'avais exprimé la voie du bon sens et de l'intérêt national et seul Joxe fit entendre quelques réserves à l'égard de la « logique de guerre » mise en avant pour la première fois par François Mitterrand, et à laquelle les autres ministres présents, Jospin, Bérégovoy, Dumas, semblèrent n'avoir rien à objecter, sans parler du Premier ministre, Michel Rocard, revenu lui aussi de ses vacances sur la côte dalmate et surtout soucieux de rester dans la roue du Président. Grâce à sa « pensée complexe », il fit merveille encore une fois dans l'art de se rendre incompréhensible.

Ce retournement de notre politique vis-à-vis de l'Irak et la substitution à une alliance proclamée d'une vindicte sans merci me parut d'une telle brutalité que je jugeai impossible leur maintien à terme. Il y aurait forcément un moment où le paysage s'éclairerait... J'ignorais alors la froide résolution avec laquelle Margaret

Thatcher, en réunion le 2 août avec le président Bush père, à Aspen, dans le Colorado, avait fait d'emblée pencher la balance vers une solution de force, coupant court aux initiatives du président yéménite, Ali Saleh, et surtout du roi Hussein de Jordanie en vue d'une « solution arabe[1] ».

Sur la route du retour, Margaret Thatcher, plus Walkyrie que jamais, s'arrête à Washington pour une réunion à la Maison-Blanche, en comité restreint, autour du président Bush : « Le président Bush était beaucoup plus confiant que lors de nos précédents entretiens. Il était déterminé... Toutes les hésitations furent balayées. » Dick Cheney, au cours de la réunion, téléphona d'Arabie pour annoncer l'acceptation par le roi Fahd de l'envoi de la 82e division aéroportée américaine et de quarante-huit chasseurs F-15. J'ignorais de même que le samedi 5 août Margaret Thatcher s'était entretenue au téléphone avec François Mitterrand qui, à ses dires, « comme lors de la guerre des Falklands prit une position ferme ».

À l'issue du Conseil restreint du 9 août, le Président décida l'envoi en Arabie séoudite du *Clemenceau* gréé en porte-hélicoptères. Je ne croyais guère à l'hypothèse d'une attaque terrestre de l'Irak contre l'Arabie séoudite, que propageait l'attaché de Défense américain à Paris, l'amiral Dur. Pendant ce temps s'entassaient sur mon bureau les rapports alarmistes de nos services secrets, selon lesquels la guerre était la solution la plus probable de la crise : « Les États-Unis avaient décidé de purger l'abcès Saddam en raison du risque évolutif considérable que le régime irakien faisait courir à la stabilité du Moyen-Orient, au marché du pétrole et à la sécurité d'Israël. » Les mêmes services spéciaux jugeaient qu'il n'était pas impossible que les États-Unis aient poussé Saddam Hussein à franchir la ligne rouge, en se déclarant neutres dans un conflit territorial entre deux pays arabes.

La révélation ultérieure des propos d'April Glaspie, ambassadrice américaine à Bagdad, montre qu'il n'y a pas eu à pousser beaucoup Saddam Hussein pour le faire tomber dans le piège qu'il s'était tendu à lui-même. Le Koweït étant le seul pays arabe à refuser de faire remise à l'Irak de ses créances, Saddam avait vu le

---

1. Margaret Thatcher, *10, Downing Street, op. cit.*, p. 684-89.

moyen, dans la meilleure hypothèse, de récupérer un territoire qui, avant 1901, faisait partie de la wilaya de Bassora, au sein de l'Empire ottoman, et, dans une hypothèse moins favorable à ses yeux, de régler, autour d'une table, le contentieux financier opposant les monarchies du Golfe à l'Irak, réclamant « le prix du sang », après huit ans de guerre avec l'Iran.

Nos services spéciaux et le Quai d'Orsay en étaient déjà à spéculer sur l'après-guerre et sur ses vainqueurs probables – l'Iran, la Syrie, Israël – quand je me trouvai exposé, au lendemain du Conseil restreint, à une violente campagne de journaux tels que *Globe*, propriété de Pierre Bergé, ou *Le Canard enchaîné*. Ces deux hebdomadaires n'étaient pas réputés pour être les organes de la droite…

Le 21 août, se tint à Paris une réunion des ministres de la Défense de l'Union de l'Europe occidentale. Tous avaient reçu une lettre circulaire de leur collègue américain Dick Cheney. On ne parla nullement des moyens d'éviter la guerre, mais seulement des renforts que les Européens pourraient apporter à la flotte américaine : moyens de transport, bâtiments anti-mines, etc. Les Européens se bousculèrent pour obtempérer. Je fus le seul à dire, en off à un journaliste de l'AFP, qu'avant de faire la guerre, il serait quand même préférable d'évaluer l'efficacité de l'embargo que l'ONU venait de décréter quinze jours plus tôt. Scandale !

Le lendemain 22 août, François Mitterrand me proposa de changer de portefeuille. Michel Rocard me téléphona même pour m'offrir l'Équipement. Naturellement, dis-je à François Mitterrand, mon poste est à votre disposition. Je ne surpris pas François Mitterrand en ajoutant qu'un ministre, surtout sur une affaire de cette importance, était solidaire de l'action gouvernementale et comme j'entreprenais de le convaincre des immenses inconvénients pour la France de rompre avec sa traditionnelle politique d'empathie avec le monde arabe, il me répondit, sur un ton agacé : « Mais comprenez que la gauche ne peut pas être à la fois contre la droite et contre les États-Unis. » Je n'en crus pas mes oreilles : c'était vraiment le contraire de la politique qu'il avait jadis proclamée à Cancún! «Si la droite, lui rétorquai-je, tient un raisonnement comparable, la France sera définitivement le caniche des États-Unis.»

La veille, en Conseil restreint, j'avais encore essayé d'argumenter. «Aucune négociation véritable n'avait été tentée, même dans le cadre de l'ONU. Une guerre contre l'Irak apparaîtrait comme un conflit Nord-Sud et serait déstabilisatrice pour tout le monde arabo-musulman.» Je suggérai une initiative de la France dans le cadre de l'ONU éventuellement appuyée sur l'Union soviétique pour trouver une issue diplomatique au conflit. Peine perdue! Aux dires du Président, «l'affaire des otages» – qui seraient libérés deux mois plus tard – «avait fait d'anciens amis – l'Irak et la France – des ennemis irréductibles». François Mitterrand était sans doute embêté vis-à-vis des Américains que je refuse un changement d'affectation mais il finit par me dire : «Au fond ça m'arrange : je préfère avoir un ministre de la Défense plus près de la paix que de la guerre.» Cela l'arrangeait en effet vis-à-vis de l'opinion publique qui, à ce moment-là, n'était pas du tout belliciste, malgré les grandes orgues d'une propagande mondialisée.

En restant à mon poste, je comptais sur l'opinion et sur la diplomatie pour renverser le cours des choses. Bien sûr, je m'exprimais «en défense», pour faire valoir la possibilité et les avantages d'une issue diplomatique au conflit. La partie était rude car je devais faire face à une redoutable campagne d'insinuations et d'intimidations. Dans *Le Monde*, Laurent Greilsamer insinua que le CERES aurait pu bénéficier de certains «retours d'épices» de la part de Bagdad! Le 23 août, Radio Jerusalem annonça mon limogeage! Je n'aurais pas supporté le choc, si je n'avais pas eu le souvenir de la guerre d'Algérie où de Gaulle faisait figure de traître aux yeux de l'OAS, et peut-être, plus lointainement, la mémoire de Rossel, seul ministre de la Guerre, avec Lyautey, à avoir démissionné d'un gouvernement dont il considérait la politique comme inepte. Surtout, j'avais décidé de ne pas me taire et de faire valoir publiquement mes arguments.

Dans *L'Est républicain*, le 24 août, j'insistai sur les ravages d'une guerre à la fois «ultra-technologique et effroyablement archaïque». J'invoquai l'intérêt national et notre politique d'amitié et de coopération avec le monde arabe après la décolonisation.

« Garder vivante cette relation, ajoutai-je, est à l'heure de la réunification allemande, la seule chance de maintenir notre pays comme grande puissance européenne et mondiale. »

Dans *Vendredi*, l'hebdomadaire du Parti socialiste, je soulignai, le 14 septembre, la nécessité de maintenir l'équilibre régional entre l'Irak et l'Iran. Dans *Le Nouvel Observateur* du 13 septembre, je rappelai que « la communauté internationale n'avait pas fait la guerre pour la Rhodésie, la Pologne ou l'Afrique du Sud. Des stratégies indirectes avaient mieux servi la démocratie ». Partout je défendis l'efficacité de l'embargo pour inciter l'Irak à relâcher son emprise sur le Koweït. J'espérais ainsi trouver quelque écho dans un parti lointainement héritier de Jaurès…

En menant ce combat hautement politique – car je devais donner le sentiment de ne pas contredire ouvertement le chef de l'État –, je me donnais les moyens psychologiques de résister à la meute déchaînée. La posture devenait difficile : le 14 septembre, le président de la République annonça l'envoi d'une brigade terrestre en Arabie séoudite pour riposter, selon lui, au viol de notre ambassade au Koweït. Je maintins mon voyage à Riyad dans l'intention d'obtenir du roi Fahd la disposition d'une base aérienne qui nous fût propre, à Al-Hassa, à l'écart de la base américaine de Dhahran. Puis j'allai accueillir à Yanbu sur la mer Rouge les premiers éléments du régiment d'hélicoptères de combat qu'y avait acheminés le *Clemenceau*. Le ministre de la Défense est responsable de la préparation des forces. Je veillai donc à ce qu'elles fussent acheminées le plus possible à l'ouest du Koweït, à Hafar al-Batin. Il fallait tenir les deux bouts de la chaîne…

Enfin le 24 septembre, l'éclaircie que j'attendais se manifesta. Devant l'Assemblée générale de l'ONU, le Président prononça un discours qui paraissait restaurer les chances de la paix : il suffirait que l'Irak fît un geste pour que tout redevienne possible. Las ! Ce discours ne fut suivi d'aucune initiative de notre diplomatie. Il fallait tout l'art de Roland Dumas pour calmer les appréhensions de nos alliés anglo-saxons, c'est-à-dire pour ne rien faire. Plus tard, en 1994, à Bagdad, Saddam Hussein me déclara : « Après le discours de François Mitterrand, j'ai fait connaître, en m'exprimant à la télévision, et par conséquent de la manière la plus publique qui soit, mon appréciation positive. J'ai remis à votre chargé d'affaires[1] le texte de mon intervention, mais il a été parfaitement impossible d'engager un dialogue direct avec la France. La seule réponse était l'application des résolutions de l'ONU, mais uniquement de celles qui concernaient l'Irak. »

L'opinion française, cependant, prit le discours du 24 septembre pour argent comptant. Le bellicisme s'essouffla. Le 23 octobre, je pus exposer plus sereinement mes arguments à *L'Heure de vérité*.

Le 22 octobre, j'avais reçu à Paris Dick Cheney. Mon collègue, m'appelant par mon prénom, à la mode américaine, me demanda tout crûment : « Vous, les Français, qui connaissez bien le Moyen-Orient, quels sont les arguments qui vous amèneraient à prôner une issue pacifique plutôt qu'une guerre contre l'Irak ? » Il me parlait comme si les Américains n'avaient pas encore pris leur décision. Je lui répondis très clairement : « S'il est vrai que, comme l'a dit Mme Thatcher, vous voulez "briser l'échine de l'Irak" et ramener ce pays à l'âge de pierre, vous ferez le jeu de l'Iran et vous provoquerez une déstabilisation qui nourrira l'intégrisme islamiste. Il serait préférable de rechercher un accord de maîtrise des armements, car l'Irak a signé le traité de non-prolifération nucléaire. » J'abordais là un sujet sensible, probablement au cœur des motivations américaines. Dick Cheney m'écouta attentivement et m'assura qu'il rapporterait fidèlement mes propos à Washington. Peu de jours après, j'appris que, par l'intermédiaire de Primakov, Saddam Hussein avait proposé à Gorbatchev de retirer ses forces du Koweït, dès lors que des troupes arabes les y remplaceraient et qu'une Conférence internationale serait prévue pour traiter du problème de la Palestine. Gorbatchev, à Paris, vers la fin octobre, informa François Mitterrand de cette proposition mais, à ce qui me fut rapporté de très bonne source, les deux dirigeants décidèrent d'un commun accord qu'il était trop tard pour intervenir auprès des Américains, car ceux-ci n'avaient pas massé cinq cent mille hommes autour du Koweït pour jouer aux billes dans le désert. Je tiens également de bonne source que Primakov s'était rendu au Caire, fin octobre, pour rencontrer Osama al-Baz, le conseiller

---

1. Sans doute celui qui en faisait fonction.

diplomatique très écouté du président Moubarak. Le deal était :
«Saddam se retire du Koweït, mais vous faites quelque chose pour
les Palestiniens.» Mais là encore, Moubarak se déroba. Cette issue
n'était pas faite pour m'étonner : j'avais moi-même rencontré
Moubarak en août 1990 au palais Montaza, résidence d'été des
rois puis des présidents, sur les bords de la Méditerranée. Je l'avais
sondé sur les chances d'une solution diplomatique au conflit. Dans
ce cadre enchanteur, j'ai gardé dans l'oreille sa réponse : «Les
Irakiens sont des animaux!»

Fallait-il une nouvelle résolution du Conseil de sécurité de
l'ONU pour justifier l'emploi de la force? La France s'employa
à convaincre les États-Unis, qui ne la jugeaient pas utile, de cette
initiative en fait très «tactique». Cette résolution fut votée
le 28 novembre 1990 avec un seul amendement : Édouard
Chevardnadze, ministre des Affaires étrangères de l'URSS, obtint
dans la phrase «le Conseil de sécurité autorise l'usage de la force
pour faire appliquer les résolutions n° 690, etc.» qu'au mot
«force» fût substituée une formulation plus douce : «autorise
l'usage des moyens nécessaires». Le vote de cet amendement fit
voir, un an avant la disparition de l'URSS, le point auquel elle
était déjà tombée. Écœuré, je décidai alors de démissionner de
mon poste. Ce n'était pas de gaieté de cœur et ce fut même pour
moi un geste immensément difficile.

À Paris, un Conseil restreint était programmé le 8 décembre.
J'attendis ce moment pour remettre à François Mitterrand en main
propre ma lettre de démission datée de la veille, 7 décembre[1]. Je
commis l'erreur de lui laisser le choix de la date à laquelle cette
démission prendrait effet. Je faisais encore vaguement confiance à
François Mitterrand pour tenter une ultime médiation, comme il
m'en laissa entrevoir la possibilité le lendemain, et encore au début
du mois de janvier. «Ne voyez-vous pas, lui dis-je, le fossé que vous
allez laisser se recréer entre la France, définitivement confondue
avec l'Occident, et le monde arabe?» François Mitterrand me
répondit par une moue ironique : «Bien sûr, les gouvernements

---

1. Jean-Pierre Chevènement, *Une certaine idée de la République m'amène à...,*
Albin Michel, 1992, p. 299.

arabes criaillent aujourd'hui, mais soyez sûr que demain ils seront tous là pour venir quêter des subsides, là au creux de notre main.» Et il esquissa le geste…

«Mais, Monsieur le Président, lui répondis-je, il ne s'agit pas des gouvernements, il s'agit de l'opinion publique arabe dans ses profondeurs, celle que le général de Gaulle, il y a vingt ans, avait convaincue que la France, elle, était mue par un sentiment de justice envers les Arabes…» Le Président me regarda au mieux comme un naïf. Quatre ans plus tard, Samuel Huntington inventerait le concept de «clash des civilisations» et donnerait la guerre du Golfe comme le premier exemple d'un tel clash. Mais rares étaient ceux qui anticipaient sur Samuel Huntington en décembre 1990…

Je fis connaître au Président, le 1ᵉʳ janvier, mon hostilité à la manœuvre d'ensemble dans laquelle la nôtre s'insérait et en particulier au bombardement intensif et prolongé de l'Irak en soulignant une disproportion entre l'objectif officiellement recherché et les moyens employés. S'agissant des forces françaises, je recommandais de limiter l'engagement de nos moyens aériens dans la première phase (avant l'offensive terrestre) au territoire du seul Koweït. Je concluais : «Ayant toujours conçu mon action dans la stricte hiérarchie de l'État, j'assume évidemment seul la responsabilité politique de mon appréciation. Je suis naturellement à votre disposition pour toutes les conséquences que vous jugerez utile d'en tirer[1].» Mais François Mitterrand n'était pas pressé. Il m'annonça lors d'un petit déjeuner que trois mois plus tard il remplacerait Michel Rocard et que les successeurs auxquels il songeait étant tous mes amis, je ne manquerais pas de retrouver un poste au gouvernement. Mon erreur a consisté à retarder le moment de ma démission.

L'opinion était déjà solidement formatée (on l'avait vu avec l'affaire des bébés koweïtiens arrachés de leur couveuse par la soldatesque irakienne, aux dires d'une infirmière qui se révéla être la fille de l'ambassadeur du Koweït aux États-Unis). Mais, entre début décembre et le commencement des hostilités (17 janvier 1991), on la vit se retourner en faveur de la guerre. Un ballet d'initiatives

---

1. *Ibid.*, p. 301-304.

diplomatiques fut lancé par les dirigeants américains pour donner le sentiment que tout avait été fait pour «sauver la paix», n'eût été l'obstination butée du maître de Bagdad. Il est vrai que celui-ci, coupé de toutes les sources d'informations extérieures, se laissa facilement intoxiquer et remplit parfaitement le rôle que les États-Unis entendaient lui faire jouer. Ceux-ci ne souhaitaient nullement sauver la face du dictateur et jouaient avec lui comme le chat avec la souris. François Mitterrand lui-même envoya des émissaires dans les capitales arabes. Leur mission était d'écouter, non de suggérer. L'opinion mondiale se laissa aisément persuader que Saddam Hussein ne faisait rien pour éviter la guerre. Terré comme une buse, il attendait l'orage. Comme Jacques Berque, avec qui je me tenais régulièrement en contact, j'assistais impuissant à cet enfumage. J'étais bien placé pour suivre en direct la mise en place inexorable du dispositif des forces qui allaient écraser l'Irak sous un déluge de bombes. Plus l'échéance de la guerre s'approchait et plus l'opinion, tenue en haleine depuis six mois, finissait par l'accepter, voire la souhaiter. De sorte que l'occasion de me dissocier d'une guerre évitable et disproportionnée dont j'attendais qu'elle me fût offerte par le Président ou par les événements, s'évanouissait dans le tintamarre du branle-bas de combat désormais imminent. C'est peu dire que je vécus là un véritable calvaire. Je voyais le désastre qui allait résulter de l'anéantissement de l'Irak, tout en accomplissant à mon poste les gestes qu'on attend du ministre de la Défense. L'occasion que je ne discernais plus après l'engagement de la phase aérienne me fut enfin offerte par l'intervention à une émission télévisée de grande écoute, animée par Anne Sinclair, du chef d'état-major particulier du président de la République, l'amiral Lanxade, le 27 janvier 1991, soit dix jours après le début des bombardements. Celui-ci commenta en direct l'évolution de nos plans de cibles qui désormais concernaient l'Irak. Le 28 janvier à dix-huit heures, comme chaque soir depuis le début des hostilités, un Conseil de défense était réuni à l'Élysée. À l'issue, j'avais demandé à voir François Mitterrand.

Je revois la scène : le chef de l'État, entouré d'une petite escouade d'officiers généraux, entre, en majesté, dans la salle où se tient le Conseil restreint. Ce jour-là, j'éprouve encore plus vivement le sentiment de m'être fait balader pendant de longs mois par un homme auquel j'avais fait confiance et que je respectais. Ce Président qui brandissait à la télévision les foudres de la guerre n'était plus le mien. Je n'avais jamais cessé d'être persuadé qu'il eût été facile d'éviter cette guerre ravageuse s'abattant sur un pays qui, il y a moins d'un an, était encore notre allié. Non seulement François Mitterrand n'avait pas tout fait pour éviter cette guerre, comme je m'y étais attendu dans les premiers jours d'août, mais l'hypothèse s'était imposée à mon esprit qu'il avait décidé, dès le départ, d'y participer et n'avait rien fait, bien au contraire, pour l'empêcher. Il était plausible qu'il eût donné au président Bush, dès août 1990, son accord à la guerre que les États-Unis avaient décidée. Cette hypothèse à laquelle je ne pouvais croire en août 1990 s'imposait à mon esprit en janvier 1991. Il m'aura fallu attendre près de vingt ans pour avoir la certitude que le pressentiment qui m'assaillit si fortement ce soir-là était bien conforme à la vérité.

En 2010, en effet, l'Institut François-Mitterrand a publié une petite brochure que j'ai déjà évoquée, consacrée à Roland Dumas[1], comme il en a consacré d'autres aux principaux acteurs de cette période[2].

Voici ce que Roland Dumas raconte : «Le Président m'a réveillé en pleine nuit, j'étais en vacances dans ma maison de campagne. Il m'a dit : "Venez demain matin, je veux vous voir à l'Élysée, à onze heures." J'ai fait venir un avion, poursuit Roland Dumas je suis arrivé dans son bureau. Il était très nerveux. "Que faisons-nous ?" J'ai commencé à répondre : "Président, il faut voir un peu les dessous…"

« — Non, non, je ne vous demande pas cela. Je ne vous demande pas une analyse mais : qu'est-ce que nous faisons ? J'ai parlé à Bush à deux heures du matin et je vais vous dire : il est décidé à y aller. Il va faire la guerre. Alors, que faisons-nous ?" J'ai tourné autour du pot, j'ai dit que nous étions les alliés des Américains…

« "Bon, vous êtes pour que nous suivions ? — Je pense que nous ne pouvons pas faire autrement. — Très bien. — Revenez me voir

---

1. *Entretiens – Roland Dumas*, Michel de Maule, 2010, p. 55-59.
2. Pierre Mauroy, Jacques Attali, Jacques Delors et moi-même.

à midi. On va mettre tout cela au point." C'est comme cela que ça s'est fait, ajoute Roland Dumas. Il a été d'une fidélité exemplaire, c'est-à-dire que les Américains ne peuvent rien nous reprocher. Ils nous disaient parfois : "Vous, les Français, vous êtes des gens difficiles, mais vous êtes des gens sur lesquels on peut compter. En anglais *reliable*…" Vous vous souvenez, poursuit Roland Dumas, que Jean-Pierre Chevènement était contre l'intervention. Évidemment cela se savait dans notre armée. Nos militaires avaient des contacts avec les militaires américains. Les autorités américaines étaient au courant et un jour, le Secrétaire d'État aux Affaires étrangères, James Baker, me téléphone : "Roland, il faudrait me demander une audience auprès du président de la République." J'appelle Mitterrand qui me donne son accord. Baker, vous savez, c'était un ancien colonel parachutiste pas commode… Le jour du rendez-vous, il s'installe et il commence à l'américaine : "Monsieur le Président, en accord avec mon Président, je viens pour savoir ce que va décider la France." Mitterrand ne disait rien. Baker poursuit : "Monsieur le Président, vous comprenez, on veut savoir si l'armée française viendra avec l'armée américaine en Irak." Mitterrand s'énervait un peu. "Mais je crois que j'ai pris la décision déjà. — Mais, Monsieur le Président, il y a des bruits qui courent, et nous attendons des réponses, etc." Mitterrand, à ce moment-là, est devenu pâle et lui a dit : "Monsieur le Secrétaire d'État, je suis désolé de vous rappeler que dans la Constitution française, c'est le chef de l'État qui est le chef des armées." Premier silence. "J'ai déjà donné mon accord. Les troupes françaises seront prêtes. Je n'ai pas besoin de le renouveler. Mais si vous y tenez, je tiens à vous le dire. Je vais signer aujourd'hui même l'ordre de mouvement des troupes. Est-ce que c'est assez clair ?" À ce moment-là Baker, qui était un peu rouleur de mécaniques s'est retrouvé anesthésié. » J'arrête là la citation de Roland Dumas qu'il m'a confirmée verbalement par la suite. La vérité peut être triste, mais « c'est comme cela que ça s'est fait ».

Après cette intervention télévisée de son chef d'état-major particulier contraire à toutes les règles, j'étais bien décidé à ne plus laisser au président de la République le soin de choisir le moment de ma démission. En dépêchant l'amiral Lanxade sur le plateau d'Anne Sinclair, il m'y avait obligé par respect même pour ma fonction. Le Conseil de défense du 28 janvier 1991 fut promptement expédié : il n'y avait pas grand-chose à décider, car nous étions embringués dans la manœuvre américaine. La phase aérienne, la plus meurtrière, allait durer deux fois plus longtemps que prévu et la phase terrestre ne commencerait que le 24 février.

Ayant rejoint François Mitterrand dans son bureau, je lui fis part de ma décision. « Il y a des limites à ne pas dépasser, lui dis-je. Un officier général n'a pas à se substituer au ministre de la Défense pour expliquer l'évolution de notre plan d'opérations. Cela manque de dignité. » Je perçus dans son regard une lueur d'incrédulité. Il ne pouvait pas croire qu'un homme politique, seul, pût accomplir un tel geste, à l'encontre de l'opinion publique qui désormais approuvait massivement la guerre. « Mais vous n'allez quand même pas démissionner en pleine nuit comme Rocard ! » me dit-il. Il ajouta : « Je conviens qu'il y a un créneau, compte tenu du retard de l'offensive terrestre, mais il faut quand même me laisser le temps de me retourner. — Naturellement, Monsieur le Président, je ne vais pas démissionner pendant la nuit. Cela peut attendre un ou deux jours, jusqu'à mercredi, par exemple, le jour du Conseil des ministres. Je peux faire la passation de pouvoirs, juste avant, avec le successeur que vous me désignerez. » Ainsi fut-il convenu que je lui adresserais dès le lendemain matin, 29 janvier 1991, ma lettre de démission : « Une certaine idée de la République m'amène à vous demander de bien vouloir me décharger des fonctions que vous m'avez fait l'honneur de me confier. » Ce fut l'Élysée qui, à 10 h 30 du matin, publia cette brève lettre que j'avais donnée à taper, dès son arrivée, à ma secrétaire particulière, Danièle Duwoye, dont le soutien me fut particulièrement précieux en ces jours difficiles. Danièle, qui m'accompagne depuis 1986, en a vu d'autres mais aucun où je me sois senti aussi seul. À onze heures, je reçus un coup de téléphone de François Mitterrand. Il m'exprima le désir de me revoir ultérieurement.

Le 3 janvier 1991, soit quatre semaines auparavant, j'avais invité Pierre Joxe à un petit déjeuner à l'Hôtel de Brienne. Pierre commençait à s'ennuyer au ministère de l'Intérieur et le faisait savoir. Je lui laissai entendre, de la manière la plus claire possible, que la place allait se libérer bientôt à l'Hôtel de Brienne. Plusieurs fois échaudé, il ne sembla pas convaincu. Et en fait, je ne suis pas sûr que François Mitterrand ait sérieusement pensé à trouver à Pierre Joxe un remplaçant à l'Hôtel de Beauvau. Peut-être était-ce pour cette raison aussi que François Mitterrand m'avait demandé «le temps de se retourner».

Je passai la journée du 29 janvier à réunir mon cabinet civil que dirigeait avec une loyauté sans faille Dieudonné Mandelkern puis mon cabinet militaire. Malgré la solitude extrême et les critiques non exemptes de bassesse auxquelles je m'exposais, j'avais le sentiment d'avoir accompli un acte politique fort au service de la France et porteur d'avenir dans la relation qu'elle se doit d'entretenir avec le monde arabo-musulman. Ma pensée se portait aussi vers nos soldats, peu habitués à distinguer entre le devoir militaire et le devoir politique. Le 30 janvier, juste avant la passation de pouvoirs, je leur adressai un bref message : «À travers vous, ma confiance va à la France que vous avez choisi de servir dans la carrière des armes et que, pour ce qui me concerne, je continuerai à servir selon ma règle : dans la République, les hommes politiques doivent assumer leurs choix, à charge pour eux de ne jamais oublier la solidarité qu'ils vous doivent.»

La passation de pouvoirs fut brève. Je me bornai à présenter à Joxe les «grands subordonnés» et mon cabinet militaire. Que pensait au fond de lui-même mon successeur ? Si j'en crois un livre qu'il a publié postérieurement[1], il pensait le plus grand mal de la tâche dont il avait accepté de se charger : «Lorsque la France s'est engagée, elle a cessé d'exister comme capacité autonome au Moyen-Orient.» Il lui fallait donc beaucoup d'abnégation…

Près de trente ans se sont écoulés. J'ai revu de nombreux officiers et soldats qui avaient servi sous mes ordres. Beaucoup m'ont dit spontanément : «Nous ne vous avions pas compris sur le moment mais aujourd'hui, à la lumière de ce qu'est devenu le Moyen-Orient, nous comprenons la portée de votre acte.» Et certains ont même ajouté : «et combien cela a dû vous coûter».

---

1. Pierre Joxe, *De la France*, Flammarion, 1998, p. 100.

En effet, il fallait que je fusse possédé d'une conviction dont je ne sais pas si j'en serais toujours capable dans la France d'aujourd'hui. Il fallait une foi quasi sacrificielle dans la France et dans les valeurs qu'elle porte. Si ces valeurs demeurent aujourd'hui dans le cœur des soldats, je ne suis pas sûr qu'elles inspirent encore les hommes politiques des générations qui ont grandi avec la mondialisation, l'Europe et le sentiment que la nation a plus ou moins fait son temps. C'est ce qu'on appelle «l'idéologie postnationale». Il y aura donc des réveils et c'est pour cela que je reste fier de mon acte. Il portera témoignage pour l'avenir qu'en France il y avait encore, à la fin du XXᵉ siècle, des hommes investis de responsabilités gouvernementales, capables de se mettre en travers d'une violence inepte et de chercher à rompre le cycle de la haine et du ressentiment dans lequel notre pays s'est trouvé depuis lors entraîné.

Quel jugement porter après bientôt trois décennies sur ces événements? George Bush père, après la capitulation de l'armée irakienne, a déclaré, le 3 mars 1991 : «Le syndrome du Vietnam est désormais enterré pour toujours dans les sables de l'Arabie.» Quant à François Mitterrand, décorant dans la grande cour des Invalides un général qui avait conduit la manœuvre de contournement de la division Daguet jusqu'aux bords de l'Euphrate, il laissa tomber, à ce qui me fut rapporté, en même temps qu'il accrochait la médaille : «Tout cela, au fond, en valait-il bien la peine?» Il est vrai que dans la grande tente où les généraux irakiens avaient signé leur capitulation, les nôtres avaient été relégués à un rang tout à fait subalterne...

Les Américains, après deux nouvelles guerres déclenchées au lendemain du 11 septembre 2001, contre l'Afghanistan mais aussi contre l'Irak au prétexte de «finir le job», se sont quasiment retirés de ce dernier et négocient avec les talibans leur retrait d'Afghanistan. Ils ont montré leur répugnance à s'engager à nouveau militairement au sol «dans des guerres sans fin», hier en Syrie et même aujourd'hui contre l'Iran. La première guerre du Golfe a entraîné la radicalisation antiaméricaine de l'extrémisme sunnite (Al-Qaïda) auquel l'invasion de l'Irak a offert un nouveau champ d'expansion, de 2003 à 2006, avec le soulèvement dirigé par d'Al-Zarkaoui. Du démantèlement de l'État irakien a résulté une véritable guerre civile entre un gouvernement de Bagdad dominé par des chiites sectaires et des sunnites radicalisés sous la bannière de Daech. Dans cet Irak plongé dans la guerre depuis 1980, il serait obscène de faire le décompte des morts. Les États-Unis voulaient se passer d'un gendarme régional (après le pacte de Bagdad, le chah d'Iran, puis Saddam Hussein). Ils voulaient faire la police eux-mêmes dans la région. Ils n'y ont pas réussi et aujourd'hui ils n'ont pas, au Moyen-Orient, une puissance régionale qui puisse relayer leur influence.

L'Arabie séoudite est affaiblie. L'Irak, à dominante chiite, représente un enjeu entre les États-Unis et l'Iran. C'est encore la cinquième flotte à Bahreïn et l'état-major du CENTCOM[1] basé à Doha, au Qatar, qui matérialisent la présence américaine dans la région, devenue lieu de confrontation entre les États-Unis et leurs alliés et les grands émergents (Russie, Turquie, Iran, sans parler de la Chine et de l'Inde, toutes proches). Quant à la France, en dehors du sursaut d'indépendance mémorable de Jacques Chirac en 2003, elle n'a rien gagné que d'être confondue avec les États-Unis en en récoltant les amers dividendes. En Libye, en Syrie, en Irak, nos forces sont intervenues de facto comme forces supplétives des forces américaines. Roland Dumas a beaucoup ironisé en 1991 sur la politique arabe de la France, comme si celle-ci n'avait jamais existé. Mais en 1967, personne n'aurait pu contester que la France du général de Gaulle avait pris les moyens de peser sur l'issue du conflit israélo-palestinien qui, dans la psychologie des peuples arabo-musulmans, commande le reste, à tort ou à raison. Les Palestiniens attendent toujours aujourd'hui un État. La France est rentrée dans le rang. L'islamisme radical nous fait regretter le temps du nationalisme arabe et de la Nahda[2]. Bien entendu, je n'ignore pas que l'islamisme radical ait des sources endogènes dans l'histoire du monde musulman, pour faire bref le wahhabisme (dès la fin du XVIIIᵉ siècle) et les Frères musulmans (créés en 1928). Je connais les connexions tissées entre les éléments radicalisés de ces mouvements

---

1. United States Central Command ou CENTCOM (littéralement : «commandement central des États-Uni»).

2. Nahda (réforme) : désigne le mouvement réformiste qui a dominé le monde arabe dans les deux premiers tiers du XXᵉ siècle.

fondamentalistes, y compris chiites, dès avant 1979. Mais l'islamisme radical n'a pris son envol que parce que l'Occident n'a jamais vraiment cherché un dialogue sérieux avec les régimes nationalistes arabes considérés comme les alliés de l'URSS au temps de la guerre froide. C'est cette préférence objective des Anglo-Saxons pour ce qu'il y a de plus réactionnaire dans le monde arabo-musulman et bien sûr l'influence des pétrodollars qui ont fourni le terreau de la radicalisation islamiste dans le monde musulman.

Tout au long des années 1990, j'ai suivi de très près la montée de l'islamisme, non seulement au Moyen-Orient mais aussi en Algérie, après le retour d'Afghanistan des moudjahidines algériens et en Égypte où, depuis le changement de cap opéré par Sadate après la mort de Nasser, les Frères musulmans ont développé leur emprise, tandis que des attentats se multipliaient. La France elle-même s'est trouvée indirectement frappée dès le milieu des années 1990, par l'entremise du GIA[1]. Pour contrer la montée de cette idéologie fondamentaliste mortifère, Jacques Berque m'avait suggéré, avant sa mort (le 27 juin 1995), de favoriser l'émergence d'un « islam de France » enraciné dans la culture des Lumières et propre à susciter des interprétations du Coran et des hadith accordées aux exigences de notre temps. C'est ainsi que devenu ministre de l'Intérieur, je lançai à Strasbourg un appel à nos concitoyens musulmans pour qu'ils prennent en main l'organisation de leur culte. Deux ans après, en 1999, je suscitai la tenue d'une consultation (*istichara*), d'où devait résulter, en 2003, à l'initiative de Nicolas Sarkozy, le Conseil français du culte musulman (CFCM). Le chantier est toujours ouvert. Pour éviter la confiscation du CFCM par un « islam consulaire » à fort relent communautariste, Bernard Cazeneuve, à son tour ministre de l'Intérieur, m'a demandé d'accepter la présidence de la Fondation de l'islam de France (FIF) que j'ai exercée de décembre 2016 à décembre 2018. Cette fondation laïque, à vocation purement culturelle et éducative, est aujourd'hui sur les rails. Elle est présidée par Ghaleb Bencheikh, citoyen français courageux, érudit de haute culture et

---

1. Groupe islamique armé.

militant ardent d'un islam de progrès, condition de l'intégration harmonieuse à la communauté nationale de nos concitoyens de confession ou de culture musulmanes. J'acceptai par ailleurs, de 2011 à 2018, de présider l'Association France-Algérie, créée en 1963 par Edmond Michelet et Germaine Tillon avec l'appui du général de Gaulle, afin de passer sans heurt pour nos deux pays le cap du cinquantenaire de l'indépendance de l'Algérie. Aujourd'hui, Arnaud Montebourg m'a succédé à la tête de l'AFA. Il y a évidemment un lien étroit entre toutes ces actions et l'accès à la citoyenneté de nos compatriotes d'origine maghrébine ou plus généralement musulmane. Ce chantier, ouvert depuis plus de trente ans, m'a toujours mobilisé. J'ai toujours été et je reste sensible à la fragilité de la France. La lutte pour le républicanisme civique m'a toujours paru indissociable d'une relation d'égal à égal avec les pays du monde arabo-musulman, particulièrement avec ceux qui ont partagé notre nationalité ou servi sous nos couleurs. C'est aussi le sens d'une laïcité bien comprise : séparation du politique et du religieux, espace commun de citoyenneté où tous les Français, indépendamment de la Révélation propre à chacun d'eux, débattent ensemble de leur intérêt commun.

J'écris ces lignes trente ans après la guerre du Golfe. Peu auparavant, éclata l'affaire du voile (automne 1989 : collège de Creil). On se souviendra que les partisans d'un « accommodement raisonnable » avec les petites filles voilées et leurs parents se révélèrent aussi les plus déterminés un an après à en découdre avec l'Irak.

Je n'ai pas tourné la page car, en définitive, tout se tient. La détermination qu'il m'avait fallu en 1991 pour briser mon sabre de ministre de la Défense n'avait eu d'égale que la « fureur sacrée » avec laquelle je m'étais engagé, dans les années 1960, au sein du Parti socialiste pour le faire changer de ligne.

De ces deux mouvements irrépressibles de l'âme a résulté chez moi un éloignement certain avec le Parti socialiste tel qu'il est devenu. Bien entendu, l'exigence républicaine n'a pas éteint chez moi l'indignation devant l'injustice sociale qui était l'âme du socialisme. Je fus révolté par le grand calicot qu'à l'occasion d'une Convention nationale en avril 1991, le Parti socialiste déploya :

«Pour un nouvel ordre mondial!» C'était le slogan de George Bush père, après l'écrasement de l'Irak! On était loin de Jaurès...

À la fin de l'année 1991, au congrès de l'Arche, le Parti socialiste entérinait dans sa ligne les postulats du néolibéralisme. Quelques jours plus tard, l'URSS s'écroulait. C'était la fin du «bref vingtième siècle[1]», le siècle soviétique. On allait voir ce qu'on allait voir et notamment si les socialistes qui s'étaient dressés contre «les vingt et une conditions» de Lénine en 1920, méritaient encore de se dire «socialistes». Au lieu d'une fidélité préservée qui eût valu témoignage pour l'Histoire, on vit s'esquisser une pitoyable «troisième voie», que théoriserait plus tard, en 2000, en Grande-Bretagne, Anthony Giddens.

Les rescapés de la Seconde Internationale qui s'appelaient eux-mêmes «sociaux-démocrates» s'entendirent pour reprendre à leur compte les recettes du néolibéralisme au prétexte de partager les miettes d'une croissance prétendument revenue avec ceux qu'elle laissait généralement de côté. Cette mièvre ambition s'éventa d'elle-même, avec la crise des subprimes en 2008 qui révéla la fragilité du capitalisme financier mondialisé.

De l'aventure du socialisme au XXe siècle ne restaient plus debout que le pouvoir du Parti communiste chinois, en Asie, et une forme d'État social subventionné en Europe occidentale dont chacun ressent la précarité eu égard à la stagnation économique qui la frappe. Les sociaux-démocrates en France comme dans le reste de l'Europe n'étaient pas taillés pour relever le défi du néolibéralisme et pour offrir à l'humanité une nouvelle frontière. Ils en étaient restés au petit cabotage idéologique.

Rien de tout cela n'était réellement, pour mes amis et pour moi-même, une découverte. Mais ce qui nous fit littéralement «tomber de l'armoire», ce fut la lecture, au début de 1992, du projet de traité de Maastricht approuvé par le Conseil européen des 9 et 10 décembre 1991, et signé le 7 février de l'année suivante. Je n'en crus pas mes yeux.

---

1. La formule est de l'historien britannique Eric Hobsbawm.

C'était tout ce contre quoi nous avions lutté depuis plus de trente ans. À la restauration du capitalisme à l'échelle mondiale, le traité de Maastricht n'opposait rien, sinon l'idéologie de la concurrence et l'horizon indépassable du marché. À travers les critères de Maastricht, je reconnaissais les prescriptions de l'or-dolibéralisme allemand. L'Union économique et monétaire ne manquerait pas d'élargir les fractures géographiques et sociales au sein de l'Europe. Maastricht organisait le dessaisissement du Parlement au profit d'instances non élues. C'était le contraire de la République ! Nous entrions dans l'ère de la post-démocratie ! Une énorme méprise, doublée d'une complète mystification, faisait surtout voir dans l'abandon de la souveraineté monétaire française et dans l'adoption d'une monnaie unique, la confiscation – ô com-bien illusoire – du mark allemand par la France. En réalité, la capitulation devant les exigences allemandes faisait déjà apparaître ses premiers effets géopolitiques avec le démembrement de la Yougoslavie.

Je dénonçai aussitôt l'illusion qu'il serait possible de « ligoter l'Allemagne » avec les bandelettes de papier du traité de Maastricht. La réunification et l'élargissement de l'Europe allaient conjuguer leurs effets pour faire advenir une nouvelle forme de leadership allemand en matière économique.

Après l'échec du projet de François Mitterrand de Confédération européenne, à Prague, le 22 juin 1991, l'élargissement à l'est de l'Union européenne allait s'imposer naturellement. L'Allemagne voulait reculer aussi loin que possible à l'est la frontière entre l'Union européenne et l'OTAN d'une part, la Russie de l'autre. C'est ainsi qu'intervint dans les années 1990 la première vague de l'élargissement : Pologne, Tchécoslovaquie et Hongrie.

Kohl et Mitterrand, par accord tacite, avaient retardé jusqu'à Maastricht la reconnaissance de l'indépendance de la Slovénie et de la Croatie. Mitterrand, au fond de lui, n'était pas dupe. Lors d'un petit déjeuner à l'Élysée en 1993, il me dit : « Je constate que l'Allemagne, à peine réunifiée, se comporte comme si elle était l'héritière à la fois de la diplomatie du Reich et de celle de l'Em-pire austro-hongrois. »

Le traité de Maastricht avec ses deux volets, l'union politique et l'union économique et monétaire, était un édifice bancal. La première était virtuelle. La seconde reposait sur des engagements concrets, chiffrés et contraignants. Au total, ce traité mettait la charrue avant les bœufs. La capitulation de la social-démocratie européenne devant les dogmes du libéralisme coïncida ainsi, à quinze jours près, avec l'effondrement du communisme soviétique le 25 décembre 1991.

Quel sens désormais pouvait bien revêtir pour les militants de «Socialisme et République» la poursuite du combat au sein du Parti socialiste? Au lendemain de la guerre du Golfe, plusieurs députés, soit par conviction, soit par souci de leur réélection (les législatives de 1993 approchaient) nous avaient quittés. Ceux qui demeuraient entraînaient avec eux le noyau dur des militants. Le projet de quitter collectivement le Parti socialiste commença à mûrir. Une seule objection se présenta à mon esprit : nous ne disposions pas, pour ce faire, d'une base suffisamment large. Nous n'avions pas d'alliés au sein du Parti socialiste. Les seuls qui pouvaient nous rejoindre étaient les gaullistes de gauche, eux aussi orphelins d'une grande organisation à laquelle ils pussent se rattacher. Pour rester fidèles à nos convictions et nos intuitions, il fallait tenter la sortie et parier sur le suffrage universel. Ce n'était pas gagné d'avance!

Le 5 mai, l'Assemblée nationale fut saisie du projet de traité de Maastricht. Nous fûmes cinq députés socialistes[1] à voter l'exception d'irrecevabilité présentée avec un remarquable talent par Philippe Séguin. C'était un acte majeur d'indiscipline. Il fallait le faire! Mais il ne nous venait pas à l'esprit de voter «oui» au référendum que venait d'annoncer le président de la République. Pour ma part, depuis le mois d'avril, j'avais déjà annoncé mon intention de voter contre le traité.

L'appellation «Mouvement des citoyens» nous fut suggérée par Régis Debray. Le 30 août à Belfort, alors que le président de la République avait déjà décidé, le 3 juin 1992, de recourir au référendum sur le traité de Maastricht, nous organisâmes une «Convention

---

1. Jean-Yves Autexier, Roland Carraz, Jean-François Delahaye, Jean-Pierre Michel, Michel Suchod et moi-même.

pour le Mouvement des citoyens». Les gaullistes de gauche, derrière Léo Hamon, avaient répondu présents au rendez-vous que nous leur avions fixé. C'est l'occasion pour moi de saluer la mémoire de ceux qui nous avaient rejoints depuis longtemps : Paul-Marie de la Gorce, journaliste et historien de grand talent, Pierre Dabezies, résistant à quinze ans et devenu un expert éminent en stratégie, Pierre Maillard, conseiller du général de Gaulle pour les affaires franco-allemandes, l'amiral Sanguinetti et bien d'autres encore. Tous ont apporté à notre Mouvement un supplément d'âme et un enracinement dans l'Histoire qui nous étaient précieux. La salle des fêtes de Belfort vibrait d'enthousiasme. Les sondages qui donnaient 60-40 en faveur du «oui» se renversèrent quelques jours après à 50-50. Le président de la République avait pris un risque énorme, non sans grandeur à mes yeux, car l'enjeu, assurément, justifiait la consultation du peuple français…

François Mitterrand avait résisté aux assauts courtois de Philippe Séguin lors d'un débat télévisé le 4 septembre. Les sondages remontaient en faveur du «oui». Le 11 septembre, François Mitterrand est opéré à l'hôpital Cochin d'un cancer de la prostate. Les Français ne peuvent se défendre d'une certaine émotion, et même d'une certaine admiration, devant ce que le Président leur déclare être «un honorable combat contre soi-même». Si critique que je fusse sur le fond, je ne pouvais me défendre moi-même d'admirer la pugnacité et le courage physique de François Mitterrand. Il voulait laisser sa marque dans l'Histoire. L'Europe était son grand dessein. Sa contradiction était qu'il y sacrifiait la France que, pourtant, il aimait. Le paradoxe était qu'il ne l'avait pas voulu ou, plus exactement, qu'il se l'était caché à lui-même. De cette contradiction ses derniers discours, l'un devant le Parlement européen, l'autre le 9 mai 1995 à Berlin pour le cinquantième anniversaire de la victoire contre le nazisme, portent témoignage. Dans le premier il s'écrie : «Le nationalisme, c'est la guerre.» Dans le second, il salue le courage des soldats allemands «quel que fût l'uniforme» et exalte, dans tous les peuples, la valeur du patriotisme.

La campagne référendaire sur le traité de Maastricht se poursuivit ardemment jusqu'au 20 septembre. J'y pris une part active, ne manquant pas de souligner avec un brin d'ironie les contradictions du Président : celui-ci, en effet, ne déclara-t-il pas, le 3 septembre, sur TF1 : « À partir du 1er janvier 1993 [l'Acte unique s'applique ce jour-là], les frontières seront ouvertes et cela risque d'être l'avalanche ! Ce sera l'Europe passoire ! Et le traité de Maastricht – ou d'Union européenne – a été prévu par Helmut Kohl, Jacques Delors et moi-même, afin d'organiser ce marché, afin de protéger nos pays et de protéger les Français contre le fait qu'il n'y aura plus de frontières. » Que ne s'était-il avisé plus tôt des redoutables dangers que comportait l'Acte unique ! Et en quoi le traité de Maastricht constituait-il une protection contre le libre-échangisme ? François Mitterrand excellait dans l'art de faire passer des vessies pour des lanternes !

Au soir du 20 septembre 1992 – à un jour près, deux centième anniversaire de la République – les Français ratifient le traité à une courte majorité de 51,01 % des voix. Le « non » est majoritaire aux deux tiers chez les ouvriers et l'emporte dans de vieux bastions de gauche, en zone rurale (Nièvre) ou dans de vieilles terres industrielles (Nord-Pas-de-Calais, Territoire de Belfort). Ainsi, les lignes de force d'une nouvelle géographie sociale et électorale se dessinaient déjà… Le résultat du vote acheva de nous convaincre qu'il y avait un espace à occuper.

Au lendemain des élections législatives de mars 1993, nous créâmes comme parti politique le Mouvement des citoyens que présiderait jusqu'à son congrès fondateur de Saint-Égrève, en décembre 1993, l'écrivain et historien bourré de talent Max Gallo. Celui-ci, orateur hors pair, nous avait rejoints depuis la fin des années 1980. Constitué sur une base militante trop étroite, le MDC faisait recette chez les intellectuels. Je me laissai convaincre de conduire aux élections européennes de 1994 un quadrige composé de Gisèle Halimi, d'Anicet Le Pors, du général Gallois et de moi-même. Dépourvus de moyens financiers et sans alliés, nous n'obtînmes qu'un succès d'estime à 2,5 % des suffrages exprimés. Michel Rocard, candidat du PS à 14 %, fut davantage handicapé par le score de Bernard Tapie à 12 %. Décidément, le « non de gauche » n'était pas facile à récupérer et la décision que nous avions prise de nous tourner directement vers le suffrage universel paraissait très au-dessus du niveau de conscience du pays, certes déçu par la gauche, mais tenté par la démagogie. La gauche était à refaire mais nous touchions surtout les bac+5. Pouvions-nous encore peser dans sa recomposition ? Et, surtout était-ce là le bon choix ?

À la fin de 1995, François Mitterrand, retiré avenue Frédéric-Le-Play, demanda à me voir par l'entremise de Jean Kahn. Celui-ci, homme de gauche incontestable et perspicace, et juriste éminent, avait choisi d'accompagner le Président dans cette phase ultime. Il m'appréciait particulièrement et la réciproque était vraie. François Mitterrand n'avait rien perdu, malgré sa pâleur, de ce mélange de dignité et de simplicité qui faisait son charme. Je le trouvai très conscient d'avoir mis durablement en orbite le Parti socialiste, relativisant par là même l'excellent score (47 %) réalisé par Lionel Jospin à l'élection présidentielle. « N'importe quel candidat socialiste en aurait fait autant. » Peut-être savait-il que j'avais apporté à Jospin mon soutien dès avant sa désignation par le Parti socialiste ? « Je n'ai plus de forces, me dit-il. Tout ce à quoi j'aspire, ce serait d'être sur un banc, au soleil, en Corse, par exemple, le menton appuyé sur le pommeau de ma canne. » À peine me demanda-t-il : « Croyez-vous pouvoir faire quelque chose avec Séguin ? » Il n'en était visiblement pas convaincu. Après s'être enquis de ma femme, et comme je m'apprêtais à prendre congé, il tint à me raccompagner jusqu'à l'ascenseur, alors même que je cherchais à l'en dissuader, me confondant à la fin avec un de ses officiers de sécurité auquel il serra longuement la main.

En sortant, je m'aperçus qu'une larme roulait sur ma joue : était-il possible que l'homme d'État, qui avait conduit la gauche unie à la victoire et que j'avais connu jadis en majesté fût devenu cette ombre, luttant dans un dernier sursaut de dignité pour me manifester la fidélité de son souvenir ?

Sixième partie

À l'Intérieur, l'idée républicaine en action

12

La parenthèse républicaine

Pouvait-on «relever la France avec la gauche», comme le Mouvement des citoyens, à son congrès fondateur de 1993, en avait affirmé le projet? La démonstration était faite qu'on ne le pouvait pas de l'intérieur d'un Parti socialiste dont la dérive libérale et européiste paraissait désormais irréversible. Mais à défaut d'infléchir du dedans, pouvait-on infléchir du dehors? À d'autres que nous la tâche eût paru impossible. Un demi-million de voix, c'était vraiment une assise électorale trop étroite! Notre seul atout était la cohérence de nos analyses et l'écho que celles-ci rencontraient dans l'opinion éclairée, dans les milieux intellectuels de gauche, et aussi, sur l'autre rive, dans la famille gaulliste, parmi les tenants du «non» à Maastricht. C'était peu mais nous avions encore l'esprit de conquête. Le déguisement européen dont se paraient les oligarchies de l'Argent ne nous trompait pas. Il fallait investir le petit capital d'indignation que nous avions réuni pour le faire grossir et ne pas laisser en déshérence l'électorat populaire.

Où était-ce possible sinon à partir de cette gauche en eaux basses qui ne s'était pas encore remise de sa défaite de 1993? À la longue, nous finirions bien par l'ébranler, en faisant levier du mécontentement populaire...

J'avais maintenu avec Lionel Jospin une relation de plus de trente ans que je réactivai, après qu'il eut été écarté sans trop de ménagements du gouvernement en 1992 et rencontré par la suite quelques problèmes de santé. Quand il se déclara candidat à l'élection présidentielle de 1995, après que Jacques Delors, en décembre, y eut renoncé, l'idée me vint de lui apporter le soutien du Mouvement des citoyens. Certes, cette idée n'allait pas de soi : Lionel Jospin, sur l'Europe, s'inscrivait, malgré quelques réserves, dans la ligne mitterrandienne. Il avait voté «oui» à Maastricht, ou plus exactement, selon lui, il avait dit «non au "non"». Il avait soutenu sans broncher la guerre du Golfe en faisant comme si Mitterrand avait cherché une issue diplomatique au conflit. Il nous avait âprement combattus jusqu'à nous reprendre, avec ses amis Le Guen et Cambadélis, la fédération de Paris, après une décennie de luttes acharnées dans les sections. Mais le plus sensible pour moi avait été sa politique à l'Éducation nationale, les concessions qu'il avait faites au courant pédagogiste avec la création des IUFM[1] et son comportement, en 1989, dans l'affaire du voile : en laissant la décision aux chefs d'établissement, il avait fait peser sur eux la surenchère des communautarismes. Bref, il n'était pas, à nos yeux, spontanément «républicain».

Cependant, de l'eau avait coulé sous les ponts. Jospin, évincé du gouvernement, s'était affranchi de la tutelle qui avait longtemps pesé sur lui. Il n'était pas interdit d'espérer pouvoir l'influencer. Sa formation marxiste d'origine pouvait l'aider à prendre du champ par rapport à la doxa libérale. Le communisme s'était effondré avec l'implosion de l'Union soviétique. Il fallait inventer à neuf. Quand, cependant, je voulus faire entériner par le Mouvement des citoyens l'idée d'un soutien à Lionel Jospin, avant même que le Parti socialiste eût tranché entre sa candidature et celle de son premier secrétaire, Henri Emmanuelli, je me heurtai à la vive résistance de camarades à la longue mémoire et notamment à celle de Didier Motchane. Didier avait connu Lionel Jospin à l'IUT de Sceaux, où tous deux enseignaient avant 1973 et que dirigeait alors Alice Saunier-Seïté. Pour Didier, Lionel, en dehors de ses faiblesses politiques de fond, était avant tout «un hypocrite». C'était son point de vue. Ce fut la seule circonstance où nous nous opposâmes politiquement dans un Conseil national. Il fallut en passer par un vote pour départager nos deux orientations : le MDC devait-il ou non soutenir la candidature de Lionel Jospin à l'élection présidentielle de 1995 ?

---

1. Instituts universitaires de formation des maîtres.

Sur le fond, la position de Motchane était la plus cohérente mais n'offrait aucune perspective stratégique. La mienne, aussi aléatoire fût-elle, supposait qu'on pût enfoncer un coin entre religionnaires de Maastricht et européens pragmatiques. Ce vote à l'arraché (deux tiers pour le soutien et un bon tiers contre) laissa des traces. Il me fallut argumenter et jeter tout mon poids dans la balance : qui, parmi nous, pouvait penser que ce soutien nous conduirait à trahir nos convictions ? Il fallait manquer singulièrement de confiance en soi pour penser que, par opportunisme, nous abandonnerions nos orientations en rase campagne ! J'incitai donc nos camarades à prendre le risque.

En réalité, je pensais que Lionel serait probablement battu – et il le fut d'ailleurs – mais que notre soutien nous réintroduirait dans le jeu. Je n'avais évidemment pas envisagé la dissolution anticipée de l'Assemblée nationale par Jacques Chirac en 1997, et encore moins son issue : le retour de la gauche au pouvoir quatre ans après sa défaite en rase campagne de 1993 ! Nous contribuâmes donc à placer Lionel Jospin en tête du premier tour de l'élection présidentielle de 1995. Personne ne s'attendait qu'il l'emportât au deuxième tour mais son score (47 %) impressionna. Cela ne suffisait pourtant pas à redresser idéologiquement le Parti socialiste et je n'avais là-dessus pas la moindre illusion. Nous prenions si peu au sérieux la «gauche plurielle» et le bricolage idéologique censé faire tenir ensemble des communistes et les Verts autour d'un PS toujours à court d'idées, que nous ne nous donnâmes même pas la peine de négocier avec le PS l'apparence d'un programme. Nous cherchions plutôt un rapprochement préalable avec Robert Hue, premier secrétaire du PC, dans l'espoir de créer un rapport de forces entre maastrichtiens et anti-maastrichtiens, mais celui-ci, tout occupé à créer des convergences avec le Parti socialiste, demeurait insaisissable.

La gauche plurielle, concoctée par Cambadélis et Moscovici sous la houlette de Lionel Jospin, mariait l'eau et le feu, l'idéologie du progrès héritée de l'esprit des Lumières et l'idéologie de la catastrophe à l'horizon de l'Histoire qui sous-tendait le projet des Verts et qu'avaient formulée dans l'Allemagne d'après 1945, le philosophe Hans Jonas et le sociologue Ulrich Beck. L'«heuristique de la peur», cette méthode consistant à semer dans la société une anxiété de principe devant la Technique nous révulsait : nous y voyions les prémices d'un nouvel obscurantisme, que symboliserait plus tard le principe de précaution. À son programme, le Parti socialiste qui n'était pas encore la «gauche plurielle» avait accroché quelques hochets : les emplois-jeunes et les 35 heures qui ne faisaient quand même pas une politique économique. Nous prenions si peu au sérieux les Assises du PS convoquées par Lionel Jospin que je persiflais : «Les Assises pour le PS? Mais la correctionnelle suffirait!...»

En réalité, Lionel Jospin avait fait un très bon score à l'élection présidentielle, quoi qu'ait pu en dire François Mitterrand : ses 23 % au premier tour et 47 % au second, il ne les devait pas qu'à la rente des institutions et au soutien du MRC et du PRG mais aussi à ses qualités propres : capacité de travail et esprit de synthèse, sens de la pédagogie et clarté d'expression. Lionel avait embrassé la politique au temps où elle signifiait quelque chose. Cela se sentait dans ses discours qui laissaient transparaître la sincérité d'un engagement réfléchi depuis longtemps. Comme je l'ai dit, je connaissais Lionel Jospin depuis trois décennies. Nous avions fait partie, à l'ENA, de la même promotion (Stendhal 1965). Je venais alors d'adhérer à la SFIO. Quand je lui exposai les tenants et aboutissants du projet du CERES en lui proposant d'y adhérer en même temps qu'au Parti socialiste, Lionel me fusilla du regard : «Jamais, tant que Guy Mollet en sera le secrétaire général!» De même, quand je lui demandai de soutenir Alain Gomez à la présidence de la promotion contre la candidature d'Ernest-Antoine Seillière que je connaissais depuis l'UNEF, en 1957, mais que soutenait évidemment la droite de la promotion, m'envoya-t-il paître, au prétexte que Gomez, pied-noir d'origine, avait milité pour l'Algérie française dans sa prime jeunesse. Peut-être, mais Lionel Jospin devait bien savoir qu'il n'avait pas attendu 1964 pour virer sa cuti et que tel n'avait jamais été mon cas, comme il lui arrive encore de le faire croire[1]! Ces réquisitoires acrimonieux traduisent une psychologie. Lionel ne craignait pas d'apparaître quelque peu sectaire.

---

1. *Lionel raconte Jospin*, Seuil, coll. «Points», 2010, p. 36.

Il se donnait déjà les apparences d'un homme de gauche intraitable. J'ignorais évidemment que Lionel Jospin militait alors à l'OCI (Organisation communiste internationaliste), dans la branche dite « lambertiste » réputée la plus sectaire du trotskisme. C'était d'abord cela sans doute qui l'avait retenu de partager l'aventure, certes risquée, du CERES au sein du Parti socialiste, dont au surplus il n'aurait pas été le chef. Il nous laissa donc chausser nos bottes d'égoutiers et n'adhéra qu'en 1973 au parti, après que le CERES, au congrès d'Épinay, eut mené à bien les travaux d'assainissement.

Ces lointains souvenirs n'ont pas nui à notre relation, pas plus que les luttes internes au Parti socialiste. J'avais de la sympathie pour Lionel Jospin, enseignant et fils d'enseignant comme moi. Ses permanents efforts d'autojustification me paraissaient touchants. On avait l'impression qu'il devait rendre compte de ses faits et gestes au Créateur autant qu'à ses camarades. Cette image du « Juste » qu'il cultivait devait bien exprimer une forme de sincérité. Bref, au fond de moi-même j'éprouvais pour Lionel une empathie certaine qui n'effaçait pas nos désaccords politiques de fond mais laissait espérer qu'on pourrait ensemble les dépasser. Y avait-il une autre voie ? Jacques Chirac, aussitôt élu président de la République avec le soutien de Philippe Séguin, avait nommé Alain Juppé à Matignon. Six mois plus tard, le plan Juppé destiné à mettre la France « dans les clous de Maastricht », suscitait une grève massive par procuration. Philippe Séguin, qui présidait l'Assemblée nationale, n'avait pas rompu avec Jacques Chirac. Il était plus raisonnable d'exploiter les contradictions au sein de la gauche.

Ainsi, sur la monnaie unique. Je craignais pour ma part qu'elle ne fût pour l'Allemagne, qui en avait imposé les règles, l'outil d'une nouvelle forme d'hégémonie qui lui permettrait d'imposer son ordolibéralisme au reste de l'Europe. Je rappelai le propos de Bismarck : « Il y a deux manières de réduire un peuple : "la guerre ou la dette". » Aussi Lionel Jospin accepta-t-il dans son programme de mettre à l'euro des conditions : d'abord il se prononça pour un « euro large » incluant les pays méditerranéens (Italie, Espagne, Portugal). Cette condition n'était pas à nos yeux suffisante : un tel euro large impliquait un gouvernement économique de la zone euro, bref une politique keynésienne que les statuts de la Banque centrale, bornant sa mission à la lutte contre l'inflation, semblaient interdire. Mais sur ce sujet aussi, Lionel Jospin se montra accommodant : le Parti socialiste se rapprochait ainsi de nos thèses en posant des conditions au passage à l'euro. Nous voulions d'abord en convaincre les communistes pour renforcer notre main vis-à-vis du PS. Mais, comme je l'ai déjà dit, Robert Hue, leur nouveau premier secrétaire, se dérobait. Robert était, selon l'expression de Michel Suchod, « un professionnel de la cordialité ». On ne pouvait ni se brouiller avec lui ni s'entendre sur une stratégie qui eût permis d'arracher le PS à sa doxa libérale et européiste. Robert Hue pensait que pour assurer l'avenir du Parti communiste, il fallait, coûte que coûte, le ramener au gouvernement, en faisant élire le maximum de députés communistes. Peu importait la ligne !

Nous en étions là quand Jacques Chirac, le 21 avril 1997, prononça la dissolution de l'Assemblée nationale. Stupeur ! Car la mobilisation contre le plan Juppé, à la fin de 1995, avait remobilisé la gauche. Jacques Chirac n'avait pas attendu six mois après son élection pour oublier qu'il avait été élu pour « résorber la fracture sociale ». Il changea brusquement de cap, là où François Mitterrand avait mis près de deux ans pour le faire, et encore contre son intention première, comme je crois l'avoir montré. C'est pourquoi la dissolution prit de court la droite autant que la gauche. Au sein de celle-ci, un accord était intervenu, au début de l'année 1997, entre le PS et les Verts. Robert Hue, quant à lui, était prêt à signer dans les huit jours n'importe quoi. Nous étions coincés. Aussi acceptai-je sans barguigner la rencontre que le PS proposait au MDC dans un hôtel de Montparnasse où Lionel avait loué une suite, à l'abri des caméras. Scène comique : nos deux délégations négocièrent en catimini un bout de papier qui affirmait leur volonté commune de battre la droite et de faire de l'emploi la priorité d'un gouvernement de gauche en multipliant les conditions du passage à l'euro. Ensuite, il fallait s'entendre sur les circonscriptions. Ce n'était pas facile car la fédération socialiste de la Dordogne ne voulait pas soutenir Michel Suchod : suspension de séance ! La délégation du CERES alla se concerter dans la salle de bains pour savoir si elle acceptait la formulation bancale que nous proposait Jospin. Finalement l'accord fut scellé. Il n'empêcha pas l'élection de Michel Suchod que Robert Hue et moi-même allâmes soutenir à Bergerac après un crochet par Nontron, en appui au candidat communiste. Dans la voiture qui nous emmenait, Robert et moi, par monts et vignobles, nous devisions gaiement des gains en sièges que nous escomptions, plutôt que des perspectives du socialisme...

Au soir du second tour, la gauche plurielle, à sa propre surprise, remporta une majorité de sièges à l'Assemblée nationale. Tout alors alla très vite. Chirac et Jospin n'eurent pas de peine à s'entendre sur les règles d'une nouvelle cohabitation : la Constitution fixait des principes assez clairs et, aussi bien, la formule avait-elle été rodée à deux reprises. Très vite Jospin me fit venir chez lui, rue du Regard, pour me proposer le ministère de l'Intérieur. Je n'étais pas très chaud : l'affaire des sans-papiers de l'église Saint-Bernard créait un climat délétère, peu propice à un règlement de principe. Et le Mouvement des citoyens avait pris des positions beaucoup plus réservées que le Parti socialiste sur les régularisations et l'abolition des lois Pasqua. La Justice m'aurait davantage intéressé. Pas question ! me répondit Lionel : «Tu as trop manifesté ton opposition à l'indépendance des parquets !» C'était l'Intérieur ou rien ! Je demandai un jour de réflexion. Le secrétariat national du MDC que je réunis en urgence se montra partagé : Didier Motchane, curieusement, était pour l'acceptation, alors que Georges Sarre aurait préféré que je me tinsse à l'écart. De la part de Jospin, sa proposition pouvait passer pour une marque de confiance. Il estimait légitime d'associer les deux partis, le MDC et le Parti radical de gauche de Jean-Michel Baylet qui, en le soutenant dès le premier tour de l'élection présidentielle de 1995, lui avaient permis d'arriver en tête. Surtout, il me connaissait assez pour savoir que sur la sécurité et sur les sans-papiers, je ne sombrerais pas dans la démagogie. Une majorité de mes camarades, en définitive, se montra favorable à l'acceptation. Moi-même, j'étais désireux d'aider autant que possible Lionel Jospin dans cette aventure.

Le gouvernement fut constitué dès le 4 juin dans une formation resserrée : seulement seize ministres, auxquels s'ajoutèrent une dizaine de secrétaires d'État. La première réunion du Conseil des ministres fut précédée, dans le salon qui jouxte celui où se réunit le Conseil, d'une présentation des nouveaux ministres au président de la République. Scène comique : comme après une Coupe de France de football, le Président félicitait l'équipe victorieuse, feignant de connaître chacun des joueurs, secouait vigoureusement les paluches, s'inclinant devant les dames. Me revenait le souvenir de l'attitude glaciale de François Mitterrand lors du premier Conseil des ministres de la cohabitation de mars 1986. Ce n'était évidemment pas le même tempérament ni surtout le même cas de figure : Chirac hésiterait à dissoudre une deuxième fois.

Aucun duel entre les deux têtes de l'exécutif n'était programmé à brève échéance. Il faudrait donc travailler ensemble. Je dois dire que mes relations avec Jacques Chirac ont toujours été cordiales. Nous nous connaissions, il est vrai, depuis vingt ans, au temps où Giscard d'Estaing était président de la République. Sa femme, Bernadette, semblait m'apprécier particulièrement car je m'abstenais d'attaques *ad hominem* contre son mari, comme je le fais toujours à l'égard d'adversaires politiques, pour ne pas nuire au débat de fond. Sur les questions de sécurité, Jacques Chirac se tint sur la réserve tant que je fus en fonctions. Il n'y a guère que sur la Corse où je sentis, à l'occasion d'une rencontre qu'avaient sollicitée, au début de 1999, le préfet Bertrand Landrieu et le sénateur Roger Romani, que ma politique de rétablissement de l'État de droit ne paraissait pas assez souple au Président. C'était encore à l'époque où je croyais pouvoir compter, vis-à-vis des nationalistes, sur la fermeté du Premier ministre.

Je dois dire que sur tous les autres sujets de ma compétence, j'eus, dès le départ, l'impression d'un accord profond avec Lionel Jospin. Le ministère de l'Intérieur se révéla un ministère passionnant, aussi varié que possible, toujours au cœur de l'actualité, tout en requérant, sur les grands dossiers (sécurité, immigration, décentralisation), des vues longues. Je m'y sentis tout de suite à mon aise. Je m'y investis totalement, essentiellement soucieux de décharger le Premier ministre du souci de dossiers en eux-mêmes pleins d'intérêt, mais peu gratifiants du point de vue de l'opinion publique. Chaque matin, à l'heure du petit déjeuner, ma femme découvrait, catastrophée, les qualificatifs dont m'affublait *Libération*. Je m'accommodais de cette pollution comme inhérente à la fonction que je remplissais pour maintenir un ordre public sans lequel il n'est pas de civilisation. Mon investissement dans la tâche qui incombe au ministre de l'Intérieur ne m'empêchait pas de rester vigilant sur les orientations politiques qui m'avaient mobilisé et qui étaient la raison d'être du MDC : le contenu donné à la construction européenne.

Pourquoi le cacher? Le départ fut difficile : dès les premiers jours de son gouvernement, Lionel Jospin allait se trouver confronté à sa première grande épreuve : le Conseil européen d'Amsterdam du 17 juin 1997. Il ne s'agissait de rien moins que de faire ratifier les termes du Pacte de stabilité conclu entre Jacques Chirac et Helmut Kohl! Jacques Chirac proclama d'emblée que «la parole de la France était engagée». Après quelques moulinets rhétoriques, à Malmö, en direction des responsables sociaux-démocrates européens qui s'y étaient réunis, puis à Poitiers, le 13 juin, lors d'un sommet franco-allemand, Lionel Jospin finit par avaler la couleuvre de ce que, dans l'opposition, il appelait encore «un Super-Maastricht». Dès le premier jour du sommet d'Amsterdam, il fut décidé d'ajouter au Pacte de stabilité un codicille sur l'emploi. Le ministre allemand des Finances, Theo Waigel, enfonça le clou en déclarant : «Il n'y aura pas de moyens nouveaux pour la politique de l'emploi.» Pour faire bonne mesure, le Conseil européen obligea aussi Lionel Jospin à avaliser le traité d'Amsterdam qui communautarisait, à terme, l'asile et l'immigration.

Le 18 juin, Lionel Jospin, devant le Conseil des ministres, évoqua «un Pacte de stabilité» et, ajouta-t-il, «de croissance. J'ai considéré que j'avais à tenir compte du fait que vous estimiez [il s'adressait à Jacques Chirac] que la parole de la France était engagée depuis Dublin. Dès lors que quatorze de nos partenaires se considéraient également comme engagés, même s'ils étaient d'accord pour ouvrir un champ nouveau à la coopération, je ne devais pas commencer sous l'auspice d'une crise européenne majeure mais ouvrir des champs nouveaux pour la croissance et la coopération. Il faut distinguer un texte qui aboutit à une étape comme le Pacte de stabilité et par ailleurs un processus qui commence comme le texte sur l'emploi...»

Je laissai le Conseil se dérouler et à la fin, me tournant vers le secrétaire général du gouvernement, Jean-Marc Sauvé, je lui demandai d'enregistrer pour le compte rendu du Conseil, et donc par l'Histoire, ma protestation s'agissant du contenu du Pacte de stabilité. «L'adoption du Pacte de stabilité aux conditions allemandes nous oriente vers un euro aussi fort que le mark. Cela rendra plus difficile une appréciation souple des critères de Maastricht, renforcera les politiques d'austérité et pèsera sur la croissance… Ce que j'ai lu du texte sur l'emploi adopté à Amsterdam fait davantage référence à la mobilité ou à l'adaptation de la main-d'œuvre qu'à la relance de l'activité économique… Qu'en est-il enfin de la communautarisation du "troisième pilier"? Celle-ci est-elle compatible avec la sécurité, premier devoir de l'Etat?…»

«Le non-respect des engagements pris devant le peuple, dis-je en regardant Jacques Chirac, a toujours sa traduction dans les urnes», et j'ajoutai pour Lionel Jospin «ou ailleurs». Un blanc suivit. Je répétai que mon intervention valait pour le compte rendu du Conseil des ministres et donc pour l'Histoire et ceux qui l'écriraient.

Le président de la République me répondit en faisant valoir le soutien que les syndicats hollandais apportaient à la stabilité monétaire. «On ne voit pas forcément les choses de la même manière d'un côté ou l'autre des frontières.» C'était dans les faits le premier coup de canif dans la cohabitation, non pas la grande, entre le Président et son Premier ministre, mais la petite entre celui-ci et les cinq partis de la gauche plurielle qui lui donnaient sa majorité parlementaire.

Heureusement, le lendemain 19 juin, le Premier ministre prononça à l'Assemblée nationale son discours d'investiture. La tonalité républicaine surprit. Le Premier ministre proposait aux Français un pacte républicain, mettant au premier plan le service de la Nation. «La Nation est non seulement la réalité vivante à laquelle nous sommes tous attachés, mais surtout le lien où bat le cœur de la démocratie, l'ensemble où se nouent les solidarités les plus profondes. Elle reste le cadre naturel des réformes essentielles dont notre pays a besoin.» Avais-je la berlue? Je croyais reconnaître nos textes. «Voilà pourquoi, ajoutait le Premier ministre, nous ne voulons plus de ce jeu de défausse qui a trop souvent consisté à se décharger sur l'Europe de tâches qui auraient dû être assumées dans le cadre national… Pour moi l'Europe doit être un espace supplémentaire de démocratie. Elle ne saurait se substituer à la Nation, mais la prolonger, l'amplifier. »

Sur la Corse, la formulation ne pouvait que nous satisfaire : « L'État de droit ne doit pas souffrir d'exception. En Corse, comme partout ailleurs sur le territoire national, le gouvernement veillera au respect de la loi républicaine auquel la population aspire et sans lequel il n'y a pas de démocratie possible. Parallèlement, il fera en sorte que la solidarité nationale s'exerce pour rattraper le retard de développement dû à l'insularité. Le gouvernement encouragera l'affirmation de l'identité culturelle de la Corse et l'enseignement de sa langue. »

Enfin, le Premier ministre se prononçait pour une politique d'intégration républicaine, déterminée et généreuse : « La République accueille ses hôtes selon ses lois qui doivent être claires et précises. L'immigration irrégulière et le travail clandestin seront combattus sans défaillance parce que l'un et l'autre compromettent l'intégration... »

Je ne pouvais qu'être satisfait de cette tonalité même si j'apprendrais plus tard que cette déclaration devait beaucoup à l'excellente plume d'Aquilino Morelle, dont le sens politique aigu savait capter les inflexions nécessaires. N'importe, les conditions paraissaient créées pour que le MDC puisse exercer de l'intérieur une magistrature d'influence. La direction du *Monde* mit plus d'un an et demi pour s'en inquiéter : après la cérémonie des vœux du Premier ministre à la presse, en 1999, un éditorial du *Monde* mit en garde celui-ci contre la tentation qu'il avait exprimée de bâtir l'Europe à partir des nations, seules à même de fournir un cadre légitime à l'expression de la démocratie. J'y reviendrai ultérieurement.

Sur la plupart des sujets de ma compétence, je me trouvais en accord profond avec le Premier ministre. Il faut dire qu'il en allait de l'autorité de l'État, donc de la sienne propre. La difficulté venait de la présence à tous les niveaux de l'État d'une gauche qui n'avait pas rompu les amarres avec un « droit-de-l'hommisme » propre à nourrir une démagogie facile dans l'opposition – ainsi, avant même 1981, contre la loi d'Alain Peyrefitte « Sécurité et Liberté » de 1979 –, mais complètement déconnecté des exigences du civisme et des réalités du pouvoir, quand il lui incombait de l'exercer. En vain pouvais-je citer Pascal : «L'homme n'est ni ange ni bête» et «Qui veut faire l'ange fait la bête». L'angélisme nourrissait la démagogie de ceux pour qui tout irait mieux si la morale pouvait se substituer à la politique. Je fustigeais «la moraline» mais je devais prendre garde, chaque fois qu'un arbitrage devait intervenir, que les tendances moralisatrices de Lionel Jospin ne reprissent le dessus sur un réalisme qu'il tenait aussi de son éducation : son père dirigeait un établissement pour enfants en difficulté, ce qu'on appelait autrefois une «maison de redressement».

J'entendais, pour ma part, faire réaliser à la gauche, sur les problèmes de l'immigration et de la sécurité, la même mutation culturelle qu'en matière d'éducation : lui inculquer une approche certes humaniste mais sérieuse, responsable et ferme, bref authentiquement républicaine. Ce serait la contribution du MDC à la culture de gouvernement que la gauche devait acquérir dans l'intérêt du pays comme dans le sien propre. Ce serait aussi le moyen d'enrayer les tendances à la dissociation qui travaillaient les quartiers.

En matière d'immigration, je m'étais bien gardé, comme le MDC d'ailleurs, au moment de l'évacuation musclée des sans-papiers de l'église Saint-Bernard, de joindre ma voix à celle de ceux qui réclamaient «la régularisation de tous les sans-papiers» ou encore «l'abrogation des lois Pasqua», qui n'existaient pas en tant que telles mais n'étaient que des amendements à l'ordonnance de 1945 sur le séjour des étrangers en France.

Si je croyais au départ, comme Emmanuel Todd, à la formidable capacité d'intégration de la société française, la multiplication des incidents dans nos banlieues avait éveillé ma vigilance quant au désir d'intégration des populations concernées et à la volonté même de la société française d'y parvenir. Sur cette question, la gauche avait longtemps péché par naïveté. J'entendais d'autant plus imprimer à notre politique le moyen d'une conversion républicaine que je voyais, avec la montée des communautarismes, s'accumuler de lourds nuages à l'horizon. Déjà, en 1989, j'avais jugé l'importation en France de certains signes d'appartenance religieuse supposée et leur introduction dans les écoles comme incompatibles non seulement avec la laïcité, mais avec une intégration harmonieuse dans la société d'accueil.

Aussi opposai-je une certaine résistance au conseiller social du Premier ministre, Jacques Rigaudiat, quand celui-ci me demanda, en cadeau du joyeux avènement, une régularisation assez générale des étrangers en situation irrégulière. J'obtins, non sans difficulté, que cette régularisation fût limitée aux étrangers qui présenteraient cinq signes clairs d'intégration. Je m'appuyais pour cela sur l'avis donné à mon prédécesseur, Jean-Louis Debré, par la Commission nationale consultative des droits de l'homme (CNCDH).

Cent quarante mille irréguliers vinrent s'inscrire dans les préfectures. Au terme d'une procédure destinée à vérifier la réunion des critères d'intégration, quatre-vingt mille furent régularisés. C'était beaucoup moins qu'en 1981. Je dus faire face à la véhémente protestation des associations que l'État subventionne pour veiller à la protection des droits des sans-papiers : à leurs yeux, venir s'inscrire dans les préfectures témoignait déjà de la manifestation d'une confiance dans la République qui valait acceptation automatique de leur demande.

Tel n'était pas mon point de vue : il fallait que les demandeurs apprennent notre langue et se plient à nos règles. Si nous n'étions pas capables de défendre la République et ses lois, la cohésion de la société française n'y résisterait pas. Sur les bases posées par la circulaire, soixante mille refus furent prononcés. C'en était trop ! Je ne tardai pas à acquérir aux yeux des associations sans-papiéristes et de leurs innombrables soutiens une réputation d'inflexibilité qui est aux antipodes de la réalité. «Métissage accepté, citoyenneté maintenue», je n'ai jamais confondu ma position avec celle d'un nationalisme ethnique, replié sur lui-même.

Dans les premiers mois du gouvernement Jospin, je fis accepter un nouveau texte dit «loi RESEDA» sur la résidence, le séjour des étrangers et le droit d'asile, en m'appuyant sur le rapport dont, à ma demande, avait été chargé Patrick Weil. Comme chaque fois que j'aborde un sujet difficile, je pris la précaution de rédiger moi-même l'exposé des motifs de la loi. La partie n'était pas facile. La gauche bien-pensante n'avait pas dit son dernier mot. J'eus toutes les peines du monde à porter à quelques jours supplémentaires la durée de rétention des irréguliers, au prétexte que le Conseil constitutionnel, selon ce qu'en pouvait savoir son ancien secrétaire général, Olivier Schrameck, devenu directeur de cabinet du Premier ministre, considérerait cette extension comme une «atteinte exceptionnelle aux libertés publiques». Aujourd'hui, la durée de rétention a été portée à trente jours mais la loi sur la reconduite des étrangers en situation irrégulière ne s'applique toujours pas, du fait de diverses obstructions. Les pays d'origine refusent leur coopération. Enfin, *last but not least*, l'application de cette législation a été confiée aux autorités judiciaires par la loi du 2 août 1989 : pas moins de cinq recours au total sont offerts aux étrangers qui contestent leur arrêté de reconduite. Si la France ne veut pas voir se multiplier les enclaves étrangères sur son sol et s'attiser en son sein les tensions sociales, ethniques, religieuses et politiques, il faudra bien qu'elle prenne les moyens d'une législation applicable : nouveaux textes rendant au juge administratif le contrôle de cette législation, mais surtout centres de rétention et effectifs chargés de la reconduite à hauteur des besoins. La loi RESEDA marquait à la fois un durcissement et des avancées (création de nouveaux titres de séjour), elle n'en fut pas moins combattue à l'Assemblée par bon nombre de députés communistes, verts ou même socialistes. C'était en avril 1998, il y a plus de vingt ans. La relecture des débats en dit long sur le doux irénisme qui continuait et continue, hélas, d'imprégner la conscience d'une partie de la gauche.

Au moins sur ce sujet, comme sur les questions de sécurité, le soutien de Lionel Jospin ne m'a jamais fait défaut, si ce n'est dans la dernière période, quand il fallut arbitrer, dans les projets de lois d'Élisabeth Guigou, quelques points qui faisaient litige entre nous : le traitement des mineurs multirécidivistes et les règles s'appliquant aux interrogatoires en garde à vue.

Quand je pris mes fonctions à Beauvau, le dossier de la police de proximité était vide. Ce n'était qu'un mot sans contenu dans la loi Pasqua de janvier 1995… et dans le programme du Parti socialiste d'avril 1997. En octobre 1997, Lionel Jospin et moi-même organisâmes un grand colloque à Villepinte. Tous les ministres concernés étaient là. Et ce fut naturellement le Premier ministre qui conclut. Les médias en déduisirent qu'enfin la gauche avait pris son virage sur les questions de sécurité. En réalité, tout était à faire. Je fis immédiatement procéder à cinq expérimentations que j'étendis à une soixantaine de circonscriptions de police, les plus difficiles, un an plus tard. Je mis en place une solide équipe pour piloter l'affaire : Patrice Bergougnoux et Michel Bart tout particulièrement. Des missions furent envoyées en Belgique, au Québec, à New York, là où la police avait cherché à renouveler son approche de la sécurité au quotidien. Je m'employai à définir précisément le concept : la «polprox», comme on ne tarda pas à l'appeler, n'était pas seulement une police territorialisée, ce qu'on appelle «l'îlotage». Certes avec des antennes des commissariats dans les quartiers, le but était de rapprocher la police de la population. Surtout, la polprox exerçait, autant que possible, toutes les prérogatives de la police : sécurité publique, police judiciaire et police scientifique et technique en matière de délits de façon à pouvoir opérer au plus près du terrain. Elle s'accordait enfin avec le concept de police partenariale qui avait conduit à la conclusion de près de huit cents contrats locaux de sécurité avec les municipalités, les organismes HLM, les établissements scolaires, les associations de commerçants, etc. Le concept, qui réalisait un étroit maillage des quartiers, était solide. Un guide pratique de la polprox fut publié en mars 2000.

Surtout de nouvelles écoles de police pourvurent les commissariats de jeunes policiers et des trente-cinq mille adjoints de sécurité qui m'avaient été généreusement accordés par le Premier ministre. Je veillais à ce que, sans échapper au principe du concours, ces adjoints de sécurité, recrutés en partie dans les quartiers défavorisés, puissent ultérieurement accéder sur la base du mérite au grade de gardien de la paix. Je mis en route la première vague de la police de proximité en mars 2000 et mon successeur, Daniel Vaillant, les deux suivantes qui concernaient les circonscriptions moyennes et petites, en 2001-2002. Peut-être aurait-on pu faire l'économie de la dernière vague, car la proximité est déjà acquise dans les circonscriptions de taille réduite. La droite a incriminé l'augmentation des chiffres de la délinquance en 2001 et 2002. Il est vrai que par définition la police de proximité incitait les victimes à déposer plainte auprès de la police. C'était aussi une façon de resserrer le lien entre police et population. Il eût suffi de repartir sur un nouveau mode de comptabilisation pour éviter ce genre de polémiques essentiellement électoralistes.

Je suis convaincu que la formule de la police de proximité était la bonne. Nicolas Sarkozy ne lui a pas laissé le temps de faire ses preuves. C'est toute une culture policière qu'il fallait faire évoluer en faisant comprendre à chacun que la sécurité repose d'abord sur des valeurs de citoyenneté partagées. Bien entendu, la police de proximité n'excluait nullement l'intervention des BAC[1]. La police de proximité et les «saute-dessus» étaient complémentaires. Il fallait certes quelques effectifs supplémentaires judicieusement ciblés. Et surtout il fallait du temps pour permettre au nouveau système de trouver son équilibre.

Un an après ma prise de fonctions, j'avais déjà fait voter deux projets de loi, l'un sur les polices municipales, l'autre sur l'immigration, et abattu un travail considérable. J'avais ouvert le chantier de la police de proximité auquel je consacrais beaucoup de temps, car je voulais tout savoir sur les violences urbaines qui minaient la République de l'intérieur. J'écourtais mes nuits pour lire les livres, les études, les enquêtes qui se multipliaient sur le sujet. En visite dans les commissariats, accompagnant les brigades anticriminalité dans leurs virées nocturnes, je croisais mes informations avec celles qui me remontaient du terrain. À la violence des quartiers (trafic de drogue, caillassage de la police, incendies de voitures) répondait souvent et inévitablement celle des interpellations opérées par les BAC. Je n'ai jamais pensé qu'on pourrait faire l'économie de ces dernières. Pour répondre à un certain degré de violence, elles sont le dernier rempart de la République. Il ne faut pas rêver là-dessus. Mais une question me taraudait : ne pouvait-on pas instaurer un autre type de rapports entre les jeunes des quartiers et la police qui, avec l'École, est l'institution républicaine la plus présente et la plus immédiatement visible dans les cités? A-t-on renoncé à faire prévaloir une certaine civilisation française fondée en dernier ressort sur l'éducation, la citoyenneté et le respect mutuel?

---

1. Brigades anticriminalité.

J'avais lancé la réflexion sur un sujet qui n'était pas sans lien avec ces préoccupations : l'intercommunalité. En celle-ci je voyais, instruit par mon expérience de président du District de l'agglomération belfortaine, le plus sûr moyen de remédier à l'émiettement communal et à l'absence de solidarité intercommunale pour lutter contre l'«apartheid social», sans porter atteinte à ce foyer de démocratie qu'est dans notre système d'organisation territoriale la commune où nos concitoyens apprennent la culture du débat, de la responsabilité et de l'entraide.

J'avais aussi lancé à Strasbourg les prémices de la consultation sur l'islam de France afin de responsabiliser les musulmans sur l'évolution de leur culte, dans la pleine acceptation des lois républicaines. Il fallait, sans naïveté, ouvrir ce chantier capital.

J'avais eu, dans cette première année passée à Beauvau, des moments heureux : l'organisation des Journées mondiales de la jeunesse à Paris, en présence du pape Jean-Paul II. Celui-ci m'avait complimenté : en roulant les *r* : «Trrrès belle orrganisation frrançaise!»

Mais j'avais connu aussi des moments douloureux. L'accident qui frappa Lady Di, le 31 août 1997, me réveilla à Nainville-les-Roches, le petit château dont disposait, dans l'Essonne, le ministère de l'Intérieur et où je m'étais retiré l'espace d'un week-end pour potasser mes dossiers. À la Pitié-Salpêtrière, où je me rendis aussitôt, plein d'anxiété, je vis arriver la malheureuse princesse. Son visage n'était pas abîmé. Je gardais l'espoir qu'elle pût s'en sortir vivante. Je passai la nuit à attendre, avec l'ambassadeur de Grande-Bretagne au sommet de l'inquiétude, le verdict des médecins. Vers trois heures du matin, ceux-ci nous annoncèrent qu'il n'y avait plus à espérer. En vain cherchai-je à joindre le président de la République. Le Premier ministre quant à lui était à La Rochelle, où il était prévu qu'il ouvre l'université d'été du Parti socialiste. Vers cinq heures du matin, il m'apparut qu'il m'incombait d'annoncer la triste nouvelle à la presse internationale, notamment anglo-saxonne, qui se pressait en nombre dans une salle trop petite pour l'accueillir toute. M'étant fait apporter de Beauvau un complet sombre, je m'efforçai de trouver les mots justes pour exprimer ma peine et celle du peuple français devant le décès brutal de la belle et sensible princesse et l'affliction qu'il partageait avec le peuple britannique et ceux du Commonwealth. Sur le chemin de la salle de presse, je rencontrai, alors que l'aube blanchissait la cour de l'hôpital, une forme errante dans laquelle je reconnus sans l'avoir jamais rencontré, le père de Dodi, le compagnon de Diana, Mohamed al-Fayed. Ayant traversé la Manche d'un coup de jet, il cherchait le chemin de la morgue pour reconnaître son fils. Je le lui indiquai, en lui présentant mes condoléances. « C'est le destin ! » me répondit-il avec beaucoup de dignité, en levant les yeux vers le ciel où s'éteignaient les étoiles. Il chercha à me revoir par la suite, persuadé que la mort de Diana et de Dodi n'avait rien d'accidentel. En vain cherchai-je à le détromper… On prête beaucoup au ministère de l'Intérieur.

Je fus aussi profondément accablé quand j'appris l'assassinat, le 6 février 1998, du préfet de Corse, Claude Érignac, choisi par un commando de lâches comme symbole de la République haïe. Prévenu au conseil municipal de Belfort dans la soirée, je gagnai Ajaccio au petit matin pour découvrir la famille effondrée de Claude Érignac relevant son corps gisant, la tête fracassée. Je n'oublierai jamais la douleur de Mme Érignac qu'entouraient ses enfants et la dureté de ses propos à l'égard du président de la Collectivité de Corse. Ce meurtre m'atteignait d'autant plus profondément que j'avais connu, étudiant, Claude Érignac dont j'appréciais l'ouverture d'esprit et l'écoute courtoise qu'il manifestait à tous. Le gouvernement n'avait pas jugé utile de le remplacer immédiatement, car il y avait une continuité certaine qu'il fallait préserver entre le retour à la fermeté ordonnée par Alain Juppé et notre politique. Lionel Jospin me rejoignit dans la matinée. Nous pûmes constater le complet désarroi des services de police locaux. Il fallait reprendre la situation en main.

Les candidats n'étaient pas nombreux pour remplacer Claude Érignac. Mon attention se porta sur le seul, à mon souvenir, qui se soit déclaré volontaire pour rétablir en tous domaines l'ordre républicain et d'abord confondre les assassins : Bernard Bonnet. Certes celui-ci avait la réputation d'un homme de caractère. Mais n'était-ce pas là le profil requis pour cette mission périlleuse ? C'est évidemment en plein accord avec l'administration du corps préfectoral, le Premier ministre et le président de la République que Bernard Bonnet fut choisi. Je demandai à la police judiciaire de mettre tous ses moyens à la disposition de la Division nationale antiterroriste (DNAT) dirigée par Roger Marion et du magistrat antiterroriste compétent, le juge Bruguière. Ce n'est qu'à l'été que de premiers indices sérieux apparurent mais l'enquête était gênée par une double saisine : l'une de la gendarmerie pour le vol de l'arme qui avait servi à tuer le préfet et l'autre de la police pour l'assassinat lui-même. Il fallut attendre plusieurs mois pour que le magistrat compétent mette fin à cette anomalie. La population, dans un premier temps, accueillit favorablement la politique de rétablissement de l'État de droit pour laquelle j'avais recommandé à Bernard Bonnet de «cibler les gros plutôt que les petits». Tous les indices, à commencer par les statistiques de la délinquance, témoignent des résultats acquis en un temps record. L'État, enfin, était à nouveau pris au sérieux dans l'île.

J'attendais surtout de l'enquête qu'elle permît d'identifier les assassins. La connaissance des noms ne suffisait pas. Il fallait des preuves. Il y faudrait plus d'un an. Il était en effet nécessaire d'obtenir la livraison des archives informatiques de France Telecom pour localiser les appels de portables autour de la préfecture d'Ajaccio dans la nuit du 6 au 7 février 1990. Je suivais de très près le déroulement de l'enquête, conscient que tout retard serait mis à profit par les réseaux nationalistes infiltrés partout et bénéficiant, à droite comme à gauche, de surprenantes complaisances pour ne pas parler de complicités. Il fallait dès le départ fermer de fausses pistes, ensuite prendre le temps de recouper les informations que s'était procurées le préfet, par le biais d'un informateur anonyme, avec celles de la police. Les méfiances installées entre la police et la gendarmerie, le préfet et le procureur général, n'ont pas peu contribué à ralentir l'enquête.

J'ai aussi été mobilisé cette année-là par un événement de grande ampleur à Paris et dans de nombreuses villes de province : c'était la Coupe du monde de football. Je craignais surtout les attentats terroristes du GIA[1] algérien. Ceux-ci avaient endeuillé la France en 1995-1996. Je me tenais donc sur le qui-vive. Quand intervint la découverte d'une bombonne de gaz piégée, au fond d'une impasse du 19e arrondissement de Paris, le juge Bruguière et moi-même décidâmes d'une vague d'interpellations dans les milieux islamistes soupçonnés d'accointances avec les réseaux terroristes en même temps que dans cinq pays voisins avec, bien entendu, la coopération des services concernés. Cette excellente coordination n'aurait évidemment pas été possible sans le travail assidu de nos services de renseignement. Ces vagues simultanées d'interpellations eurent au moins l'effet de désorganiser les réseaux terroristes : la Coupe du monde en France se passa sans incidents autres que ceux provoqués par des supporters violents, allemands ou anglais pour la plupart. À Lens, la violence de ces skinheads a laissé un de nos gendarmes durablement paralysé. Honte à ses agresseurs !

Cette violence aveugle m'a toujours révolté, surtout quand elle s'exerce à l'encontre de nos policiers et de nos gendarmes dont la tâche est d'assurer la tranquillité publique. La montée de cette violence dans la société française a pris depuis vingt ans de telles proportions qu'elle est devenue un problème politique majeur. Certes notre démocratie est malade mais n'est-ce pas d'abord le sens civique qu'il faut restaurer dans une société hyper-individualiste et de plus en plus fragmentée ? C'est la République – le sens du commun – qu'il faut relever. C'est à cette tâche que je me consacrais entièrement, dans mes fonctions de ministre de l'Intérieur, par la parole et par l'action. Je m'y sentais préparé et j'avais conscience d'être un rouage essentiel de l'État républicain.

Il y a des circonstances exceptionnelles dans la vie d'un peuple. Le 12 juillet 1998 fut pour la France, sacrée championne du monde de football, un de ces moments privilégiés. La figure de Zidane cristallisa l'espoir que la France pourrait surmonter les forces de désintégration à l'œuvre dans la société. Je poussai surtout, quant à moi, un grand «ouf» de soulagement. À part l'agression criminelle de Lens, tout s'était bien passé. Après la remise du trophée,

---

1. Groupement islamique armé.

je m'éclipsai discrètement du Stade de France. Je voulais d'abord me rendre à la préfecture de police pour y remercier les personnels de police et de gendarmerie qui avaient magnifiquement réussi dans leur tâche d'assurer la sécurité de ces immenses rassemblements, où la passion pouvait dégénérer à tout moment.

Je m'entendais bien avec le préfet Philippe Massoni, chiraquien pure souche, mais authentique républicain. Je le félicitai chaudement, lui et ses services : c'était une prouesse dont la France, à bien des titres, pouvait être fière ! Puis je rentrai à Beauvau avec mon fils Raphaël. Nous prîmes deux tranches de saumon, arrosées d'une bonne bière. Puis, à la limite de l'épuisement, j'allai me coucher. Une horrible douleur abdominale me réveilla au milieu de la nuit. À huit heures, j'étais au Val-de-Grâce où le chef du service de médecine diagnostiqua la présence de calculs dans la vésicule biliaire : « Elle a parlé. Il faut la couper », me dit-il. Je me sentais trop fatigué pour subir immédiatement cette opération, même bénigne. Nous en fixâmes la date à son retour de vacances, le 2 septembre. Je ne m'étais pas encore avisé que c'était l'anniversaire de la bataille de Sedan.

13

Un aller-retour au Val-de-Grâce

«Je suis mieux servi que les rois fainéants!» Telles furent mes dernières paroles, selon ce que m'a rapporté le chef de ma sécurité, avant que les infirmiers poussent le chariot dans la salle d'opération. Je ne devais rouvrir l'œil que trois semaines après. Embêtant pour un ministre de l'Intérieur! Dans ces circonstances, les souvenirs des jours précédant immédiatement l'opération s'effacent : «Que fais-je là? Où suis-je? Et même qui suis-je?» À mon réveil, seul un poste de télévision allumé évoquant la victoire de Gerhard Schröder aux élections allemandes me permit de me situer sur l'échelle du temps : nous étions à la fin du mois de septembre 1998.

Mais que s'était-il passé auparavant? Je venais sans doute de sortir de la salle de réanimation. Je garde encore dans l'oreille les exhortations des infirmiers hélant les patients comme sur les bords de l'Achéron, pour les inciter à repasser de l'autre côté. Je garde un souvenir reconnaissant au docteur Brinquin et à ses équipes dont les appels et les descriptions appétissantes m'ont redonné goût à la vie. Quelle empathie, quelle générosité, quelle force il faut à ces aides-soignants robustes dont le métier est de vous faire revenir d'entre les morts…

Une fois transféré dans ma chambre d'hospitalisation, ma première découverte fut que, branché de tous côtés, je ne pouvais plus m'échapper. Impossible de parler. Un énorme micro de RTL, bleu et jaune avait été introduit dans l'un de mes poumons. Comment m'en débarrasser? Si on avait pu l'introduire – me disais-je – on devait bien pouvoir l'extraire… Ainsi raisonnais-je, très logiquement dans mon délire. Je commençai à tirer sur le tuyau qui m'alimentait en oxygène. Intervention immédiate de l'infirmière, puis de l'un des médecins. Impossible de pouvoir parler autrement qu'à travers une ardoise et un morceau de craie.

Sur l'ardoise qu'on me tendit, j'écrivis : «*Primum non nocere!*», ce qui en latin signifie : «D'abord ne pas nuire!» Stupeur du jeune médecin, né après qu'Edgar Faure eut supprimé le latin en classe de sixième[1]. Un collègue vient en renfort. Je réitère : «*Natura medicatrix*» («La nature fournit le remède»). Même incompréhension. On fait appel au chef de service que j'entends s'exclamer : «Mais il ne parle plus que le latin!» Pense-t-il que les couches cérébrales formées postérieurement à ma scolarité au lycée Victor-Hugo ont été atteintes? Je fais signe qu'on me tende à nouveau l'ardoise : «Ce sont les deux premiers préceptes d'Hippocrate[2]! écrivis-je. Je veux qu'on me libère!» Jamais ministre de l'Intérieur n'avait été aussi branché que moi. Ce n'étaient pas les tuyaux qui me manquaient!

Ce n'est pas possible, me répond celui qui paraît être le chef de service. Et comme je proteste, il me tend une ardoise sur laquelle il a écrit : «Ici, le préfet de police, c'est moi!» Je lui réponds tout aussitôt : «Non, le préfet de police, c'est moi qui le nomme!» et j'entreprends de me défaire de mes liens, en fait des tubes qui suppléent à la défaillance de mes organes. Les infirmières reçoivent l'ordre de m'attacher les mains aux barreaux de mon lit. Petite rechute. La fièvre ne m'empêche cependant pas de recouvrer mes réflexes. Ma chambre, en effet, est située en contrebas d'une promenade accessible aux promeneurs. Du creux de mon lit, j'aperçois la rambarde de laquelle un nationaliste corse, même mauvais tireur, n'a qu'à se pencher pour accomplir un acte – ô combien – symbolique! J'en avise le chef de service qui écarte l'hypothèse comme saugrenue. Il est accompagné de ma femme qui, depuis le 2 septembre, a dissuadé toute visite, y compris celle de Lionel Jospin, car me dit-elle ensuite, appareillé de tous côtés, «tu apparaissais comme un homme qui avait sauté sur une mine. Tu ressemblais à un vieillard de soixante-dix ans» (j'en avais alors cinquante-neuf...).

---

1. En 1968 précisément.
2. Fondateur de la médecine.

Je dois ainsi à ma femme d'avoir été mis à l'abri des médias pendant toute la période où l'ombre de la mort se lisait sur mon visage et où je n'étais même plus capable de me tenir sur mes jambes. Lionel Jospin a très bien compris qu'hors d'état de m'exprimer, je n'étais évidemment pas visible. Seuls mes enfants ont pu me voir entre la vie et la mort. Un journal du matin eut le temps de retirer, le 8 février, sa première édition «Chevènement est mort». *Le Quotidien du médecin* fit de moi la description du légume que je resterais. Lionel Jospin eut la délicatesse de ne pas me remplacer au ministère de l'Intérieur. Il chargea Jean-Jack Queyranne, le secrétaire d'État chargé auprès de moi de l'Outre-mer, d'assurer l'intérim en attendant que les médecins se prononcent. Ce n'était pas évident car pendant trois semaines, je demeurai dans l'inconscience.

Quand j'eus repris mes facultés mentales, le docteur Daly entreprit de me décrire ce qui s'était passé : «L'injection de curare destiné à immobiliser vos viscères, le temps d'une opération effectuée par "spectroscopie" (l'ablation de la vésicule biliaire) a provoqué un arrêt cardiaque de cinquante-cinq minutes. Heureusement vous étiez sur la table d'opération, et après treize chocs électriques sans effet, il a fallu faire descendre des étages de l'hôpital les médecins militaires disponibles. Ils vous ont récupéré par massages cardiaques "manu militari"... Vous êtes tombé dans un coma qu'il a fallu prolonger artificiellement de quinze jours – au total près de trois semaines de coma – pour anesthésier la douleur...»

Le docteur Daly revint me voir ensuite pour me donner de plus amples détails. Ce que j'obtins de lui, non sans difficulté, ce fut d'être débranché et débarrassé de l'appareil à oxygène qui m'empêchait de m'exprimer de vive voix.

Je repris mes forces à une vitesse quasi exponentielle. J'avais conscience d'être toujours en responsabilité et je crois que cela me motivait fortement. Mon directeur de cabinet, Charles Barbeau, vivante incarnation de l'État, fut l'un des premiers, avec Lionel Jospin, à venir me voir pour me tenir au courant des affaires du ministère de l'Intérieur. Ma femme et lui s'étaient mis d'accord pour me mettre, autant que possible, à l'abri des visites inopportunes dont l'écho se retrouvait quelquefois le lendemain dans les médias. Je me souviens de ma femme et de mes deux fils dont l'un, Jean-Christophe, faisait son service national à Prague. Un jour, j'entendis de très loin le bruit d'une canne frappant le sol. Le bruit se rapprochait. Au rythme cadencé, je reconnus le pas de ma mère. «Mais que t'ont-ils fait, mon gamin?» Ses premiers mots me sont restés dans l'oreille. Ma femme pensa enfin que j'étais en état de recevoir le président de la République qui s'était tôt manifesté. C'était vers la fin du mois d'octobre. J'avais perdu quinze kilos. Je me jetai donc un défi, physique autant que protocolaire, c'était de me lever du fauteuil où l'on m'avait installé, quand il entrerait dans ma chambre. Mes maigres cuisses surent relever le défi. Jacques Chirac fit pour moi un tour du monde diplomatique : les bombardements américains sur Bagdad décidés par Clinton, la difficulté des négociations avec Milošević, qui avait, me dit-il, «un petit côté Saddam Hussein...».

La difficulté pour moi fut de réapprendre à marcher : le parc du Val-de-Grâce, celui du château de La Celle-Saint-Cloud, mis généreusement à ma disposition par Hubert Védrine, l'hospitalité marocaine près de Taroudant, une location à Belle-Île, un séjour enfin aux Rousses pour tenter de me familiariser à nouveau avec le ski de fond, me remirent sur pied. À la fin, je pouvais reprendre les longues marches que j'affectionne le long des falaises de la Côte sauvage ou dans les forêts de sapins enneigées du Haut-Jura.

Vers la mi-décembre, j'eus le temps de recevoir à Beauvau le préfet Bonnet qui me dit être parvenu tout seul, grâce à la visite secrète d'un informateur anonyme, à percer à jour l'identité des assassins de Claude Érignac. Cette information recoupait partiellement celles que s'étaient procurées la police. Mais pour la police, une dénonciation ne vaut pas preuve. Je sentis néanmoins que l'étau se resserrait et je reste reconnaissant à Bernard Bonnet de son implication.

J'avais eu le temps de faire un passage à Belfort pour inaugurer, en compagnie de ma chère Janine Bazin, le festival de cinéma Entrevues dont le succès devait tout à son charme et à son prodigieux carnet d'adresses[1]. Je me mis en frais pour les nationalistes

---

1. Janine Bazin était la veuve d'André Bazin, le fondateur des *Cahiers du cinéma* et l'une des inspiratrices de la Nouvelle Vague.

corses pour annoncer en patois franc-comtois : «Lou Bon Diou n'ai pas viu de moi, pe lou Diale non piou[1].» Après ce clin d'œil aux langues régionales et à mon Haut-Doubs natal, je fis également une petite visite improvisée au siège du Mouvement des citoyens réuni en bureau. Mes camarades crurent d'abord voir un fantôme. Georges Sarre, laïc de stricte observance, me demanda tout de go : «Alors qu'y a-t-il de l'autre côté?» Peut-être pensait-il à la légende d'une lumière blanche, perceptible au bout d'un tunnel? «Rien, rétorquai-je à mes camarades, qui ne vous empêche de travailler comme avant! — Très bien! me répondit Georges, mais alors il faut qu'il soit clair que, si miracle il y a eu, c'était un miracle républicain!»

Je n'avais pas dit toute la vérité à mes amis car j'avais gardé, sous l'effet du délire ou de la morphine peut-être, le souvenir de rêves marqués d'une sensation agréable et d'une certaine forme de spiritualité : une cérémonie avec des moines bouddhistes au bord d'un lac dans le Sikkim, sur les pentes de l'Himalaya ou une séance de rééducation au bord d'une piscine, au pied de Saint-Pierre de Rome (je devais confondre avec la coupole du Val-de-Grâce, brièvement entrevue avant l'opération). Une voix m'intime «Lève-toi!» et je réponds : «Comment le pourrais-je? Vous m'avez coupé les jambes!» En fait, d'avoir côtoyé la mort ne m'en a fait ressentir aucune peur. Épicure dit : «Quand je suis là, la mort n'y est pas et quand la mort est là, je n'y suis plus. La mort et moi nous ne nous rencontrons jamais.»

Mon expérience de la mort est assez proche de celle que raconte Montaigne après un accident de cheval : «Pour s'apprivoiser à la mort, je trouve qu'il suffit de s'en approcher. Comme dit Pline, chacun est à soi-même une très bonne école, pourvu qu'il ait le talent de s'épier de près.» Montaigne compare la mort, ou plutôt son évanouissement, au sommeil : «Je prenais plaisir à m'alanguir et à me laisser aller. C'était une imagination qui ne faisait que flotter superficiellement dans mon âme, aussi tendre et faible que tout le reste, mais à la vérité non seulement exempte de déplaisir mais

---

1. «Le Bon Dieu n'a pas voulu de moi, mais le Diable non plus.»

mêlée à cette douceur que ressentent ceux qui se laissent glisser dans le sommeil[1]. »

Mon expérience est voisine : « une faiblesse sans aucune douleur », et je parle là de l'étape qui a suivi mon réveil. Il est vrai que Montaigne, quand il vint à revivre vraiment, sentit la douleur des contusions occasionnées par sa chute. Mais aujourd'hui, il y a la morphine... En fait, le seul problème est la mort de ceux qu'on aime.

L'accident thérapeutique qui m'a retenu quatre mois hors de Beauvau n'a entraîné, selon les médecins, aucune séquelle si ce n'est une petite insuffisance pulmonaire. Avant de me libérer, le médecin-chef de l'hôpital du Val-de-Grâce me dit : « Vous pouvez remercier vos parents et vos grands-parents : ils vous ont légué une robuste constitution ! » Mais moi, je remercie aussi les équipes du Val-de-Grâce.

Je ne pense pas que l'accident thérapeutique qui m'a frappé ait substantiellement modifié mon caractère. Peut-être en a-t-il accentué les traits. Une partie de ma vie (environ un mois) m'a échappé et m'échappe encore. Une chose est sûre : j'ai senti à mon réveil que les années m'étaient comptées. Je devais être plus exigeant. Il me fallait accélérer. Provisoirement éloigné des affaires, j'étais amené, du fait de mon oisiveté forcée, à faire la somme de mes expériences au ministère de l'Intérieur. La désintégration pour moi perceptible de la société française imposait une course de vitesse à ceux qui étaient chargés de veiller à sa cohésion, et d'abord à moi-même. Le recul que j'ai pris, par la force des choses, m'a fait mieux voir la fragilité de la France et les fractures qui la travaillaient.

Depuis longtemps déjà, j'étais choqué par ce que Jérôme Fourquet appelle aujourd'hui « le sécessionnisme des élites ». Mais cela faisait partie de mon idéologie natale, si je puis dire : les malheurs de la France tenaient pour beaucoup à l'absence d'un patriotisme lucide dans ses classes dirigeantes. L'expérience du gouvernement depuis 1981 m'avait sensibilisé à la puissance des intérêts particuliers

---

1. Montaigne, *Essais*, livre II, chap. VII « De l'exercitation », Laffont, Mollat, coll. « Bouquins », p. 355.

au sein même de l'État, des corporatismes, des féodalismes de toutes sortes, de l'esprit de corps se révélant souvent plus fort que l'esprit de service public, et, faut-il le dire, de la pusillanimité de bien des responsables, oublieux de la confiance de ceux qui les avaient portés là.

À la Recherche et surtout à l'Éducation nationale, j'avais fait de mon mieux pour rétablir « l'esprit du commun » qui n'est rien d'autre que l'esprit républicain. J'avais réintroduit symboliquement l'éducation civique dans les programmes et rappelé aux enseignants que l'hymne national faisait partie du répertoire scolaire et devait donc être obligatoirement enseigné. Mais quand je faisais la somme de l'expérience accumulée en dix-huit mois au ministère de l'Intérieur, je ne pouvais me défendre d'une angoisse bien plus forte. Je voyais à l'œuvre, au sein même de la société française, les tendances à la désintégration de ce qui fait la République : développement de quartiers marqués par la ségrégation, gangrenés par le trafic de drogue et les violences urbaines, minés par le cercle vicieux de l'endogamie imposée aux filles et des discriminations frappant les garçons. La législation sur l'immigration, abandonnée au pouvoir de multiples juridictions, ne s'appliquait pas, faute d'abord de volonté politique et de consentement à la loi républicaine dans les élites bien-pensantes. Or, la reprise du mouvement de l'intégration au sein de la communauté nationale impliquait non seulement la volonté de ceux qui aspiraient à devenir français, mais aussi celle de la France tout entière. On en était malheureusement loin. Les anciens habitants des banlieues, frappés par la désindustrialisation et la montée des incivilités, fuyaient les cités, en voie de ghettoïsation rapide. Dans ces quartiers, l'absentéisme scolaire frappait. L'École, outil de l'émancipation individuelle et collective, était aussi l'institution où se cristallisait désormais la tendance à l'apartheid social et ethnique. Certains parents fuyaient désormais l'école publique pour leurs enfants. La police et les services publics avaient de la peine à pénétrer dans certains quartiers qui prendraient bientôt figure de « territoires perdus de la République ».

Aucun effort réfléchi et sérieux n'avait été fait pour remédier à la situation de l'islam. Celui-ci n'était encore bien souvent que celui « des caves et des garages ». Il fallait à la fois le rendre accessible aux croyants et compatible avec les lois de la République. Bref, récapitulant la liste des chantiers ouverts ou encore à ouvrir, je pris une conscience avivée de l'immense travail qui incombait au gouvernement de la République. Entre Noël et le Nouvel An, je m'appliquai à faire, à sa demande, une longue note à Lionel Jospin auquel j'avais exprimé de vive voix mes préoccupations et qui m'avait encouragé à préciser mes vues sur des sujets auxquels il était lui-même sensible. Je connaissais les faiblesses qui traversaient le gouvernement de la gauche plurielle. Non qu'il n'y eût en son sein des personnalités remarquables. Mais leur champ de compétences et par conséquent leurs préoccupations étaient souvent éloignés des miens. Parmi les ministres à compétence sociale ou sociétale prévalaient plutôt une sensibilité et une philosophie différentialiste qui ne les mettaient pas de plain-pied avec des politiques répondant avant tout à l'exigence de la citoyenneté. Comment transcender cette différence de sensibilité ?

Sur le Premier ministre seul, je pouvais compter pour y remédier. La constitution d'un pôle républicain au sommet de l'État, entre le Premier ministre et son ministre de l'Intérieur, me parut être la seule manière d'apporter une réponse à l'immensité des défis que j'avais perçus dans l'Himalaya de mes rêves. Dans mon esprit, cette note au Premier ministre, dans laquelle j'avais mis toute ma réflexion et ma motivation, était un document capital. Si le Premier ministre en acceptait les principes, elle pouvait constituer la base du nouvel élan qu'il fallait donner à l'action gouvernementale. La note est datée du 30 décembre 1998. Son intitulé est modeste : « Note sur la politique de sécurité[1] ». Après un préambule consacré notamment au terreau des violences urbaines – inégalités, déséducation, recul de l'intégration –, je préconisai trois axes d'action – approfondissement des réformes entreprises en matière de sécurité ; loi pluriannuelle de modernisation de la police (2000-2004) ; et surtout inscription de cette politique dans la perspective plus large d'une « refondation républicaine ».

---

1. La substance de cette note est reproduite dans *Défis républicains, op. cit.*, annexe VI, p. 623-627.

C'était un véritable programme gouvernemental que je dessinais pour Lionel Jospin. Contre les dérives communautaristes et la constitution de quartiers-ghettos accélérée par les violences urbaines, il fallait un gouvernement fort et unifié. C'était un coup d'arrêt qu'il fallait donner aux dérives de la société française par une mobilisation de tous les acteurs autour d'une culture partagée : celle des valeurs républicaines redécouvertes. C'étaient d'abord l'État et tous ses services, y compris les plus réticents, qu'il fallait mobiliser sur les valeurs de la citoyenneté et sur une « politique d'accès à la citoyenneté », en luttant contre les discriminations à l'embauche, en réhabilitant la valeur du travail, en modifiant les pratiques de recrutement des administrations et des entreprises, sur la base d'un mot d'ordre simple : « recruter à l'image de la population », en favorisant enfin la promotion de jeunes diplômés venus des quartiers en difficulté, afin de créer dans ces quartiers des mécanismes d'identification positive.

Bref, je sonnai le branle-bas de combat sans jamais préconiser ces méthodes de « discrimination positive » qui vont si souvent à l'envers du but recherché. Je proposai de mobiliser les enseignants et les parents d'élèves sur la base d'un « élitisme républicain » bien compris et de dynamiser les animateurs sociaux, appelés, eux aussi, à impulser le grand retour des valeurs civiques. C'eût été une véritable révolution dans les mentalités !

Je suggérai enfin de déconcentrer l'action au niveau des préfets, des départements et des collectivités locales. Le projet de loi sur l'intercommunalité, voté le 11 juillet 1999, n'a pas d'autre ressort idéologique que la note adressée au Premier ministre six mois plus tôt. Pour cette grande politique d'accès à la citoyenneté, je ciblai « les deux millions de jeunes issus de l'immigration sans oublier ceux, nés de parents français, qui éprouvent les mêmes difficultés d'intégration et doivent bénéficier de la même sollicitude ».

Je conclus ma note par un appel pressant au Premier ministre, dont seule la volonté politique pouvait mettre en mouvement l'immense machine de l'État, relayée sur le terrain par tous les acteurs sociaux qu'il fallait convaincre de faire de l'intégration de tous nos concitoyens une tâche de salut public et le grand œuvre du quinquennat.

Lionel Jospin parut convaincu de mon message. Les talents qu'il avait montrés pour diriger l'improbable «gauche plurielle» lui valaient une grande autorité. J'étais moi-même revenu de mon bref séjour sur «l'autre rive», auréolé du prestige que confère une expérience confinant au mystère. À nous deux, nous pouvions sinon renverser les montagnes, du moins mobiliser la société française sur un dessein républicain où chacun pourrait donner son meilleur.

Tout semblait donc aller pour le mieux. À mon allocution de rentrée sur TF1, le 10 janvier, que j'avais centrée sur la sécurité et sur la nation, cadre irremplaçable de la démocratie, Lionel Jospin, le surlendemain, lors de la présentation de ses vœux à la presse, ne sembla pas apporter contradiction, bien au contraire. Mais les élections européennes se profilaient à l'horizon de juin 1999. Daniel Cohn-Bendit avait pris la tête des Verts. Il ne s'agissait surtout pas, aux yeux des stratèges autoproclamés de la gauche plurielle, de laisser apparaître une capacité d'alternative politique au sein de celle-ci, et qu'en face d'un pôle libéral-libertaire et européiste se constituât un pôle républicain.

Le Monde prit la tête de la croisade. Dans un éditorial du 14 janvier, il sonna l'alerte : «La gauche qu'a dessinée Jean-Pierre Chevènement, sans être pour l'heure contredit par le Premier ministre, n'est clairement pas l'actuelle gauche plurielle.» *Le Monde* récidiva à propos de la politique de sécurité que je proposais en titrant en première page, le 23 janvier, à la veille d'une réunion interministérielle : «M. Chevènement divise le gouvernement.» C'était l'amorce d'une campagne où l'éditorialiste associé du *Monde*, Philippe Sollers, évoqua, le 28 janvier, «l'intériorité du ministre de l'Intérieur» et «la France moisie» [*sic*]. Le reste à l'avenant. Je protestai auprès de la direction du *Monde* qui m'offrit de venir à Beauvau s'en expliquer.

De cette «ambassade», le 11 février 1999, la plume de Charles Barbeau, à qui j'avais demandé d'assister à l'entretien, a gardé la trace. Voici la teneur principale du message qu'Edwy Plenel, accompagné de Jean-Marie Colombani, me délivra : «Il n'y a pas de "campagne", commença-t-il. Les limites ont été franchies et l'alerte donnée lorsque, après l'émission de TF1, Lionel Jospin a mis l'accent sur l'État et sur la Nation. Or *Le Monde* est europhile, eurosocial, europolitique, etc. Ses dirigeants estiment qu'il ne s'agit pas de mettre l'accent sur l'État-nation, mais sur les voies et moyens permettant à la France de remplir sa place dans le développement européen. *Le Monde* a donc marqué son opposition à cette conception, car le débat est contradictoire... »

On le voit, ce n'était pas une simple admonestation mais une claire ingérence à l'intérieur même du gouvernement. Cette sommation ne s'adressait pas qu'à moi. C'était le Premier ministre lui-même qui était visé au premier chef. Pour *Le Monde*, il était devenu urgent qu'il redressât sa ligne. Je ne puis m'avancer davantage dans les arcanes des relations entre la direction du *Monde* et le cabinet du Premier ministre. De part et d'autre, on anticipait sans doute les futures échéances électorales. À mes yeux, aussi, une limite était franchie, mais je me trouvais démuni de moyens pour répondre à ce que je persiste à appeler « une campagne ». Ce fut le travail de deux remarquables journalistes d'investigation, Philippe Cohen et Pierre Péan, de révéler, des années plus tard « la face cachée du *Monde*[1] ».

Dans l'immédiat, sur l'Europe, Lionel Jospin tint bon. À Milan encore, le 1er mars 1999, il développa à nouveau l'idée que l'Europe devait se construire dans le prolongement des nations. Nous venions de conclure, François Hollande et moi, un accord sur la présentation d'une liste commune aux élections européennes qu'il conduirait mais sur laquelle mon ami Sami Naïr, brillant philosophe et remarquable orateur, occuperait la troisième place. Jamais je n'ai été aussi près de croire que sur l'Europe nous pourrions peut-être surmonter la vieille fracture entre socialistes européistes et socialistes républicains.

C'était, hélas, fonder un espoir démesuré sur la solidité de l'entente qui s'était nouée entre Lionel Jospin et moi-même. L'amitié réelle que je portais à Lionel Jospin, et qu'il semblait me rendre, ne suffirait malheureusement pas à compenser les forces contraires et l'étroitesse du chemin de crête qu'il nous aurait fallu suivre pour remonter la pente vers laquelle nous poussait la réapparition – sur la politique économique ou sur l'Europe – de divergences plus anciennes.

---

1. Philippe Cohen et Pierre Péan, *La Face cachée du « Monde »*, Fayard, 2003.

14

Il faut qu'une porte soit ouverte ou fermée

La difficulté vint banalement des sensibilités différentes, pour ne pas dire antagonistes, qui continuaient de traverser la gauche plurielle sur les problèmes de sécurité. Le 29 janvier 1999, un Conseil de sécurité intérieure fut programmé. J'attendais une prise de position ferme du Premier ministre sur la base de la note que j'avais rédigée le 30 décembre 1998. Comme je m'étonnais auprès d'Olivier Schrameck de n'avoir reçu nulle réponse écrite et de n'avoir pas vu figurer cette note dans le dossier préparatoire, il laissa tomber, avec une légère moue aristocratique : « Cette note doit être regardée comme un *non-paper*. » Lionel, pourtant, commença bien la réunion, dont l'objet était l'avenir des centres éducatifs pour mineurs délinquants multirécidivistes, en citant Alfred de Musset : « Une porte doit être ouverte ou fermée », mais quand on en vint au fond du sujet, il apparut que le Premier ministre, s'il était prêt à multiplier les centres, restait tétanisé à l'idée d'en faire des centres fermés, cédant ainsi aux oukases de la Protection judiciaire de la jeunesse, relayés par le ministre de la Justice, Élisabeth Guigou, qui en exerçait la tutelle, et la ministre des Affaires sociales, Martine Aubry. Tout se passait comme si rien n'avait changé depuis 1945, et comme si la priorité à l'éducatif restait l'alpha et l'oméga de la lutte contre des formes de violences urbaines qui n'avaient pourtant pas de précédent.

Je mesurai plus encore la difficulté de la tâche dont je m'étais chargé. J'avais déjà décidé, sous mon seul timbre, la création, dans chaque département, de Commissions départementales d'accès à la citoyenneté (CODAC) dont j'attendais beaucoup pour que l'embauche, dans les grandes entreprises comme dans les administrations, se fît à l'image de la population.

Durant toute l'année 1999, j'ai dû batailler pour obtenir des arbitrages qui me fussent favorables et des moyens correspondants. Passé le temps des embrassades, je me sentis à nouveau assez seul. C'est à ce moment-là que me vint à l'esprit l'image du colonel Chabert, personnage de Balzac, glorieux tant qu'on l'avait cru disparu à la guerre, mais qui, dès son retour, apparut comme un gêneur. Y avait-il autre chose à faire que de serrer les dents ?

Au printemps, grâce à Paul, mon kinésithérapeute, j'avais retrouvé, non plus 85 % de mes capacités physiques, comme je l'avais annoncé au début de l'année à Lionel Jospin, mais 100 %. Il ne faut pas croire, cependant que ma vie, après mon retour à Beauvau, était devenue un conte de fées. Ce sont plutôt de mauvaises fées qui vinrent toquer à ma porte : d'abord en mars 1999, l'annonce de la restructuration d'Alstom par son P-DG, Pierre Bilger, annonciatrice de plans sociaux et révélatrice de l'absence totale de politique industrielle au niveau de l'État. Nul redressement en la matière n'avait été opéré depuis les ides de mars de 1983 !

Ce fut ensuite, en avril 1999, la désastreuse affaire de la paillote corse et la rupture fatale qui en résulta, comme on le verra, entre le cabinet de Lionel Jospin et moi-même. Rupture que j'ai toujours eu de la peine à rapporter à un incident somme toute mineur...

En juin, enfin, ce furent les bombardements de l'OTAN sur la Yougoslavie en dehors de toute résolution du Conseil de sécurité de l'ONU. J'avais et j'ai toujours une grande estime pour Hubert Védrine, alors ministre des Affaires étrangères. « Je ne vois que toi, lui dis-je, pour arrêter ça. » Mais Hubert devait compter avec ses collègues américain et allemand, Madeleine Albright et Joschka Fischer. Et ce n'étaient pas des colombes ! « Je suis, me répondit Hubert, comme sur un toboggan... »

Une seule bonne note dans le tableau : le score aux européennes de la liste PS-MDC-Radicaux de gauche : 22 % des suffrages. Mais avec près de 10 %, Cohn-Bendit faisait pencher le bateau de la gauche plurielle du mauvais côté : l'écologisme, que je distingue de la science de l'environnement et du souci de la préservation des biens communs de l'humanité, est, à mes yeux, « l'idéologie de la catastrophe», théorisée par le philosophe allemand Hans Jonas, incompatible avec tout dessein de progrès. Cette idéologie fondée sur «l'heuristique de la peur» entre en contradiction frontale avec tout projet de redressement industriel et plus généralement républicain. Les européennes n'étaient donc pas tout à fait une bonne nouvelle.

J'eus le temps, le 19 juillet 1999, de faire voter à la quasi-unanimité du Sénat et de l'Assemblée nationale la loi sur l'intercommunalité, celle dont je suis le plus fier, et qui trouva immédiatement à s'appliquer à une cinquantaine de communautés d'agglomération[1]. À la fin de 2001, elles étaient cent vingt! C'était le moyen donné à nos communes urbaines d'exercer ensemble les compétences qu'elles ne pouvaient pas exercer séparément et de lutter plus efficacement contre l'apartheid social, à travers d'ambitieuses opérations de restructuration des quartiers.

En octobre 1999, je lançai encore la Consultation sur l'islam de France. Le 28 janvier 2000, je pus faire signer aux principales sensibilités musulmanes de notre pays un texte[2] destiné à faciliter l'exercice du culte islamique dans le strict respect des principes républicains, tels qu'ils résultent de la Déclaration des droits de l'homme et du citoyen : liberté de pensée, de conscience et de religion, égalité notamment des hommes et des femmes, laïcité de l'État, séparation du politique et du religieux, conformément à la loi de 1905, liberté de changer de religion affirmée par la Convention européenne de sauvegarde des droits de l'homme et des libertés fondamentales. Je n'ai jamais compris pourquoi ce texte capital cosigné par toutes les sensibilités musulmanes ayant alors pignon sur rue n'a pas été plus fréquemment invoqué par mes successeurs. À croire que l'État républicain a des trous de mémoire qui l'empêchent d'exercer une action ferme et continue dans la durée... Juste avant le passage à l'an 2000, survint une mémorable tempête

---

1. Les communautés d'agglomération sont en 2019 au nombre de deux cent vingt-trois, auxquelles il faut ajouter, pour faire bonne mesure, vingt-deux métropoles et treize communautés urbaines. L'intercommunalité maille ainsi l'ensemble des territoires urbains, comme des territoires ruraux d'ailleurs, où elle s'était développée d'abord sur la base de la loi Marchand-Joxe de 1992.

2. Ce texte est reproduit en annexe IV de *Défis républicains*, *op. cit.*, p. 612-620.

dont les ravages sur nos côtes et dans nos forêts m'occupèrent, au titre de la protection civile, dans les premières semaines de janvier.

Je trouvai enfin le temps, au printemps 2000, de lancer la première vague de la police de proximité qui touchait une bonne soixantaine de circonscriptions de police, les plus peuplées et les plus difficiles. Bref, la machine tournait fort. Mes collaborateurs, exceptionnellement motivés, payaient de leur personne. Je leur en étais reconnaissant et le leur faisais sentir. Il ne leur échappait pas cependant que j'avais de plus en plus le dessous dans les arbitrages interministériels concernant la sécurité et que, sur la Corse, depuis l'affaire de la paillote, en avril 1999, Matignon et Beauvau n'étaient plus sur la même longueur d'onde. Je reviendrai ultérieurement sur cet épisode dont on ne saurait sous-estimer l'importance.

Les contradictions qui existaient dès l'origine au sein de la gauche plurielle avaient tendance à se réveiller au fur et à mesure qu'on se rapprochait des échéances électorales : municipales et présidentielle. Dominique Strauss-Kahn fut écarté dès novembre 1999 pour une affaire[1] qui se solda longtemps après par un non-lieu, illustration de l'insigne faiblesse où l'exécutif s'était mis de lui-même et depuis longtemps, vis-à-vis de l'autorité judiciaire, devenue en fait troisième Pouvoir. Un ministre mis en examen devait démissionner : c'était la jurisprudence Balladur. La présomption d'innocence tombait. Désormais, il suffisait de l'ouverture par le parquet d'une enquête préliminaire pour faire chuter un ministre. Nous n'étions encore qu'au début d'un processus où la dictature conjuguée des médias et des juges allait aboutir au discrédit complet du politique !

Au printemps 2000, Christian Sautter, Claude Allègre et Émile Zuccarelli (contre mon avis s'agissant de ce dernier, emblématique chef de file de la gauche en Corse) furent boutés à leur tour hors du gouvernement. Avant la fin de l'année, Dominique Voynet et Martine Aubry choisiraient elles aussi de s'écarter. Cette débandade traduisait la faiblesse conceptuelle de la gauche plurielle. Elle n'offrait plus au pays les repères clairs dont il avait besoin. Olivier Schrameck évoquait, pour ne pas trancher les différends, ou plutôt

---

1. Il avait été l'avocat de la MNEF (Mutuelle nationale des étudiants de France).

pour les trancher dans son sens, le fait que le gouvernement procédait d'une «coalition parlementaire».

On assistait, en réalité, au retour des vieux démons qu'un moment j'avais cru pouvoir conjurer par la création au sein du gouvernement d'un pôle républicain entre le Premier ministre et moi-même. Mes illusions tombaient les unes après les autres. Ce furent, en rafales, début septembre 1999, le démoralisant séminaire gouvernemental de Rambouillet concernant la politique économique sur lequel je reviendrai puis, peu après, suite à l'affaire de la «cagnotte» soulevée par Jacques Chirac, l'annonce par Laurent Fabius, en septembre, d'une baisse des impôts de 120 milliards de francs. Ce fut enfin, le 30 novembre 1999, l'ouverture annoncée à l'Assemblée nationale par le Premier ministre du «processus de Matignon» sur la Corse, c'est-à-dire d'une négociation avec les élus nationalistes, sans que fût levé, de leur part, le préalable de la renonciation à la violence. Le compte à rebours était alors enclenché et la suite, comme on le verra, ne m'a pas appartenu.

Ceux qui ont rendu ma démission inévitable m'en ont fait ensuite le procès, comme si elle n'était pas la conséquence de choix politiques incompatibles. Mais quel intérêt aurais-je eu à quitter le ministère de l'Intérieur? Je m'y plaisais malgré les difficultés, car les tâches y étaient fort diverses : sécurité publique, protection civile, lutte contre le terrorisme, réforme de l'État, perfectionnement et approfondissement de la décentralisation. Mais ce qui me motivait surtout, c'était le combat républicain destiné à restaurer le «sens du commun» dans une société dont j'observais le délitement depuis longtemps. Ce combat républicain m'opposait aux tendances iréniques de la gauche libérale-libertaire et j'avais le sentiment de trouver l'oreille, pendant longtemps, du Premier ministre mais aussi des élus de terrain, socialistes et souvent même communistes, et de l'électorat populaire qui votait encore à gauche. La difficulté était de trouver un meilleur équilibre entre la gauche républicaine, sensible aux besoins de protection des couches populaires, et le courant libéral-libertaire auquel les médias donnaient et donnent toujours une audience disproportionnée par rapport à son importance réelle dans la sociologie du pays.

Certes l'autorité qui s'attache aux fonctions de ministre de l'Intérieur permettait de combattre un angélisme désarmant. J'évoquai les « sauvageons » – arbres non greffés – pour flétrir la « déséducation ». La gauche bien-pensante entendait « sauvages » et me faisait le procès de stigmatiser la jeunesse issue de l'immigration ! Tous, heureusement, ne s'y laissaient pas prendre et beaucoup parmi ceux-ci me donnaient raison. Ce combat républicain était la clé de notre réussite commune et encore aujourd'hui je ne comprends pas pourquoi Lionel Jospin ne l'a pas mesuré. Voyant mon isolement croissant au sein du gouvernement, certains de mes camarades du MDC ne discernaient plus clairement l'intérêt de notre participation au gouvernement, ajoutant, pour certains d'entre eux : «Bien sûr, les conseilleurs ne sont pas les payeurs. »

De cela j'étais bien convaincu : la décision m'incombait à moi et à moi seul. Je me tenais donc à ma ligne : rester au gouvernement tant que Lionel Jospin ne franchirait pas la ligne rouge que je m'étais fixée après l'ouverture du «processus de Matignon» et dont je l'avertis par lettre après l'engagement de négociations sur le statut de l'Île avec les nationalistes : n'octroyer à la Corse que des compétences ressortissant du domaine réglementaire, en aucun cas ne lui déléguer des attributions législatives. C'était, lui écrivis-je, «l'extrême limite de ce qui me paraissait acceptable du point de vue de l'État républicain».

Il ne faut pas oublier en effet que le ministère de l'Intérieur n'est pas seulement celui de la police, des cultes et des collectivités locales. Il est aussi et peut-être d'abord le ministère de l'État, celui qui gère les préfets, le corps préfectoral et les préfectures. Lui incombe au premier chef la charge de veiller au maintien de l'unité de la République. Certes, dans plusieurs champs, les désaccords politiques s'étaient multipliés depuis mon retour du Val-de-Grâce. Le redressement républicain auquel j'avais rêvé n'avait pas vraiment eu lieu pour tous les membres du gouvernement. Je menais le combat mais trop souvent en solitaire, avec le soutien à éclipses de Lionel Jospin.

Après l'ouverture du «processus de Matignon», le retournement de notre politique en Corse m'avait profondément blessé, à la mesure de l'importance de ce dossier et de l'énergie que j'y avais consacrée, d'autant plus qu'il constituait un manquement explicite à la déclaration d'investiture du Premier ministre du 19 juin 1997. Mais si j'avais dû consentir à l'ouverture des négociations avec les élus nationalistes de l'Assemblée de Corse, j'étais bien résolu à tenir bon sur la ligne rouge que j'avais fixée. Après avoir longuement bataillé, je finis par rédiger, le 8 juin 2000, un document d'orientation, assorti d'une lettre personnelle au Premier ministre, lui précisant que c'était pour moi « un point d'arrivée » et non un point de départ dans les négociations entamées avec les nationalistes.

La Corse, dans ma rupture avec Lionel Jospin, peut paraître prendre une place disproportionnée. Ce serait faire d'emblée litière du long feuilleton entamé en 1975 avec l'occupation des caves d'Aléria par les autonomistes d'Edmond Simeoni. Ce défi permanent et sanglant à l'État de droit a empoisonné la vie de tous les gouvernements, amenés tour à tour à négocier, puis à sévir, en raison de la surenchère permanente des nationalistes. Après que la gauche, en 1981, a offert à la Corse un statut sans qu'un terme fût mis pour autant aux assassinats, le ministre de l'Intérieur, Gaston Defferre, lassé, dissout le FLNC et envoie dès le 5 janvier 1983 le commissaire Broussard comme préfet à la sécurité.

Charles Pasqua, de 1986 à 1988, échoue à « terroriser les terroristes ». Avec la gauche revenue aux affaires, Pierre Joxe offre aux nationalistes un nouveau statut, avec en prime la reconnaissance du « peuple corse ». Je m'élève en Conseil des ministres contre ce détricotage du « peuple français » et de la République « une et indivisible ». En vain, je rappelle que la Corse avait envoyé une délégation à la fête de la Fédération, le 14 juillet 1790, ce qui n'autorise aucun parallèle avec la Nouvelle-Calédonie et le « peuple kanak ». Gaston Defferre, par esprit de conciliation, proposa d'ajouter après « peuple corse » l'expression « composante du peuple français ». Cela ne suffit pas à rassurer les républicains. Roland Carraz, à l'Assemblée, défendit nos conceptions avec la fougue d'un Conventionnel de la grande époque. Il fallut que le Conseil constitutionnel, présidé par Robert Badinter qui, sur la République, avait les idées claires, censurât le concept peu républicain de « peuple corse » pour fermer cette première brèche.

Contre toute attente, la droite revenue aux affaires, en 1993, entama avec Charles Pasqua puis Jean-Louis Debré une politique de transaction qui se ridiculisa d'elle-même par l'organisation, en 1996, d'une conférence de presse armée et cagoulée, à Tralonca, où les nationalistes faisaient eux-mêmes connaître la teneur du compromis qu'ils avaient négocié avec le cabinet du ministre de l'Intérieur « pour ouvrir la voie à un règlement progressif de la question nationale corse » [sic]. Après un attentat à la mairie de Bordeaux, Alain Juppé, Premier ministre, s'était saisi du dossier, mais trop tard : la dissolution anticipée de 1997, huit mois après, rebattait les cartes. C'était désormais Lionel Jospin qui avait la main.

Dans son discours d'investiture, le 19 juin 1997, il avait fixé un cap ferme – et qu'on pouvait espérer définitif – à la politique de l'État en Corse. Je l'ai déjà dit, ce point me parut important : il mettait un cran d'arrêt à la permanente tentation de se servir de la Corse pour déconstruire la République. Certes, cette déconstruction empruntait aussi d'autres voies : ainsi l'envahissement du domaine de la loi par les normes européennes ou simplement les jurisprudences des Cours, nationales et européennes (CJUE et CEDH), mais le rappel de l'égalité de tous les citoyens devant la loi et par conséquent de l'unité de la République était plus qu'un marqueur utile, une réaffirmation des principes républicains. De la sorte, je pensais pouvoir maintenir la gauche sur une position de principe et en finir avec les perpétuelles tergiversations sur le dossier corse. Je crus y être parvenu jusqu'à l'été 1999.

Dès 1997, Lionel Jospin posa fermement le principe de la renonciation à la violence comme préalable à toute négociation avec les élus nationalistes. Il fallait rompre définitivement avec le leurre de répits provisoires qui fournissaient l'occasion de nouvelles surenchères indépendantistes impossibles à satisfaire et qu'interrompait invariablement la reprise des attentats, débouchant à terme sur un nouvel accès de faiblesse de l'État. Il fallait sortir de ce cercle vicieux. Il en allait de l'autorité de l'État en Corse et ailleurs. « L'application ferme et sereine de la loi », que j'annonçai à Ajaccio en juillet 1997, serait désormais la boussole de la politique gouvernementale.

Depuis l'assassinat du préfet Érignac, le 6 février 1998, l'affaire s'était tendue. L'unité de vue paraissait complète entre le Premier ministre et moi-même, et j'ajoute le président de la République, si on s'en tient à son discours d'Ajaccio du 9 février 1998.

Il a fallu qu'un accident thérapeutique me tienne éloigné pendant quatre mois de la place Beauvau pour que le préfet Bonnet, énergique mais peu politique, en vienne à se considérer comme un véritable proconsul sur l'Île, n'ayant de comptes à rendre qu'au cabinet du Premier ministre. J'essayai de le reprendre en main à mon retour Place Beauvau, en lui intimant l'ordre, dès février 1999, de travailler de concert avec la police, en ne prétendant pas résoudre tout seul, et avec les seuls moyens de la gendarmerie, au demeurant dessaisie de l'affaire par la justice, l'enquête diligentée contre les membres du commando qui avait assassiné Claude Érignac.

L'incident burlesque de la paillote mit le cabinet du Premier ministre en première ligne. L'opposition, à travers François Léotard, José Rossi et Nicolas Sarkozy, s'en donna à cœur joie en réclamant une commission d'enquête sur les activités du cabinet du Premier ministre et en déposant une motion de censure qui fut d'autant plus aisément repoussée, que six des sept assassins de Claude Érignac furent arrêtés quelques jours avant la date du vote. Bonnet, que j'avais convoqué le 27 avril à Paris, me mentit effrontément, niant avoir donné un ordre aussi stupide aux gendarmes dont il apparaît alors qu'ils ont incendié la paillote. Il me décrivit en revanche parfaitement l'hostilité dont il faisait l'objet de la part du procureur général Legras, qu'il n'avait pas vu depuis trois mois et qui, en effet, réussit à le faire mettre en garde à vue quelques jours plus tard. Je croyais rêver : l'État, en Corse, se détruisait lui-même faute qu'à Paris l'unité soit maintenue entre les cabinets du Premier ministre et du ministre de l'Intérieur. J'étais encore loin de me douter que le procureur général informait en temps réel la chancellerie qui, elle-même, ne faisait rien sans en référer au cabinet du Premier ministre.

Mon directeur de cabinet, Charles Barbeau, ancien directeur général de la Gendarmerie, l'une des sommités du Conseil d'État, grand serviteur de l'État, et dans lequel je mettais une entière confiance, revint, le 30 avril 1999, d'une entrevue avec Olivier Schrameck, directeur du cabinet de Lionel Jospin, pour me dire : « Jamais plus la confiance ne sera rétablie entre Olivier Schrameck et moi-même après l'échange que nous venons d'avoir. Olivier Schrameck se sent mis en cause du fait que le ministère de l'Intérieur lui imputerait une relation directe avec Bonnet et que lui, Charles Barbeau, porterait la responsabilité de ne pas savoir contrôler ses troupes. Je ne vois pas d'autre solution, conclut Charles Barbeau, que de vous remettre ma démission. » Pour moi, c'était un coup dur car Charles Barbeau était un homme impeccable que le directeur de cabinet du Premier ministre n'avait pas le droit de maltraiter ainsi par un excès de susceptibilité, mais sa décision était irrévocable. Le préfet Bonnet fut relevé de ses fonctions, ou, plus précisément, « placé hors cadre » à ma demande. Je remplaçai Charles Barbeau, que je ne parvins pas à faire revenir sur sa décision, par le préfet Jean-Paul Proust, plus rond, en espérant ainsi, non sans quelque naïveté, calmer le jeu avec Matignon.

Comme je l'ai déjà rapporté, six des sept membres du commando avaient été arrêtés la veille de la Pentecôte par les hommes de Roger Marion. Celui-ci n'avait pris avec lui, dans l'avion du ministère de l'Intérieur, que des policiers sûrs, venus de la Direction nationale antiterroriste de la police judiciaire à Paris, pour mener l'opération. Cette insuffisance de moyens permit à Yvan Colonna de s'échapper au petit jour. Le succès de nos policiers fut largement occulté dans les médias. De l'incendie de la paillote qu'on aurait pu ramener à un incident ridicule – des « gendarmes de Saint-Tropez » mettant le feu maladroitement à quelques planches illégales – Olivier Schrameck tira de son amour-propre blessé une conséquence paradoxale : il fallait abandonner la politique de rétablissement de l'État de droit en Corse, au nom même de l'État de droit, bafoué par ces ennemis de la République qu'étaient devenus le préfet Bonnet et le colonel Mazères ! C'était ne rien comprendre à l'atmosphère surchauffée qui s'était créée sur l'Île par le fait de la violence verbale des nationalistes, encouragée en sous-main par la droite locale mais aussi parisienne. Bonnet, certes, ciblait trop large et ne s'était pas avisé de son isolement. Il eût sans doute fallu le remplacer après les nouvelles élections territoriales, mais sans déconsidérer l'État et sa politique de rétablissement de l'État de droit. Cela eût supposé une unité dans l'État qui, malheureusement, n'existait plus.

Lionel Jospin avait prévu, en juillet, un déplacement en Corse. Il me demanda de ne pas l'accompagner. La symbolique était forte. Je dois dire cependant que rien dans son expression ne contrariait ce qui était encore notre position commune : «Pas de négociation avec les élus nationalistes sans renonciation préalable de leur part à la violence.» Aussi, est-ce avec surprise que j'appris, en septembre, le message que Dominique Voynet, en déplacement sur l'Île, leur confia : «Lionel Jospin va bouger.» Je sentis qu'à Matignon, je ne pouvais plus compter sur l'appui d'Olivier Schrameck et d'Alain Christnacht, préfet chargé des problèmes de sécurité au cabinet du Premier ministre. J'étais loin cependant de me douter du scénario qui se mitonnait et que je rapporte parce qu'il éclaire la rupture à venir.

Deux attentats d'abord, à Ajaccio, contre l'URSSAF et la Direction départementale de l'Équipement, filmés, en plein jour, par les caméras de France 3, illustration de la porosité entre les milieux nationalistes et les médias.

Un vendredi, date inhabituelle (nos réunions hebdomadaires se tenaient le mardi), Lionel Jospin convoqua une réunion avec moi-même et nos cabinets. Jean-Paul Proust seul m'accompagnait. D'emblée Jospin posa une question bizarre : «Faut-il bouger? Ou est-il préférable de ne pas bouger?» Conversation passablement surréaliste! Olivier Schrameck et le préfet Christnacht pensent que face à l'opinion publique, le moment est venu de «bouger». Je les interromps : «Mais que veut dire "bouger"?» Je m'élève aussitôt contre cette approche qui démentirait, si elle était appliquée, toute notre politique en Corse, fondée sur le rétablissement de l'État de droit. Jospin acquiesce alors et conclut : «En effet, il est préférable de ne pas bouger.» Dans la voiture qui nous ramène à Beauvau, Jean-Paul Proust et moi-même échangeons quelques propos où la satisfaction laisse percer l'inquiétude : «Nous l'avons échappé belle, mais pourquoi ce cinéma?» La réponse allait être donnée, dix-huit mois plus tard dans un petit livre d'Olivier Schrameck :

Matignon rive gauche. Il ne s'agissait, selon l'auteur, que d'«intoxiquer le ministre de l'Intérieur, de façon à ce qu'il ne fasse pas capoter l'initiative qu'allait prendre le Premier ministre» en annonçant devant l'Assemblée nationale l'ouverture de négociations avec les nationalistes corses! Ce machiavélisme de pacotille est rapporté avec complaisance par Olivier Schrameck lui-même[1]!

Cette manœuvre indigne montre dans quelle ambiance nous travaillions. Le mardi matin suivant, 30 novembre 1999, Lionel Jospin m'apprit, par un bref coup de téléphone, qu'il allait annoncer l'après-midi même, à l'Assemblée nationale, l'ouverture du «processus de Matignon» avec tous les élus de Corse, y compris les nationalistes. J'étais placé devant le fait accompli. À peine eussé-je émis une objection que la réponse fusa : «Je ne peux pas faire attendre Gerhard Schröder qui est dans l'antichambre!» Je m'étais fait jouer comme un bleu! Fallait-il démissionner? Ou plutôt laisser s'engager le processus de façon à pouvoir ensuite mieux le canaliser? Pris de court, je choisis de composer, bien que Lionel Jospin eût passé outre à l'engagement qu'il avait pris de subordonner toute conversation avec les «natios» à leur renonciation explicite et préalable à la violence… Il m'a fallu prendre sur moi : chargé de la Communication à Matignon, Manuel Valls se répandait parmi les journalistes, à ce qu'on me rapportait, sur le thème : «Ce n'est pas une couleuvre que nous lui avons fait avaler, mais un anaconda!»…

Quelques jours plus tard, je me retrouvais à Matignon avec en face de moi les têtes bien connues de Jean-Guy Talamoni et de Gilles Simeoni. Je ne dis pas un mot, opposant un visage marmoréen aux caméras qui scrutaient en vain une expression. Peu à peu, en effet, les masques tombèrent : Christnacht que je prenais encore pour un préfet républicain allait se révéler comme un idéologue de la déconstruction républicaine : dans un petit livre paru après 2002, il proposa de prendre modèle sur la Nouvelle-Calédonie pour redéfinir, en France même, les rapports entre l'État et ses régions. C'était l'inverse de ce qu'après Michelet et Renan les fondateurs de la IIIᵉ République avaient voulu faire! À Ajaccio avait

---

1. Olivier Schrameck, *Matignon rive gauche – 1997-2001*, Seuil, 2001, p. 153.

été nommé, en remplacement de Bonnet, le préfet Lacroix qui avait lui-même exercé ses talents en Nouvelle-Calédonie. C'était le signe d'un changement certain de philosophie. En arrière-plan enfin, je devinais les intrigues du *Monde*, que dirigeaient alors Edwy Plenel et Jean-Marie Colombani.

À travers le changement de politique en Corse, c'était toute une conception de l'État qui se trouvait mise en cause. Quelques semaines plus tard, j'appris de trois sources concordantes que les auteurs des attentats d'Ajaccio contre l'URSSAF et la DDE avaient rencontré rue Cadet deux représentants du Parti socialiste, MM. Rebsamen et Jakubowicz. François Rebsamen, étant sous-préfet, avait ses entrées dans la Maison. À l'occasion d'un de ses passages, je le fis venir dans mon bureau. Voyant que je connaissais son rôle, il m'assura n'avoir agi qu'avec l'aval du premier secrétaire du PS, François Hollande. Connaissant les liens de celui-ci avec Lionel Jospin, qui l'avait choisi pour diriger le parti en 1998, je n'imaginai pas une seconde que le premier secrétaire n'ait rien dit de ses contacts au Premier ministre. Une certaine confiance existait encore, à l'époque, entre moi-même et Lionel Jospin. Je demandai à le voir en particulier : «Quels sens avaient ces contacts?»

À peine lui avais-je révélé le pot aux roses que je vis son visage s'empourprer. Lionel était sujet à des accès de colère dont j'avais vu Dominique Voynet faire les frais. Mais là, c'était moi! Lionel se lève comme pour mettre fin lui-même à l'entretien. Il parle de lui à la troisième personne : «Qu'oses-tu insinuer? Que le Premier ministre pourrait négocier directement avec les poseurs de bombes? Le processus de Matignon ne concerne que les élus de l'Assemblée de Corse, et cela dans les limites que j'ai fixées!» J'ai cru ce jour-là que Lionel Jospin allait me mettre lui-même à la porte. La scène me choqua d'autant plus que nos rapports avaient toujours été jusqu'alors cordiaux et, en trois ans, s'étaient mués en un véritable rapport de confiance. J'avais fini par éprouver pour lui estime et amitié. Bref, malgré l'ouverture contre mon avis du processus de Matignon, je tombai de haut.

Je me résolus à lui adresser une lettre pour lui dire clairement jusqu'où, sur la Corse, j'étais prêt à aller et à ne pas aller. J'étais prêt à aller très loin, comme en témoigne le document d'orientation que je lui fis parvenir au début du mois de juin 2000 : extension en matière réglementaire des compétences de la collectivité, vote d'une loi de programmation des investissements, etc. Mais il y a un point que je ne franchirais pas : l'octroi d'un pouvoir législatif à l'Assemblée de Corse. C'était ce que j'ai appelé « ma ligne rouge ».

Pourquoi étais-je opposé à l'octroi d'un pouvoir législatif à l'Assemblée de Corse ? La raison en était simple : sur tout le territoire de la République, la loi devait rester la même pour tous. Si on cédait sur la Corse, l'effet de pollution sur l'outre-mer, et sur les régions sensibles aux sirènes de l'autonomisme, et même sur les banlieues, deviendrait inévitable. Je n'excluais évidemment pas des adaptations dans le domaine réglementaire. Mais il fallait fixer une ligne de résistance, et celle-ci me paraissait véritablement incontestable : en deçà de cette ligne, il n'était plus possible de reculer ! Mes alarmes n'étaient pas vaines. Depuis lors, l'idée d'une « différenciation territoriale » a fait du chemin. Elle nourrit même un projet plutôt vaseux de révision constitutionnelle. Cette idée d'une loi modulable selon les collectivités briserait la colonne vertébrale de la République. Ce serait un retour à l'Ancien Régime. L'égalité devant la loi aurait vécu. Une loi modulable créerait une nouvelle insécurité juridique et rendrait illisibles pour les électeurs les enjeux de la démocratie locale.

Je l'ai déjà dit : au printemps 2000, je ne me reconnaissais plus guère dans l'action du gouvernement. Depuis le séminaire qui s'était tenu, début septembre 1999, en forêt de Rambouillet, je ne pouvais plus adhérer à la politique économique du gouvernement, telle que l'avait définie Dominique Strauss-Kahn : une politique libérale que ne bornaient que les règles édictées par des « instances de régulation indépendantes ». L'État, lui, était prié de s'abstenir. Seuls Martine Aubry et moi-même avions élevé la voix contre une politique dont étaient absentes toute préoccupation de stratégie industrielle et toute volonté sociale. J'étais bien placé pour savoir ce que cela signifiait : Dominique Strauss-Kahn, au printemps 1999, avait donné son feu vert implicite à une très problématique restructuration d'Alstom : vente à la firme américaine General

Electric des turbines à gaz de Belfort et rachat malavisé des turbines d'ABB en Suisse. Ministre de l'Intérieur, j'avais été placé devant le fait accompli : le P-DG, M. Bilger, me téléphona, après que fut tombée la dépêche de l'AFP : «Il fallait, me dit-il, garder le secret pour éviter tout soupçon de délit d'initié.» Nous étions loin de la déclaration d'investiture de Lionel Jospin du 19 juin 1997 qui prônait, en matière de politique économique, «une volonté politique forte». À la fin du séminaire de Rambouillet, je me demandais, à part moi, quel sens pouvait encore avoir ma participation à un gouvernement qui s'inclinait devant des stratégies industrielles d'abord mitonnées par des financiers. Lionel Jospin pouvait se réfugier derrière des arguties : «Oui à l'économie de marché! Non à la société de marché!» Mais qu'est-ce qui séparait dans les faits le social-libéralisme théorisé par Dominique Strauss-Kahn de la «troisième voie» de Tony Blair et de la *neue Mitte* («nouveau centre») de Gerhard Schröder? Encore aujourd'hui François Hollande, à l'époque premier secrétaire du PS, ne cache pas son admiration pour Tony Blair : «Le blairisme a été un moment rayonnant, emblématique et séduisant[1].» En novembre 1999, le sommet des modernisateurs avait réuni à Florence toutes les stars de la nouvelle gauche mondiale : Clinton, Blair, Schröder, Jospin, l'italien Massimo D'Alema, et même le président brésilien, Fernando Cardoso. Toutes ces sommités réunies à cette tribune, vantant le parti que la social-démocratie «rénovée» pouvait tirer de la mondialisation libérale, n'en discernaient assurément guère les dégâts pourtant prévisibles. Cet affichage blairiste ne me satisfaisait guère. Il n'était pas jusqu'aux arbitrages, plus prosaïques, que je sollicitais du Premier ministre sur les matières de ma compétence qui se trouvâssent de plus en plus souvent tranchés en ma défaveur. Ainsi sur les centres éducatifs fermés ou sur l'enregistrement filmé des personnes interrogées en garde à vue que les policiers ressentaient comme une mesure de défiance tracassière à leur égard : la philosophie robuste de Villepinte se dissolvait à nouveau dans l'irénisme de la gauche bien-pensante.

---

1. Sylvie Kauffmann, «La social-démocratie, continent englouti», *Le Monde*, 15 novembre 2019.

Je savais bien en entrant au gouvernement qu'il me faudrait accepter des compromis, mais je me croyais assez fort pour refuser tout ce qui pourrait ressembler à un reniement. Or, sur l'Europe, Jacques Chirac, avec l'aval de Lionel Jospin, venait de reprendre l'idée d'une Constitution européenne lancée par le leader des Verts au gouvernement allemand, Joschka Fischer, dans un discours prononcé à l'université Humboldt de Berlin. J'interpellai le président de la République en Conseil des ministres, après l'accord de principe qu'il venait de donner publiquement à la tribune du Bundestag : «Que signifie ce projet de Constitution européenne ? L'Europe reste faite d'États. Entre eux, les États passent des traités. Ils n'élaborent pas de Constitution...» Tout cela sous l'œil courroucé de Lionel Jospin.

Jacques Chirac me répondit évasivement, comme il savait le faire, en entretenant et même en accroissant le flou. «Il s'agit simplement de dire "qui fait quoi"... Ce n'est qu'une sorte de "règlement intérieur..."» Et je ne savais pas encore que Lionel Jospin allait solliciter ultérieurement Valéry Giscard d'Estaing pour présider la convention chargée d'élaborer le projet de traité constitutionnel européen !

Bref les contentieux s'accumulaient de toutes parts. Mais j'entendais bien garder la main.

Sur l'épineux dossier corse, où j'avais engagé toutes mes forces depuis 1998 et qui était de ma compétence de ministre de l'Intérieur, je m'étais en effet fixé une ligne rouge dont je n'entendais pas me départir. En exerçant une pression maximale sur le Premier ministre pour qu'il se refuse à tout transfert de compétences qui empiéterait sur le domaine de la loi, je lui transférais la responsabilité du choix qu'il allait faire. En fait, je m'en remettais à sa décision de me conserver ou non au gouvernement.

Au fond, y rester ne comportait pas que des inconvénients : c'était pour moi le meilleur moyen de défendre mes convictions dans des domaines qui me tenaient à cœur : ainsi *Le Monde* publia sur deux pages un vigoureux débat entre Joschka Fischer et moi-même sur la nature – intégrée ou non – de l'Europe à construire[1].

---

1. *Le Monde*, 21 juin 2000.

Quand, lors des entretiens de Matignon qui se poursuivaient cahin-caha, la question de l'octroi d'une compétence législative à l'Assemblée de Corse fut enfin évoquée (c'était au début du mois de juin), Lionel Jospin, le 5 juillet 2000, convoqua une réunion de tous les ministres. Sans doute Olivier Schrameck l'avait-il mal préparée, car l'unanimité des ministres me donna gain de cause pour refuser une délégation du pouvoir législatif à l'Assemblée de Corse. Même Jack Lang, professeur de droit à la Faculté, convint que c'était là, d'un point de vue constitutionnel, une mesure inenvisageable. Lionel Jospin sembla prendre acte sportivement de cette unanimité. Ma détermination avait mis un cran d'arrêt à la débandade et j'étais heureux de cet aboutissement. Je m'envolai donc sereinement vers le cap Nord où ma femme et moi avions décidé de fêter nos trente ans de mariage.

Patatras! C'est là-bas, dans la lumière arctique, en haut du rocher qui surmonte une mer bleu pâle, que j'apprends par un coup de téléphone de Jean-Paul Proust, resté à Paris, l'incroyable nouvelle : Olivier Schrameck vient de réintroduire dans le texte des futurs accords de Matignon avec la Collectivité de Corse l'idée d'une délégation du pouvoir législatif! Ce subtil juriste qu'est Olivier Schrameck s'appuie pour ce faire sur une jurisprudence du Conseil constitutionnel dont il a été le secrétaire général. Le Conseil avait autorisé certains établissements d'enseignement supérieur à déroger à la loi pour prendre eux-mêmes, en matière d'organisation interne et à titre expérimental, des dispositions contraires. Cette jurisprudence de 1993 m'était inconnue, tout comme elle l'était de Jean-Paul Proust, mais Olivier Schrameck devait être l'un des rares à connaître cette entorse faite à la Constitution par le Conseil constitutionnel lui-même (et peut-être même sur sa suggestion – il avait été directeur au cabinet du secrétaire d'État à l'Enseignement supérieur, Roger-Gérard Schwartzenberg, en 1985-1986, puis, un temps, du ministre de l'Éducation nationale qu'avait été Lionel Jospin de 1988 à 1992). Bref, Olivier Schrameck avait sorti, au lendemain de la réunion de ministres, comme un lapin du chapeau, cette monstruosité juridique justement ignorée du commun des mortels, comme le soubassement, par analogie, d'une «expérimentation» par la Collectivité de Corse d'un pouvoir législatif délégué. Il fallait le faire!

«Mais comment avez-vous réagi? demandai-je à Jean-Paul Proust au téléphone. — Eh bien! me répondit mon directeur, j'ai fait observer que cet ajout contredisait la décision des ministres et que je faisais donc toute réserve, avant de vous en avoir référé. — Vous avez bien fait, lui dis-je, je ne me vois pas défendre cette disposition surréaliste devant le Parlement. Son maintien ne pourrait qu'entraîner ma démission. Avertissez-en Olivier Schrameck et Lionel Jospin.» Comme l'a écrit Montaigne : «Nous guidons les affaires dans leurs commencements et nous les tenons à notre merci, mais après, quand elles sont mises en mouvement, ce sont elles qui nous guident et qui nous emportent et nous avons à les suivre[1].»

Dès le 17 juin j'avais évoqué ma démission avec Lionel Jospin qui m'avait prié de n'en rien faire! Que s'était-il donc passé après la réunion du 5 juillet? Il semble que le préfet Lacroix, qui avait succédé en Corse à Bernard Bonnet, avait sonné l'alarme en faisant savoir que les nationalistes corses ne signeraient aucun accord, au terme du «processus de Matignon», si n'y figurait pas l'octroi de pouvoirs législatifs à l'Assemblée de Corse. Cette ridicule menace a-t-elle suffi à faire reculer le cabinet du Premier ministre et le Premier ministre lui-même?

À mon retour à Paris de mon voyage au cap Nord, Lionel Jospin convoqua, le 19 juillet, une nouvelle réunion de ministres, où Laurent Fabius, comme à la précédente, se fit représenter. Le Premier ministre engagea son autorité. Si elle lui était contestée, il était prêt, selon son expression habituelle, à «repasser la Seine». Cette fois, c'était moi qui me retrouvais tout seul! À la sortie, je crois encore voir Jean-Pierre Jouyet, directeur adjoint du cabinet du Premier ministre et homme au demeurant fort agréable, venir vers moi pour, après force démonstration d'amitié, m'exhorter évidemment à ne rien faire. Jean-Pierre Jouyet avait l'habitude d'appuyer son argumentation de pressions destinées à faire comprendre à son interlocuteur l'estime et l'attachement qu'il lui portait. «Arrêtez de me toucher, Jouyet!» lui avait intimé un jour Lionel Jospin. Cette réflexion

---

1. Montaigne, *Essais, op. cit.* livre III, chap. x «De ménager sa volonté», p. 977.

avait fait se tordre de rire tout le cabinet et tout le gouvernement. Ce jour-là, non plus, Jean-Pierre Jouyet, malgré l'estime que je lui portais, n'avait pas sa chance avec moi.

Ma décision était prise. «Non, lui dis-je, en me dérobant à ses sollicitations, cette fois les choses sont allées trop loin.» J'allai préparer ma lettre de démission. Il n'y avait en moi aucune colère comme lors de mes deux précédentes démissions car les bornes avaient été franchies depuis longtemps. Je ne ressentais nulle animosité personnelle à l'égard de Lionel Jospin. J'imaginais trop bien les pressions à courte vue qui s'étaient exercées sur lui et auxquelles il n'avait pas su résister. Ce n'était pas seulement l'avenir de la Corse qui était en jeu. Je ressentais que d'autres facteurs avaient pesé sur sa décision. Un certain fatalisme m'habitait : j'étais allé au bout des concessions que j'estimais pouvoir faire. J'avais connu d'autres tournants politiques. Avec cette décision, les thèses qui avaient été jadis celles de la deuxième gauche revenaient en grâce.

Je gardai à ma lettre de démission un ton mesuré et même cordial, eu égard à l'estime que, malgré nos désaccords, je continuais de porter à Lionel Jospin et dans le souci de garder l'avenir ouvert. Je pensais rendre ma démission effective à la fin du mois de juillet. Mais une tragédie, comme il en arrive rarement dans la vie d'un ministre de l'Intérieur, me la fit reporter d'un mois. Dans mon calendrier toujours serré, je m'étais accordé longtemps à l'avance une petite permission à Bayreuth où se donnait *Lohengrin*. À peine les premières notes s'étaient-elles élevées qu'un bruit intempestif se fit entendre à l'arrière de la loge d'honneur où j'avais pris place avec ma femme. Je me retournai vers les importuns : c'était le ministre de l'Intérieur français qu'ils cherchaient. Ils venaient l'avertir du crash du Concorde qui s'était produit quelques minutes auparavant au Bourget, entraînant dans la mort une centaine de passagers, pour la plupart allemands. Quelques heures plus tard, revenu en France à tire-d'aile, j'arpentais avec le ministre des Transports, Jean-Claude Gayssot, un immense terrain vague jonché de débris humains et de pièces métalliques. Souvenir atroce. La nuit qui tombait enveloppait ce lugubre spectacle. La catastrophe reléguait dans mon esprit mais, par la force des choses aussi dans les faits, l'imminence de ma démission.

Lionel Jospin, en réponse à ma lettre, me fit venir en toute discrétion, au pavillon de musique, au fond du parc de Matignon. L'entretien, au souvenir que j'en garde, fut cordial. J'expliquai au Premier ministre les raisons pour lesquelles je ne me voyais pas défendre, au banc du gouvernement, le texte inspiré des futurs accords de Matignon qui me ferait dire le contraire de ce qui avait toujours été ma position sur la Corse. Je ne m'étendis pas plus longuement sur les autres raisons que j'avais d'être las : le compromis auquel j'avais rêvé, et même cru jusqu'en 1999, était maintenant par trop déséquilibré. Je me remémorai un déjeuner en tête à tête, à l'été 1999, où j'avais vainement cherché à convaincre Lionel Jospin d'« accrocher quelques étoiles à son firmament », car le duel programmé avec Jacques Chirac ne faisait guère rêver. J'étais sorti de ce déjeuner avec l'impression qu'il n'avait été programmé que pour la forme. Mais peut-être la thématique républicaine de la nation et de la citoyenneté n'était-elle déjà plus à l'ordre du jour… Un an après, il était manifestement trop tard.

Lionel Jospin me demanda de surseoir à ma décision jusqu'au retour des vacances, c'est-à-dire à la fin du mois d'août, ce que je lui accordai bien volontiers, car je n'avais nul dessein de le contrarier. Je voulais simplement marquer mon territoire et ne rien céder au fond sur mes convictions. La violence déchaînée en Corse ne m'y incitait pas. Le temps était venu de mettre un cran d'arrêt à une dérive que j'avais vainement cherché à conjurer. Quand nous nous revîmes à la fin du mois d'août, à la Lanterne, en forêt de Versailles, Lionel Jospin m'offrit de changer d'affectation. Il me proposa le ministère des Affaires sociales que Martine Aubry avait manifesté l'intention de quitter. J'exposai à Lionel Jospin qu'un ministre est toujours solidaire de la politique de son gouvernement et qu'aussi bien, je ne me sentirais pas à l'aise aux Affaires sociales, compte tenu de ma position sur les 35 heures que j'avais développée en réunion de ministres : j'évoquai mon remplacement éventuel au gouvernement par l'un des dirigeants du MDC. Mais Lionel Jospin ne sembla pas y prêter attention.

Après cet entretien, ma démission devenait effective. Matignon annonça mon remplacement par Daniel Vaillant, député du 18e arrondissement de Paris qui avait toujours fait partie de la garde rapprochée de Lionel Jospin. La passation de pouvoirs eut lieu le 30 août, dans une ambiance plus que cordiale. Sauf sur la Corse, mon successeur affirma son intention de mettre ses pas dans les miens. La grande masse de mes collaborateurs et des responsables du ministère étaient rassemblés dans la cour de Beauvau. Certain(e)s avaient les larmes aux yeux et, moi aussi, je me sentais profondément ému. Pendant trente-neuf mois, je m'étais donné tout entier à cette grande maison où j'avais laissé ma trace et que j'avais fini par aimer. J'avais appris à connaître et à apprécier ces hommes et ces femmes dévoués sans aveuglement, mais aussi sans faiblesse, à la sécurité des Français, et plus généralement à l'intérêt public. J'avais l'impression qu'ensemble nous avions tenu en lisière la sourde violence qui travaillait la société française. Quelque chose de fort allait me manquer : le sentiment, chaque jour, d'être utile à la République. C'était volontairement mais ce n'était pas de gaieté de cœur que je quittais mes fonctions.

Lionel Jospin a cru pouvoir affirmer après 2002 que la Corse n'avait été pour moi qu'un prétexte pour quitter le gouvernement et préparer ma candidature à l'élection présidentielle de 2002. Il l'affirme contre sa première et meilleure intuition. Il connaissait la force de mon engagement républicain depuis notre scolarité commune à l'ENA et même à travers nos joutes internes au sein du Parti socialiste. Il m'avait vu déclarer « cause sacrée » l'enquête destinée à confondre et à livrer à la justice les assassins de Claude Érignac que nous avions connu, l'un et l'autre, sur les bancs de Sciences-Po.

Quand on se retourne aujourd'hui pour voir ce qu'il est advenu de la Corse depuis vingt ans, on ne peut que constater la situation à laquelle ont conduit la faiblesse et les démissions successives de l'État, quels que soient les gouvernements : depuis 2017, les « natios » sont au pouvoir : Gilles Simeoni préside l'exécutif corse. Jean-Guy Talamoni l'Assemblée de la Collectivité. Malgré un référendum local en sens contraire, en 2003, il n'y a plus de départements de Haute-Corse et de Corse du Sud. Bref, il n'y a plus de contre-poids à la Collectivité de Corse qui concentre tous les pouvoirs. Les indépendantistes ont obtenu l'inscription de la Corse dans la Constitution. Nul doute qu'il s'agit là, à leurs yeux, d'un nouveau pas vers un statut à la mode néocalédonienne, dernière station avant l'indépendance. Plus que jamais en Corse les voyous font la loi, protégés par une omerta qui rend la police et la justice impuissantes[1].

Aujourd'hui, Corsica libera, le parti de Jean-Guy Talamoni, déclare vouloir exproprier les «étrangers», c'est-à-dire les Français continentaux, qui souhaitent acheter un bien immobilier sur l'île[2]. Dans des tracts et sur les réseaux sociaux, il menace d'exproprier les biens acquis depuis le 24 avril 2014 (date d'une délibération de l'Assemblée de Corse alors présidée par Paul Giacobbi, radical de gauche, bel exemple de la corruption des élus dits un peu vite républicains), au prétexte de lutter contre la colonisation de la Corse par les Français vivant sur le continent. Parallèlement, les notaires et les agents immobiliers sont requis d'avertir leurs clients du «caractère extrêmement risqué» de l'acquisition qu'ils projettent. Le président de la République a bien pu s'opposer à un «statut de résident» sur l'île, la loi républicaine n'en est pas moins ostensiblement bafouée par les nationalistes. Leurs menaces n'ont, à ma connaissance, suscité aucune réaction des pouvoirs publics et de la justice. En décembre 2019, «le FLNC du 22 mars» (la scissiparité est dans le génome du nationalisme corse) revendique à nouveau un assassinat, donnant ainsi le signal de la reprise des attentats. Qu'a-t-il donc pris à Lionel Jospin de faire annuler, le 19 juillet 2000, la décision collective prise en collège des ministres, le 5 juillet, de refuser toute délégation du pouvoir législatif à l'Assemblée de Corse? Olivier Schrameck ne pouvait se méprendre : ce revirement du Premier ministre permettrait de libérer rapidement le ministère de l'Intérieur, et d'y placer un homme de confiance. Et pour le reste, et dans son esprit, Lionel Jospin,

---

1. Jacques Follorou, «La mafia corse racontée par son premier repenti», *Le Monde*, 5 juillet 2019.
2. *Le Monde*, 30 août 2019.

vêtu de probité candide et de lin blanc, tel saint Michel terrassant le dragon, ne manquerait pas de régler, d'un coup de lance bien ajusté, le sort d'un Président à ses yeux définitivement discrédité.

À l'Assemblée nationale, Daniel Vaillant a fait approuver, en 2001, par la gauche et la droite confondues, une loi octroyant à la Corse une délégation du pouvoir législatif. Cette disposition a été censurée ensuite par le Conseil constitutionnel. Aucun trouble, alors, n'en a résulté parce que cette délégation qui touchait à l'ordre symbolique n'était tout simplement pas nécessaire, sauf aux yeux de ceux qui entendaient ouvrir la voie à l'indépendance de la Corse. Pourquoi, en définitive, Olivier Schrameck a-t-il voulu à toute force franchir la ligne rouge que j'avais tracée dans la lettre que j'avais adressée personnellement au Premier ministre ? J'en suis venu à penser qu'il souhaitait surtout se débarrasser de l'incommode ministre de l'Intérieur que j'étais à ses yeux et pour des raisons qui n'avaient peut-être pas grand-chose à voir avec la Corse. A-t-il bien mesuré, ce faisant, qu'il portait ce mauvais coup au Premier ministre qu'il était censé servir ?

Olivier Schrameck possédait une culture juridique impressionnante. L'usage qu'il en faisait était évidemment une autre affaire. Je l'ai vu intervenir un jour, dans une discussion de ministres, pour mettre en garde Lionel Jospin contre telle mesure projetée qui irait à l'encontre d'une directive de la Commission européenne encore en préparation. Ainsi le droit européen n'était-il pas seulement supérieur au droit national. Mais cette supériorité s'exerçait préventivement ! C'est dire si la culture de l'éminent juriste était au service d'une cause : la construction d'un édifice juridique et politique européen entièrement déconnecté du fonctionnement d'une démocratie normale. C'était un projet de dessaisissement de la volonté populaire par une forme de captation mise en œuvre par une élite de juristes, mus par la volonté de faire progresser la «chose européenne» par une suite de subtils déplacements de sens. Du grand art ! C'est dire que je ne sous-estimais pas Olivier Schrameck et sa puissance de raisonnement, mise au service d'un dessein que je ne partageais évidemment pas. Ainsi la lutte était-elle inégale car, pour ce qui me concerne, je jouais cartes sur table. Il n'y avait pas besoin d'interpréter mes pensées pour les connaître. S'agissant de la Corse, je les avais couchées sur le papier.

Quand j'ai remis ma démission, le 30 août 2000, je n'avais nullement mûri et encore moins arrêté la décision de me porter candidat à l'élection présidentielle de 2002 parce que je ne voyais pas comment je pourrais revenir en force dans le jeu de la gauche plurielle telle qu'elle avait évolué au fil du temps. Il s'agissait beaucoup plus pour moi de prendre date pour la suite et de préserver le capital de confiance dont me créditaient mes camarades du Mouvement des citoyens. Une fois que j'aurais démissionné, je me retrouverais tout nu : il me faudrait reconquérir mon siège de député. Je n'étais plus maire de Belfort. Il me faudrait donc reprendre la mairie aux municipales de 2001. Cela faisait beaucoup d'aléas auxquels je n'avais pas encore eu le temps de réfléchir. La vérité est que les choses se sont enchaînées d'elles-mêmes car, il est vrai, je n'avais rien perdu de ma combativité.

Si Lionel Jospin avait voulu m'empêcher d'être candidat en 2002, il aurait eu un moyen très simple d'y parvenir : c'était de me garder au gouvernement comme ministre de l'Intérieur, de ne pas franchir la ligne rouge que j'avais tracée sur un sujet qui, à ses yeux, aurait dû n'avoir aucune importance. Que pouvait signifier alors l'octroi d'un pouvoir législatif à la Corse ? Lionel Jospin était-il devenu indépendantiste ? Le Premier ministre s'est sans doute laissé convaincre de faire de cette question une affaire de principe. Mais dans quel but ? S'attacher le soutien du *Monde* dans la campagne présidentielle, comme cela s'est dit ? S'il ne l'avait pas fait, s'il avait écarté d'emblée la revendication exorbitante des indépendantistes que le Conseil constitutionnel a, au demeurant, censurée par la suite, alors je serais resté au gouvernement, dans une situation certes inconfortable pour moi, car sur maints sujets (l'Europe, la politique économique) Lionel Jospin et moi n'étions plus vraiment sur la même ligne, à supposer que dans les premiers temps, et surtout au début de 1999, après mon retour du Val-de-Grâce, des convergences réelles se soient manifestées… Si Lionel Jospin n'avait pas remis en cause le résultat de la réunion du 5 juillet 2000, je serais resté au gouvernement.

Le Mouvement des citoyens aurait-il pu dans cette hypothèse peser sur la campagne de Lionel Jospin? Je n'avais pas écarté la possibilité d'un soutien en 1998 et l'avais alors exprimé publiquement, mais rétrospectivement et expérience faite je ne crois pas que nous aurions pu «infléchir». Quand il y a deux lignes politiques trop différentes en présence, il est préférable que chacune soit portée au premier tour par son champion. Mon départ du gouvernement clôturait ainsi la «parenthèse républicaine» que nous avions voulu ouvrir dans l'édifice de la gauche plurielle. Il en reste sans doute quelque nostalgie, à la mesure des espoirs que cette alliance avait, un temps, suscités.

Septième partie

D'une turbulence l'autre

15

2002, la recherche d'une alternative

Que fait-on quand on n'est plus ministre de l'Intérieur? Mon premier souci fut évidemment d'affermir mes bases : après être redevenu député en octobre 2000, me faire réélire maire de Belfort en mars 2001. Comment ne pas rendre hommage à Gilberte Marin-Moskovitz qui m'a permis de retrouver mon siège à l'Assemblée et à Jackie Drouet qui s'est effacé aux élections municipales de mars 2001 pour que je puisse reprendre le fauteuil de maire? Ce n'est pas si évident ni si fréquent en politique et j'ai toujours eu beaucoup de chance avec mes amis... J'ajoute que mes électeurs auraient pu se lasser. Mais ils avaient pris l'habitude de mes positions tranchées. J'ai la faiblesse de penser qu'ils avaient aussi perçu leur cohérence. Bref, des communistes aux centristes en passant par les socialistes, ils me faisaient confiance. Dans celle-ci entrait un fort élément de patriotisme belfortain : les Français, qui d'habitude mettaient Belfort quelque part entre Mézières et Briançon, savaient enfin où était la ville du Lion et à quoi elle ressemblait. J'étais fier des Belfortains et ceux-ci l'étaient de leur maire qui, depuis toujours, passait ses fins de semaine parmi eux.

J'étais heureux d'avoir touché terre après ces trois longues années passées au ministère de l'Intérieur. La redistribution des compétences entre la Communauté de l'agglomération belfortaine et la ville de Belfort allait m'absorber encore longtemps, car il fallait obtenir l'accord des vingt-six autres communes afin que chacune y trouve son compte. Mais je prenais plaisir à cet exercice qui me mettait au contact des maires. Chacun défendait âprement les intérêts de sa commune mais aucun n'était insensible à la dynamique qu'ensemble nous pouvions créer autour de quelques projets phares pour l'agglomération : aménagement de zones d'activités, d'une base nautique, d'un écopôle et de déchetteries, mise à deux fois trois voies de l'autoroute et extension de l'échangeur qui desservirait le futur hôpital commun de Belfort-Montbéliard, élaboration d'un plan d'assainissement des communes périphériques, d'un réseau de pistes cyclables, etc. Ministre de l'Intérieur, je l'avais été aussi des collectivités locales : si je changeais d'échelle, je restais aussi dans une matière que je connaissais bien. Redevenu député, j'assistais non sans consternation à la mise en forme législative d'un projet de différenciation territoriale pour la Corse que je jugeais gros de périls pour l'avenir de la République.

Assurément l'expérience d'un grand ministère comme celui de l'Intérieur modifie le regard. Elle éloigne à la fois de la démagogie sécuritaire de la droite et des criailleries prétendument humanitaires de la gauche. Elle incite à prendre du champ et à voir loin. Les fractures qui travaillent insensiblement la société française depuis deux ou trois décennies ne produisent leurs effets que par à-coups brusques : longtemps contenus après la Marche pour l'égalité de 1981, ce furent les violences urbaines de 2005, puis le mouvement des « Gilets jaunes » de 2018-2019. Chaque secousse en annonçait d'autres que l'action d'un maire dans sa commune ne pouvait à l'évidence à elle seule conjurer.

De ma vision de ministre de l'Intérieur, je ne déduisais pas que la gauche et la droite n'existaient plus mais que leurs grilles de lecture souvent réductrices devaient être dépassées, au nom d'une exigence plus haute. De même que l'enfermement dans la routine sécuritaire pouvait conduire aux mêmes politiques de répression sans imagination, de même en politique économique, la soumission aux mêmes contraintes européennes, et en fait néolibérales, conduisait les gouvernements successifs à pratiquer la politique du chien crevé au fil de l'eau que j'appelais « du pareil au même » – on l'avait vu avec le Pacte de stabilité et le traité d'Amsterdam en 1997. On allait le revoir avec le projet de Constitution européenne en 2000, et même avec l'engagement commun de Jacques Chirac et de Lionel Jospin, au Conseil européen de Barcelone, le 15 mars 2002, de réduire à zéro le déficit public dès 2004 et de libéraliser à court terme le marché de l'énergie. Et on le reverrait encore avec le pacte budgétaire européen dit TSCG [traité sur la stabilité, la coordination et la gouvernance], négocié par Nicolas Sarkozy en mars 2012 et ratifié par François Hollande en octobre. Mais n'anticipons pas! La critique des «alternances sans alternatives» reposait chez moi sur les analyses déjà vieilles de plus de quinze ans. Je pouvais donc soutenir à bon droit qu'«au-dessus de la gauche et de la droite, telle qu'elles étaient devenues, il y avait la République». C'était mon expérience et c'était maintenant ma boussole. Pour le PS comme pour la droite, la mondialisation libérale constituait le même horizon indépassable. Ils n'en voyaient ni les dégâts ni les dangers. Combien de temps faudrait-il pour s'extirper de cette logique myope?

Mais comment donner forme à ce courant républicain, dont le Mouvement des citoyens et moi-même étions l'âme, mais qui traversait, de fait, presque toutes les familles politiques? L'idée d'un pôle républicain ne pouvait prendre forme qu'autour d'une initiative politique forte. Mais laquelle? Il était difficile de le faire avec la gauche plurielle dès lors que Lionel Jospin ne faisait pas sien ce projet. Chacun, au sein de la gauche plurielle, paraissait plus soucieux de marquer sa différence que de privilégier un dessein commun. Quelques-uns de mes camarades me poussaient à être candidat à l'élection présidentielle de 2002. Mais pour quoi faire? Évidemment, je pouvais atteindre un score honorable, mais je savais d'expérience, depuis les élections européennes de 1994, qu'il y a souvent loin de la coupe aux lèvres : les électeurs ne m'avaient donné que la moitié de ce que me promettaient les sondages (5 %).

Il y avait certes la tentation de «faire la clé», comme le CERES l'avait fait à Épinay en 1971 entre Mollet et Mitterrand. Quand une opération vous réussit, vous éprouvez presque inévitablement la tentation de la reproduire. Mais était-il possible de faire jaillir des cendres de la gauche plurielle l'étincelle qui permettrait de la refonder ou plutôt de la refondre sur des bases nouvelles? En grand, à l'échelle du pays et non plus seulement à travers la combinaison de plusieurs sensibilités? Il eût fallu pour cela que Lionel Jospin modifiât sensiblement son cap. Mais Lionel Jospin n'était pas un stratège comme François Mitterrand. Ce qu'il n'avait pas été capable d'anticiper alors que j'étais dans son gouvernement, quel génie politique eût été capable maintenant de lui en insuffler le projet?

Au plan idéologique, il apparaissait de plus en plus, sur l'Europe et la politique économique notamment, comme le fidèle héritier de François Mitterrand, tel qu'Éric Dupin l'avait décrit dès la mi-1998 avec, hélas, une intuition qui contredisait mon (relatif) optimisme de l'époque[1]. Il fallait, si je voulais être candidat en 2002, que je puisse dépasser largement les Verts et les communistes afin d'imposer le MDC, devenu, avec l'appoint de quelques républicains de diverses provenances, pôle républicain, comme la composante majeure dont le Parti socialiste devrait tenir compte pour refonder la gauche. Était-il possible de redresser de l'extérieur et à chaud le cours des choses? Il me fallait pour cela dépasser non seulement le score de 5 % (au-dessous duquel une campagne n'est pas remboursée), mais approcher le seuil de 10 %. Je connaissais assez la sensibilité du Parti socialiste aux rapports de forces électoraux : si j'atteignais 10 %, l'impossible, à ce moment-là, deviendrait possible. Mais je n'étais pas assez naïf pour penser que l'exposé candide de ce projet de refondation républicaine de la gauche suffirait à susciter l'élan nécessaire dans la société française. Certes, je sentais que le duel préprogrammé entre les deux sortants « institutionnels » ne faisait rêver personne. Déjà je humais dans l'air un parfum de « dégagisme ».

Lionel Jospin, au lendemain des municipales de mars 2001 que la gauche, sauf à Paris et à Lyon, avait globalement perdues, demanda à me voir : « Seras-tu candidat aux prochaines élections présidentielles ? » me demanda-t-il tout à trac. Je lui répondis prudemment : « Je n'ai pas encore pris ma décision. Tu sollicites Valéry Giscard d'Estaing pour présider la Convention sur le projet de traité constitutionnel européen. Ce n'est pas vraiment ma ligne… » Je compris vite qu'une discussion de fond ne l'intéressait pas vraiment. Et pourtant, elle aurait pu être productive. En son for intérieur, Lionel Jospin ne me voyait aucune chance. D'après quelques indications données par ses « pointeurs », il m'accordait entre 2 et 3 % des

---

1. Éric Dupin, *Le Disciple ou les Dix Leçons que Jospin apprit de Mitterrand*, Plon, 1998.

suffrages, à peu près l'étiage que le MDC avait réalisé aux européennes de 1994. De cet entretien aucune proposition nouvelle n'avait jailli. Je me trouvai bientôt sollicité à la fois par mes camarades du Mouvement des citoyens et par la fine fleur de l'intelligentsia républicaine que le duel Chirac-Jospin n'intéressait pas. Mais je n'avais pas encore trouvé la martingale qui me donnerait une chance raisonnable de succès. Et c'est pourquoi j'hésitais encore à sauter le pas.

L'idée de se présenter comme «l'homme de la Nation» plutôt que comme le refondateur d'une gauche républicaine me fut soufflée par Max Gallo dont je dois dire qu'il assortissait toujours ses suggestions d'un avis de prudence : «Les conseilleurs ne sont pas les payeurs.» De cela Max n'avait nul besoin de me convaincre. Ce positionnement d'«homme de la Nation» ne correspondait pas seulement à l'air du temps, mais coïncidait aussi en profondeur avec la conception que je me faisais des institutions de la Ve République. Elle me permettait de ratisser plus large sans altérer le sens de mon discours. Bien entendu, elle allait compliquer un peu mon équation, sans pour autant la rendre insoluble : je me sentais capable de tenir tous ensemble le MDC, les communistes qui étaient prêts à me soutenir : Anicet Le Pors, Rémy Auchedé, député du Pas-de-Calais, Gaston Viens, maire d'Orly, Robert Jarry, député-maire du Mans, et le brillant journaliste Pierre Lévy ; les altermondialistes, derrière Bernard Cassen et Ignacio Ramonet, les souverainistes d'où émergeaient parmi les parlementaires européens le talentueux William Abitbol et la battante Florence Kuntz, plus proche de Séguin que de Pasqua ; les radicaux de gauche regroupés derrière Émile Zuccarelli et Nicolas Alfonsi ; quelques figures socialistes enfin comme Jean-Marie Cambacérès et Bernard Seux, sans parler de beaucoup d'autres...

Le moment était venu de sauter le pas. Il n'y avait pas de contradiction entre les deux démarches qui m'étaient suggérées : la refondation républicaine de la gauche et la résurrection de la conception gaullienne des institutions, simplement une différence de présentation. À travers la seconde, j'embrassais plus large sans, au fond, modifier mon cap. À ceux qui m'interrogèrent ensuite pour savoir si j'étais resté un homme de gauche, je répondais invariablement : « Vous connaissez mon parcours et vous savez où sont mes racines : je leur reste fidèle. Je ne prétends pas abolir la distinction entre la droite et la gauche mais simplement en redéfinir le contenu à partir des intérêts de la République aujourd'hui. » Ma candidature fut ainsi le fruit d'une lente maturation et je ne saurais dire la date précise où elle fut arrêtée dans mon esprit, sans doute fin mai ou début juin 2001. À ma femme, qui me demanda alors la raison de mon choix, je répondis : « Mieux vaut mourir en combattant que de finir dans une retraite peu glorieuse qui annulerait tous mes choix antérieurs. »

Un manifeste d'intellectuels prestigieux m'incita, début juin 2001, à faire acte de candidature. Le 15 juin, le congrès du MDC réuni à Marseille me demanda de monter au front. J'avais consulté mes amis : à part ma femme et, à Belfort, Gabriel Goguillot et Françoise Bouvier, alors vice-présidente du conseil général, tous m'encourageaient chaleureusement. J'étais bien conscient des risques contre lesquels certains de mes proches voulaient me prémunir. Mais à soixante-deux ans, au point où j'en étais arrivé de ma vie, ne valait-il pas mieux témoigner encore une fois pour l'avenir et, au pire, pour l'Histoire, plutôt que de fermer le ban du combat républicain ? De toute façon, seul le combat pourrait semer la graine des redressements à venir.

Je réservai naturellement ma réponse publique jusqu'à la fin de l'été. Je ne croyais pas aux chances de Lionel Jospin, faute qu'il eût renouvelé son équation. Si j'étais candidat, je l'étais non contre lui, vis-à-vis duquel je ne ressentais aucune animosité personnelle, bien au contraire, mais contre le vide politique qu'il incarnait à mes yeux, tout autant que Jacques Chirac. Au fond, c'était plutôt moi-même que j'interrogeais : es-tu capable de remplir ce vide ? Me revenaient en mémoire la « fureur sacrée » qui au lendemain de la démission du général de Gaulle m'avait fait quitter l'Indonésie pour relever à la fois le Parti socialiste et la France et la colère qui m'avait fait rompre, par deux fois, avec François Mitterrand en 1983 et en 1991. Par deux fois, c'était la France qui m'avait motivé. Curieusement, mon dissentiment avec Jospin, sur la Corse, ne laissait pas une trace aussi profonde. C'était mon sens de l'État qui avait été blessé et mis en alerte, mais dans cette partie de bonneteau qu'était devenue l'affaire corse, je n'en voulais pas plus à Lionel Jospin qu'à Jacques Chirac. C'est contre l'establishment français dans son ensemble – la droite et les sociaux-libéraux –, et pas seulement ce qu'en symbolisait la direction du *Monde*, que j'entendais lever l'étendard. Quelle trace laisserait mon combat, même s'il était infructueux, sinon celui d'une ultime révolte contre la désuétude des principes républicains et la progressive dissolution de notre pays dans l'océan du marché mondial? Au fond, il me paraissait impossible que la France se laissât rayer de la carte sans qu'un sursaut républicain se manifestât.

Deux scénarios coexistaient donc dans ma tête : celui où, la composante républicaine devançant nettement les communistes et les Verts, je pourrais « faire la clé » d'une refondation républicaine de la gauche, et un second où je m'installerais d'emblée assez haut dans les sondages – au-dessus de 10 % – pour que les électeurs aient envie de rompre le morne tête-à-tête entre les deux figures institutionnelles auquel ils avaient été depuis longtemps habitués : le PS et le RPR. L'hypothèse que Lionel Jospin et Jacques Chirac puissent passer au-dessous de la barre des 20 % n'était pas irréaliste. La suite l'a montré : les deux candidats institutionnels ne réuniraient au premier tour que 35 % des suffrages exprimés alors qu'il y aurait, au soir du 21 avril, 13 millions d'abstentions et de bulletins nuls... Il aurait fallu que je m'installe durablement à 14 %, score le plus élevé que me donna un institut de sondages vers la mi-février 2002 mais auquel ne me situaient pas les instituts concurrents, plus proches de 12 ou de 13 %. Le premier scénario qui m'était venu à l'esprit était celui que dans mon for intérieur je jugeais le plus probable, mais le second n'était pas tout à fait impossible. C'est celui-ci que je devais mettre en avant pour rassembler le maximum de voix. Les deux candidats institutionnels allaient descendre, j'en étais convaincu, au-dessous de la barre des 20 %. Je pouvais ainsi, au début de février 2002, espérer paraître comme « le troisième homme », aux yeux d'un électorat lassé de l'alternance « du pareil au même ».

J'avais annoncé ma candidature de la mairie de Belfort, le 4 septembre 2001, date anniversaire de la proclamation de la IIIe République. Quelques jours après, le 9 septembre, sous le grand chapiteau qu'avait fait dresser à Vincennes mon ami

Jean-Baptiste Thierrée, génial artiste et créateur avec sa femme Victoria Chaplin du *Cirque invisible*, je prononçai le discours à la préparation duquel j'avais consacré mes loisirs de l'été. C'est sur le fond que j'entendais marquer ma différence. Car je ne voulais pas seulement «faire turbuler le système». J'entendais bien proposer une politique alternative pour desserrer le carcan de Maastricht et revenir en tous domaines aux fondamentaux de la République. C'est peu dire que l'enthousiasme fut au rendez-vous. Je déplaçais les lignes par un subtil mélange de mendésisme et de gaullisme revisités. Surtout une abondante jeunesse s'était levée. Une nouvelle génération apparaissait. Des comités de soutien fleurirent un peu partout et particulièrement dans les universités. On s'étonne que je ne les connaisse pas tous ! Mais ils étaient plus de trente mille et je ne vais pas m'amuser aujourd'hui à distribuer des brevets d'anciens combattants, à revendiquer celui-ci ou à bannir celui-là. Tous voulaient que ça bouge et je leur suis reconnaissant de leur engagement valeureux sur la seule base de mon discours de Vincennes. Il y a eu une «génération République». C'était le nom d'un petit club. Dans mon esprit, il s'applique à l'ensemble de ceux qui se sont levés.

L'Afrique tenait dans mon programme une place singulière. C'est de là que surgiraient les défis de l'avenir. Je me rendis, au début de l'année 2002, dans les trois capitales du Maghreb où je fus reçu par les chefs d'État et j'allai m'incliner à Dakar, en compagnie de Max Gallo, Régis Debray, Catherine Clément et Sami Naïr, sur la tombe de Léopold Sédar Senghor que j'avais bien connu à l'époque où il animait les organes de la francophonie. Les anciens combattants sénégalais nous entouraient, la poitrine constellée de médailles. On ne trouvera cependant pas dans mes discours trace de «repentance» quant à l'Histoire qui nous avait réunis mais appel à la conscience, à la mémoire et à la fidélité. Surtout, je situais l'avenir de notre «codéveloppement», mot que j'avais forgé, dans la reconnaissance de l'égalité et le respect de la dignité de chaque peuple. À Porto Alegre, consacrée comme la ville phare de l'alter-mondialisme, je proposai, le 30 janvier 2002, une profonde réforme des institutions financières et monétaires internationales. C'était sept ans avant la crise systémique de 2008. Un débat chaleureux mais sans concessions sur le commerce international m'opposa à

Lula, qui n'était encore que président du Parti des travailleurs brésiliens. Son charisme était impressionnant et le débat fit un tabac.

Ma campagne, somme toute, avait bien commencé. L'attentat terroriste contre les tours jumelles de New York le 11 septembre 2001 aurait pu la déstabiliser. Il n'en fut rien. Je pris, à la tribune de l'Assemblée nationale, les positions fermes et argumentées que les circonstances et la suite des événements imposaient. Les sondages, qui me donnaient 9 % des intentions de vote après ma déclaration de candidature, me créditaient toujours de 9 % au début d'octobre. J'attachais sans doute une excessive importance au fond, compte tenu de ce qu'est le plus souvent une campagne présidentielle, c'est-à-dire une succession d'incidents montés en épingle par les médias. Chacune de mes interventions était travaillée et polie. Je voulais faire la différence en m'adressant à l'intelligence des citoyens et au fond je ne le regrette pas : pour une fois, les citoyens ont été pris au sérieux.

En fait, ma campagne comportait deux faiblesses : en dehors du MDC à l'implantation inégale, je n'avais pas de parti maillant le territoire national pour me soutenir et je n'avais pas d'argent. Mais j'avais confiance en moi. Les sondages caracolaient assez haut pour que je m'enhardisse à m'endetter sur mes deniers personnels. Je n'avais réussi à assurer mes emprunts qu'à hauteur de 18 millions de francs. Or, le devis de la campagne avait été fixé à 60 millions de francs, qui me seraient remboursés si je franchissais la barre des 5 %, chose qui me paraissait, à tort, aller de soi. À combien d'examens médicaux n'ai-je pas dû me soumettre ? Après mon accident thérapeutique de septembre 1998, je n'étais pas considéré comme un « bon risque » et les banquiers et les assureurs n'entendaient pas s'engager à la légère… Il restait 42 millions de francs qui pesaient sur mes seules épaules.

S'agissant du parti, la valeureuse phalange du MDC que présidait désormais Georges Sarre (quatre à cinq mille adhérents) avait reçu consigne de fédérer dans chaque département, voire localité ou établissement industriel, ou universitaire, des comités de soutien ouverts aux volontaires, dès lors qu'ils se reconnaissaient dans les orientations du discours de Vincennes, érigé en « appel fondateur ». Ces comités de soutien rassemblèrent vite plusieurs dizaines de milliers de personnes d'origines fort diverses mais le dynamisme y était. C'était à moi de fédérer l'ensemble.

Le 19 janvier 2002, je lançai à la Défense, sous la présidence d'Edmonde Charles-Roux et de Lucie Aubrac, que m'avait fait connaître Serge Ravanel, libérateur de Toulouse et membre de mon cabinet, le «pôle républicain» censé animer ces comités. Un organigramme fut tracé. Un jeune préfet, Raphaël Bartold, se fit mettre méritoirement en disponibilité pour diriger mon cabinet. Les comités de soutien drainaient du monde dans les meetings, bien qu'ils fussent inégalement implantés, forts en région parisienne et dans l'Est, plus faibles dans l'Ouest et le Sud-Ouest. Surtout, il arrivait qu'au sein d'un même comité – ainsi dans le Loiret – se retrouvassent des chapelles depuis longtemps concurrentes. Il me fallait arbitrer et rappeler à chacun qu'une chose au moins devait réunir mes soutiens : leur candidat. Je garde un souvenir ému de tant de «petites mains» qui s'activaient dans l'ombre, sans souci de reconnaissance particulière et à de vieux grognards couverts de gloire et qui n'avaient en vue aucune autre récompense que le sentiment de servir le pays : je revois Pierre Lefranc, ancien chef de cabinet du général de Gaulle, s'adressant de manière inspirée à la foule rassemblée à Lille, Max Gallo faisant vibrer le Cirque d'Hiver à Paris, Florence Kuntz à Lyon. Edmonde Charles-Roux à Marseille, Rémy Auchedé à Créteil le 23 mars 2002, pour une adresse, dans la dernière ligne droite, au monde du travail. On mesure difficilement, si on n'a pas été soi-même candidat, combien la France est une immense circonscription que même soixante meetings ne suffisent pas à quadriller.

J'avais sans doute un peu présumé de mes forces. Quand, début mars, intellectuels et romanciers voulurent me souhaiter mon anniversaire dans une boîte branchée parisienne, j'eus quelque peine à dissimuler un lumbago qui ne correspondait pas à l'image de «l'homme de la Nation» que je devais donner. À ce moment-là, la courbe des sondages, qui plafonnait depuis la mi-février, commença à fléchir aux alentours de 10 %. Comment fallait-il le comprendre ? Et surtout était-il possible de redresser la tendance ?

Deux phénomènes se conjuguèrent en fait, à deux mois de l'échéance, pour détourner de moi micros et caméras : l'entrée en lice, les 11 et 21 février 2002, des deux candidats institutionnels, Jacques Chirac et Lionel Jospin, phénomène prévisible, et la multiplication inédite des «petits candidats». Il faut le dire : Jacques Chirac ou Lionel Jospin étaient des battants, et si j'avais perçu plus tôt que d'autres les effluves du dégagisme qui irait ensuite en s'amplifiant, les deux sortants, le président de la République et le Premier ministre, étaient quand même des candidats d'une autre pointure que Benoît Hamon ou encore François Fillon en 2017, lesté comme on le sait par l'ouverture d'une procédure judiciaire. L'effet de souffle était puissant et j'avais d'autant plus de peine à retenir l'attention des médias que les chaînes de radio et de télévision devaient faire leur place aux «petits nouveaux». La présidentielle de 2002 opposa entre eux seize candidats, sept de plus que la précédente, en 1995. Cela pèse très lourd dans le décompte des temps de parole et d'antenne, pour lequel le CSA impose des règles d'équité puis d'égalité de plus en plus strictes. Chaque entrée en lice d'un nouveau candidat tendait à réduire mon espace, ne fût-ce que de quelques dixièmes de point. Enfin, une indiscrétion coupable éventa un dîner qui nous avait réunis, Philippe de Villiers et moi, à la table du général Gallois, l'un des artisans de la dissuasion française. Il ne s'agissait pour moi que de m'enquérir de son éventuelle candidature. Philippe de Villiers m'a indiqué qu'il ne serait pas candidat mais il ne m'a apporté nul soutien. Le bruit de cette rencontre ne manqua pas de nourrir plusieurs polémiques déstabilisatrices. Certains voulaient que je me prononce, à la veille du premier tour, pour l'arrêt de toute immigration. Je jugeai qu'il ne me servirait de rien, bien au contraire, de remettre en cause les règles raisonnables mais fermes que j'avais instituées dans la loi RESEDA. L'immigration va avec l'intégration. Cela se comprend. Cela ne s'explique pas. D'autres voulaient que je prenne mes distances avec Philippe de Villiers. Ce n'était pas nécessaire, puisqu'il ne s'était rien passé.

La dernière phase de la campagne fut quelque peu surréaliste : avant la clôture des parrainages, on vit Lionel Jospin et les Verts intercéder publiquement pour que Jean-Marie Le Pen ne fût pas empêché d'obtenir des maires les signatures qui lui étaient nécessaires pour être candidat. Après le Conseil européen de

Barcelone, Lionel Jospin accusa Jacques Chirac de vouloir reporter à 2007 l'engagement de la France de revenir à l'équilibre budgétaire dès 2004. C'était, pour le coup, du «super-Maastricht», une véritable surenchère d'orthodoxie! Cette course à l'hyper-conformisme justifiait pleinement le renvoi dos à dos des deux candidats maastrichtiens, dont on m'a fait si fort grief par la suite, comme si l'invention de deux sobriquets ironiques – MM. Chirospin et Josrac –, que m'avait d'ailleurs soufflés le conseiller à la communication de Bill Clinton qui passait par là, ne faisait pas partie de l'arsenal farces et attrapes de toute campagne… Chaque semaine apportait son lot d'incidents et de maladresses que la presse grossissait en les commentant. Ainsi s'évanouissait la spécificité de mon programme. Aucun débat organisé ne permettait d'en prendre connaissance. J'en étais réduit à persifler : «Si François Mitterrand du haut du Ciel me demandait d'élaborer un nouveau Programme commun entre [les deux candidats maastrichtiens], Jacques Chirac et Lionel Jospin, je n'aurais aucune peine à y arriver.»

La campagne à la fin se focalisa sur l'insécurité. Elle volait de plus en plus bas. La télévision, à la veille du scrutin, montra en boucle l'image d'un vieil homme tabassé par des voyous. À la veille du premier tour, il y avait encore 40 % d'indécis! Le 21 avril fut certes une surprise. Pas plus que quiconque, je n'avais vu venir Jean-Marie Le Pen : celui-ci, affaibli par la scission de Bruno Mégret en 1999, n'avait réuni que 5,7 % des suffrages aux élections européennes de juin 1999. L'élimination imprévue de Lionel Jospin et l'annonce simultanée de son retrait de la vie politique firent l'effet d'un tremblement de terre. Une rencontre était prévue entre François Hollande et Jean-Christophe Cambadélis d'une part, Georges Sarre et moi-même de l'autre, le mercredi suivant le premier tour. Elle eut lieu quand même au siège du Parti socialiste, bien qu'elle eût perdu son objet : il n'y avait plus de choix au deuxième tour.

Le 21 avril fut l'occasion d'une mobilisation médiatique qui a marqué la conscience d'une génération, ou plus exactement, l'a durablement plongée dans l'inconscience politique. Cette mobilisation ne fut-elle pas plutôt une gigantesque intoxication visant non seulement à propulser Jacques Chirac au score quasi soviétique de 82 % au second tour, mais aussi à «blanchir», dans la perspective des législatives, le Parti socialiste des dérives qui lui étaient reprochées, après le geste sacrificiel de son candidat. Il n'y avait pas de vague Le Pen, comme son score, au deuxième tour, le démontra : il ne dépassa que d'un point celui du premier tour : 18 % au lieu de 17 %. Déjà, en 1995, Jean-Marie Le Pen avait atteint 15,5 % au premier tour de la présidentielle, à peine un point de moins qu'en 2002. La « vague Le Pen » a été fantasmée par la « petite gauche » sociale-libérale et mise en scène par ses communicants. À bien y réfléchir, la différence entre Lionel Jospin et Jean-Marie Le Pen, le 21 avril 2002, n'était que de 194 000 voix. Un grain de sable ! Un chiffre infinitésimal par rapport à la masse des électeurs qui n'avaient pas voté (treize millions, soit plus de soixante fois plus !). Comme l'a observé l'historien britannique Perry Anderson (si on ajoute le score des candidats trotskistes et des chasseurs) « près de deux électeurs français sur trois avaient rejeté le consensus rassis qu'on leur resservait[1] ».

Je n'ai jamais pu avoir une explication de vive voix avec Lionel Jospin. Celui-ci prétendit démontrer, dans les colonnes du *Monde*, que j'étais le principal responsable de sa défaite, en s'abritant derrière l'addition des pourcentages de voix dont il aurait été privé par Christiane Taubira et moi-même. Rien de moins démontrable, car tout raisonnement en la matière doit se faire non en pourcentages mais à partir du nombre de voix exprimées et des abstentions. Celles qui s'étaient portées sur mon nom venaient de partout et beaucoup, si je n'avais pas été candidat, seraient allées gonfler la masse impressionnante des abstentionnistes. C'était là le fait majeur : la puissance du dégagisme qui s'était exprimé au détriment des deux candidats institutionnels. Mais l'explication que donnait Lionel Jospin de sa défaite était commode pour lui et son parti. Il leur était plus facile de me transformer en bouc émissaire que de réfléchir aux causes profondes de leur échec.

Il ne semble pas être venu à l'esprit de Lionel Jospin et de ses amis qu'ils n'avaient peut-être pas fait une excellente campagne, ce dont témoigne le film réalisé sur « l'Atelier » où siégeait leur

---

1. Perry Anderson, *La Pensée tiède. Un regard critique sur la culture française*, Seuil, 2003, p. 76.

état-major. Au demeurant le MDC, comme le PRG d'ailleurs, avaient parfaitement le droit de présenter un candidat dès lors qu'ils le faisaient sur une orientation distincte. Or, la rue de Solférino avait bien entendu le moyen d'obtenir de Jean-Michel Baylet, patron du PRG, le retrait de la candidature de Christiane Taubira dont la personnalité volcanique n'était pas vraiment représentative du traditionnel «marais» radical. De même, Daniel Vaillant aurait pu ne pas aider le candidat de la Ligue communiste, Olivier Besancenot, à recueillir ses parrainages pour diminuer le score d'Arlette Laguiller. Il semble avoir échappé à Lionel Jospin que, lui et moi, nous n'étions pas candidats sur la même ligne politique, qu'il s'agisse de l'Europe ou de la politique économique. Or, en démocratie, c'est cela qui compte et il revient aux électeurs d'arbitrer. En fait, le candidat du Parti socialiste a surestimé sa capacité de rassemblement au premier tour et sous-estimé celle de certains de ses concurrents : outre moi-même, Noël Mamère qui dépassa de peu la barre des 5 %, et même celle d'Olivier Besancenot (4,25 % soit un bon million de voix), et de Christiane Taubira (667 000 voix). Lionel Jospin était si sûr de son fait qu'il n'aurait pas sans cela inversé le calendrier des élections présidentielles et législatives. Comme l'a finement observé Perry Anderson : «Jospin, convaincu d'avoir la faveur de l'électorat, fit adopter une prolongation de trois mois de la législature, ce qui, pensait-il, allait lui ouvrir le chemin de l'Élysée. Rarement manipulation constitutionnelle a sauté aussi spectaculairement dans les mains de celui qui l'avait concoctée. Si les élections législatives avaient eu lieu d'abord, la coalition de Jospin les aurait certainement remportées[1].»

En réalité, la «criminalisation» de ma candidature, presque immédiate après le 21 avril, qui contraste si fort avec la placide indifférence médiatique qui a accueilli les scores de Marine Le Pen en 2017 (21 % au premier tour et 33 % au second), permettait surtout d'atteindre un objectif plus subtil : comme l'a reconnu ultérieurement Jean-Christophe Cambadélis, le mythe du 21 avril, monté en épingle par les médias, permettait «la déculpabilisation du PS». Celui-ci se trouvait miraculeusement dispensé de s'interroger sur

---

1. *Ibid.*, p. 75-76.

les causes véritables de sa défaite et sur la profonde erreur que constituait depuis 1983 son orientation sociale-libérale pleinement assumée et rendue visible lors du référendum sur le traité de Maastricht. Ainsi se trouverait-il à nouveau remis en selle pour deux tours de manège... La «rente institutionnelle» dont François Mitterrand l'avait pourvu en 1981 se trouverait ainsi encore une fois prorogée pendant quinze ans... jusqu'en 2017.

À bien y regarder, tous les ingrédients de la mise en turbulence du système, telle qu'elle s'est produite en avril 2017, étaient déjà réunis en 2002 : abstention massive des électeurs témoignant d'un profond désintérêt pour la chose politique, votes protestataires à l'extrême droite ou à l'extrême gauche à peine moins élevés (huit millions de voix aux extrêmes contre treize millions d'abstentions et de bulletins nuls). Mon propre score (1 524 000 voix, soit 5,34 % des suffrages exprimés) témoignait de l'existence d'un courant républicain antisystème déjà puissant. Emmanuel Macron, alors âgé de vingt-quatre ans, ne se cache pas d'avoir fait un passage dans nos rangs. Il n'a pas pu ne pas mesurer la fragilité des partis de système. «Un esprit aiguisé, écrit l'historien britannique Perry Anderson, pouvait percevoir sur les bords de la Seine ce qui outre-Manche s'imposait comme une évidence : le trait saillant [de l'élection présidentielle de 2002] est la profondeur de l'antipathie que la population éprouvait pour toute la classe politique[1].»

Le vote des classes populaires s'était largement détourné du candidat socialiste : 13 % des ouvriers et des employés seulement avaient voté Lionel Jospin le 21 avril. Cette désaffection croissante de l'électorat populaire vis-à-vis des «partis de système» installés depuis des décennies comme partis de gouvernement, et notamment vis-à-vis du Parti socialiste, est la vraie cause de la mise en turbulence du système qui s'est produite, quinze ans plus tard, en 2017 mais dont on pouvait voir venir les prodromes depuis longtemps. Dès 2002, il suffisait de faire le total des voix au premier tour pour observer que même avec ma candidature et celle des candidats d'extrême gauche, le total de la gauche, au sens le plus large, n'atteignait que 42 % des suffrages exprimés. Si lors d'un

---

1. *Ibid.*, p. 76.

deuxième tour, un duel avait dû opposer Lionel Jospin et Jacques Chirac, celui-ci aurait eu une bonne marge d'avance. Les sondages sortis des urnes relevés par Jean-Luc Parodi et Jérôme Jaffré donnaient au deuxième tour 54 % des voix à Jacques Chirac et 46 % à Lionel Jospin, dans l'hypothèse d'un duel entre les deux candidats institutionnels. Ce n'est donc pas moi, comme la fable en a été immédiatement imposée par la gauche bien-pensante, qui ai privé Lionel Jospin d'une victoire qui était devenue hors de sa portée. Mais il fallait un coupable. Comme je l'ai dit, une partie de l'électorat socialiste me diabolisa d'autant plus vite que Lionel Jospin, certes meurtri et auquel sa décision quasi instantanée de retrait de la vie politique valait une large compassion, céda à la facilité de m'imputer sa défaite. Or, si je n'avais pas cru à ses chances, c'était pour des raisons essentiellement politiques et nullement personnelles. C'étaient deux lignes politiques qui s'opposaient à travers nos deux candidatures. Tout cela passa à la trappe. La fable du 21 avril sur la poussée lepéniste et le mythe subséquent du «vote utile» furent des sommets de dépolitisation. C'est ainsi que je fus battu à Belfort aux élections législatives où je me présentai en juin 2002 par la conjonction des voix de la droite et d'une partie non négligeable de l'électorat socialiste (environ quatre mille électeurs). J'ai été, à vrai dire, moins atteint par ma défaite que par celle de mes amis et par la campagne d'opinion, qui ébranla beaucoup de gens sincères mais peu politiques. Et tout cela pour un grain de sable !

Personne parmi les acteurs et les observateurs de la vie politique n'avait imaginé un seul instant que Jean-Marie Le Pen se retrouverait au second tour de l'élection présidentielle mais de cet aléa, j'étais rendu responsable. C'était une façon de me dénier le droit d'être à nouveau candidat pour défendre une «autre politique». Le Parti socialiste sauta à pieds joints sur l'occasion qu'il avait de me sortir du jeu. C'est donc armé de mes seules certitudes que je dus affronter les conséquences d'un «krach civique» que j'avais vu venir depuis plus de dix ans[1]. Je me sentis surtout malheureux de la défaite de mes amis écrasés par la conjonction de la droite et du

---

1. Cf. *Une certaine idée de la République m'amène à...*, *op. cit.*, chapitre III, «La déconstruction républicaine», p. 199-213.

Parti socialiste, tels Michel Suchod en Dordogne et Georges Sarre lui-même dans le 11ᵉ arrondissement de Paris. Alors que j'avais voulu porter haut le drapeau de nos convictions communes, je finissais par me sentir coupable de leur déroute, sentiment que ne m'aidait pas à surmonter la défection en rase campagne de certains de mes anciens amis passés au PS avec armes et bagages pour préserver leur réélection.

Bref, c'était la curée. Tout se passait comme si les idées pour lesquelles nous nous étions battus s'étaient volatilisées ! À l'été 2002, un moment de désespoir me traversa : jamais, armé de mon seul courage, je ne pourrais remonter la vague d'opprobre qu'une campagne de stigmatisation bien conduite attachait à mon nom, comme celui qui aurait empêché Lionel Jospin d'être présent au second tour, et bien sûr, d'être élu ! Surtout s'ils sont sincères, on ne peut pas dissuader des millions de gens de prendre leurs rêves pour des réalités ! Pour la première fois, je doutai, car j'avais voulu ouvrir un chemin en me portant candidat, et ce chemin s'était refermé, apparemment sans espoir.

Si je surmontai ce moment de désespoir ce fut grâce à quelques amis qui surent me convaincre qu'il me faudrait certes beaucoup de temps pour remonter la pente et par conséquent beaucoup de courage et de persévérance mais qu'il n'y avait pas d'autre voie digne : après tout, à l'échelle du corps électoral tout entier, les «jospinistes» pur sucre ne pesaient pas très lourd ! Avec le temps, la vérité se ferait jour et je pourrais exercer un rôle d'influence utile au pays. J'avais heureusement lu les stoïciens. Ils m'avaient appris à distinguer ce qui, dans la vie, dépend de moi et ce qui n'en dépend pas. À soixante-trois ans, je devrais penser autrement mon rapport à la politique. Je savais aussi au fond de moi-même qu'une fois passée la déferlante des mensonges et de la bassesse, le combat politique, dans toute sa noblesse, reprendrait ses droits. Je ne reniais rien de mes idées car je n'oubliais pas de quelle farine était fait le «socialisme» de mes contempteurs qui voulaient me faire porter le chapeau de la décomposition de la gauche. En voulant faire turbuler le système pour ouvrir une alternative au néolibéralisme, maquillé aux couleurs de l'Europe, j'avais ouvert une voie qui, d'une manière ou d'une autre, ne se refermerait pas.

16

Résister

Je ne connais qu'une manière de résister : c'est de combattre. Il me fallait aussi vite que possible «remonter à cheval», car plus que jamais je croyais à mes grilles d'analyse du monde. L'Irak dont le sort m'affligeait, et contre lequel les États-Unis commençaient à masser leurs troupes, m'en fournit la première occasion. Dès septembre 2002, je demandai à voir Jacques Chirac pour l'entretenir de la position de la France concernant ce conflit menaçant : il apparaissait déjà qu'en attaquant l'Irak, les États-Unis, sous l'influence des néoconservateurs, allaient commettre un énorme contresens historique qui les enliserait durablement dans les profondeurs du monde musulman.

Était-il possible de les retenir ? Jacques Chirac me reçut sans attendre. Je n'avais pas grand-chose à lui apprendre. Il connaissait parfaitement l'Irak et savait de bonne source que les États-Unis commençaient à réunir leurs forces, avec le dessein de «finir le job» entamé par George Bush père douze ans plus tôt. J'ai encore dans l'oreille le propos de Jacques Chirac : «Je ne connais pas à Bagdad le nom du général sunnite qui pourrait remplacer Saddam Hussein.» Le président de la République percevait clairement l'immense danger qui résulterait d'abord pour le peuple irakien, mais aussi pour l'Occident et pour le monde, de la destruction de ce «grand Liban» qu'est l'Irak et de son État. Il m'assura, dès septembre 2002, qu'il n'associerait pas la France à cette folle entreprise. Et il tint parole. Encore aujourd'hui je lui en sais gré.

Bien entendu, tous les chiraquiens n'étaient pas sur cette ligne, mais autour du Président, un noyau d'hommes courageux qui partageaient sa vision ont tenu bon, parmi lesquels j'ai appris à connaître et à apprécier Jean-Marc de La Sablière, conseiller diplomatique du Président, puis ambassadeur au Conseil de sécurité de l'ONU, ainsi que Dominique de Villepin, ministre des Affaires étrangères. Celui-ci m'a raconté comment, dans l'avion qui l'emmenait à New York, il avait entièrement réécrit le projet d'intervention que lui avaient préparé les services du Quai d'Orsay. Chacun se souvient du grand moment que fut le discours au Conseil de sécurité de notre emblématique ministre des Affaires étrangères. Sans rien enlever à son mérite, il faut cependant souligner que la responsabilité politique de cette affaire a entièrement reposé sur la détermination de Jacques Chirac qui, il est vrai, s'agissant de l'Irak, savait de quoi il parlait, à la différence des autres dirigeants occidentaux, confits dans le préjugé et une répugnante bonne conscience. Même si elle n'a pu l'empêcher, la France a au moins refusé de cautionner cette guerre, encore plus déstabilisatrice que la précédente guerre du Golfe, dont elle n'était d'ailleurs que le prolongement. Pour ma part, je fis de mon mieux pour alerter et mobiliser l'opinion publique. En m'engageant dans ce combat où je rencontrai même, à l'occasion d'une manifestation, des socialistes comme Henri Emmanuelli, je retrouvais aussi le fil d'un engagement pour moi essentiel.

J'organisai ainsi, le 1er mars 2003, dans le cadre du club République moderne, avec le précieux concours de Sami Naïr et de Jean-Yves Autexier, un colloque intitulé «Les États-Unis et le reste du monde», une réflexion approfondie sur les limites de l'Hyperpuissance, à la veille de la prise de Bagdad.

Ce colloque réunissait un plateau prestigieux que Sami Naïr, qui présidait le groupe Machrek au Parlement européen, m'avait aidé à réunir : du côté français la fine fleur de l'intelligentsia autour de Régis Debray, Hubert Védrine et Jean-François Poncet, tous deux anciens ministres des Affaires étrangères, et deux de nos anciens ambassadeurs à New York et à Washington, MM. Dejammet et Bujon de l'Estang; du côté américain Simon Malley, ancien conseiller de Bill Clinton pour le Moyen-Orient et l'historien Immanuel Wallerstein, Georges Corm, ancien ministre libanais des Finances; pour Israël son ancien ministre des Affaires étrangères,

Shlomo Ben Ami, l'ancien ministre des Affaires étrangères espagnol Fernando Moran, le dirigeant communiste italien Fausto Bertinotti, Francis Wurtz pour le Parti communiste français et quelques intellectuels venus d'Allemagne, de Russie, de Chine, bref le gratin de ce qu'on pouvait réunir à ce moment-là sur un sujet qui concentrait l'attention du monde et en disait long sur l'hubris de l'Hyperpuissance.

Toutes les données du débat sur l'unipolarité ou la multipolarité du monde étaient sur la table. L'erreur dans laquelle les États-Unis de George Bush allaient s'engouffrer, l'enlisement au Moyen-Orient, était clairement diagnostiquée. Organisé dans le cadre de République moderne, le club que j'avais créé en 1983 pour procéder à l'aggiornamento républicain de la gauche, mais désormais centre de réflexion généraliste, ce colloque préfigura ceux que la fondation Res Publica, reconnue d'utilité publique en décembre 2005, organiserait jusqu'à aujourd'hui pour préciser les voies d'une «refondation républicaine» dans le monde. Jean-Yves Autexier, qui fut et reste mon conseiller politique, et Alain Dejammet qui est mon ami depuis soixante ans m'ont été d'une aide irremplaçable pour monter cette fondation de recherches indépendante de tout parti politique et que nous avons voulu préserver de toute grille de lecture préconçue. Dejammet, qui en préside le Conseil scientifique, a été notre ambassadeur à l'ONU dans les années 1990. «C'est notre meilleur ambassadeur», m'a dit de lui un jour Jacques Chirac. Véritable bourreau de travail, religionnaire du service public, d'une intégrité qui ne peut guère se comparer qu'à celle du général de Gaulle, immensément cultivé, d'un humour discret mais ne se relâchant point, Alain est de surcroît un écrivain hors pair. Il a consacré un maître-livre à Paul-Louis Courier et dans le portrait qu'il a fait de Boutros Boutros-Ghali, il nous a donné la meilleure description de l'Égypte entre les deux guerres. Il est vrai qu'il y a été longtemps ambassadeur, comme à New York d'ailleurs où il a représenté la France au Conseil de sécurité. J'ai fait mes classes avec Dejammet à Belfort au 35e régiment d'infanterie. C'est là où nous nous sommes connus. Nous nous sommes retrouvés à Cherchell, puis dans les SAS, et enfin à l'ENA. Je ne connais pas de jugement plus sûr que le sien ni, j'ajoute, d'ami plus fidèle.

J'ai d'ailleurs eu beaucoup de chance, tout au long de ma vie, de rencontrer des personnalités extraordinaires auxquelles je dois beaucoup. On parle quelquefois du « chevènementisme ». Je crois surtout en la force de l'amitié désintéressée dont je suis redevable à beaucoup.

Remonter à cheval n'était pas un programme mais c'était mon instinct. Un grain de sable, le 21 avril, m'avait fait trébucher, mais c'était, à mes yeux, un accident de parcours. Il ne remettait en rien en cause les combats de fond qui structuraient depuis deux décennies mon engagement contre l'installation d'un capitalisme financier dérégulé et mondialisé, dont l'avidité était le seul principe et contre l'Europe de Maastricht, mal pensée, mal foutue et grosse de déséquilibres de toute nature. Il me suffisait donc de reprendre le fil des combats autour desquels j'avais construit mon action politique. Enfin et surtout la lutte continuait pour la République et pour la France, dont je n'oubliais pas qu'elle comportait un petit coin, Belfort, où je me sentais chez moi et où j'entendais bien garder le dernier mot.

Pour des raisons qui tiennent à mes engagements de jeunesse et à ma conception collective de l'action politique, je n'avais pas calibré ma carrière pour me faire élire président de la République, mais pour influer durablement sur l'orientation de la vie politique française. Je n'ai donc pas été démoli par le résultat de l'élection présidentielle. Je le dois aux amis dont l'affection m'a entouré dans ce moment difficile et, au-delà, au fait que j'avais pris conscience de la sphère d'influence que je m'étais constituée et qui me valait de fortes sympathies sur les deux rives de l'arc républicain.

J'entendais pouvoir continuer à intervenir, à la marge, pour faire pencher la balance aux moments décisifs dans le sens de ce qui me paraissait être l'intérêt supérieur du pays. Était-il possible, et à quelles conditions, d'exercer une telle magistrature d'influence ?

Certes le monde, en 2002, avait changé depuis le congrès d'Épinay. L'Hyperpuissance triomphait aujourd'hui insolemment. Fukuyama, dès 1992, avait théorisé la « fin de l'Histoire », c'est-à-dire le triomphe définitif de la démocratie, du marché et de l'Empire américain. Était-ce crédible?

Pour ma part, je n'avais jamais participé aux illusions libérales-libertaires et pas davantage aux rodomontades d'Alain Minc et de son «cercle de la raison» sur la «mondialisation heureuse» et sur «l'Europe, petit coin de paradis». J'avais vu la désindustrialisation de la France en marche dès 1983. Derrière la constitutionnalisation des traités européens, je discernais sans peine la volonté des oligarchies de l'Argent de soustraire définitivement aux peuples la capacité de décider de leur destin. Enfin, je ne croyais pas au triomphe durable de l'Hyperpuissance du fait non de la menace terroriste, mais surtout de la montée de la Chine à l'horizon.

Dès mai 1990, devant l'IHEDN (Institut des hautes études de défense nationale)[1], j'avais, comme ministre de la Défense, soutenu l'idée que «l'Histoire continue», à l'encontre d'une classe politique alors pressée d'encaisser «les dividendes de la paix». Le déclin de l'Empire américain, pronostiqué en 1987 par l'historien Paul Kennedy, traçait bien à mes yeux, même après la fin de l'Union soviétique, la ligne d'horizon du prochain siècle. Il faudrait en effet de plus en plus compter avec la Chine qu'après Tienanmen, Deng Xiaoping avait reprise en main et où je m'étais rendu en 1992. Et certes, même dix fois moins peuplée, il faudrait aussi à nouveau compter avec la Russie de Vladimir Poutine dont j'avais fait la connaissance en 1999, alors qu'il n'était encore que Premier ministre, au début de la seconde guerre de Tchétchénie, et que j'apprendrais à connaître mieux à travers la mission de représentant spécial pour la Fédération de Russie qui me fut confiée par la suite.

La construction européenne, pensée comme un simple marché, en dehors des nations et de la démocratie, m'a toujours paru mal armée pour affronter les défis du futur. La dimension stratégique lui a toujours manqué. Le projet de traité constitutionnel s'était élaboré en dehors des réalités. Je doutais que «la fuite dans le Meccano institutionnel» (ainsi la création d'un ministre européen des Affaires étrangères rebaptisé «Haut Représentant») fût une réponse adaptée à la réalité d'un monde multipolaire.

---

1. Cf. *Passion de la France, op. cit.*, p. 922.

J'avais suivi à la trace l'élaboration de ce projet de traité par la Convention présidée par Valéry Giscard d'Estaing. Je pris une part active à la campagne pour le « non », quand Jacques Chirac soumit le projet au référendum le 29 mai 2005. J'allai le voir peu après qu'il eut pris cette initiative pour lui faire part de ma position de fond. Il la connaissait. Il me déclara la comprendre « puisque telles sont vos convictions ». Il le regrettait et moi aussi, car j'avais acquis pour lui sympathie et respect. Le « non » l'emporta par 55 % des voix, le 29 mai 2005, illustrant le fossé qui s'était creusé entre l'Europe de Maastricht et le sentiment populaire. Nicolas Sarkozy, pendant la campagne présidentielle de 2007, suggéra un « bref traité » qui se substituerait à celui que le peuple avait rejeté, mais Angela Merkel imposa la reprise de la substance du projet de traité constitutionnel, c'est-à-dire en fait le texte rejeté par référendum. Ce quasi-diktat fut mis à exécution par le biais d'une révision constitutionnelle opérée par un congrès réuni à Versailles, à l'automne 2008. La majorité des deux tiers étant requise, ce n'était possible que par l'accord des deux partis de système et plus précisément de Nicolas Sarkozy et de François Hollande. C'est ainsi que fut adopté le traité de Lisbonne, formidable déni de démocratie à l'égard des 55 % des Français qui avaient voté « non » mais aussi à l'égard des autres citoyens. De ce jour, et quoi qu'on puisse faire dire aux sondages, la construction européenne à la sauce néolibérale a été frappée d'illégitimité aux yeux du peuple français. Le dégagisme a puisé un nouvel élan dans ce déni de démocratie. L'Europe a, par ses exigences en matière de concurrence, aggravé la crise des services publics. Elle empêche, au nom d'un dogme, toute politique industrielle. Elle révèle son impuissance, ainsi en matière de politique énergétique où l'*Energiewende* (le tournant énergétique) opéré par l'Allemagne en 2011 entraîne des déséquilibres majeurs : la conjugaison de la promotion à tout-va d'énergies intermittentes et de la sortie du nucléaire fait que l'Allemagne rejette huit fois plus de gaz à effet de serre que la France tandis que les ménages allemands acquittent une facture d'électricité deux fois supérieure !

2008 fut aussi l'année où éclata la grande crise systémique du capitalisme financier mondialisé que j'avais anticipée dès 2001, dans mon discours de Vincennes : « Les marchés financiers ne sont pas l'horizon de l'Humanité » ; et plus encore ma critique de « la maximisation de la valeur pour l'actionnaire » devant un parterre tout acquis de petits et moyens entrepreneurs à l'université d'été du MEDEF réunie à Jouy-en-Josas le 29 août 2001. La crise des subprimes mit en valeur la dévalorisation du travail salarié dans les anciens pays industriels et le caractère éminemment dangereux d'un endettement spéculatif des ménages et des banques.

2008 est un tournant : il oblige le système à réagir en recourant à des solutions qui sont aux antipodes des recettes du néolibéralisme : rachat de dettes par l'État, ainsi le plan Paulson aux États-Unis, plans de relance budgétaire et création monétaire par les Banques centrales. À noter la résistance de l'Allemagne à ces remèdes : elle impose en 2009 sa règle d'or (c'est-à-dire la suppression progressive du déficit budgétaire), et au reste de l'Europe son pacte budgétaire européen de 2012, dit TSCG (traité sur la stabilité, la coordination et la gouvernance), bref son ordolibéralisme. En résulte une « longue récession » (2010-2017) qui plombe la croissance européenne à la moitié de celle des États-Unis et frappe particulièrement les pays de l'Europe du Sud. La crise de la zone euro a mis en lumière les contradictions internes de la monnaie unique et la myopie des règles imposées à la Banque centrale que j'avais dénoncées dès la conclusion du traité de Maastricht (absence de prise en considération de l'emploi dans les statuts de la Banque centrale européenne, par exemple).

Dans tous ces débats, je n'ai cessé de mettre mon grain de sel : j'avais ainsi suggéré la modification des statuts de la BCE (accords MRC[1]-PS de 2006) à Ségolène Royal qui, malheureusement, recula devant la bronca des délégués du PSE (Parti socialiste européen) réunis à Porto au début de 2007 quand elle leur fit part de sa proposition. J'eus plus de chance avec Nicolas Sarkozy qui me téléphona, à Belle-Île à l'été 2011, pour me dire qu'il reprenait à son compte l'idée dont je lui avais fait part de faire racheter par la

---

1. Mouvement républicain et citoyen.

BCE les titres de dette émis par les États impécunieux comme l'Italie, l'Espagne, le Portugal ou la Grèce. Sur le pas de la porte de la maison de vacances que j'avais prise en location, j'avais invité à prendre l'apéritif Max Gallo et Régis Debray, très étonnés qu'un tel échange pût avoir lieu.

Il a fallu le remplacement en 2011 de Jean-Claude Trichet, aligné sur les positions allemandes, par Mario Draghi pour que la BCE rachète indirectement les obligations publiques émises par les États, à commencer par les plus endettés, et sauve les banques par une politique de création monétaire de plus en plus ouverte (*quantitative easing*). Encore faut-il remarquer que cette politique n'a été mise en œuvre qu'avec cinq ans de retard sur les États-Unis. A-t-elle «sauvé l'euro»? Rien n'est moins sûr. Elle n'embraye guère sur l'économie mais elle a montré qu'une volonté politique indépendante et distincte de celle de l'Allemagne pouvait s'exercer à la tête de la Banque centrale européenne. Christine Lagarde, nouvelle présidente de la BCE, saura-t-elle affiner les instruments de la politique monétaire, de telle sorte qu'ils exercent un effet d'entraînement sur l'économie? L'Allemagne a fait de l'Europe ce que Wolfgang Streeck appelle un «empire libéral hiérarchisé». Elle a imposé à tous les autres États ses choix : austérité budgétaire en 2010-2012, sortie du nucléaire et «tournant énergétique» en 2011, mise au pas des pays récalcitrants de la zone euro (Grèce en 2015), abandon de son *Ostpolitik* traditionnelle vis-à-vis de la Russie (2014), ouverture non maîtrisée aux flux des réfugiés en 2015 d'où ont résulté, en 2017, la poussée de l'AFD (Alternative für Deutschland) et la moindre gouvernabilité du pays. Une seule exception à ce leadership allemand généralisé : le domaine de la politique monétaire où le dogme de l'indépendance de la Banque centrale européenne s'est retourné contre l'intention de ceux qui l'avaient imposé à l'époque, derrière Karl Otto Pöhl qui présidait encore la Bundesbank. Pied-de-nez de l'Histoire...

Dans l'ordre international, l'élection d'Obama en 2008 était un cinglant désaveu de la politique des Bush père et fils. Fraîchement élu sénateur, j'étais présent à New York ce jour-là. Quelle joie ce fut d'apprendre le résultat diffusé sur grand écran sur la Cinquième

Avenue! Tout cela donnait sens à mon combat, si souvent solitaire. L'élection d'Obama entraîna une réorientation profonde de la politique américaine vis-à-vis du monde arabo-musulman. Comme jadis au Vietnam, ce fut l'option du retrait qui prévalut en Irak, mais dans des conditions trop précipitées, ouvrant ainsi la voie à des conflits sectaires et à l'instauration d'un «califat islamique» qu'il fallut réduire à nouveau. La politique de dégagement ne connut pas meilleure fortune en Afghanistan. Dans ce pays, les États-Unis payent à retardement la facture de leur soutien aux moudjahidines islamistes depuis les années 1980. Rompant avec la thématique musclée des néocons (l'exportation par les armes de la démocratie), Obama, dans son discours du Caire (2009), voulut y substituer une version douce de soutien à la démocratie dans les pays musulmans. L'écho des Printemps arabes lui répondit et d'abord en Tunisie et en Égypte, vite rattrapé par l'envol des islamismes et par l'hiver des répressions. Les États-Unis avaient sonné prématurément l'heure de la retraite. Prisonniers de leurs alliances avec les régimes les plus réactionnaires, ils en vinrent à soutenir, contre ce qui restait des régimes nationalistes arabes et contre l'Iran chiite, les islamistes dits «modérés» en réalité souvent proches des radicaux d'Al-Qaïda. Au nom du *lead from behind* (tirer les ficelles par-derrière), les États-Unis pensaient instrumentaliser leurs alliés locaux ou régionaux. Au fond, depuis la guerre du Golfe, rien n'avait fondamentalement changé : l'Occident jouait toujours la carte de l'islamisme prétendument modéré au prétexte de la stabilité. J'adjurai, de la tribune du Sénat en septembre 2013, notre ministre des Affaires étrangères, Laurent Fabius, de ne pas se situer «à l'ouest de l'Ouest», en choisissant de frapper le régime de Damas plutôt que les groupes rebelles affiliés à Al-Qaïda. Ainsi, plus de vingt ans après la guerre du Golfe, nous restions prisonniers des mêmes alliances et des mêmes grilles de lecture obsolètes. Attitude d'autant plus incompréhensible que le djihadisme, à partir de 2012, nous frappait désormais à domicile et que les États-Unis jouaient de plus en plus leur propre jeu, en Syrie, puis en Iran, en piétinant allègrement nos intérêts.

En vain argumentai-je que nous avions plus d'intérêts communs au Moyen-Orient avec la Russie qu'avec les rebelles de Jabhat al-Nosra inféodés à Al-Qaïda dont Laurent Fabius persistait à dire qu'«ils faisaient du bon boulot» contre le gouvernement de Damas... Aujourd'hui, trente ans après la guerre du Golfe et vingt ans après que George Bush junior eut déclaré, au lendemain du 11 septembre 2001, sa «grande guerre contre le terrorisme», les États-Unis se désengagent du Moyen-Orient. On attend toujours l'aggiornamento de la politique française !

Je ne me suis jamais désintéressé du Moyen-Orient où j'ai fait plusieurs voyages, en Égypte, bien sûr, mais aussi en Turquie, au Liban, en Syrie (en 2005), en Iran (en 2005 et 2014) car l'Europe et la France devront bien s'y réinvestir un jour pour leur compte propre... La stabilisation de cette région, jadis mère des grandes civilisations, et appelée à redevenir, un jour, un des foyers du progrès de l'Humanité, va de pair avec le souci de la paix et de la prospérité de l'Europe.

On remarquera que les thèmes que j'avais développés pendant la campagne des présidentielles de 2002 ont, dès 2003, repris le dessus et n'ont pas cessé de structurer depuis lors le débat politique :

– L'Irak, naturellement, et le rebond de l'islamisme radical que l'invasion américaine et le sectarisme chiite des gouvernements de Bagdad ont suscité dans les provinces sunnites de l'Ouest irakien (djihad d'Al-Zarkaoui, puis Daech).

– La contestation de l'hyperpuissance américaine au nom de l'indépendance nationale et européenne et la formation temporaire d'un «axe de la paix» Paris-Berlin-Moscou.

– La prise de conscience dans l'opinion publique d'une identité stratégique européenne distincte de celle des États-Unis.

– Et, bien entendu, la crise du capitalisme financier mondialisé et celle de l'Europe maastrichtienne, plombée par une stagnation de longue durée.

De même au plan intérieur, les réformes de grande portée que j'avais lancées pour maintenir la cohésion de la société française et «l'espace du commun» revenaient au centre du débat public.

Ainsi, la police de proximité, remise en cause dès 2003 par Nicolas Sarkozy. Celui-ci révoqua Jean-Pierre Havrin, ancien membre de mon cabinet, que j'avais nommé directeur de la sécurité

433

publique en Haute-Garonne, au prétexte que « les policiers ont mieux à faire que de jouer au football avec les gamins des cités ». Cette vision caricaturale de la réforme que j'avais mise sur les rails s'accompagnait de l'apologie, passablement démagogique, de la culture du « face-à-face », alors que les équipes de « saute-dessus » des BAC ne sont qu'une réponse nécessaire mais complémentaire au travail de fond, à base de renseignement, qui s'impose pour faire face à la violence et au trafic, hélas trop répandus dans les cités. Cette suspension de la police de proximité a préparé le terrain à l'explosion des violences urbaines de 2005, nouveau cran franchi dans l'éloignement des îles qui composent aujourd'hui « l'archipel français ».

De même la transformation étymologique des CODAC (Commissions départementales d'accès à la citoyenneté) destinées à promouvoir dans les administrations et les entreprises un recrutement « à l'image de la population », en COPEC[1] laissait pressentir la dégradation de la mission de ces commissions dans l'échelle des priorités, avant leur mise en sommeil.

À l'école, il fallait freiner les initiatives pédagogistes récurrentes : ainsi la promotion au collège de programmes interdisciplinaires, alors même que la maîtrise des disciplines n'était plus assurée.

Au plan de l'organisation territoriale enfin, il me fallut combattre, à la tribune du Sénat, la déformation de l'intercommunalité souple que j'avais voulu instituer en 1999. En 2014, François Hollande fit relever de cinq mille habitants à quinze mille le plancher de population nécessaire à la constitution d'intercommunalités. Le nombre de celles-ci fut divisé par deux : 1 250 au lieu de 2 600. Aux coopératives de communes où les maires maîtrisaient le processus de décision, on substituait inévitablement un maillage hiérarchisé où les technocrates – directeurs généraux et ingénieurs – avaient par la force des choses le dernier mot sur les élus. Je ne connais aucun pays d'Europe occidentale qui soit allé aussi loin dans la réduction des libertés locales. Le professeur Gérard Dumont a résumé la philosophie de ces réformes territoriales qui n'étaient faites que pour complaire à Bruxelles : *Big is beautiful*. Comment faire travailler

---

1. Commissions pour l'égalité des chances.

démocratiquement des intercommunalités de plus de cinquante, voire cent communes?

Bref, je devais ferrailler constamment contre les initiatives mal pensées (grandes intercommunalités, métropoles semées à tout vent, trop grandes régions, etc.) qui, toutes, avaient en commun d'éloigner les centres de décision des citoyens.

Je maintenais ainsi dans le débat public les idées que j'avais voulu faire vivre soit au gouvernement soit pendant la campagne présidentielle. Ainsi me remettais-je en jambes, par l'exercice d'une critique raisonnée, dans tous les domaines que, par l'exercice de responsabilités variées, je connaissais bien.

Ma prise de distance obligée (je ne revins au Parlement qu'en 2008) ne m'empêchait pas d'intervenir par le livre et dans les médias. Rares étaient ceux qui, en 2002, avaient pris conscience de la portée idéologique de ma défaite : le PS, pendant encore quinze ans, allait pouvoir continuer «comme avant».

Régis et Isabelle Debray me montrèrent une amitié dont je leur reste reconnaissant. Je dois beaucoup aussi à Claude Durand. Le grand éditeur que je connaissais depuis 1969 quand il a publié, au Seuil, sous le pseudonyme de Jacques Mandrin, *Socialisme ou social-médiocratie* et qui a surtout fait connaître en France Alexandre Soljenitsyne et Ismaïl Kadaré, avait tout compris. Il m'offrit de publier chez Fayard *Défis républicains*. Ce livre, de plus de six cents pages, écrit à chaud, m'a permis de restituer tout son sens à mon engagement républicain, mais c'était il y a quinze ans, avant la crise à partir de 2008 du système néolibéral.

Je devais aussi, après 2002, me préoccuper de mes amis et les aider à se remettre en selle, malgré l'hostilité persistante de certaines fédérations socialistes à leur égard.

Courageusement, au lendemain de la déroute des législatives de juin 2002, les rescapés du pôle républicain organisèrent dans la ville dont Christian Hutin était maire et toujours député, à Saint-Pol-sur-Mer, en janvier 2003, un congrès qui donna naissance au MRC. Ce parti maintint vaillamment jusqu'en 2015 la ligne du pôle républicain, tout en permettant la réélection des élus locaux qui nous restaient, et à l'Assemblée nationale le maintien d'un brelan de députés : ainsi en 2012 Marie-Françoise Bechtel, jeune agrégée de philosophie, admise à l'ENA par le concours interne, entrée à mon cabinet dès 1985 et qui, après être devenue la première femme à diriger l'ENA, vice-préside aujourd'hui la fondation Res Publica et anime l'Institut républicain du service public. Sa vaste culture, son intelligence politique aiguisée par son compagnonnage avec Jean Kahn, juriste éminent et républicain de haut vol, la prédisposent à assurer pour l'avenir, et avec quelques autres, l'héritage intellectuel et politique de notre combat. Parmi les députés du Mouvement républicain et citoyen élus en 2012, je ne saurais oublier le roc qu'était à Dunkerque Christian Hutin ni Jean-Luc Laurent, longtemps maire du Kremlin-Bicêtre et pilier du MRC.

D'autres, jeunes et talentueux comme Julien Landfried, ont frôlé l'élection mais le « système » ne favorisait pas – c'est le moins qu'on puisse dire – l'élection de députés qui affichaient une dissidence de fond. Bien que je me sois toujours fait un devoir de ne jamais oublier mes amis, je ne pouvais plus leur garantir, après 2002, la protection que je leur assurais au temps du CERES rugissant.

Belfort aussi, et peut-être surtout, m'a permis de résister.

Ce fut pour moi une grande chance de pouvoir me réinvestir à fond dans ma ville au lendemain de l'élection présidentielle de 2002. Il ne me restait plus que deux mandats locaux, celui de maire de Belfort et celui de président de la Communauté d'agglomération belfortaine. Mon ami Jean-Luc Gary qui dirigeait mon cabinet et ma secrétaire particulière à Belfort, Brigitte El Khelifi, firent merveille pour tenir à bout de gaffe les successeurs trop pressés, socialistes ou autres. Mais il y avait de quoi faire !

Deux priorités s'imposaient à moi : il me fallait structurer dans les faits la Communauté de l'agglomération belfortaine (CAB) qui avait remplacé le District depuis le 1er janvier 2000, et surtout dans l'immédiat, il me fallait sauver Alstom que le rachat inconsidéré, en 1999, des turbines suisses d'ABB avait mis au bord de la faillite.

Les turbines rachetées à ABB en 1999 ne marchaient pas. À l'occasion d'une de mes visites à Jacques Chirac, je lui dis : « Gerhard Schröder ne laisserait pas disparaître Siemens. Vous ne pouvez pas laisser disparaître Alstom ! » Jacques Chirac a aussitôt convoqué dans son bureau le secrétaire général adjoint aux affaires économiques, Jean-Pierre Denis. Celui-ci réunit les soixante banques créancières pour qu'elles se portent caution. L'État monta au capital à hauteur de un milliard d'euros. Je fus par ailleurs très aidé par la mobilisation des forces vives du Territoire, autour de Christian Proust notamment, encore président du conseil général à cette date, avant que les socialistes ne l'évincent à son tour, en 2004, de sa présidence, au profit d'une beaucoup plus petite pointure. Il n'y avait pas de quartier pour ce qu'on appelait encore, localement, « le CERES ».

De son efficacité chaleureuse sur le dossier Alstom, je reste reconnaissant à Jacques Chirac. L'émotion populaire qui a suivi la mort de ce géant généreux me touche. Il a su incarner la France vis-à-vis du monde, mais aussi aller au-devant des simples gens. Il les a aimés et ils le lui ont rendu. Je n'ai pas partagé tous les choix politiques de Jacques Chirac mais cette capacité de se mettre à la place d'un maire éprouvé dans sa ville, et donc un peu dans sa chair, et cette conscience de défendre à travers une industrie stratégique comme l'électromécanique un intérêt français, n'appartenaient qu'à lui. Le ministre de l'Économie, Francis Mer, avait oublié de prévenir le commissaire européen à la Concurrence, Mario Monti, de la montée de l'État au capital d'Alstom. Mais le ministre de l'Économie et des Finances qui lui succéda, Nicolas Sarkozy, sut arranger l'affaire au mieux pour les intérêts de Belfort et de l'industrie française, Alstom ayant quand même été contraint de céder à un investisseur étranger les chantiers navals de Saint-Nazaire. Étrange logique ! Trois ans après, l'État revendit sa participation à Bouygues, avec un substantiel bénéfice. De nouvelles difficultés en surgiraient...

Reste que Nicolas Sarkozy a mené à bonne fin l'initiative qu'avait prise Jacques Chirac. Ce n'est pas si fréquent et je lui en reste à lui aussi reconnaissant. Sans lui et son directeur de cabinet de l'époque, Claude Guéant, ancien préfet de Franche-Comté, ni Alstom ni le site de Belfort n'auraient été préservés.

J'ai bien connu les cinq derniers présidents de la République. L'intérêt qu'ils portent au tissu industriel et à la vie des territoires est un critère assez sûr de leur capacité à prendre en compte la souffrance humaine qui fait aussi les hommes d'État. Nicolas Sarkozy, de ce point de vue, et d'ailleurs à d'autres égards, me paraît supporter la comparaison. Face à la crise de 2008, il a été le plus déterminé des chefs d'État en exercice. Il suffit de relire son discours de Toulon. Il est à l'origine du G20 et des plans de relance budgétaire en Europe et dans le monde. Il y avait à cela quelque mérite. Cela ne m'empêche pas de critiquer ses erreurs : par exemple la réintégration par la France de l'organisation militaire de l'OTAN, et surtout l'intervention en Libye.

Le sauvetage d'Alstom ne m'a nullement distrait de mes occupations de maire de Belfort. Je me suis investi, à plein temps, dans l'urbanisme et l'animation culturelle de ma ville et surtout dans la mise sur pied de la Communauté de l'agglomération belfortaine, alors forte de vingt-sept communes et approchant les cent mille habitants. C'était une des applications de la loi de 1999 sur l'intercommunalité et ce fut un chantier passionnant. Dans une agglomération structurée autour d'une ville-centre importante et rayonnant bien au-delà des limites de son petit département (environ cent cinquante mille habitants), l'exercice consistait, à partir des partages de compétences opérés entre les communes et la CAB, à définir les services qui seraient conservés par la ville de Belfort et ceux qui deviendraient communs, ou seraient partagés selon des clés de financement méthodiquement calculées. On imagine difficilement les innombrables réunions et dîners de travail qu'exige cette entreprise herculéenne et pourtant millimétrée, car chaque maire défendait bec et ongles les intérêts de sa commune. Au long de ces séances interminables, une chaude amitié s'établit entre nous, transcendant les clivages de la politique ordinaire. Certains le déploreront. Moi pas. Un peu d'équité permet de résoudre des conflits que l'idéologie rendrait souvent insolubles. Ainsi l'extension d'un plan d'assainissement à un nouveau quartier permet-elle d'obtenir le passage d'une route ou la localisation d'une déchetterie. Mais je le répète, cet esprit coopératif ne peut s'exercer que dans des intercommunalités à taille humaine.

D'autres dossiers tenaient à cœur au maire de Belfort : il me fallait aussi mener à bien les dernières tractations financières qui permettraient l'inauguration, en 2011, du TGV Rhin-Rhône et de la gare de Belfort-Montbéliard-TGV en présence du président de la République, et enfin de regrouper sur un site unique les deux hôpitaux de Belfort et de Montbéliard (quatre mille employés au total). Lançant de multiples chantiers de rénovation urbaine, j'éprouvais ainsi le sentiment de servir mon petit coin de France, tandis que les choses s'éclaircissaient politiquement au niveau national.

Le premier grand débat sur le projet de traité constitutionnel européen, en 2005, divisa profondément le Parti socialiste. Celui-ci croyait pouvoir encaisser tranquillement dans l'opposition les dividendes que ne manqueraient pas de lui valoir une démagogie facile, faite de petites phrases complaisamment relayées par les médias.

Et voilà que Jacques Chirac qui, au lendemain de sa réélection triomphale de 2002, s'était à nouveau laissé phagocyter par le système, prenait une initiative décoiffante : il consultait le peuple français par voie de référendum sur le traité constitutionnel européen ! Sans doute s'était-il senti rassuré par François Hollande dont il faut toujours se rappeler qu'il avait créé sa petite chapelle, les «transcourants», après que Jacques Delors, aux «ides de mars 1983», eut emporté la mise. En bon delorien, il ne pouvait que voter «oui»! L'erreur de Jacques Chirac fut de sous-estimer la puissance du dégagisme qui s'était pourtant exprimé, le 21 avril 2002, et ne l'avait d'ailleurs pas complètement épargné (il n'avait pas fait 20 %!).

Dominique Strauss-Kahn qui se sentait pousser des ailes se prononça naturellement pour le «oui». C'est alors que Laurent Fabius, après une longue hésitation, créa la surprise, en prônant le «non», tout en multipliant les conditions qui lui permettraient, le jour venu, de nuancer sa position. Je n'avais pas attendu sa décision pour prendre moi-même position. Je publiai un petit livre – *Pour l'Europe, votez non !* – et je multipliai les meetings avec le MDC ou quelquefois contradictoires : ainsi à Saint-Quentin avec Xavier Bertrand, maire de la ville, qui m'accueillit jovialement devant une salle pleine à craquer. C'est alors que je mesurai la puissance du «non» : même les soutiens de Xavier Bertrand, visiblement peu convaincus par le projet de Constitution européenne, finissaient par m'applaudir plus que lui! La campagne à la fin s'enflamma. Les réseaux sociaux, pour la première fois dans un débat national, se mirent de la partie. Les sondages se renversèrent en faveur du « non ». Lionel Jospin se crut obligé de sortir de sa retraite pour conjurer les Français de voter « oui ». Il faut croire que cela ne suffit pas, puisque le projet de traité constitutionnel ne recueillit que 45 % d'approbations. Ce verdict fit l'effet d'un coup de tonnerre, tétanisant Jacques Chirac jusqu'à la fin de son quinquennat et semant la discorde au sein du Parti socialiste. François Hollande refusant de faire appel à Lionel Jospin et celui-ci de soutenir le premier secrétaire, comme cela eût paru naturel en temps ordinaire, Ségolène Royal s'engouffra dans la brèche et imposa sa candidature à l'élection présidentielle : fine mouche, elle avait senti le vent du dégagisme. Les militants socialistes aussi qui se donnèrent à elle à près de 60 %. Sans doute tenaient-ils rigueur à Laurent Fabius de son indiscipline et à Dominique Strauss-Kahn de son mauvais choix.

Je ne pouvais pas être à nouveau sérieusement candidat en raison de l'ostracisme dont je faisais l'objet, depuis le 21 avril, de la part du Parti socialiste. Partout celui-ci avait seriné aux maires de gauche le réflexe du « vote utile ». Je n'aurais donc obtenu que les parrainages de la droite et ceux de mes fidèles. Le MRC était l'asile où mes camarades, démâtés au lendemain du 21 avril, avaient trouvé un abri provisoire mais il n'était plus en mesure de recueillir à lui seul cinq cents parrainages.

Je fis donc « comme si », en annonçant ma candidature, mais en ouvrant parallèlement une concertation avec François Hollande et Ségolène Royal. Ségolène tranchait avec le ronron socialiste habituel. Elle n'hésitait pas à prôner des valeurs d'ordre et de patriotisme qui rencontraient un écho certain dans une société que sa fragmentation commençait d'inquiéter. Surtout en se réclamant d'une « démocratie participative », elle captait quelque chose du dégagisme ambiant. Nous décidâmes qu'un accord politique était préférable à un affrontement stérile. Cet accord, âprement discuté avec François Hollande qui craignait de se voir déborder par Ségolène Royal, infiniment plus conciliante, faisait la part belle aux thèses du MRC sur l'Europe, et notamment sur l'élargissement des missions de la Banque centrale européenne. En annexe, le Parti socialiste s'engageait à soutenir aux élections législatives des candidats du MRC dans une dizaine de circonscriptions, dont une moitié était gagnable si Ségolène l'emportait.

J'avais de la sympathie pour Ségolène, belle femme qui ne manquait pas d'audace, mais à laquelle manquait le soutien du Parti socialiste et de ses caciques. Ses chances n'étaient pourtant pas nulles. Car elle suscitait un engouement certain : l'idée qu'une femme puisse être élue présidente de la République séduisait. Le MRC tenait alors sa convention nationale. À la fin de mon discours, j'annonçai le retrait de ma candidature. À l'arrière-scène, un rideau tomba, laissant apparaître Ségolène Royal, souriante. Je la pris dans mes bras comme si elle eût été Cléopâtre et la recommandai chaudement aux congressistes, quelque peu désarçonnés. Je rendis public notre accord. La convention s'y rallia, seuls quelques religionnaires d'un MRC pur et dur s'abstenant.

Comme je l'ai déjà raconté, Ségolène Royal ne crut pas pouvoir tenir les engagements politiques qu'elle avait pris vis-à-vis de nous sur l'Europe. Elle voulait éviter un clash avec le PSE et elle avait aussi – faut-il le dire ? – d'autres «conseilleurs». Je garde surtout le souvenir des réunions hebdomadaires d'un comité de campagne rue de Solférino, où elle devait affronter le silence obstiné des caciques, pressés de voir se clore l'intermède…

Le discours d'entrée en campagne de Nicolas Sarkozy, dont Henri Guaino avait tenu la plume, la laissa sans voix pendant deux longues semaines. Elle invoqua les nécessités de la «démocratie participative», mais quand elle reprit l'initiative, il était trop tard : Nicolas Sarkozy avait creusé l'écart. Ségolène Royal s'identifiait à la mère-patrie mais sans doute et très volontairement un peu plus à la mère qu'à la patrie. Elle n'engagea pas le débat sur le fond. Elle ne pouvait compenser ce positionnement que par la grâce. Je lui offris un livre que j'avais acquis à bon prix : c'étaient les minutes du procès de Jeanne d'Arc, richement illustrées dans une édition originale. Elles montraient la force que Jeanne tirait de sa communication avec le Ciel. Mais le Ciel, cette fois-ci et comme souvent, n'a pas parlé et François Bayrou qui, au premier tour, avait fait un beau score (17,8 %), se refusa à faire l'appoint au second.

Cinq ans étaient passés depuis le 21 avril 2002. Contre vents et marées, j'avais survécu par ma combativité certes, mais surtout parce que les faits et la logique des situations politiques sur la politique étrangère ou sur l'Europe avaient fini par me donner raison. Mais tout, contrairement aux apparences, n'était pas redevenu comme avant. Ce que je faisais pour préserver mes amis n'avait nullement éteint la querelle de fond sur l'Europe et le social-libéralisme qui nous opposait au Parti socialiste. La marmite continuait de bouillir. Et elle allait réserver d'autres surprises.

La vindicte du Parti socialiste au plan local ne s'était pas éteinte. J'en fis les frais encore une fois, aux législatives de juin 2007. Malgré le soutien qu'était venu m'apporter à Belfort Ségolène Royal, une partie de l'électorat socialiste, à la botte des caciques locaux dont j'avais borné la carrière, crut bon de reconduire le député de droite, Michel Zumkeller, plutôt que de m'apporter ses voix. Pour éviter de cristalliser à nouveau sur mon nom les oppositions aux élections municipales qui se profilaient à l'horizon de 2008, je mis en place un successeur à la mairie de Belfort, fin juin 2007, tout en conservant la présidence de la Communauté d'agglomération jusqu'en 2008.

Le nouveau président du conseil général socialiste, Yves Ackermann, entendait cependant bien devenir sénateur en 2008, au terme du mandat de Michel Dreyfus-Schmidt dont il était le suppléant. Sans doute crut-il pouvoir reprendre au MRC la mairie de Belfort. Il refusa, dans le bureau de François Hollande, l'accord que je lui proposai : au MRC la mairie, au PS la présidence de la Communauté d'agglomération. Mal lui en prit, car son candidat ne fit que 13 % des voix au premier tour face aux 33 % du successeur que j'avais mis en place neuf mois plus tôt.

Mes amis du MRC, Christian Proust, président du conseil général pendant vingt-deux ans, Françoise Bouvier, maire d'Offemont et vice-présidente de la CAB, et plusieurs autres maires importants de la CAB et de la zone sous-vosgienne, me firent valoir que le mandat de sénateur était à ma portée. Le président de la Communauté de communes du Sud-Territoire, Christian Rayot, par ailleurs maire et conseiller général de Grandvillars et qui était un battant, à qui je demandai d'être mon suppléant, fit pencher la balance en ma faveur, en m'apportant les voix de communes qui n'avaient jamais jusqu'alors fait partie de ma circonscription, comme celles du Jura et du Sundgau belfortains. Je l'emportai face au candidat de l'UMP, Robert Creel, et face au président socialiste du conseil général, Yves Ackermann, qui pourtant ne manquait pas de moyens de pression sur les maires.

Je le saluai, après la proclamation des résultats, comme «le plus court sénateur du Territoire de Belfort». En effet, Michel Dreyfus-Schmidt, à nouveau candidat, était mort quinze jours auparavant. Yves Ackermann n'avait eu que le temps de monter à Paris pour recevoir son écharpe de sénateur. Au vu des résultats, il s'en tira par une pirouette : «C'est aujourd'hui la journée du patrimoine. Les délégués sénatoriaux ont sans doute cru devoir voter, non pour Jean-Pierre Chevènement, mais pour un monument national.»

J'éprouvai – pourquoi ne pas le dire? – une intense satisfaction à avoir retourné, dans mon cher Territoire de Belfort, la situation à mon avantage. Non seulement j'avais conservé au MRC la ville et la Communauté d'agglomération mais j'avais conquis le mandat de sénateur qui nous avait toujours échappé depuis 1980 et qui me redonnait voix pour m'exprimer à la tribune du Parlement.

17

Sagesse et, à nouveau, turbulence

Je me suis beaucoup plu au Sénat. On a le temps d'y travailler les sujets de fond, à l'abri des micros et caméras qui, à l'Assemblée, vous cernent sur le fait du jour, en général minuscule.

Au Sénat, on dispose pour se documenter d'une bibliothèque dont la richesse n'égale que la somptuosité des plafonds peints par Delacroix. Je m'inscrivis d'emblée dans le groupe du Rassemblement démocratique et social européen (RDSE). C'était là que se retrouvaient les radicaux de gauche mais aussi des personnalités atypiques comme Robert Hue et moi-même. Les radicaux de gauche n'étaient pas assez nombreux pour composer un groupe à eux seuls. Je fis donc partie du petit cénacle chargé de rédiger les statuts. Ils n'étaient pas contraignants. La liberté de vote et d'expression y était garantie. C'était l'essentiel car je n'entendais pas renoncer à mon positionnement « républicain ».

J'ai connu successivement deux présidents très agréables, Yvon Collin et Jacques Mézard, dont les relations avec Jean-Michel Baylet étaient fluctuantes, car celui-ci, maître de *La Dépêche du Midi*, prétendait tirer les ficelles d'un groupe dont une majorité des membres étaient élus dans les départements où *La Dépêche* faisait la loi. Naturellement, je défendais fermement l'indépendance du groupe. Je choisis de m'inscrire à la Commission des Affaires étrangères, de la Défense et des forces armées que présidait avec talent et hauteur de vues, mon ami Jocelyn de Rohan, ancien de la promotion Stendhal. J'en devins aussitôt l'un des vice-présidents. Jocelyn me confia sans attendre un rapport intitulé « Désarmement, lutte contre la prolifération nucléaire et sécurité de la France », qui m'occupa presque à plein temps tout au long de l'année 2009, car il devait être prêt avant la conférence d'examen du TNP¹ qui se tenait tous les cinq ans. Ce volumineux rapport (deux cent cinquante pages) m'a fait faire de nombreux voyages dont l'un, passionnant, m'a mis en contact avec les meilleurs experts du Pentagone. Je pus ainsi perfectionner la culture nucléaire que j'avais acquise comme ministre de la Défense et la connaissance que j'avais des questions de prolifération et de désarmement. Ce rapport fut adopté à l'unanimité de la Commission et à la quasi-unanimité du Sénat, les communistes seuls s'abstenant. On me dit qu'il fut très utile à nos diplomates pour faire mieux connaître à l'ONU les positions de la France. En tout cas, je devins un expert de ces questions très « pointues ».

Bien d'autres rapports me furent confiés par la suite à titre personnel ou collectivement. C'est ainsi que je coprésidai avec Jacques Larcher une mission d'études sur le Mali et le Sahel en 2013-2014. Nous fîmes un voyage à Alger dont le président Larcher revint très impressionné par ce qu'il y avait découvert quant au rôle stratégique que jouait l'Algérie dans la politique africaine et notamment en Afrique de l'Ouest. Les missions que j'ai remplies, par ailleurs, en Afghanistan, au Pakistan et en Inde de concert avec Jocelyn de Rohan et Didier Boulaud, qui avait succédé à Nevers à Pierre Bérégovoy, aussi bien qu'en Australie et en Nouvelle-Calédonie, m'ont permis, sur des sujets plus variés, d'élargir mon horizon, notamment sur les rivalités interasiatiques, et de nourrir ensuite le débat public.

Les auditions en commission étaient nombreuses et variées. Nous avions la chance de pouvoir nous appuyer sur des fonctionnaires de très grande qualité. Je pouvais ainsi assurer un suivi rapproché des questions de défense aussi bien que de politique étrangère en interrogeant directement les ministres et les chefs d'état-major. Je me suis efforcé d'aider de mon mieux Jean-Yves Le Drian dans la bataille qu'il devait livrer au quotidien pour défendre les crédits de la Défense vis-à-vis de Bercy.

---

1. Traité sur la non-prolifération des armes nucléaires, que la France n'a signé qu'avec retard.

Cette activité constante ne m'empêchait pas de prendre la parole dans les débats de politique générale, le plus souvent pour marquer mes réserves : ainsi sur notre engagement syrien aux côtés d'une opposition dominée par les islamistes, ou sur la dérive de l'opération Harmattan en Libye, ou encore sur les questions de politique européenne, au moment de la ratification du traité dit TSCG[1], en octobre 2012, où une joute à fleurets mouchetés m'opposa au secrétaire d'État aux Affaires européennes de l'époque, Bernard Cazeneuve, dont la subtilité n'arrivait pas à dissimuler que c'était là un très mauvais dossier.

Quand les socialistes, à la fin de 2011, gagnèrent à une ou deux voix près la majorité au Sénat, je me refusai à jouer les trouble-fête, comme certains m'y poussaient : je ne voulais pas compromettre mon positionnement républicain, «au-dessus de la droite et de la gauche» par la manifestation d'une ambition qui m'aurait immanquablement rangé «à droite». Je n'en constatai pas moins la persistance à mon égard d'un esprit de vindicte dans le groupe socialiste. François Rebsamen, au nom de la direction du PS, signa même, pour m'amadouer, un papier aux termes duquel la présidence de la Commission des Affaires étrangères, de la Défense et des forces armées reviendrait au RDSE[2]. Épisode burlesque : Jean-Michel Baylet, dans les coulisses, revendiquait le poste. Je m'effaçai en toute discrétion, le Parti socialiste imposant son candidat, un sénateur des Landes qui remplit honnêtement sa fonction. Cette mauvaise manière, qui passa d'ailleurs complètement inaperçue, ne m'empêcha pas de continuer à travailler dans d'excellentes conditions, car l'atmosphère de la Commission était très agréable et même amicale. La majorité de ses membres m'appréciait. Il suffisait pour cela de travailler et je ne ménageais pas ma peine. Les activités de la Commission – il faut le dire – étaient passionnantes et je m'en acquittais avec beaucoup de plaisir et de soin.

À Belfort, je m'étais acheté une Peugeot 308 flambant neuve, parcourant toutes les fins de semaine mes cent deux communes

1. Traité sur la stabilité, la coordination et la gouvernance.
2. Rassemblement démocratique et social européen.

446

dont je connaissais tous les maires. Je leur venais en aide par mes interventions (j'avais «le bras long», disait-on, comme ancien ministre de l'Intérieur) et je partageais équitablement ma réserve parlementaire entre toutes les communes, sans esprit partisan, avec peut-être une once de favoritisme pour les très petites communes. Adjointe à la mairie de Belfort quand elle avait vingt-cinq ans, Isabelle Lopez, active et fine mouche, et d'un naturel fort agréable, avait accepté de devenir mon assistante à Belfort, quand je fus élu sénateur (tandis que je m'appuyais au Sénat, à Paris, sur Danièle Duwoye, une «perle» que j'ai déjà décrite, et Patrick Rigaudière pour lequel les affaires du Sénat dans leurs arcanes les plus obscures n'avaient pas de secret).

Isabelle avait un sens aigu des relations publiques, ce qui donnait dans les communes une grande visibilité à l'action du sénateur. Tout au long de ma mandature, je me suis astreint à publier, trois fois par an, un *Journal du sénateur du Territoire de Belfort* qui rendait compte minutieusement de mes activités. Les grands électeurs ne pouvaient pas dire que je leur cachais quelque chose. Je ne suis pas sûr que cet effort de transparence ait suscité beaucoup d'émulation chez mes collègues, mais il fallait le faire! C'était ma conception de la démocratie et j'y mettais un point d'honneur.

J'étais bien résolu, dès le départ, à ne pas solliciter, à soixante-quinze ans, le renouvellement de mon mandat de sénateur quand il arriverait à terme, en octobre 2014. Je l'annonçai à l'assemblée générale des maires du Territoire de Belfort le 24 juin en soulignant que je ne renonçais nullement à poursuivre le combat des idées qui, pour moi, avait toujours fait corps avec le combat politique.

Et bien entendu, je reste aussi fidèle aujourd'hui au Territoire de Belfort, dont j'ai été l'élu pendant quarante et un ans, à travers notamment le sinistre que représente pour lui le bradage d'Alstom à General Electric. Il faut lire le livre de Frédéric Pierucci, haut cadre d'Alstom emprisonné vingt-cinq mois aux États-Unis dans des conditions indignes par le Department of Justice, abandonné par la direction d'Alstom tétanisée et par les représentants du gouvernement français rasant les murs, pour comprendre comment, à travers «l'extraterritorialité du droit américain», un des plus beaux fleurons industriels français a été sacrifié sur l'autel de la finance mondialisée. La «globalisation» anglo-saxonne n'est pas un mot abstrait. Elle vaut interdiction de travailler non seulement à Alstom-Belfort mais, en Iran, à Peugeot, à Renault, à Total, ou oblige, pour investir en Russie, à avoir recours à des financements chinois!

Mon élection au Sénat me permettait ainsi de mieux faire le lien entre le local et le global.

J'avais déjà mis à profit la distance que j'avais prise depuis 2002 avec la vie politique au quotidien pour laisser libre cours à mon goût de l'étude et de la recherche avec la fondation Res Publica, toujours active, quinze ans après sa création. Je suis fier de la contribution qu'elle apporte, en toute indépendance, au débat public.

Cette réflexion au long cours donne un éclairage sans équivalent aux crises qui nous frappent avec une violence toujours accrue. Il est vrai aussi que l'impressionnante productivité de la fondation Res Publica (cent quarante-cinq cahiers entre 2004 et 2019), avec le concours d'esprits éminents, y a contribué fortement. J'ai pu m'entourer des meilleurs experts, grâce à la culture et à l'esprit fin et délié de son premier directeur, mon ami Jean-Yves Autexier. Celui-ci, qui a succédé à Georges Sarre sur les bancs de l'Assemblée nationale, a été chargé des affaires politiques à mon cabinet au ministère de l'Intérieur, puis a été élu au Sénat. Baptiste Petitjean, d'une génération plus jeune, a pris le relais mais ne nous laisse rien perdre de sa vive intelligence et de son ouverture aux problématiques des générations nouvelles.

Maintenant une activité d'écriture, j'ai donné libre cours, pour autant que j'en avais le temps, à mon goût de la recherche historique, avec une prédilection particulière pour deux périodes : la Révolution française et la Résistance, où se laissent le mieux voir les caractères. Je me suis aussi efforcé d'élucider ce qui restait pour moi des énigmes : les racines de cette crise matricielle qu'a été la guerre de 1914, les fondements idéologiques de la construction européenne, à travers les personnalités de Jean Monnet et le rôle de Jacques Delors, ou encore l'interaction, notamment depuis le début du XIXᵉ siècle, entre le mouvement de la mondialisation et la lutte pour l'hégémonie mondiale. Je n'ai cessé ainsi de m'ouvrir de nouveaux horizons.

J'omettrais un aspect essentiel de mes recherches si je ne mentionnais pas mon goût des voyages déjà très prononcé quand j'étais jeune et toujours vif à l'âge certain qui est désormais le mien. Comme je l'ai dit, je me suis rendu une bonne dizaine de fois en Chine, non seulement à Pékin et à Shanghai, mais à Shenzhen, première des zones économiques spéciales et aujourd'hui ville de treize millions d'habitants, où j'ai été reçu au siège de Huawei. J'ai pu découvrir les régions occidentales de la Chine : Chongqing, l'ancienne capitale de Tchang Kaï-chek, immense métropole de trente millions d'habitants, désormais indépendante de la région du Sichuan dont la capitale, Chengdu, tutoie les quinze millions d'habitants, au pied des premiers contreforts de l'Himalaya. Je me suis baigné dans les eaux de la mer de Chine méridionale sur une plage d'Hainan, la grande île où la Chine a installé sa première base de sous-marins nucléaires. J'ai parcouru les monts Jaunes et revu Canton, mais rien ne m'a plus impressionné que la mutation de Shanghai en une trentaine d'années. Si on veut comprendre quelque chose au siècle où nous sommes déjà, rien ne vaut le voyage en Chine. Quoi qu'on puisse penser de cet étrange alliage du Parti communiste avec le marché capitaliste, il faudra faire avec la Chine… et apprendre le mandarin. C'est ce que fait avec constance mon ami Philippe Barret.

L'Asie ne se réduit pas à la Chine. Je me suis rendu deux fois au Japon où, intrigué par les polémiques qu'il suscitait en Chine, j'ai visité le temple Yasukuni où sont conservés, dit-on, les restes des « criminels de guerre » japonais à l'origine des agressions contre la Chine en 1931 et les États-Unis, dix ans plus tard. Je ne les ai pas vus mais j'ai découvert un véritable musée de l'ère Meiji (1858-1945) où le Japon, soucieux de faire pièce à l'Occident et de prendre rang parmi les « dominants », décide de faire sien le mot d'ordre « Technologie occidentale, âme japonaise ». Cela donne à réfléchir sur les périls de l'« émergence ». L'histoire à venir ne sera pas un long fleuve tranquille. Plusieurs voyages en Asie m'en ont persuadé : au Vietnam, en Australie, en Inde, au Pakistan, en Afghanistan, au Turkménistan… Il faut être présent dans cette vaste zone, sans pour autant se lier les mains en participant à une alliance « indo-pacifique » contre la Chine. Là comme ailleurs, la France doit parler avec tout le monde.

Je n'oublie évidemment pas l'Europe dont j'ai commencé d'explorer les périphéries (les pays Baltes), tout en réservant à l'Allemagne dont je connais la plupart des Länder, à l'ouest mais aussi à l'est, mon principal intérêt. Il nous faut connaître l'Allemagne à fond, si nous voulons vraiment pouvoir faire un jour une « Europe européenne ».

Je passerai vite sur les incontournables déplacements à New York et à Washington, toujours instructifs, à la mesure de l'incomparable esprit d'ouverture de nos amis américains.

Bien sûr je ferai une mention spéciale à mes déplacements en Russie et au Maghreb. Toutes les villes russes changent à vive allure. Pas seulement Moscou ou Saint-Pétersbourg, mais Kazan, Sotchi, Nijni-Novgorod et les villes de l'anneau d'or pour ne parler que de celles que j'ai visitées. Pour ceux qui croient que la Russie est toujours l'URSS, le voyage est décapant ! Deux présidents de la République successifs, François Hollande et Emmanuel Macron, m'ont confié une mission spéciale sur la Russie dont, bien que je ne partage pas la russophobie ambiante, et peut-être même pour cela, j'ai pu vérifier l'utilité. J'ai contribué, en rencontrant Vladimir Poutine à Sotchi, le 5 mars 2014, à jeter les bases du Format Normandie et à maintenir ouvertes depuis lors, les portes d'un dialogue qui sera fructueux à terme, j'en suis sûr, non seulement pour nos deux peuples mais pour l'Europe tout entière car le président Macron, que j'avais accompagné à Moscou en 2016 à l'occasion d'un CEFIC (réunion des deux ministres de l'Économie), a compris ce dont son prédécesseur, prisonnier des inflexions données par Bernard Kouchner, ministre des Affaires étrangères de Nicolas Sarkozy, et des résistances de « l'État profond », n'avait pas pris la mesure, comme l'a manifesté la résiliation du contrat, passé en 2010, des bâtiments Mistral.

Les Russes n'ont pas la même grille de lecture de l'Histoire que nous : ils estiment avoir été agressés successivement par les Polonais, les Suédois, les Français sous Napoléon auquel ils ne gardent pas rancune (il suffit de visiter à Moscou le musée dit « 1812 » pour s'en rendre compte), par les Anglais, les Allemands à deux reprises, puis les Américains. Il en résulte une mentalité quelque peu obsidionale. Ils considèrent avoir mis fin d'eux-mêmes au communisme et avoir offert la réunification de l'Allemagne sur un plateau à Helmut Kohl. Ils croyaient alors être accueillis à bras ouverts dans la grande famille des nations européennes. Ils ont cru, en 1990, à la promesse verbale de James Baker que l'OTAN ne s'étendrait pas à l'Est et se sont sentis menacés quand la troisième vague de l'élargissement de l'OTAN a été évoquée à Bucarest en 2008, s'agissant de la Géorgie et surtout de l'Ukraine. En 2014, ils ont vu dans la révolution de Maïdan, un coup d'État destiné à écarter du pouvoir le président Ianoukovitch pourtant régulièrement élu. Ils se sont sentis trahis quand l'accord du 21 février 2014, garanti par les trois ministres des Affaires étrangères français, allemand et polonais, a été, dès le lendemain, foulé aux pieds par la Rada, l'assemblée nationale ukrainienne. Ils ont donc fait prévaloir leur intérêt stratégique en mer Noire et en Méditerranée, qu'ils estiment vital, en organisant le rattachement de Sébastopol et de la Crimée à la Russie.

J'ai rencontré plusieurs fois Vladimir Poutine dont une fois très longuement à Sotchi, le 5 mai 2014[1]. Je ne veux pas faire du Président russe l'enfant de chœur qu'il n'est pas, mais c'est un homme d'État soucieux de rétablir, après une période d'anarchie (1991-1999), la puissance et l'autorité de la Russie. Celle-ci est un pays difficile : plus de cent nationalités dont 20 % de musulmans. C'est le plus grand pays du monde avec dix-sept millions de kilomètres carrés mais on oublie généralement de dire que, sur quatorze millions de kilomètres carrés, le sol est gelé en permanence. Avec cent quarante-trois millions d'habitants – dix fois moins que la Chine –, la Russie a cessé d'être une menace. C'est un grand pays européen dont les sources, chrétiennes, sont à Byzance et non à Rome. Elle est une grande nation indispensable : entre l'Europe et l'Asie, avons-nous quelque chose de mieux à mettre à la place? On cite souvent Vladimir Poutine : «Celui qui ne regrette pas l'URSS n'a pas de cœur.» On oublie de citer la phrase suivante : «Mais celui qui veut la rétablir n'a pas de tête.» Vladimir Poutine

---

1. Cf. *Passion de la France, op. cit.*, p. 1475.

ne veut pas ressusciter l'URSS, non seulement parce qu'il n'en a pas les moyens, mais parce que les Russes eux-mêmes, ayant rejeté le communisme, ne le souhaitent pas, et considèrent que les peuples de l'Asie centrale doivent vivre leur propre vie sans trop peser sur la leur. Le vrai projet de Vladimir Poutine est, selon moi, de faire de la Russie un grand pays moderne et respecté, et j'ajoute qu'à ses yeux, c'est un pays fondamentalement européen. Sa transformation réussie est dans l'intérêt de toute l'Europe dès lors, bien entendu, que la Russie respecte aussi nos intérêts. Comme l'a dit Emmanuel Macron, ni la France et les autres pays européens ni la Russie ne peuvent souhaiter devenir les partenaires minoritaires et impuissants de l'un ou l'autre empire en train de se partager le monde.

Au Maghreb, on voit qu'il n'y a pas que l'islamisme mais aussi la modernité qui frappe à la porte : le port de Tanger, Tanger Med, rivalise avec Algesiras comme premier port porte-conteneurs de la Méditerranée. Quant à l'immense métropole d'Alger, elle est sans rivale sur les rives de la Grande Bleue, en dehors d'Istanbul qui se cache déjà derrière les détroits. Enjeu immense pour la France que le destin de cette Algérie de quarante-cinq millions d'habitants, à la fois si proche et si lointaine. C'est parce que je l'avais compris depuis assez longtemps que j'ai accepté de présider de 2011 à 2018 l'Association France-Algérie créée au lendemain de l'indépendance par Edmond Michelet et Germaine Tillion, à l'instigation du général de Gaulle. C'est ainsi que j'ai pu visiter les régions les plus reculées de cet immense et superbe pays où partout la France a laissé une trace, pas toujours aimable mais souvent émouvante, ainsi celle de Charles de Foucauld dans le Hoggar, où j'ai pu feuilleter sur un cahier d'écolier, et de sa main même, les bases d'un dictionnaire français-touareg. C'est l'intérêt de la France que l'Algérie puisse réussir sa transformation démocratique, prolongement naturel de son indépendance. La solution des problèmes de la société française dépend largement de la capacité des pays du Maghreb à épouser la modernité. C'est particulièrement vrai au Maroc et en Algérie. Mais cela l'est également en Tunisie où les frêles racines de la démocratie ont été jusqu'ici préservées.

Je me suis rendu dans ce pays où j'ai pu m'entretenir longuement aussi bien avec le regretté président Caïd Essebsi, bourguibiste matois qu'avec le leader d'Ennahdha, Rached Ghannouchi, un séducteur. «Depuis quand êtes-vous devenu islamiste?» l'interrogeai-je tout à trac, et lui aussitôt : «J'étais nassérien mais depuis la fin de la guerre des Six Jours, j'ai vu que le vent ne soufflait plus de ce côté-là» (le nationalisme arabe). La récente élection de Kaïs Saïed à la présidence ne doit en rien modifier notre politique de soutien à la démocratie tunisienne.

Je partage avec Alain Dejammet le même souci de l'Afrique. Je me suis rendu très souvent en Égypte, plusieurs fois en Afrique du Sud, au Burkina Faso, au Mali, au Sénégal, en Côte d'Ivoire, au Bénin, à Djibouti, en Éthiopie, à Madagascar, et bien sûr à la Réunion. Il faut aider les peuples africains à construire des États qui soient autant que possible des États de droit. On n'a encore rien trouvé d'autre. Mais c'est d'abord l'affaire des peuples africains eux-mêmes; ce ne peut être la nôtre.

Parmi les visites qui m'ont le plus marqué : l'Iran en 2005, et la Syrie, à peu près à la même époque. À chaque fois j'ai mesuré les prétentions et les méfaits de l'interventionnisme dont, hélas, depuis la guerre du Golfe nous ne sommes pas encore guéris.

Il n'y a pas que les voyages qui incitent à la réflexion. Je suis un gros consommateur de livres. J'ai acheté en 2008 une petite maison en Normandie, au milieu d'un joli parc. J'y ai transféré une bonne part de ma bibliothèque. J'aime à m'y retirer pour lire, écrire et réfléchir. Voilà qui complète la description de mon tout relatif «retirement».

En réalité, je suis resté un observateur passionné et un acteur discret, par la force des choses, du monde tel qu'il va. Sénateur, j'étais écouté mais, me situant toujours au-dessus de la droite et de la gauche, je n'étais suivi ni par l'une ni par l'autre. En fait, j'attendais la crise du système qui permettrait de rebattre les cartes.

Tandis que la globalisation libérale creusait ses fractures dans la société française comme dans le reste du monde, j'observais le délitement de notre système politique en me remémorant ce que m'avait dit Didier Motchane à la veille de sa mort : «Je meurs serein. Ce pour quoi j'ai combattu ne viendra pas de mon vivant. Dix ans dans la vie d'un homme c'est beaucoup. Mais c'est peu dans la vie des peuples. »

Les partis qui, pour succéder à de Gaulle, avaient fait leur nid dans les institutions de la Vᵉ République (PS en 1971, RPR en 1976 devenu UMP en 2003) étaient devenus des partis de système au fur et à mesure que les traités européens restreignaient l'espace du débat politique national. En 2017, le total de ces partis de système ne représente plus que 26 % des suffrages exprimés contre la quasi-totalité au début de la Vᵉ République et encore 35,5 % en 2002. C'est dire la puissance du dégagisme qui est la tendance de fond, toujours plus nette, des trois dernières décennies, en tout cas depuis 1993.

En 1981, les partis de gouvernement drainaient encore la plus grande partie des électeurs, à l'exception des voix qui se portaient sur Arlette Laguiller (même le parti de Georges Marchais qui attirait 15 % des électeurs prétendait venir « aux affaires » et il y vint d'ailleurs). À chaque élection suivante, on voit la surface de ces partis dits « de gouvernement » se rétrécir et parallèlement gonfler le score des partis extrêmes (FN et différentes formations trotskistes) ou alternatifs (écologistes et républicains), ou encore la masse des abstentionnistes. Aux élections européennes d'avril 2019, le PS et la droite LR ne représentent plus ensemble que 14 % des voix. Comment expliquer une telle désaffection, sinon par le rejet de la politique néolibérale et maastrichtienne que ces partis ont tour à tour incarnée ? C'est ce parfum de dégagisme que j'avais capté en 2002. Certes, au lendemain de 2002, les grandes orgues du « vote utile » ont occulté partiellement cette tendance à l'érosion. En 2007, le Parti socialiste a cherché à pallier son inconsistance stratégique par une candidature féminine originale et séduisante – bien que Ségolène Royal ne se prît pas pour Jeanne d'Arc.

Après 2002, il faudra attendre quinze ans encore pour que se produise le rejet d'un système que j'avais dénoncé comme vidant de son sens le débat politique. La droite, à cette époque, coupe ses derniers liens avec le gaullisme en créant l'UMP : il n'y a, en effet, plus de différence entre le RPR et l'UDF. En 2007, Nicolas Sarkozy s'approprie le thème de la « rupture » à l'encontre d'un

Jacques Chirac politiquement affaibli et diminué par la maladie. À gauche, «le temps des petites ambitions et des seconds couteaux» va s'épanouir sous la magistrature bonhomme de François Hollande, premier secrétaire du Parti socialiste jusqu'en 2008, puis Raminagrobis attendant son heure jusqu'à ce hoquet de l'Histoire de 2012 où le dégagisme qui frappa à son tour Nicolas Sarkozy lui ouvrit enfin les portes de l'Élysée.

François Hollande sut désarmer ses concurrents potentiels à gauche en promettant de renégocier le traité budgétaire européen, mensonge plus gros encore que celui de Jacques Chirac promettant, en 1995, de «réduire la fracture sociale». Fidèle à mes habitudes, j'avais annoncé ma candidature dans le but, moins d'infléchir le programme du candidat, que d'étendre une ombrelle protectrice sur les candidats du MRC. Par le simple effet de sa rente institutionnelle, le PS se trouvait encore une fois, en apparence du moins, en situation de force. L'accord PS-MRC sur les législatives et sur le programme de gouvernement, dont j'avais fait la condition de mon appui explicite, intervint le 9 mars 2012. J'annonçai mon soutien, «les yeux ouverts», à François Hollande le 13 mars. Le ralliement d'Arnaud Montebourg au lendemain des primaires socialistes, où il était arrivé en troisième position avec 17 % des voix, fut autrement déterminant. Le moins qu'on puisse dire est qu'il ne fut pas payé de retour.

François Hollande n'est pas dépourvu de certaines qualités qui font un Prince selon Machiavel. Il n'a omis que de lire cette œuvre de jeunesse du général de Gaulle, *Le Fil de l'épée*, bréviaire de l'autorité qui lui a toujours manqué et d'abord vis-à-vis de ses petits camarades. Les sobriquets dont ceux-ci l'affublèrent, «Fraise des bois», quand il était premier secrétaire, «Pépère» quand il devint Président, n'ont pas peu contribué à son discrédit et à faire de ces quinze ans, quelle que soit la valeur personnelle des acteurs, une histoire de Pieds nickelés. C'est ce qui arrive quand s'effondre le sens de l'État et que disparaît «une certaine idée de la France». Il ne serait pas juste d'en faire porter la responsabilité unique ni même principale à François Hollande.

Le Parti socialiste, si on veut prendre une vue perspective des choses, est mort du choix néolibéral, peint aux couleurs de

l'Europe, qu'il a fait avec l'Acte unique en 1983-1987. Ce poison
à diffusion lente, redoublé par la potion maastrichtienne, avait produit son premier effet déflagratoire en mars 1993 : pour les députés
socialistes, c'est une hécatombe ! Malgré ses qualités, Lionel
Jospin non seulement n'a pas pu remonter le courant, mais avec le
projet de traité constitutionnel européen, il a ancré encore plus
profondément dans l'ADN du Parti socialiste le logiciel européiste
suicidaire dont il faut reconnaître à François Mitterrand la pater-
nité initiale. En 2007, le Parti socialiste n'a pas pu profiter de sa
rente institutionnelle pour revenir aux affaires : sa division sur le
référendum du 29 mai 2005 l'avait plombé. J'ajoute que l'inertie
de Laurent Fabius à s'affranchir des contraintes partidaires, alors
que le « non » qu'il avait prôné, l'avait largement emporté dans le
pays, m'a toujours sidéré. François Mitterrand, lui, ne serait pas
resté l'arme au pied ! Ainsi a été galvaudée, au seul moment
où cela eût été possible, la chance d'un redressement du Parti
socialiste.

Il a fallu ensuite toute la subtilité manœuvrière de François
Hollande, conjuguée à la puissance du dégagisme qui a frappé
Nicolas Sarkozy, en 2012, pour permettre au Parti socialiste un
nouveau, mais chaotique retour aux affaires. Cette dernière incur-
sion a montré beaucoup de paresse intellectuelle. Elle a révélé
l'érosion du socle qu'avait légué au Parti socialiste François
Mitterrand au beau temps de l'Union de la gauche. Avec 6 % des
suffrages exprimés, le 23 avril 2017, le Parti socialiste achevait sa
course sur l'orbe où celui-ci l'avait jadis placé.

Le dégagisme qui a frappé la droite est d'une autre nature car
l'européisme libéral n'entre pas directement en conflit avec la
sociologie de son électorat. C'est la montée du Front national qui a
exacerbé les divisions en son sein. En 2017, la droite en fut réduite
à organiser en interne des « primaires » destinées à relever dans
son électorat un intérêt qu'elle ne suscitait plus. Le PS que les
rivalités de ses leaders et la faiblesse du Président sortant condam-
naient à l'impuissance, choisit dans sa « primaire » un « candidat
pour perdre ». Ses camarades espéraient qu'il ferait « tomber le
parti à gauche » sur l'idée du revenu universel, idée consistant à
mettre des gens à la retraite, avant même qu'ils n'aient commencé

à travailler et méconnaissant le besoin de sens que les hommes cherchent dans l'activité. Bref, le grand vent du dégagisme s'est levé en 2017. Ce qui n'était qu'une brise, en 2002, est devenu tempête.

Bien qu'Emmanuel Macron ait souhaité que je lui apporte mon soutien dès le premier tour, je ne le fis qu'au second. J'avais cependant laissé voir depuis quelques semaines, un a priori favo- rable que je nuançais de quelques questions. Me retrouver avec Daniel Cohn-Bendit, Alain Minc et Jacques Attali dès le premier tour aurait nui à la cohérence de mon positionnement idéolo- gique et politique et aurait enlevé à la crédibilité de mon soutien. Je connaissais Emmanuel Macron depuis le voyage que nous avions fait à Moscou en janvier 2016 à l'occasion du CEFIC. J'appréciais sa vive intelligence, même si je n'entrais pas dans le bras de fer qui l'opposait à Manuel Valls et à l'aile sociale-libérale du PS. Je ne le cache pas : je n'ai jamais été libéral. Je n'ai jamais pensé qu'on pouvait réduire le fonctionnement des sociétés humaines à un mécanisme économique. Valls, que j'avais connu quand il présidait les jeunesses rocardiennes, était sans doute devenu plus républicain au ministère de l'Intérieur mais il avait été éliminé par l'aléatoire mécanisme de la primaire socialiste. Son intuitif concepteur, Arnaud Montebourg, n'avait pas survécu à l'abdication non programmée de François Hollande. Mélenchon gâchait de réelles qualités par un comportement qui pouvait se révéler caractériel à l'occasion et surtout par ses hésitations idéo- logiques, partagé qu'il était entre gauchisme et République.

À l'horizon ne restait que Macron. Mais qui était réellement Emmanuel Macron ? La description qu'en faisaient ses détracteurs ne me convainquait guère : il n'avait pas trahi François Hollande, qui avait été bien assez grand pour se trahir tout seul. J'avais entendu parler, par Jean-Yves Autexier, du passage d'Emmanuel Macron au Mouvement des citoyens vers 2001. D'esprit rapide, il avait tout de suite compris ce que voulait dire «faire turbuler le système». Mais avait-il fait sienne l'alternative que j'avais mûrie au fil de mes combats ? Rien de moins sûr. Il professait certes l'«en même temps» («je suis à la fois de gauche et de droite») mais

457

il y avait plus qu'une nuance avec l'idée que j'avais développée à Vincennes, selon laquelle «au-dessus de la droite et de la gauche, telles qu'elles étaient devenues, il y avait la République». Certes, Emmanuel Macron avait intitulé *Révolution* son petit manuel de campagne.

Sa révolution n'était-elle pas encore une fois une révolution libérale? Emmanuel Macron voulait-il simplement adapter la France à la mondialisation libérale? Je ne le crois pas car il était assez intelligent pour percevoir l'inviabilité du système à long terme. Emmanuel Macron entrecoupait de fulgurances étonnantes un discours qui reprenait souvent celui de nos élites : «Vous voulez un job? Il vous suffit de traverser la rue!» Chez un Président, élu à moins de quarante ans, on pouvait mettre ce genre de réflexion sur le compte d'une légère inconscience. Emmanuel était certes le produit d'un lycée de jésuites, mais il débordait de talents. Je choisis donc de lui faire crédit de sa vive intelligence pour, le cas échéant, redresser ses erreurs initiales (qui n'en fait pas en ce bas monde?). Emmanuel était jeune et je n'ai jamais compris le rejet viscéral dont il faisait l'objet chez certains, socialistes ou non. Que ceux dont il avait dérangé les plans et brisé les carrières ministérielles lui en veuillent, quoi de plus naturel! Mais il y a un rejet qui va au-delà et qui me paraît malsain.

De surcroît, élu à plus de 65 % des voix, le président Macron était légitime et il habitait sa fonction. Aussi, quand il me demanda, au début de juillet 2017, de reprendre ma mission sur la Russie que, sidéré par la russophobie à courte vue de son prédécesseur, j'avais quelque peu laissé tomber, j'acceptai sans barguigner, même s'il me fallut plus de deux mois pour obtenir une lettre de mission du Quai d'Orsay. Le 30 juin 2017, Emmanuel Macron avait reçu Vladimir Poutine, à Versailles, en chef d'État. Je me dis qu'il y avait peut-être quelque chose à faire, car entre la Chine et les États-Unis, je ne crois, au XXIᵉ siècle, qu'à la Grande Europe, de l'Atlantique à la Russie, pour échapper à la loi des empires.

J'abordai donc le quinquennat d'Emmanuel Macron avec un esprit positif, tout en restant bien évidemment un homme libre. Je m'aperçus cependant assez vite que les «mormons», comme s'appelaient entre eux les compagnons de la première heure, me considéraient comme un «allogène», ce en quoi ils n'avaient d'ailleurs pas tout à fait tort.

Je ne m'en désole nullement. C'est ma nature et c'est surtout la nature des choses. Les forces politiques ne surgissent pas du néant. Elles s'enracinent toujours dans un combat politique. C'est pourquoi, plus que jamais, j'entends me déterminer en homme libre et en républicain, c'est-à-dire en fonction des intérêts de la République, tels que je les conçois.

18

Pouvait-on faire autrement ?

L'élection d'Emmanuel Macron est intervenue alors que le cycle néolibéral touchait à sa fin. La crise de 2008 n'avait pas été résorbée. Les facteurs d'instabilité n'avaient pas été réduits. Surtout on commençait à mesurer dans les pays anciennement industrialisés les effets profondément déstabilisateurs sur le long terme de la globalisation libérale.

Au plan politique, l'élection d'Emmanuel Macron a suivi d'un an à peine le vote du Brexit par le peuple britannique et de six mois l'élection de Donald Trump aux États-Unis. Certains ont voulu y voir une réponse mais la suite a démontré qu'elle ne l'était pas. On s'avisa, avec la crise d'à peu près toutes les nations européennes (Italie, Espagne, Grande-Bretagne, Allemagne même) et en France avec le mouvement des Gilets jaunes, des fractures qui résultaient de la soumission des politiques publiques opérée il y a plus de trente ans aux dogmes du néolibéralisme.

Le libre-échangisme, notamment vis-à-vis des pays à bas coût, a induit une nouvelle géographie industrielle et économique du monde. Les anciens pays industriels ont été dévitalisés au profit de la Chine et des pays de l'Asie du Sud-Est et de l'Est. La plupart des pays d'Europe, à l'exception provisoire de l'Allemagne et de son hinterland d'Europe centrale, ont été frappés par la désindustrialisation. De profondes fractures sociales, géographiques et générationnelles s'y sont creusées.

Il faut se rappeler que la globalisation a été pensée par l'establishment libéral anglo-saxon, il y a quarante ans, dans le contexte de l'ultime phase de la guerre froide (entente avec Deng Xiaoping pour isoler l'URSS). Elle reposait sur l'ouverture de la Chine aux multinationales notamment américaines à travers la création des premières zones économiques spéciales permettant à la Chine d'expérimenter le capitalisme. Plus fondamentalement, la globalisation permettait la mutation du mode de production capitaliste, en mobilisant à son service l'immense armée de réserve industrielle des pays à bas coût. La mise en concurrence des territoires et des mains-d'œuvre permettait la réorganisation des chaînes de valeur à l'échelle mondiale et la multiplication des délocalisations industrielles en Europe et aux États-Unis. Mais combien de temps une telle politique, qui a cependant permis de résorber en grande partie la pauvreté en Chine, pouvait-elle être soutenue?

Les États-Unis ne se sont avisés que très tardivement de la montée irrésistible de la Chine, à travers le déficit abyssal de leur balance commerciale (800 milliards de dollars) et la crise de leurs classes moyennes inférieures. Comme ce fut le cas pour la Grande-Bretagne, avant 1914, face à la montée du Deuxième Reich, la réaction américaine ne s'est manifestée que très lentement. En 2010, Obama officialise la doctrine du pivot, c'est-à-dire la réorientation de l'appareil de défense américain vers le Pacifique, mais ce pivot, à ce jour, n'est pas encore vraiment réalisé. La vraie réaction est politique et ce n'est pas un hasard si la rupture avec les dogmes du libre-échangisme vient des pays anglo-saxons, historiquement hégémoniques au cœur du capitalisme : la Grande-Bretagne et les États-Unis.

En 2016, la Grande-Bretagne choisit le Brexit. À la fin de la même année, les États-Unis élisent Donald Trump Président. La philosophie de ces changements est claire : quand les règles du libre-échange cessent de servir les intérêts des pays dominants, alors l'heure est venue de changer ces règles. Comment? Pour y substituer quelles nouvelles règles? On peut craindre que ce soit le retour à la loi de la jungle, camouflée en deals successifs.

Paradoxalement, la mondialisation libérale, à travers la liberté de circulation des biens, des services, des capitaux et des hommes, se trouve mise en cause non par la gauche, largement ralliée au social-libéralisme, mais par la droite dite «populiste». C'est le moment de la déconstruction. Nous sommes entrés dans

461

une nouvelle ère, où les rapports de force et les compromis bilaté-
raux vont se substituer au multilatéralisme libéral qui structurait
«le monde d'avant». C'est le retour au primat du politique, celui
des États, avec ce que cela implique de contrôles. C'est le retour des
frontières. Celui-ci ne va pas forcément «casser la croissance».
On l'a observé à la fin du XIXᵉ siècle. Une nouvelle philosophie de
la monnaie est également en train de prévaloir. Qui dit «État» dit
aussi «peuple». La notion est ambiguë. «Peuple» peut désigner la
«communauté des citoyens», selon la tradition de la Révolution
française, s'exprimant à travers le «débat républicain» sanctionné
par le suffrage universel. Mais «peuple» peut aussi signifier une
réalité ethnoculturelle propice aux repliements. Nul ne niera
cependant que la crise sociale que nous traversons a partie liée
avec la crise de la démocratie et ne peut trouver de solution s'il
n'est pas remédié à celle-ci. C'est pourquoi la fin de la globalisation va de pair avec le retour des nations, seules capables de
légitimer démocratiquement de nouvelles règles. Paradoxalement,
en France, Emmanuel Macron a été élu président de la République
au moment où le cycle néolibéral approchait de sa fin. Son programme initial apparut très vite en porte-à-faux avec la réalité
d'une Europe où chaque nation semblait se replier sur ses propres
problèmes et surtout quand il devint évident que son projet de
relance à travers un budget de la zone euro se heurtait à l'ordolibéralisme d'Angela Merkel, péniblement réélue à la Chancellerie.

Les tensions commerciales mais aussi politiques entre les
États-Unis et la Chine sont devant nous, et pour longtemps.
Elles pèseront aussi sur la croissance européenne. Le PIB de la
Chine va dépasser irréversiblement celui des États-Unis. La
rivalité technologique va alors prendre le pas sur la rivalité
commerciale. On ira vers un certain partage des zones d'influence, dans une ambiance qui rappellera peut-être la guerre
froide mais exclura, en principe, les guerres chaudes. L'arme
nucléaire, en effet, fonctionne, à cet égard, comme un puissant
ralentisseur des conflits militaires. Naturellement, il y aura des
conflits indirects, mais limités. Ce qui sera intéressant à observer,
c'est le partage des zones d'influence en Asie, y compris au
Moyen-Orient, mais aussi en Afrique, en Amérique latine et même

en Europe. De quel côté celle-ci tombera-t-elle ou plutôt se partagera-t-elle ? Y a-t-il une chance qu'elle puisse ouvrir une troisième voie entre les États-Unis et la Chine ? Mais l'une et l'autre de ces deux hyperpuissances y a-t-elle intérêt ? Et surtout, bâtie comme un système d'impuissance, l'Europe, telle qu'elle a été façonnée, en est-elle capable, paralysée qu'elle est par ses propres règles (unanimité, majorités qualifiées) ? Peut-on la réformer ? Ou, à défaut, concevoir par exemple un traité en dehors des traités ?

Aujourd'hui, le cycle néolibéral amorcé au début des années 1980 touche à sa fin. On pouvait certainement infléchir ce cycle à sa naissance en faisant en sorte que l'Europe évite de mettre ses pas dans ceux des pays anglo-saxons. Telle était la position que je défendais en 1982-1983. Cela n'a dépendu que du choix de l'Acte unique – la déréglementation générale – dont Margaret Thatcher a été l'inspiratrice idéologique principale à travers le commissaire britannique lord Cockfield, comme le reconnaît d'ailleurs Jacques Delors dans ses *Mémoires* – même si elle n'a pas été la seule. Rien ne s'est fait, en effet, sans l'aval d'Helmut Kohl. En fait la bataille politique a été livrée – et perdue – en 1983, à l'intérieur du gouvernement français.

Un économiste américain, Rawi Abdelal, a montré[1] que l'équipe formée autour de Jacques Delors a joué le rôle d'«intellectuel organique» de cette mutation en Europe, à Bruxelles, et dans les organisations internationales comme l'OCDE et le FMI. Que le capitalisme se développe selon des cycles est chose admise depuis la fin du XIXe siècle, mais ces cycles sont d'une durée et d'une ampleur inégales. Ils procèdent certes d'une logique interne au capitalisme, comme Marx l'a montré, mais aussi des révolutions technologiques qui les accompagnent et les nourrissent (ainsi l'explosion des technologies de l'information et de la communication qui est allée de pair avec l'installation du capitalisme financier mondialisé). La forme des cycles dépend aussi des idées dominantes en matière d'économie. Le libéralisme peut être fortement

---

1. Rawi Abdelal, *Capital Rules. The Construction of Global Finance*, chap. IV, «The Paris consensus : European unification and the freedom of capital», Harvard University Press, 2009, p. 54.

tempéré par l'influence d'économistes comme Friedrich List au XIXᵉ siècle ou John Maynard Keynes dans la première moitié du XXᵉ, ou au contraire poussé à l'extrême par des théoriciens comme Ricardo au temps de la première mondialisation ou Friedrich Hayek et Milton Friedman avec le néolibéralisme.

Pour comprendre les cycles, il faut aussi les corréler avec l'hégémonie d'une puissance dominante (hier la Grande-Bretagne, aujourd'hui les États-Unis) ou avec les conflits d'hégémonie qui traversent le système (hier avec l'Allemagne et le Japon, aujourd'hui avec la Chine). Le capitalisme n'est pas seulement un mode de production. Il n'est pas réductible au marché. C'est un ensemble de procédures et de règles que seule une puissance politique dominante, un «hégémon», peut faire respecter. Bref, le système capitaliste a besoin d'un patron. Mais cette hégémonie peut revêtir plusieurs formes, dures ou douces. Rien n'obligeait l'Europe, au début des années 1980, à suivre la voie à peine esquissée alors dans leurs pays par Margaret Thatcher et Ronald Reagan.

François Mitterrand n'était pas encore devenu le «grand Européen» que Jacques Delors célèbre dans ses *Mémoires*. Il était le chef de l'Union de la gauche qui venait, en France, de triompher dans les urnes. Il était possible de prévenir la désindustrialisation de la France et le déménagement vers les pays à bas coût d'une partie importante de nos industries (le textile, la chaussure, l'industrie automobile…). Certes les États-Unis avaient fait le choix du libre-échangisme avec la Chine, quelques années auparavant, mais dans les zones économiques spéciales seulement et les résultats n'en étaient pas encore visibles. Il eût été également possible de rebattre les cartes de la construction européenne, au moment de la réunification allemande. Par exemple en dévaluant fortement avec les autres grands Européens membres du système monétaire européen, en septembre 1992. Mais c'eût été reporter à plus tard le calendrier de Maastricht et renvoyer aux calendes grecques le projet de monnaie unique qui était le Graal de François Mitterrand ! Il eût simplement fallu dire que la réunification de l'Allemagne sur la base d'un taux de change économiquement irréaliste (juillet 1990) rendait insoutenable, au moins temporairement, l'accrochage du franc au mark au prix d'un relèvement à 20 % des taux d'intérêt de la Banque de France. Pour éviter la récession de 1993 et le surendettement de la France (de 32 % à 58 % du PIB de 1991 à 1998 du fait des déficits budgétaires comblés par l'emprunt), il eût simplement fallu prendre en compte non seulement l'intérêt national allemand assimilé à la réunification, mais aussi l'intérêt national de la France qui impliquait une croissance plus forte, un moindre chômage et, surtout, le maintien de nos industries. Ce n'était pas seulement notre intérêt, c'était notre devoir de maintenir une Europe équilibrée. C'était de l'intérêt de l'Europe elle-même. Bref, il eût fallu que la France, tout en restant «européenne», ne cessât pas de «penser national». On voit rétrospectivement ce qu'a coûté l'abandon – de fait ou de droit – de la souveraineté monétaire. Il eût été préférable de changer de pied, non pas en 1992 mais dès le départ, c'est-à-dire en 1983 quand la France, sans cesser d'être «européenne», pouvait encore jouer «national». À la fin de la décennie, les obstacles s'étaient accumulés. Le contexte était devenu franchement néolibéral : la Commission européenne faisait pleuvoir les directives pour mettre en œuvre le «marché unique». Ce tournant majeur a été pris subrepticement, comme s'il était possible à un peuple de prendre congé à la sauvette de son histoire mais il a été ensuite «sanctuarisé», à l'initiative de François Mitterrand, par le référendum du 21 septembre 1992 sur le traité de Maastricht.

Qui a eu alors l'idée que la France tirerait avantage de la monnaie unique ? Sur quelles bases ce choix a-t-il été fait ? On peut, sans s'avancer beaucoup, pointer les énormes préjugés, en matière monétaire, de nos inspecteurs des Finances, adossés aux intérêts des possédants. Ce sont eux qui ont convaincu le président de la République que la monnaie unique était une bonne affaire, que «la France allait chiper à l'Allemagne son mark» et autres fadaises. Aujourd'hui, les études du FMI montrent que notre économie est pénalisée par une surévaluation monétaire d'environ 20 % tandis que l'économie allemande bénéficie d'une sous-évaluation de près de 10 %. Y a-t-il une autre raison au déficit persistant de notre commerce extérieur, notamment avec l'Allemagne (entre 15 à 17 milliards d'euros chaque année) ? D'où vient le mirage qui, depuis quarante ans (l'accrochage du franc au mark), aveugle nos élites ? N'y a-t-il pas un non-dit politique sur l'Europe, conçue par la France, dans les années 1950-1960, comme un moyen de reprendre la main, et qui, par la suite, s'est avérée comme un instrument de subordination à un ensemble hiérarchisé où l'Allemagne tient le manche ?

Nos faiblesses sont évidentes : un déficit commercial annuel de 70 milliards d'euros en 2018 qui traduit l'érosion de notre tissu industriel (à peine 10 % de la valeur ajoutée) et, en second lieu, un endettement croissant (près de 2 200 milliards d'euros). Certes, la France maintient un État-providence qui n'a guère d'équivalent au monde (750 milliards d'euros de transferts sociaux, soit l'équivalent du tiers de son produit, dont 350 milliards pour le seul financement des retraites). Mais c'est au prix d'un endettement croissant du fait du rétrécissement de sa base industrielle. Le palais est impressionnant mais il est bâti sur pilotis et le niveau de la mer de l'endettement monte inexorablement…

De même n'était-il pas inévitable de laisser les inégalités en tout genre se creuser : explosion des hautes rémunérations, enrichissements spéculatifs (François Mitterrand parlait de « ceux qui s'enrichissaient en dormant »), paupérisation des classes moyennes basses, qu'a bien montrée l'économiste Branko Milanović. Plus généralement, il eût fallu empêcher la France de dériver vers l'« archipélisation » de sa société. Jérôme Fourquet, dans *L'Archipel français*[1] a montré la dénationalisation des élites françaises, vivant de plus en plus dans l'entre-soi et oublieuses de tout esprit de solidarité. Parallèlement, il observe le développement d'une « composante arabo-musulmane » dont une partie est plus réticente à l'intégration. Jérôme Sainte-Marie a, lui, décrit la constitution, en face d'un « bloc élitaire libéral », d'une « France périphérique » pauvre qui s'est exprimée à travers le mouvement des Gilets jaunes. Les attentats de 2012-2016 n'ont pas suffi à ressouder cette « nation multiple et divisée », même si la réaction du corps social a aussi traduit la résilience en profondeur du modèle républicain. Mais c'est bien celui-ci qui se trouve aujourd'hui mis

---

1. Seuil, 2019.

en cause, au terme de quatre décennies de «globalisation libérale». Et à travers lui, c'est la question de la nation qui se pose.

Il n'était pas inévitable que les marchés financiers prennent le pas sur les États. Notre endettement extérieur est très largement la conséquence de la surévaluation de notre monnaie («franc fort», puis monnaie unique) et de la faible croissance qui en a résulté sur la longue période. En matière de circulation des capitaux il eût été possible de poser des clauses de sauvegarde. Il a fallu attendre le printemps 2014 pour prendre le «décret Montebourg» qui permet de s'opposer à des prises de contrôle hostiles visant des secteurs stratégiques. Il eût été possible d'orienter l'épargne des ménages français, abondante, vers l'industrie. Quels projets industriels ont-ils été lancés pour éviter la domination exclusive des GAFA américains au niveau européen, et à défaut au niveau national? Enfin, les mesures de régulation prises après 2008 sont, de notoriété publique, insuffisantes pour prévenir une nouvelle crise.

Rétrospectivement, on a l'impression d'une immense insouciance. Jamais pourtant les instruments de prévision n'ont été aussi perfectionnés. Pourquoi avoir ainsi supprimé le commissariat général au Plan, le ministère de l'Aménagement du territoire, et surtout le ministère de l'Industrie? Il semble que les hommes politiques à notre époque aient fait leur la devise qu'on prête à Louis XV: «Après moi le déluge»…

À l'échelle du monde, les élites financières ont accepté la profonde dévitalisation des vieux pays industrialisés. Notons, au passage, que certains ont su y résister: Allemagne, Japon, Suède, Suisse… Curieusement ce sont les pays anglo-saxons et la France qui payent la plus lourde facture. Avec sa tradition de capitalisme d'État, notre pays avait pourtant tous les moyens, au début des années 1980, de résister, s'il l'avait voulu.

À ce stade, je comprendrais qu'on puisse aussi me demander des comptes: Et vous-même, qu'avez-vous fait? Avez-vous pris les moyens d'une ambition qui pouvait paraître démesurée alors que le néolibéralisme venait de l'emporter dans le monde anglosaxon? Pourquoi, par exemple, n'avoir pas cherché à devenir à tout prix président de la République, car dans notre système, on ne

peut prétendre influer qu'à partir d'une position de pouvoir éminente? Et sous la Ve République, il n'en existe qu'une!

Je dois l'avouer : telle n'a pas été mon ambition première. Je voulais servir mon pays, mais je croyais pouvoir y parvenir à travers un
vaste mouvement d'idées que je contribuerais à animer mais dont je
ne prétendais pas devenir le chef. J'ai choisi très jeune la voie du
militantisme, bref d'une démarche collective. Était-ce une erreur?

J'aurais dû, selon certains, jouer au lendemain d'Épinay la carte
du «delphinat» plutôt que celle d'un mouvement de pensée et
d'action comme le CERES. À ceux-ci, je réponds que François
Mitterrand n'était nullement prêt à faire de moi son dauphin. J'avais
déjà, sur trop de sujets, des vues différentes des siennes. Ma forme
d'esprit me portait davantage sur la recherche de synthèses inno-
vantes, à même de capter l'enthousiasme des gens de ma génération.
Et c'était cela qui me motivait : faire jaillir, des rêves de la jeunesse,
une France renouvelée. Mais si j'avais sacrifié à une ambition de
carrière, je n'aurais pas apporté au Parti socialiste l'élan du CERES
qui a contribué à l'alternance de 1981 et je n'aurais certainement pas
exercé l'influence qui, en quelques domaines, a été la mienne.

François Mitterrand ne manquait pas de dauphins potentiels :
Laurent Fabius, Lionel Jospin et ceux qu'il appelait les «sabras»,
par opposition aux anciens «jeunes» qu'étaient Mauroy, Rocard...
et Chevènement. Mitterrand avait aussi ses «grognards», Louis
Mermaz, Pierre Joxe, mais ceux-ci n'étaient pas les plus propres à
l'usage que Mitterrand en aurait fait : le parcours libéral et européiste entamé en 1983 n'était guère possible avec les hommes qui
avaient «fait Épinay».

Mitterrand non seulement n'était pas un révolutionnaire, mais
il n'était pas non plus un réformateur audacieux, comme l'ont été
Charles de Gaulle et, dans une moindre mesure, Pierre Mendès
France. C'était un homme d'État qui ne croyait qu'aux cycles
longs. Des réformes de Giscard, François Mitterrand m'avait dit :
«Ce sont des réformes imposées par le temps. N'importe quel
Président aurait dû les faire.» On fera le compte des réformes
entreprises après 1981 qui heurtaient véritablement les intérêts de
l'establishment. Si on veut être honnête, il faut le reconnaître :

il est assez modeste. Les nationalisations? Elles furent promptement vidées de leur contenu. La décentralisation? Elle arrangeait aussi les notables de droite revenus en grâce dès les élections locales de 1982-1983. Les radios libres? Elles ont ouvert la voie aux télévisions privées! L'Europe? La gauche est allée plus loin en matière de dérégulation et de transfert de compétences à Bruxelles que jamais la droite n'eût été capable de le faire si j'en crois le témoignage de Jacques de Larosière. L'Europe de l'Acte unique et du traité de Maastricht fut pain bénit pour les libéraux et dans une moindre mesure pour les démocrates-chrétiens.

Restent l'abolition de la peine de mort, l'abaissement à soixante ans de l'âge de la retraite pour les ouvriers, et les «grands travaux» de Paris qui ont contribué à ancrer sa vocation de capitale touristique mondiale. Ce n'est certes pas rien. Mais l'essentiel est ailleurs : la mise en orbite du PS et son installation durable au pouvoir. De 1981 à 2017, il l'a occupé pendant vingt ans, soit les deux tiers du temps. Il fallait pour cela un véritable génie tactique et stratégique. Dans la conquête et dans la conservation du pouvoir, François Mitterrand restera comme un très grand stratège. Sur l'Europe et les modalités choisies pour la construire, j'ai fait connaître en temps utile mes désaccords. Je laisse à l'Histoire le soin de juger. Reste que François Mitterrand nous a obligés à penser l'avenir de la France en Europe, même si c'est à travers l'impasse du fédéralisme. Si, comme l'a écrit Thierry de Montbrial[1], «La construction européenne [peut] s'étendre sur deux siècles», il demeure une large plage pour faire converger un dessein aujourd'hui enlisé, celui d'une Europe intégrée, et le projet conçu par le général de Gaulle d'une «Europe européenne», d'essence confédérale, à mes yeux le seul réaliste. Si on peut discuter le stratège en se plaçant du point de vue de la France, on ne peut contester à François Mitterrand un génie politique hors du commun. C'était cela qui intéressait Mitterrand, qui a plus à voir avec la psychologie des hommes qu'avec l'administration des choses. Ce n'est pas par hasard qu'il mettait l'art de la plaidoirie très au-dessus de l'économie politique.

---

1. Thierry de Montbrial, *La Tribune*, 24-30 mai 2019.

L'ambition qui portait le CERES était d'une tout autre nature et je me serais annulé en voulant jouer, bien avant l'heure, les successeurs de François Mitterrand. Se pose alors une question : n'était-il pas possible de faire autrement que ce qui fut fait en 1983 et après ? Ma réponse est évidemment affirmative. Mais il eût fallu que François Mitterrand empruntât à Mendès France sa «République moderne[1]» et constituât sur un projet de transformation de la société française des équipes compétentes et motivées. Là n'était pas sa préoccupation première. Dans la phase de conquête du pouvoir, il recherchait surtout des fidèles. On ne peut pas tout faire à la fois. Et il faut bien le dire, la culture de François Mitterrand ne le prédisposait pas à s'entourer de «technocrates de gauche», comme Mendès France et de Gaulle avaient su le faire avec des Simon Nora, François Bloch-Lainé, Paul Delouvrier, etc.

Certes Mitterrand a vite été rejoint par les bataillons serrés de l'énarchie, mais c'étaient surtout des hommes dressés à l'école du pouvoir et nullement voués à la conception d'une société différente. Ils eussent participé à «l'ère des organisateurs» décrite par James Burnham quarante ans auparavant. Or le temps en était passé. Le fond de l'air était devenu franchement libéral à la fin des années 1970, et même néolibéral. C'est pourquoi dans l'entourage économique direct de François Mitterrand, au début des années 1980, on ne trouve, à peu d'exceptions près, que des technocrates formés à l'école d'un conformisme libéral bon teint, et même, pour les plus originaux, franchement néolibéraux. Tant qu'à faire, pourquoi s'arrêter en chemin ?

Il y a donc un lien logique entre le néolibéralisme qui a triomphé en France et en Europe dans les années 1980-1990 et le grand vent de dégagisme qui s'est levé ensuite et grâce auquel Emmanuel Macron est venu au pouvoir en France mais qui le frappe à son tour aujourd'hui. En effet, l'opinion ne ressent pas, à tort ou à raison, que ses aspirations soient prises en compte par l'orientation générale des politiques publiques. Comment retrouver la confiance après tant d'erreurs accumulées ?

---

1. Dans *Pour une République moderne* (Gallimard, 1962), Pierre Mendès France développait l'ensemble des réformes qu'il estimait nécessaires au pays «pour s'orienter lui-même».

19

La crise du système

La mise en turbulence du système que j'ai décrit comme celui
« du pareil au même » n'a de sens que si elle permet de faire surgir
une alternative aux politiques néolibérales. La chose n'est évidemment pas simple car il faut que le système soit allé au bout
de sa course pour qu'on puisse songer à substituer à sa logique
une autre logique. Or, l'élection d'Emmanuel Macron est intervenue paradoxalement un peu trop tôt : il ne peut anticiper sur la
fin du cycle néolibéral que signifiera la mise en œuvre de la politique de Donald Trump. On peut même dire que, comme celle de
François Mitterrand en 1981, elle va être prise à contrepied par
l'évolution de l'environnement, en particulier dans les grands
pays anglo-saxons, mais cette fois-ci en sens inverse. De surcroît,
l'Allemagne va se dérober aux attentes que la France nourrissait
à son sujet.

Si le candidat Macron, en 2017, prétendait incarner une alternative au « système », la politique qu'il définit de prime abord a
débouché sur une impasse. Le gouvernement d'Édouard Philippe,
au-delà de la qualité de l'homme, est un gouvernement modéré
que j'ai décrit comme étant « de concentration libérale ». Son programme se résumait simplement : il suffisait que la France se mît
« dans les clous de Maastricht », bref réduisît son déficit budgétaire
à moins de 3 % du PIB et procédât à quelques réformes destinées à
mettre l'économie française au diapason des économies européennes voisines, et d'abord de l'allemande (réforme du Code du
travail et de l'assurance chômage notamment). Ainsi l'Allemagne
d'Angela Merkel, un temps effrayée par la montée des « populismes »

en Europe et rassurée par l'élection en France d'Emmanuel Macron, renverrait – croyait-on – l'ascenseur en adoptant un budget de la zone euro susceptible de nourrir une relance européenne. Le tout était enveloppé dans un discours peu clair sur une « souveraineté européenne » qui pouvait signifier aussi bien un surcroît d'intégration que le souci d'une autonomie stratégique européenne accrue. C'est cette seconde lecture, plus réaliste, que j'ai choisi de privilégier : elle rejoignait l'idée, chère au général de Gaulle, d'une « Europe européenne » et surtout elle était plus conforme aux possibilités qu'offrait la situation.

Deux ans et demi après le discours d'Emmanuel Macron à Athènes (septembre 2017), il faut le dire : cette politique a échoué. Elle s'est heurtée à l'immobilisme allemand en matière économique comme en matière de politique étrangère et à l'affaiblissement d'Angela Merkel lors des élections au Bundestag de l'automne 2017. Je sais qu'il n'est pas convenable de dire tout haut ce qui ne va pas dans les rapports franco-allemands. Tout ce qui s'y rapporte touche au domaine du sacré, où l'émission du moindre doute est péché : ce serait réveiller des millions de fantômes, sommant les imprudents de se taire, au prétexte de ne pas « recommencer » l'innommable tuerie. Je suggère donc de ne pas faire de nos désaccords un « fromage » et de travailler avec nos cousins germains tels qu'ils sont. Est-il bien raisonnable d'ailleurs de vouloir les changer ? Attendons patiemment le retour à la chancellerie d'un Adenauer ou d'un Schmidt qui voyaient dans une relation franco-allemande forte et équilibrée le socle de l'Europe à construire…

J'ignore quelles conclusions nos dirigeants ont tirées de l'échec de leur première politique à l'égard de l'Allemagne. Simplement, il faut cesser de vouloir nous faire prendre des vessies pour des lanternes. Comme il était prévisible, l'impasse dans laquelle le projet initial d'Emmanuel Macron s'est trouvé rapidement enfermé le contraignait à inventer un autre chemin. J'observe deux inflexions majeures qui seront à porter, si elles ont une suite, au crédit du président de la République : la redistribution des cartes opérée à la faveur des élections européennes du 29 avril 2019 et l'ouverture en direction de la Russie, telle qu'elle se précise peu à peu.

Les élections européennes ont ébranlé le système de «grande coalition» entre conservateurs (PPE) et sociaux-démocrates (PSE) qui reproduisait, au niveau du Parlement européen, l'immobilisme de la «Groko[1]» prévalant à Berlin au Bundestag. Ces deux partis «européens» qui relayaient à Bruxelles l'influence des grandes formations politiques allemandes, que sur l'essentiel peu de choses séparent, ne disposent plus à eux deux de la majorité des sièges. Un tiers parti dit «Renew Europe» dont la principale composante est faite des députés élus en France sous l'étiquette de La République en marche, est nécessaire pour faire l'appoint. C'est ainsi que Ursula von der Leyen est devenue présidente de la Commission européenne plutôt que le candidat présélectionné par la CDU-CSU, Manfred Weber. Fini le système du *Spitzenkandidat* (tête de liste) qui ne figurait d'ailleurs dans aucun traité! Surtout, Christine Lagarde a été placée à la tête de la BCE, malgré les fortes réticences exprimées par le président de la Bundesbank, Jens Weidmann, champion de la rigueur en matière monétaire comme en matière budgétaire. Ajoutons à cela que Charles Michel, président du Conseil européen, et Josep Borrell, haut représentant pour les relations extérieures de l'UE, ne sont, ni l'un ni l'autre, des adversaires du président de la République. Bien entendu, tout cela demande à être consolidé. Beaucoup, sur le fond, dépendra de la politique de la Banque centrale européenne : saura-t-elle canaliser vers l'investissement et donc vers la relance les flux de la création monétaire? Une subtile alchimie propre au fonctionnement des institutions européennes en décidera, combinaison de décisions prises par le conseil des gouverneurs et le directoire de la Banque centrale, et d'orientations arrêtées par la Commission et le Conseil européens.

La deuxième inflexion majeure qui pourrait être donnée par Emmanuel Macron en matière de politique étrangère est l'ouverture qu'il a réalisée vis-à-vis de la Russie en invitant, en août 2019, à Brégançon, le président de la Fédération de Russie, Vladimir Poutine. En a résulté notamment la relance du processus dit «de Normandie», en vue de faire appliquer les accords de Minsk entre la Russie, l'Ukraine et les représentants des régions du Donbass

---

1. Grande coalition.

qui refusent pour le moment l'autorité de Kiev. Si une issue entre le président ukrainien Zelenski et le président Poutine était trouvée, cela changerait beaucoup de choses : le rétablissement de relations normales entre deux peuples, que l'Histoire a unis pendant trois siècles et demi, serait dans la nature des choses. L'Ukraine pourrait bénéficier d'un statut de neutralité «à l'autrichienne». Un conflit potentiel majeur au cœur de l'Europe serait désamorcé. Le président Macron a évoqué une «architecture européenne de sécurité». Ce serait l'intérêt de tous les peuples européens d'y parvenir plutôt que de se ruer dans une nouvelle course aux armements.

Une telle perspective rencontre cependant de nombreuses hostilités : en Ukraine, celle des éléments nationalistes qui veulent «construire» la nation ukrainienne contre la Russie; en Europe, celle des pays frontaliers ou historiquement rivaux de la Russie qui se sentent toujours menacés par elle, comme si nous étions toujours en 1939, et qui n'attendent leur sécurité que de Washington. Le risque n'est pas nul de les voir prendre en otage la politique étrangère des autres pays européens et particulièrement la nôtre. Enfin, il y a l'establishment américain, conditionné par cinquante ans de guerre froide à voir dans la Russie la figure de l'ennemi et qui considère encore que l'entretien d'un foyer de discorde entre la Russie et l'Europe concourt naturellement à l'hégémonie des États-Unis. Cette vision sommaire et le maintien indéfini de sanctions contre la Russie contribuent à repousser celle-ci vers l'Asie, et notamment vers la Chine qui est devenue son premier partenaire commercial, loin devant l'Allemagne (21 % des importations russes contre 9 %).

Cette politique répond-elle à l'intérêt à long terme des États-Unis ? Et surtout, comme l'a exprimé le Président français, l'intérêt de l'Europe et celui de la Russie ne se recoupent-ils pas ? Ni les uns ni les autres ne pouvons souhaiter devenir les partenaires minoritaires de l'un et l'autre empire. Même si cette perspective est à longue portée, Emmanuel Macron a peut-être commencé à faire bouger les lignes en Europe.

Nous sommes encore loin de «l'Europe européenne» prônée jadis par Charles de Gaulle mais l'ambition d'une Confédération européenne souple peut peut-être commencer à prendre forme.

La Russie est un peuple européen incontestable et l'Europe a avec elle de nombreux intérêts communs : la lutte contre le terrorisme djihadiste, la protection des minorités, notamment chrétiennes, dans le monde musulman, la stabilité d'une région proche et vitale comme le Moyen-Orient, où la Russie, vis-à-vis de la Turquie et de l'Iran pèse son poids. La Turquie et l'Iran, deux vieux empires qui ressurgissent du fond de l'Histoire, sont à coup sûr des nations respectables. Encore faut-il qu'elles ne s'affranchissent pas d'un certain nombre de règles (non-ingérence, non-prolifération nucléaire, etc.).

Ces deux inflexions données par le président Macron à notre politique extérieure pourront peut-être nous rapprocher de l'objectif à long terme qu'il a défini à juste titre : celui de l'autonomie stratégique de l'Europe.

Il peut sembler que ces considérations géopolitiques nous éloignent de la recherche d'une alternative à la globalisation. Au contraire : la question est de savoir si dans un monde qui est en train de se recomposer entre deux pôles nous saurons nous faire une place, non pas à travers un jeu de Lego, comme l'a été jusqu'ici la construction européenne, mais à travers un ensemble de réponses stratégiques concrètes élaborées par les nations européennes, inévitablement à géométrie variable, même si on peut souhaiter qu'émerge un noyau central. La construction de l'autonomie stratégique européenne autour de quelques grandes nations volontaires est une question de vie ou de mort pour la survie de notre civilisation – si on entend par là une façon de sentir et de penser qui nous distingue des États-Unis. Cela est particulièrement vrai dans le domaine de la haute technologie et de la défense.

Comment ne pas le voir ? Le monde dans lequel nous sommes entrés depuis que les illusions sur « la fin de l'Histoire » et le triomphe définitif de l'Hyperpuissance se sont dissipées, est un monde à coup sûr très dangereux. L'Occident, comme le rappelle Hubert Védrine, a perdu le monopole de la fabrication de l'Histoire. L'initiative chinoise des « routes de la soie », la destruction par l'Iran d'un énorme complexe pétrolier séoudien, l'assassinat du général Soleimani, l'envoi de troupes turques en Libye, ces quatre faits démontrent à l'évidence que l'Europe est à la merci d'une histoire que font les autres.

Le cycle néolibéral s'achève ainsi de manière chaotique. La globalisation a fait apparaître de telles fractures – économiques, sociales, territoriales (crise des Gilets jaunes), générationnelles – que les élites libérales elles-mêmes commencent à se demander si ses coûts ne sont pas supérieurs à ses gains. Ainsi le président de Renault-Nissan, Jean-Dominique Senard, va jusqu'à dire : « Si une entreprise ne vit que pour réaliser des profits […] une grande partie de la société aura le sentiment d'être déclassée […] et va perdre tout espoir […]. Recréer le sentiment d'un destin commun me paraît une urgence, notamment en Europe[1]. » Vue perspicace des choses…

Plus encore qu'économique, le chaos qui nous menace est peut-être surtout celui de la résurrection de la violence (violences sociales, guérillas urbaines, guerres civiles, et même guerres tout court). Alain Supiot, professeur au Collège de France, a excellemment montré que la dynamique du « marché total », celle du néolibéralisme, en évacuant la question fondamentale du sens du travail, créait les conditions de la violence sociale : « Placer le Droit sous l'égide de calculs d'utilité individuelle […] entraîne un affaissement général des institutions[2]. » Il ne faut donc pas en rester à une vision du monde essentiellement économiciste, même si l'économie est un facteur décisif.

La perspective d'une guerre commerciale et technologique entre les États-Unis et la Chine n'est nullement écartée par la conclusion d'accords provisoires, éminemment révocables. C'est depuis la crise de 2008 que le décrochage entre l'Occident et la Chine est devenu patent. Les États-Unis qui avaient vu dans la Chine un partenaire pour abattre l'URSS, un marché pour leurs entreprises et un soutien important pour le financement de leur dette, ne se sont avisés du surgissement d'un rival qu'au moment où son PIB (23 000 milliards de dollars en 2019) allait dépasser le leur (19 300 milliards de dollars). Les États-Unis ne maintiennent leur suprématie que grâce au rôle du dollar comme monnaie mondiale et à l'instrumentation qu'ils en font à travers l'extraterritorialité de leur droit, et aussi du fait de

---

1. Cf. *Cahiers Res Publica*, « Quelle recomposition géopolitique du capitalisme ? », janvier 2020, p. 14 et 29.
2. *Ibid.*

leur surpuissance militaire. Mais ces avantages sont destinés à s'éroder au fil du temps. Les États-Unis prennent donc les devants pour freiner l'ascension de la Chine. Ils s'assoient sur le libre-échange. De son côté, la Chine se lance dans une vaste entreprise de nationalisation de son industrie dans le domaine des hautes technologies (puces, logiciels, ordinateurs, etc.).

L'Organisation mondiale du commerce, créée en 1994 à Marrakech, est bloquée par les veto américains au sein de l'ORD (Organe de règlement des différends). Le commerce international a cessé de progresser. Surtout, la crise emprunte des formes de plus en plus diversifiées : crise financière du fait de la surliquidité de l'économie mondiale, crise européenne. On voit mal que Boris Johnson n'ait imposé le Brexit que pour rejoindre une union douanière avec l'UE, sur le modèle norvégien, respectueux des normes de la Cour de justice européenne. De même en Italie, le retour de Matteo Salvini au pouvoir est probable. Et la zone euro reste fragile. L'union bancaire n'existe que sur le papier. Enfin, une guerre qui ne dit pas encore son nom a commencé au Moyen-Orient entre les États-Unis et Israël d'une part et l'Iran de l'autre. Le cours du pétrole est volatil. Les risques de récession mondiale ne peuvent être écartés. L'élection présidentielle américaine de novembre 2020 sera évidemment d'une importance cruciale, bien qu'un trumpisme sans Trump soit tout à fait envisageable, c'est-à-dire la poursuite des orientations qu'il a amorcées sous un autre Président.

On ne peut dissocier la crise du capitalisme financier mondialisé des mutations géopolitiques en cours et du conflit d'hégémonie que l'irrésistible montée de la Chine inscrit à l'horizon des prochaines décennies. Ces mutations retentissent inévitablement sur les processus productifs, sur les localisations industrielles et sur l'organisation des chaînes de valeur. Les entreprises sont contraintes de revoir leur stratégie. Le retour à des formes de protectionnisme régionalisées n'est d'ailleurs pas forcément incompatible avec la poursuite de la croissance : on l'a vu en Europe à la fin du XIXᵉ siècle.

Comment, dans la crise qui vient, les différents pays tireront-ils leur épingle du jeu ?

Pour la France, les choses sont assez claires : elle doit à la fois se ressourcer dans les fondamentaux républicains et exploiter au mieux son rôle de pays fondateur de l'Union européenne sans remettre en cause le marché unique, elle doit construire autour d'elle un acteur européen stratégique. L'attitude de la Grande-Bretagne mérite à cet égard une attention particulière, car nos deux pays ont aussi des intérêts communs. L'Allemagne est évidemment centrale. Elle s'en est toujours remise à la protection américaine, mais son opinion publique rechigne profondément à la voir entraînée dans des guerres aventuristes au Moyen-Orient ou en Asie. Il y a entre le pacifisme allemand et la stratégie française de dissuasion, essentiellement défensive, non pas superposition (car «pacifique» ne veut pas dire «pacifiste») mais convergence objective. Ni la France ni l'Allemagne ne souhaitent être entraînées dans des guerres qui ne seraient pas les leurs, pour reprendre une expression chère au général de Gaulle.

L'idée d'une «dissuasion élargie» par simple constat est une carte au service de l'Europe. Elle n'a pas à être négociée puisque par définition elle se «constate» entre le président de la République française et la chancelière fédérale allemande. Elle fait partie du jeu de la France comme son statut de membre permanent du Conseil de sécurité. Il ne faut pas brader cet héritage mais le faire fructifier sans naïveté. La France le peut en jouant «mondial» et en renonçant aux chimères de l'intégration européenne pour faire progresser pragmatiquement une Europe des solidarités entre nations prêtes à se porter mutuellement assistance et secours, à géométrie variable par la force des choses (ainsi en Afrique).

À l'extrémité du continent eurasiatique, promontoire vers l'Atlantique, la France peut exercer un rôle pilote dans l'édification patiente d'une Confédération européenne de fait, de l'Atlantique à la Russie. Nos efforts conjoints peuvent tenir à distance le terrorisme islamiste, les entreprises de prolifération, les ingérences dans les affaires d'États faibles, voire faillis, et bien sûr le spectre des guerres modernes, forcément ravageuses. La France est servie par la force de ses institutions. Mais celle-ci ne doit pas dissimuler l'«archipélisation» de la société française et la profondeur d'un malaise qui illustre les dégâts de la mondialisation. Une distance toujours plus grande s'est créée entre des élites arrogantes et la masse d'une population aujourd'hui mieux formée mais souvent suspicieuse à l'excès. Cette fracture ne peut être résorbée que par la culture du débat, bref par un renouveau de la démocratie. Comment y parvenir?

Le face-à-face programmé Macron-Le Pen peut certes encore permettre de passer le cap de l'élection présidentielle de 2022 mais l'opposition d'un bloc libéral-mondialisateur à un bloc populiste serait une solution de facilité. L'écart, en effet, s'amenuise entre l'extrême droite et le candidat de la majorité (82 % en 2002 et 66 % en 2017) et le plafond de verre que rencontre encore le mouvement dirigé par Marine Le Pen se relève.

Il y a ainsi une contradiction entre notre environnement géostratégique de plus en plus dangereux et la relative inconscience avec laquelle les Français se déchirent. La société française est devenue de plus en plus violente. Cette violence s'exerce particulièrement contre les policiers dont la tâche est pourtant de maintenir la paix et l'ordre publics mais aussi contre les sapeurs-pompiers, les enseignants, les personnels soignants, tout ce qui symbolise le service public. La gradation enregistrée dans cette violence illustre la fin des tabous et du respect qui entourait jadis les figures d'autorité. Cette violence est un aspect de la crise de la démocratie. La montée du niveau de formation n'a nullement contribué à l'écoute et à l'échange argumenté. Peut-être nos élites feraient-elles bien de s'interroger sur le discrédit qui frappe la parole publique et plus généralement sur le développement d'une société de défiance.

Je me désole comme beaucoup du déclin du débat politique argumenté et de la montée de l'incivisme et de la violence. Mais cet incivisme ne répond-il pas d'une certaine manière aux renoncements de l'État et à l'oubli de l'intérêt national depuis plus de trois décennies?

Nos élites, s'abandonnant à la globalisation libérale, ont accepté le creusement des inégalités, l'installation d'un chômage de masse et la subordination extérieure. N'ont-elles pas ainsi laissé se distendre le pacte de solidarité qui, depuis 1945, tenait la société française? La « sécession des élites » décrite par Jérôme Fourquet (explosion des inégalités, exode fiscal, rupture des solidarités) a ainsi nourri le sentiment de déréliction qui obscurcit aujourd'hui l'avenir du pays.

Les tensions sociales et le malaise culturel lié aux replis communautaristes ont rarement atteint une telle intensité. Et simultanément le débat politique de fond est anémique. Le parti majoritaire, La République en marche, ne parvient pas à l'animer. C'est sans doute que le projet initial s'est heurté à des réalités contraires. Rien ne s'est passé comme prévu. L'idée d'un pôle libéral-mondialisateur a révélé son inadéquation aux problèmes de la société française alors même que le cycle néolibéral se fermait et qu'un rideau de fer, selon l'expression de Philippe Escande[1], tombait sur les relations commerciales internationales.

Emmanuel Macron, contrairement au général de Gaulle en 1968, ne dispose pas en 2017 d'une solide assise populaire. Cela ne veut pas dire qu'il n'ait pas trouvé d'écho dans les couches populaires, mais c'est clairement vers la droite que le gouvernement d'Édouard Philippe a élargi ses soutiens. Cela ne fait pas une majorité, loin de là : si on s'en tient aux résultats des élections européennes d'avril 2019, près de quatre Français sur cinq ayant exprimé une préférence, ne se reconnaissent pas dans la coalition de La République en marche et du MODEM. Sans doute les oppositions sont-elles profondément divisées entre elles. L'électorat de Jean-Luc Mélenchon n'est pas prêt à rejoindre celui de Marine Le Pen. La gauche existe encore dans les mentalités. Dans les faits, elle est décomposée. De son passage au pouvoir, elle n'a nullement fait l'autocritique. L'erreur serait pour Emmanuel Macron de spéculer sur une réélection facile en 2022. La perspective d'un Rassemblement national dépassant 40 % des voix au deuxième tour, voire davantage, peut effrayer à ce point qu'elle suscite le surgissement d'un candidat nouveau, comme l'était Emmanuel Macron en 2017 mais qu'aujourd'hui on ne voit pas venir.

L'élection de Marine Le Pen à la présidence de la République susciterait un tel trauma dans la société française, sans parler de l'ombre portée sur l'image de la France à l'étranger, qu'il n'est pas improbable que des forces demeurées passives jusqu'à présent se mobilisent pour y faire obstacle. Les guerres civiles arrivent à bas bruit et la conscience du risque permet seule de les prévenir.

---

1. «Les trois guerres de 2020», *Le Monde*, 7 janvier 2020.

À peine cinq ans après les attentats de 2014-2016, les Français n'ont pas une perception claire des dangers qui les menacent, car ces dangers sont d'abord dans la société française elle-même. Dans le «camp du Bien» autant que dans ce qu'il est convenu d'appeler «les populismes». On les voit mieux de l'extérieur. Ces forces obscures se précipiteront les unes contre les autres en toute inconscience. La société française est très fragile, à la merci d'étincelles qui mettront le feu aux poudres, si rien n'est fait qui permette de restaurer une parole adulte et une écoute attentive dans le débat public. Il faut pour cela sortir du face-à-face entre ce que Jérôme Sainte-Marie appelle un «bloc élitaire» et un «bloc populiste». La responsabilité du premier magistrat qui a largement hérité de cette situation est essentielle.

En dehors de ses qualités personnelles qui sont grandes, Emmanuel Macron peut redéfinir en partie son projet de façon à emporter la conviction de ceux qui, dans les couches populaires, n'ont pas le temps d'attendre une recomposition de la gauche improbable à court terme, et qui privilégient le pouvoir d'achat, la sécurité, une vraie priorité donnée à l'École et au logement, et enfin une politique industrielle digne de ce nom. Je n'ai pas évoqué la politique extérieure parce que ses enjeux sont moins mobilisateurs en dehors de crises graves qu'on ne peut cependant exclure. Si la sécurité de la France était véritablement en jeu, le peuple se tournerait naturellement vers ceux qui apparaîtraient comme capables de la garantir. On ne peut faire l'impasse sur les sujets régaliens. Le mot «France» n'est pas un gros mot.

Pour trouver un écho dans le peuple, le président de la République doit être aussi capable de faire vibrer la corde nationale. Je ne me dissimule pas que pour ce faire, il devra quelquefois prendre le contrepied de certaines thématiques chères aux «bobos» et renoncer à la facilité de céder à la technophobie des Verts. La mutation la plus profonde consisterait à rompre avec l'esprit du néolibéralisme qui consiste, comme l'a très bien montré Alain Supiot, à placer toutes les institutions sous l'empire d'un calcul d'utilité individuelle. Il faudrait rompre avec «la gouvernance par les nombres» et retrouver le sens du travail comme «œuvre», de l'entreprise comme «association de partenaires» et des institutions elles-mêmes à travers l'esprit de la démocratie, qu'il s'agisse des services publics ou d'une organisation du débat républicain impliquant les citoyens. La Vᵉ République ne peut plus fonctionner aujourd'hui comme elle fonctionnait à ses débuts (encore faut-il remarquer que le général de Gaulle savait s'appuyer sur la volonté populaire). Le quinquennat enfin a cadenassé l'expression du suffrage.

« Il faut toujours afficher de grandes ambitions », déclarait le président Pompidou lors de son dernier Conseil des ministres, qui précédait sa mort, le 2 avril 1974, « car, poursuivait-il, on fait toujours un peu moins bien que les objectifs qu'on s'était donnés. Alors il vaut mieux viser haut ». Le président Macron n'aurait pas besoin de se contredire, il lui suffirait de prendre des décisions lisibles, de poser des faits, toujours plus forts que les mots, de s'entourer d'hommes et de femmes capables de porter des projets répondant aux aspirations populaires, qu'il s'agisse de la réindustrialisation de la France, d'un contrôle effectif des flux migratoires ou de la promotion des services publics, ainsi à travers une vraie revalorisation du métier d'enseignant. C'est cette inflexion de politique intérieure qui permettrait de trouver l'oreille des couches populaires et de constituer un « bloc républicain » restaurant la solidarité entre les élites et le peuple. Rien de grand ne peut se faire autrement. C'est l'idée d'un destin commun qu'il faut restaurer et le récit national lui-même. Reprendre le fil de notre Histoire à partir de la Révolution française. Rompre enfin avec la version pénitentielle qui en est donnée, ainsi à travers la pensée « décoloniale » qui voudrait rendre les Français étrangers à leur propre pays.

Ce qu'il faut restaurer surtout, c'est la démocratie elle-même, celle qui s'exprime à travers le débat républicain argumenté et que sanctionne, à la fin, le suffrage universel. Pour remettre de l'humanité et de l'empathie dans le débat public, il n'y a rien de tel que de prendre la démocratie au sérieux, de façon que le peuple puisse avoir le sentiment de reprendre le contrôle de son destin[1]. À défaut, la France ira de crise en crise.

---

1. *Take back your control.*

Ceux qui rêvent par une nostalgie compréhensible d'une recomposition de la gauche, indépendamment des défis que la France doit relever aujourd'hui, auront le temps d'y travailler. Il y a mieux à faire dans l'immédiat : prévenir les crises qui nous guettent, relever la démocratie qui, en France, s'appelle la République, redonner leur sens aux institutions en revenant sur le quinquennat, rechercher la confiance du peuple sur des réformes fondamentales intéressant le travail et la justice sociale, imposer enfin le retour de l'État républicain dans tous les domaines qui touchent à la sécurité des Français. Et pour cela, rassembler largement nos concitoyens sur un projet national qui fasse de l'Europe non pas un appareil de coercition au service des grands intérêts, mais une perspective mobilisatrice pour la France : ce que de Gaulle appelait l'Europe européenne.

Conclusion

Puissance des idées

En entreprenant ce récit de plus de cinquante ans d'engagements politiques et intellectuels, je n'avais d'autre souci que d'éclairer les lecteurs, et particulièrement les jeunes, pour les aider à mieux comprendre ce qui est arrivé à la gauche et aussi à la France. Je voulais faire un récit véridique tout simplement, sans rien cacher de mes hésitations ni de mes contradictions. Dans tout pari, il y a une part d'aléa. Parier sur l'avenir implique toujours une forme d'optimisme, en tout cas le refus de la désespérance.

Au fil des pages, j'ai pris une plus claire conscience de la continuité de mes engagements mais également des points sur lesquels j'avais évolué : le capitalisme, en quarante ans, a beaucoup changé et j'ai naturellement renouvelé mon approche des questions économiques sans abandonner la priorité que j'ai toujours donnée au développement industriel et technologique de la France. J'ai pris progressivement conscience de la fragilité de notre société mais c'est aussi parce qu'elle est devenue plus fragile, plus inégalitaire, moins homogène. Une partie de la composante arabo-musulmane de notre peuple est plus rétive à s'intégrer dans le modèle républicain français. Cela ne m'empêche pas d'y croire toujours. Pourtant cela me fait réfléchir à ce qui peut permettre une relance de notre capacité d'intégration. L'immigration est très liée, en effet, à la capacité d'intégration de la société d'accueil, elle même dépendant étroitement de la croissance économique. Bref, je ressens la dégradation aussi bien de notre environnement géostratégique que du métabolisme de la société française elle-même.

Cela ne change en rien le regard critique que je porte sur un monde de plus en plus inégal et violent, sur les impérialismes concurrents, l'aboulie des Européens, les discriminations injustes, les obscurantismes anciens et nouveaux, et enfin sur l'égoïsme à courte vue de nos élites. Et cela ne modifie pas mon attachement à la République, à son École, à la démocratie et au riche héritage de la philosophie des Lumières qui en est le soubassement. Au contraire, je me sens plus solidement républicain aujourd'hui que dans ma prime jeunesse où je n'étais pas complètement insensible à l'esprit libéral-libertaire du temps. Cependant, ces évolutions sont plutôt des inflexions que des changements de cap et j'assume pleinement d'avoir réintroduit depuis 1981 l'idée républicaine au cœur de ma démarche politique dans les gouvernements auxquels j'ai participé, aussi bien que dans la philosophie politique des mouvements que j'ai animés.

Enfin, au fil des chapitres, je suis mieux entré dans cette pensée de Didier Motchane que j'ai déjà citée : « Dix ans c'est beaucoup dans la vie d'un individu [surtout à l'âge où je suis parvenu] mais c'est peu de chose pour le mouvement historique », bref, dans la vie d'une nation, ou d'un peuple. J'ai alors mieux compris que j'écrivais ce livre pour qu'il ait une suite que je n'écrirais pas. C'est aux jeunes générations de le faire, avec la plume et avec l'épée. En effet, pour parvenir à remobiliser le pays à la fois sur le projet national que je viens d'esquisser et sur une idée de la République à portée universelle, il faut des militants et non des technocrates (encore qu'il puisse y avoir des technocrates militants). Rien de grand ne peut se faire sans le dévouement, le courage, l'abnégation et souvent l'esprit de sacrifice des hommes, en tant qu'acteurs de leur destin. Pensons à l'énergie formidable qu'il a fallu aux acteurs de la Révolution pour renverser des montagnes : rompre avec le droit divin qui fondait l'ordre des privilèges pour y substituer, comme l'a montré Michelet, la souveraineté populaire, la liberté, l'égalité et la raison humaine. Pensons au patriotisme et à l'héroïsme qu'il a fallu aux hommes et aux femmes de la Résistance pour se lever et affronter dans un rapport de force si inégal un adversaire implacable.

J'ai vécu, il y a quarante ans, la faiblesse et l'irrésolution de la gauche, pour ne pas dire son consentement acquis d'avance aux thèses de son adversaire du moment : le néolibéralisme. D'un côté, une froide résolution, de l'autre, une absence de vision et même de courage que l'habileté ne pouvait compenser.

Thatcher et Reagan campent ainsi d'emblée en 1981 un paysage manichéen : il y a d'un côté «l'Empire du mal», les États voyous, et de l'autre, le «tout-marché» «l'Empire du bien» dont Dieu, en dernier ressort, garantit la justesse des positions. C'est la philosophie de Leo Strauss[1] et c'est la croyance de la majorité des Américains. Le doute n'effleure jamais Margaret Thatcher : c'est une Walkyrie! Il suffit de relire ce qu'elle écrit au sujet de la guerre des Malouines ou de la guerre du Golfe. Je l'ai vue de près, en tête à tête, ou s'entretenant avec François Mitterrand. Elle parlait comme le général de Gaulle. Et François Mitterrand comme François Mitterrand. Un dialogue qui ne manquait pas de piquant et où chacun semblait trouver son compte.

Mais à la fin de la décennie, le vainqueur au plan des idées ne faisait pas de doute. À cette idéologie néolibérale offensive et sans nuances, les gouvernements de la France n'ont pas été capables d'opposer un dessein construit et par conséquent de résister. Le néolibéralisme était une idéologie conquérante. Il imposait ses dogmes sans avoir à les discuter. La négociation de l'Acte unique en est le meilleur exemple. À Margaret Thatcher la social-démocratie européenne a opposé Jacques Delors. Les jeux étaient faits d'avance.

L'orientation libérale donnée par le trio Mitterrand-Kohl-Delors à la construction européenne, au mitan des années 1980, détermina la suite. Pour Delors, c'était un acte de foi assorti d'une petite astuce : il croyait mettre Margaret Thatcher dans sa poche. Pour Kohl, c'était l'intérêt de l'Allemagne avec son ordolibéralisme et, en perspective, sa réunification. Pour Mitterrand, c'était le moyen de sculpter son image dans l'Histoire. Mais nul ne peut contester qu'il s'agit beaucoup plus d'un choix idéologique par défaut, en phase avec les vents dominants du néolibéralisme que d'un dessein politique cohérent et mûri entre les trois têtes du trio.

Cet affaissement idéologique n'est pas propre à la gauche française. Je l'ai vu se manifester aussi dans la gauche italienne où, de

---

1. Le philosophe Leo Strauss a inspiré les intellectuels néoconservateurs américains.

PCI en PDS et de PDS en PD, on a assisté à l'évaporation dans l'euro-libéralisme du parti qui avait été celui d'Antonio Gramsci et d'Enrico Berlinguer. Le PSOE de Felipe González avait pour lui des circonstances atténuantes : il devait gérer aussi la sortie du franquisme, et en intégrant l'Europe sortir l'Espagne d'un isolement historique.

La réunification allemande, de son côté, a montré la puissance intacte de l'idée nationale en Europe, comme on le voit aussi dans le reste du monde, et particulièrement chez les émergents. Il est vrai qu'elle n'aurait pas été possible sans la décomposition de l'URSS, à commencer par l'abandon par celle-ci de sa politique allemande, mais cette décomposition est elle-même de nature idéologique : elle révèle la désuétude du marxisme-léninisme et des croyances qui lui étaient associées à la tête même du système soviétique.

Les idées mènent le monde. Ce que j'ai vu m'en a convaincu. La fin de l'URSS l'illustre encore mieux que l'enlisement social-libéral de la gauche européenne. Là encore c'est Margaret Thatcher qui, après une entrevue avec Mikhaïl Gorbatchev en 1985, a jugé que l'affaire était mûre : il est vrai que Gorbatchev était lui-même un idéologue en phase terminale et qu'il s'est trouvé dépassé par une situation qui, pour en finir avec le système soviétique, eût requis un très grand homme d'État, afin que les intérêts de la Russie et la paix future de l'Europe soient cependant sauvegardés.

L'Histoire ne se réduit pas à l'économie. Il y a d'autres moteurs que les forces du marché. Napoléon, déjà, disait qu'il gagnait ses batailles « avec les rêves de ses soldats endormis ». Le tissu de l'Histoire ne se réduit pas aux oscillations cycliques du capitalisme et à la résignation des dominés. L'Histoire est faite de l'étoffe dont se fabriquent les rêves. Demain comme hier, la force de la France, si elle doit survivre à l'éclipse qu'elle a connue après le départ du général de Gaulle et avec son enlisement dans une Europe chausse-pied de la mondialisation, sera faite de la puissance des idées. L'Europe, à aucun moment, n'a été pensée comme une entité stratégique. Les successifs « pères de l'Europe » s'en sont remis à la théorie des « petits pas », des « faits accomplis » et de l'« engrenage ». Engrenage vers quoi ? On préférait ne pas le savoir…

La République, comme communauté de citoyens unis par les mêmes souvenirs, les mêmes projets et les mêmes valeurs, est une idée toujours neuve. Certains, pour lui donner congé, agitent le péril migratoire qui menacerait la cohésion nationale par l'importation d'une radicale altérité de mœurs. Cette objection ne tient que si nous ne sommes pas capables de faire prévaloir en tout domaine et par tout moyen, la loi républicaine, c'est-à-dire le modèle républicain de l'intégration sur la coexistence potentiellement violente des communautarismes.

La deuxième idée motrice surgie des péripéties de notre histoire au XXᵉ siècle – les deux guerres mondiales et la montée des empires extérieurs à l'Europe – est l'idée d'une « Europe européenne » telle que l'a formulée le général de Gaulle et qu'il faudrait reprendre aujourd'hui sur des bases nouvelles, pour que la démocratie y trouve son compte. De Gaulle proposait une confédération. Il faut sans doute aller plus loin, à la fois pour tenir compte de la volonté des peuples et pour permettre à ceux qui le veulent d'exercer, ensemble, là où cela est nécessaire, certaines compétences. Celles-ci pourraient être déléguées à des instances européennes, à condition, bien entendu, qu'elles puissent être démocratiquement contrôlées par des parlementaires nationaux.

Ces deux idées-forces – le ressourcement dans l'idée républicaine et l'« Europe européenne » – ne sont nullement contradictoires entre elles. Elles ne peuvent croître que sur le même terreau : le patriotisme républicain. Ce fut l'erreur historique de la gauche française que d'avoir, après 1984, laissé à Le Pen le patriotisme et ses symboles, malgré les efforts contraires que j'ai déployés comme ministre de l'Éducation nationale et animateur d'un courant de pensée – Socialisme et République – qui pesait lourd dans le paysage politique de l'époque.

Les deux idées-forces que sont la République et l'« Europe européenne » doivent être portées par des patriotes français s'affirmant comme tels. Cette mutation sera aussi difficile à accomplir que celle qui a fait se lever dans un peuple prostré par sa défaite de 1940 l'esprit de la Résistance. Nous en sommes là aujourd'hui. La gauche est sonnée, incapable qu'elle est d'assumer son bilan. La droite est défaite et en appelle quelquefois à Philippe Séguin faute d'oser se réclamer de celui dont elle s'est historiquement détournée, le général de Gaulle, le plus grand stratège que la France ait eu au XXᵉ siècle. Quant au « monde d'après », il recèle un risque plus grand que tous les autres : celui de nous faire regretter « le monde d'avant ». Il n'est pas d'avenir qui ne s'enracine dans un passé mais rien non plus ne nous délivrera jamais de la nécessité d'inventer.

Le patriotisme républicain peut seul armer la France pour relever les défis de l'avenir. Aucun projet ne peut façonner l'Histoire s'il n'est pas chargé d'idéologie – j'entends par là un système organisé de croyances – comme une pile d'électricité.

Maintenant qu'est engagé le reflux des idées néolibérales, n'est-il pas temps pour les nouvelles générations de reprendre l'ouvrage ? Le projet se résume en deux mots : citoyenneté et État social. C'est l'éternel combat pour la liberté et l'autogouvernement des hommes et pour la justice sociale, dans lequel la France est le moteur et l'Europe la visée. Il faut y croire !

Il faut surtout oser : là est le ressort d'un nouveau rebond de la France, au service de l'Humanité tout entière. Assumons la continuité et faisons vivre l'exigence ! Refusons le nihilisme de ceux pour qui l'Histoire de France n'aurait été qu'une vaine parenthèse, où des millions d'hommes et de femmes ne se seraient pas sacrifiés pour que « vive la France », mais seulement pour remplir de bruit et de fureur un temps qui ne signifierait rien ! Relevons le « parti de l'Histoire de France », selon l'expression de Bernanos en 1940, en lui redonnant Sens.

J'aime beaucoup la voix de Kathleen Ferrier. Je l'entends, dans *Das Lied von der Erde*[1], s'élever, sublime, pour nous chanter, sans fin, l'éternel refleurissement de la terre.

---

1. *Das Lied von der Erde* (Le Chant de la terre) est une symphonie de Gustav Mahler.

Table

La photocomposition de cet ouvrage
a été réalisée par
GRAPHIC HAINAUT
30, rue Pierre-Mathieu
59410 Anzin

Imprimé en France par CPI
en mars 2020

N° d'édition : 60079/01 – N° d'impression : 3038068